utb 4085

Eine Arbeitsgemeinschaft der Verlage

Böhlau Verlag · Wien · Köln · Weimar
Verlag Barbara Budrich · Opladen · Toronto
facultas · Wien
Wilhelm Fink · Paderborn
A. Francke Verlag · Tübingen
Haupt Verlag · Bern
Verlag Julius Klinkhardt · Bad Heilbrunn
Mohr Siebeck · Tübingen
Nomos Verlagsgesellschaft · Baden-Baden
Ernst Reinhardt Verlag · München · Basel
Ferdinand Schöningh · Paderborn
Eugen Ulmer Verlag · Stuttgart
UVK Verlagsgesellschaft · Konstanz, mit UVK/Lucius · München
Vandenhoeck & Ruprecht · Göttingen · Bristol
Waxmann · Münster · New York

Seminarbuch Geschichte

herausgegeben von Nils Freytag

bislang sind erschienen:
Johannes Süßmann: *Vom Alten Reich zum Deutschen Bund 1789–1815*
Alexa Geisthövel: *Restauration und Vormärz 1815–1847*
Frank Engehausen: *Die Revolution von 1848/49*
Beate Althammer: *Das Bismarckreich 1871–1890*
Jörg Echternkamp: *Die Bundesrepublik Deutschland 1945/49–1969*
weitere Bände in Vorbereitung

Michael Epkenhans

Der Erste Weltkrieg 1914–1918

Ferdinand Schöningh

Der Autor:
Michael Epkenhans, geb. 1955. Studium der Geschichte und Anglistik an der Universität Münster. 1985 II. Staatsexamen für das Lehramt für die Sekundarstufe I/II. 1989 Promotion an der Universität Münster. 1996-2009 Geschäftsführer der Otto-von-Bismarck-Stiftung in Friedrichsruh. Seit 2009 Leitender Wissenschaftler am Zentrum für Militärgeschichte und Sozialwissenschaften der Bundeswehr in Potsdam. Seit 2004 apl. Professor für Neuere Geschichte an der Universität Hamburg.

Publikationen: Die wilhelminische Flottenrüstung 1908-1914. Weltmachtstreben, industrieller Fortschritt, soziale Integration, München 1991; Albert Hopman: Das ereignisreiche Leben eines „Wilhelminers". Tagebücher, Briefe und Aufzeichnungen 1901-1920, München 2004; Der Schlieffen-Plan – Mythos und Realität, hrsg. im Auftrag des Militärgeschichtlichen Forschungsamtes von Hans Ehlert, Michael Epkenhans und Gerhard P. Groß, Paderborn 2006; Leben im Kaiserreich. Deutschland um 1900, zusammen mit Andreas v. Seggern, Stuttgart 2007. (2. Auflage Stuttgart 2012); Grand Admiral Alfred von Tirpitz. Architect of the German Battle Fleet, Washington D.C. 2008; Geschichte Deutschlands (1648-2008), Stuttgart 2008. (zugleich UtB-Taschenbuch Paderborn u.a. 2011); Preußen. Aufstieg und Fall einer Großmacht, zusammen mit Gerhard P. Groß und Burkhard Köster, Stuttgart 2011; Otto von Bismarck, Gesammelte Werke. Neue Friedrichsruher Ausgabe, Abteilung IV: Gedanken und Erinnerungen. Bearb. zusammen mit Eberhard Kolb, Paderborn u.a. 2012; The Naval Route to the Abyss. The Anglo-German Naval Race 1895-1914, zusammen mit Matthew Seligman und Frank Nägler, London 2014; Otto von Bismarck. Aufbruch in die Moderne, zusammen mit Ulrich Lappenküper und Andreas v. Seggern, München 2014.

Umschlagabbildung:
Französischer Soldat in einem Schützengraben 1915, La première guerre mondiale Bd. I, Paris 1968

Online-Angebote oder elektronische Ausgaben sind erhältlich unter **www.utb-shop.de**

Bibliografische Information der Deutschen Nationalbibliothek
Die Deutsche Nationalbibliothek verzeichnet diese Publikation in der Deutschen Nationalbibliografie; detaillierte bibliografische Daten sind im Internet über http://dnb.d-nb.de abrufbar.

(Verlag Ferdinand Schöningh GmbH & Co. KG, Jühenplatz 1, D-33098 Paderborn)
Internet: www.schoeningh.de

Printed in Germany.
Herstellung: Ferdinand Schöningh, Paderborn
Einbandgestaltung: Atelier Reichert, Stuttgart

UTB-Band-Nr: 4085
ISBN 978-3-8252-41085-1

Inhaltsverzeichnis

Vorwort

Es gibt wohl nur wenige Ereignisse in der Geschichte, die so nachhaltig das Interesse der Menschen geweckt, deren Bewusstsein und Handeln über Generationen hinweg geprägt haben, wie der Ausbruch, der Verlauf und die Folgen des Ersten Weltkrieges. Anders sind das Interesse an diesem und der Wille, an diesen zu erinnern, auch einhundert Jahre nach dessen Ausbruch nur schwer zu erklären. Auch andere Kriege der Antike, des Mittelalters oder der Neuzeit haben das Leben der jeweiligen Zeitgenossen und nachfolgender Generationen zweifellos geprägt; aber weder der Dreißigjährige Krieg noch die Revolutions- und Napoleonischen Kriege haben in gleicher Weise wie der Erste Weltkrieg Staat, Gesellschaft und Wirtschaft in derartig umfassender Weise direkt oder indirekt beeinflusst.

Bereits zeitgenössische Begriffe wie „Der Weltkrieg“, „La Grande Guerre“ oder „The Great War“ machen deutlich, dass die Menschen dieses Ereignis als etwas ganz anderes ansahen als alles, was sie selbst in einem an Kriegen nicht armen Jahrhundert zuvor erlebt hatten oder aus den Erzählungen ihrer Eltern und Großeltern kannten. Tausende Denkmäler erinnerten sie bis in das kleinste Dorf hinein europaweit tagtäglich an dieses Ereignis und die Millionen Opfer, die es gekostet hatte, ebenso wie die eigenen Lebensumstände, die sich oft dramatisch gewandelt hatten – sei es durch den Tod oder die Verwundung naher Angehöriger, die Zerstörung des eigenen Hauses, Flucht und Vertreibung oder den dramatischen Verlust des häufig genug bescheidenen Vermögens infolge von Inflation und Wirtschaftskrisen. Hinzu kamen die seelischen Folgen, die häufig genug vergessen, verdrängt oder ignoriert wurden, unterschwellig oder auch ganz unmittelbar über Jahre, wenn nicht Jahrzehnte das Denken und Handeln der Überlebenden und ihrer Nachfahren bestimmen sollten.

Die besondere Bedeutung des Ersten Weltkrieges unterstreicht zudem der Blick auf dessen Folgen. Der amerikanische Diplomat und Historiker George F. Kennan hat ihn zu Recht vor vielen Jahrzehnten als die „Urkatastrophe des 20. Jahrhunderts“ bezeichnet. Damit lenkte er den Blick über die Kriegsereignisse hinaus auf den Wandel, die diese auslösten. Der Begriff „Katastrophe“ deutet dabei bereits an, dass dieser Wandel keineswegs positiv konnotiert ist, sondern als eine Phase des Schreckens empfunden wurde. Millionen, die an den Fronten gekämpft hatten, waren tot, vermisst oder verwundet, häufig für den Rest ihres Lebens gezeichnet. Große Reiche waren ganz oder teilweise verschwunden, neue Staaten waren auf deren einstigen Territorien entstanden. Ganze Staaten und Gesellschaften befanden sich im Umbruch: Aus altehrwürdigen Monarchien wurden Republiken oder sogar Räterepubliken, alte Parteien verschwanden, neue entstanden, bisher gültige Vorstellungen über das Zusammenleben von Menschen in größeren Gemeinschaften gerieten unter den Druck radikaler Ideen von links oder rechts, die suggerierten, einfache und zugleich dauerhafte Lösungen für politische und soziale Konflikte im Innern oder nach außen anzubieten. Die Forderung „Nie wieder Krieg!“ war insofern nur eine Lehre, die die Zeitgenossen aus den vorangegangenen Ereignissen zogen; andere waren überzeugt, dass nur ein neuer Krieg die erlittenen Niederlagen mit ihren Konsequenzen, den Zusammenbruch der bisherigen gesellschaftlichen Ordnungen oder auch überlieferter Vorstellungen von Recht und Ordnung, oben und unten, rückgängig machen und die Zukunft wieder lebenswert gestalten könnte. Der Krieg, der ein Vierteljahrhundert später zunächst Europa, dann die ganze Welt erneut vorsätzlich in Brand setzen sollte, macht deutlich, dass sich diese Strömung in Deutschland durchsetzen konnte, dass die anschließende Katastrophe des Jahres 1945 schließlich die Teilung der Welt in zwei feindselig einander gegenüber stehende, im Innern völlig unterschiedlich organisierte Blöcke zur Folge hatte, mit den daraus folgenden neuen Schrecken – Diktatur, blutig niedergeschlagenen Aufständen und einem Eisernen Vorhang, der der Freizügigkeit der Menschen im unmittelbaren wie auch im übertragenen Sinne Einhalt gebieten sollte – ist insofern nur eine der bitteren Ironien der Geschichte.

Die Folgen des Ersten Weltkrieges beschränkten sich jedoch keineswegs auf Europa. Auch wenn eine Neuaufteilung der Kolonialgebiete eine Folge des Ersten Weltkrieges war, so war unverkennbar, dass in den Kolonien innerhalb dieser vier Jahre der Wille, die Herrschaft der Europäer abzuschütteln, gleichermaßen zu wachsen begonnen hatte. Das Wirken Mahatma Gandhis und dessen letztendlicher Erfolg bei der Befreiung Indiens – dem „Juwel der Krone“ – von der englischen Kolonialherrschaft ist ohne den Beitrag indischer Soldaten wie auch großer Teile der indischen Bevölkerung zum Sieg Großbritanniens im Ersten Weltkrieg nicht zu erklären.

Aus liberaler Sicht wird man diese Entwicklung zweifellos auf der „Habenseite“ verbuchen können; unübersehbar sind freilich die „Kosten“ dieser Entwicklung, versuchten die Kolonialmächte doch, diesem Prozess teilweise unter Anwendung von Gewalt Einhalt zu gebieten. Als fatal wiederum erwies es sich, dass mancher Sieger glaubte, aus seinem Sieg eine neue Rolle in der Welt oder zumindest in der Region ableiten zu können. Japans Ausgriff auf China in den 1920er-Jahren, der sich schließlich zu einem groß angelegten Eroberungsfeldzug von unvorstellbarer Grausamkeit ausweiten sollte, ist dafür nur ein Beispiel.

Alle diese Themen sind Gegenstand der folgenden Darstellung. Wie bei anderen Zäsuren auch setzt sie nicht erst 1914, gleichsam mit Ausbruch des Krieges, ein. Ohne die Beschreibung der komplizierten Vorgeschichte ist dieser genauso wenig zu verstehen, wie ohne die Darstellung seiner katastrophalen Dimension für die Nachgeschichte. Kurzum: Die Darstellung beginnt weder mit dem 28. Juni 1914, dem Tag des Attentats, noch endet sie mit dem 28. Juni 1919, dem Tag der Unterzeichnung des Vertrages von Versailles, dem ersten einer Reihe von Verträgen, die Europa und Welt nachhaltig verändern sollten. Und: Auch wenn der Schwerpunkt auf Deutschland liegt, sollen die anderen Akteure auf europäischer und globaler Ebene – da wo notwendig und sinnvoll – angemessen berücksichtigt werden.

Eigentlich hätte dieses Buch im Gedenkjahr 2014 vorliegen sollen. Viele Gründe haben dies leider nicht möglich gemacht. Manche Bücher, die aus diesem Anlass erschienen, konnten aufgrund dieser Verzögerung allerdings noch in die Darstellung mit einfließen.

Gewidmet ist dieses Buch meiner Frau Karin. Mit unendlicher Geduld hat sie die Fertigstellung des Manuskripts begleitet, dabei einmal mehr auf viele gemeinsame Abende und Wochenenden verzichtet.

Bardowick im Frühjahr 2015 Michael Epkenhans

1 Der Weg in den Krieg

1.1 Die Konstellation der Mächte um 1900

„Die leitenden deutschen Staatsmänner und allen voran Kaiser Wilhelm haben den Blick in die ferne Zukunft geworfen und streben danach, die in letzter Zeit mit großen Schritten heranwachsende Stellung Deutschlands als Weltmacht zu einer dominierenden zu machen und rechnen hierbei darauf, seinerzeit auf diesem Gebiet die lachenden Erben Englands zu werden."[1] Mit Zitaten wie diesem aus einem Bericht des österreichischen Botschafters in Wien aus dem Frühjahr 1900 beginnen gemeinhin viele Darstellungen der Vorgeschichte des Ersten Weltkrieges. Kaum etwas, so der allgemeine Eindruck, hat die europäische Welt so verändert wie die Entscheidung Kaiser Wilhelms II. und der ihn umgebenden „neuen" Männer – Bernhard v. Bülow und Alfred (v.) Tirpitz – 1897/98, den „Sprung" zu wagen, d.h. die klassischen Mustern folgende bismarcksche Kontinentalpolitik zugunsten einer zeittypischen und modernen „Weltpolitik" nach Jahren widersprüchlichen Tastens aufzugeben. Der Bau einer mächtigen Flotte sollte dieser Politik zugleich ein scharfes Schwert an die Hand geben, um nicht nur auf dem Kontinent, sondern auch bei der Verteilung des Rests der Welt mitreden zu können. Dadurch, so die gängige Meistererzählung, schien der Weg, der in die Katastrophe führen sollte, vorgezeichnet.

Der deutsche Wille, als gleichberechtigte Weltmacht anerkannt zu werden, ja vielleicht sogar eines Tages das Erbe der bisher führenden Welt- und Seemacht Großbritannien antreten zu können, war wenig geeignet, daran Zweifel aufkommen zu lassen. Dies galt umso mehr, als sich die Reden des Kaisers, so sehr deren Ton die Zeitgenossen oft erschreckte, in ihrer Zielrichtung nur wenig von denen mancher linksliberaler Intellektueller wie Max Weber unterschieden. Auch dieser hatte in seiner bis heute viel zitierten Freiburger Antrittsrede 1895 nichts weniger als „Weltpolitik" gefordert. Was er damit konkret meinte, konnte oder wollte er genauso wenig sagen wie die anderen wilhelminischen „Weltpolitiker". Diese beschränkten sich in ihren Reden vielmehr auf die Forderung nach dem „Platz an der Sonne", einem „größere[n] Deutschland", wie einer der Repräsentanten dieses Kurses, der Staatssekretär des Auswärtigen und spätere Reichskanzler Bülow 1897 im Reichstag ausrief.

Abb. 1 Titelbild des weitverbreiteten Standardwerks über „Deutschlands Kriegsflotte“ von Viktor Laverrenz (1906).

„Unsere Zukunft liegt auf dem Wasser“, hieß es in einer Rede Kaiser Wilhelms II. anlässlich des Stapellaufs des Linienschiffs „Karl der Große“ in Hamburg am 23. September 1898. In einer beispiellosen Propagandakampagne warb das Reichsmarineamt seit 1897 um Unterstützung für die Vergrößerung der Flotte, deren Bau die wichtigste Voraussetzung für den Aufstieg Deutschlands zur Weltmacht sei und damit die „Zukunft“ des Reiches sichere. Um für diesen Kurs zu werben, ließ es u.a. Tausende von Broschüren und Büchern zu Marinethemen verfassen und verteilen.

Weltpolitik seit 1900

Auch wenn es ein wirkliches „Programm“ nicht gab, machten die Besetzung Tsingtaus 1897, die Verträge über eine mögliche Aufteilung der portugiesischen Kolonien (1899) sowie das deutsch-englische Jangtse-Abkommen über die Regelung wirtschaftlicher Interessenssphären in China von 1900, der Erwerb der Bagdadbahnkonzession (1899, endgültig 1903) wie auch der Kauf ehemals spanischer Inseln im Pazifik (1899) deutlich, dass die Reichsleitung gewillt war, ihre wenig konkreten Vorstellungen in die Tat umzusetzen. Das Vorbild war Großbritannien. Die schiere Größe des britischen Empire, dessen Macht und Reichtum, waren für viele der Maßstab, an dem sich das Deutsche Reich orientieren sollte. In einer von sozialdarwinistischen Vorstellungen zutiefst geprägten Zeit schien es zudem nur natürlich zu glauben, dass England seinen Platz über kurz oder lang zugunsten Deutschlands räumen müsse.

Bevölkerungszuwachs, die Stärke der Armee, die eine Generation zuvor drei Kriege glorreich gewonnen hatte, der gewaltige Sprung nach vorn im wirtschaftlichen Bereich sowie die Leistungen deutscher Wissenschaftler, das Ansehen deutscher Künstler oder auch die im Vergleich zu anderen relative Stabilität im Innern untermauerten diesen Anspruch.

Einen Überblick über das „Kraftgefühl“ vieler Deutscher vermittelt die vergleichende Statistik über die Entwicklung der Bevölkerung wie auch des wirtschaftlichen Potenzials der großen Industrienationen seit 1880. Allein diese „nackten“ Daten lassen den

„rasanten" Aufschwung des „Nachzüglers" erkennen. Im Gegensatz zu allen europäischen Nachbarn nahm der Anteil an der Industrieproduktion stetig zu, während der der anderen Staaten stagnierte oder, wie im Falle des einstigen „Mutterlandes" der „Industriellen Revolution", Großbritannien, sogar zurückging. Ähnlich verhielt es sich mit der Entwicklung der Bevölkerung. Allein Russland hatte höhere Zuwächse zu verzeichnen; diese sollten aber, dies entbehrt nicht einer gewissen Ironie, dann allerdings auch die Reichsleitung in ihrer Sorge vor den Gefahren bestärken, die von der „russischen Dampfwalze" ausgehen könnten.

Tab. 1: Wirtschaftliches Potenzial der großen Industrienationen 1890-1913

	Bevölkerung (in Mio.)	**Relativer Anteil Industrieproduktion**	**Bevölkerung (in Mio.)**	**Relativer Anteil Industrieproduktion**	**Bevölkerung (in Mio.)**	**Relativer Anteil Industrieproduktion**
Jahr	**1880**	**1880**	**1900**	**1900**	**1913**	**1913**
Russland	116,8	7,6	135,6	8,8	175,1	8,2
USA	62,6	14,7	75,9	23,6	97,3	32,0
Deutsches Reich	49,2	8,5	56,0	13,2	66,9	14,8
Frankreich	38,3	7,8	38,9	6,8	39,7	6,1
Großbritannien	37,4	22,9	41,1	18,5	45,6	10,7
Italien	30,0	2,5	32,2	2,5	35,1	2,4
Österreich-Ungarn	42,6	4,4	46,7	4,7	52,1	4,4

Flottenbau

Allein eine Flotte, die in der Lage war, diesen Anspruch umzusetzen, fehlte zunächst. Aber auch dies sollte nun nachgeholt werden: auf der Grundlage des von Konteradmiral Tirpitz, einem vergleichsweise jungen, dynamischen Marineoffizier, entwickelten Konzepts begannen die wilhelminischen „Weltpolitiker" nachzuholen, was ihre Vorgänger aufgrund ihrer Konzentration auf den Kontinentalkrieg weder für angezeigt noch für notwendig gehalten hatten. Auf das Erste, vergleichsweise bescheidene Flottengesetz 1898 folgte bereits zwei Jahre später ein weiteres, den Umfang der Flotte verdoppelndes Gesetz. 1906, 1908 und 1912 brachte die Reichsleitung weitere Vorlagen ein, die den Bestand an Großkampfschiffen nochmals erhöhten oder aber die vorhandenen Schiffe durch Verkürzung ihrer „Lebensdauer" schneller durch modernere ersetzten. Am Ende sollte es eine Flotte geben, die aus 61 Großkampfschiffen, 40 Kleinen Kreuzern, 144 Torpedo- und 72 U-Booten bestand.

Gewiss, in einer Zeit, in der nicht nur große, sondern auch viele kleine Staaten in Anlehnung an die Ideen des amerikanischen „Marinepropheten" Alfred T. Mahan überzeugt waren, dass nur eine starke Flotte Seemacht und das hieß letztlich auch Weltmacht ermöglichen und behaupten könne, war das deutsche Vorgehen durchaus „normal". Auch rein technische Aspekte – Auslastung der Werften, kohärente Entwicklung von Schiffstypen, Taktik und Strategie im Seekrieg oder die regelmäßige Zuweisung von Haushaltsmitteln durch die Parlamente und Regierungen – ließen es geboten erscheinen, den Bau von Flotten durch Gesetze zumindest mittelfristig zu systematisieren. Die Zielstrebigkeit, mit der die Reichsleitung seit 1897/98 vorging, war freilich einmalig. Erklären lässt sie sich allein dann, wenn man neben den genuin außenpolitischen Zielen die systemstabilisierenden Überlegungen der Verantwortlichen nicht außer Acht lässt. Wie diese zu gewichten sind, ob es sich bei Schlachtflottenbau und weltpolitischer Offensive gar um eine regelrechte innenpolitische „Krisenstrategie" (Volker R. Berghahn) gehandelt hat, ist unter Historikern bis heute umstritten. Dass es diesen Zusammenhang von Innen- und Außenpolitik jedoch gegeben hat, dürfte angesichts der vorliegenden Befunde kaum zu leugnen sein.

Imperialismus

Es wäre freilich falsch, allein das Deutsche Reich als Unruheherd in Europa und der Welt anzusehen. Ein Blick zurück in die 1890er-Jahre zeigt vielmehr, dass auch die anderen Mächte mehrfach aneinander gerieten. Die Auseinandersetzungen zwischen England und Russland, das dessen Besitzungen und Einflusszonen in Asien gleich an verschiedenen Stellen bedrohte, das Zusammentreffen französischer und englischer Expeditionskorps bei einem alten sudanesischen Fort – Faschoda – am Oberen Nil 1898 oder der im gleichen Jahr vom Zaun gebrochene Krieg der Vereinigten Staaten gegen das schwache Spanien, in dessen Folge deutsche und amerikanische Kriegsschiffe im fernen Manila fast das Feuer aufeinander eröffnet hätten, sind gleichermaßen Beispiele für ein transnationales Verständnis von Politik. Unabhängig vom jeweiligen System verknüpfte dieses die Stärke der eigenen Nation mit dem Ausmaß der Expansion nach Übersee – stets bereit, dafür auch Krieg zu führen oder unzählige Opfer bei der Inbesitznahme fremder Gebiete in Kauf zu nehmen.

Die Motive für den Willen zu expandieren waren vielfältig und lassen sich letztlich kaum voneinander trennen: Geradezu „klassisch“ war das Streben nach Macht und Prestige: Eine Nation, die ihre Fahne außerhalb der eigenen Grenzen hisste, stärkte diese. Im Zeitalter der Industrialisierung hatte Stärke auch immer etwas mit Rohstoffen und Absatzmärkten zu tun. Der Aufstieg der englischen Textilindustrie ist ohne die Eroberung Indiens als billiger Lieferant der Baumwolle und Abnehmer der fertigen Waren nicht zu erklären. Die Gold- und Diamantenfunde im Süden Afrikas faszinierten England und Deutschland gleichermaßen und waren für die Inselmacht schließlich Grund genug, sich dort in mehrere Kriege zu verstricken. Der als unermesslich geltende chinesische Absatzmarkt beflügelte gleichfalls die Phantasie vieler Zeitgenossen.

1.2 „Einkreisung“ des Deutschen Reiches?

Der Wandel des Mächtesystems

Die Rivalität der Mächte im Zeichen europäischer Expansion bedeutete aber nicht, dass diese sich nicht dennoch auch verständigen konnten. Vor allem die englische Regierung hielt es aufgrund der vielen Konflikte, in die Großbritannien weltweit verwickelt war, seit der Jahrhundertwende für notwendig, sich mit ihren Konkurrenten in Ostasien und Afrika zu arrangieren. In relativ schneller Folge einigte sie sich mit den USA (1901), Japan (1902), Frankreich (1904) und schließlich dem Zarenreich (1907). Gespräche mit Deutschland über ein mögliches „Bündnis“ versandeten hingegen nach mehrjährigen Sondierungen. Wie ernst beide Seiten diese verfolgt haben, ist in der Forschung ebenso umstritten wie es die Ursachen für deren Scheitern sind.

Aus deutscher Perspektive stellte die sich sehr allmählich vollziehende Entwicklung des Mächtesystems von einem multi- zu einem bipolaren Mächtesystem alsbald als gezielte „Einkreisung“ dar. Um die – aus eigener Perspektive – berechtigten Ansprüche der jungen Großmacht mit Weltmachtambitionen besser zügeln zu können, verschworen sich die anderen offenkundig in geradezu bösartiger Absicht gegen diese. Diese Lesart übersah freilich, dass die Reichsleitung durch ihr Verhalten selbst maßgeblich dazu beigetragen hatte, dass dieses Gefühl überhaupt hatte entstehen können. Weitaus entscheidender war die Tatsache, dass sie den Verschiebungen in den Beziehungen der Mächte zueinander eine gegen das Reich gerichtete Zielgerichtetheit unterstellte, die diesen gar nicht oder nicht vorrangig zugrunde gelegen hatte.

Die sich sehr allmählich vollziehenden Verschiebungen waren der Reichsleitung nicht verborgen geblieben. Am Ende hat sie die Lage aber schlichtweg falsch eingeschätzt. England und Frankreich fanden zueinander, und auch die von manchen weitsichtigen Diplomaten 1903/04 geäußerte Befürchtung, dass diese „Entente cordiale" die Brücke für eine Allianz beider mit Russland, nicht aber der von einigen erwartete Anfang vom Ende des russisch-französischen Bündnisses sein würde, erwies sich schließlich als zutreffend.

Auch wenn es auf Seiten der Ententepartner Vertreter gab, die bei der Vorbereitung der jeweiligen Verträge durchaus beabsichtigten, den Ambitionen der Reichsleitung einen massiven Dämpfer zu verpassen, so war die Haupttriebfeder bei der Einleitung von Verhandlungen doch das Bestreben gewesen, langjährige Konflikte endgültig beizulegen. Dies erschien umso wichtiger, als es um die Durchsetzung handfester Interessen in Ägypten und Marokko, im Mittleren und Fernen Osten ging.

Einkreisung?

Die Reichsleitung reagierte auf diese Entwicklung mit einer Mischung aus offensiven Vorstößen, die auch die Drohung mit Krieg einschlossen, und Verschärfung des Flottenwettrüstens. Daneben gab es aber auch Versuche, mit den Rivalen auf dem Kontinent zu verhandeln. Die Marokkokrisen von 1905, ausgelöst durch die demonstrative Landung des Kaisers in Tanger, sowie von 1911, als das Deutsche Reich mit der Entsendung eines Kanonenbootes, „Panther", Frankreich in einer unter Großmächten nicht üblichen Weise unter Druck zu setzen versuchte, bestätigten aus der Perspektive der anderen Mächte den Eindruck einer unruhigen und gewaltbereiten Nation. Gleiches galt für das Flottenwettrüsten mit Großbritannien. Die Novelle von 1906, vor allem aber die Beschleunigung des Bautempos von drei auf vier große Schiffe pro Jahr mit der nur ein Jahr später eingebrachten und im Frühjahr 1908 verabschiedeten weiteren Novelle zum Flottengesetz waren aus britischer Perspektive eine Bestätigung der vom Reich ausgehenden Bedrohung der eigenen Stellung zur See und damit in der Welt. Auch wenn die Erregung in der englischen Öffentlichkeit teilweise künstlich erzeugt war, so geht, anders als gelegentlich angenommen, kein Weg an der Tatsache vorbei, dass die Herausforderung der englischen Seesuprematie durch die gleichzeitig beschlossene Vergrößerung nicht nur der Schiffstypen, sondern auch der Zahl moderner Kriegsschiffe darauf abzielte, den Vorsprung der Royal Navy gegenüber der Hochseeflotte zu verringern und dieser damit bessere Chancen im Falle eines Seekrieges zu geben.

Von der Ersten zur Zweiten Marokkokrise

Gelingen konnte dies nicht, wie weitsichtige Verantwortliche bald erkannten. Zu diesen gehörten sowohl Reichskanzler Bülow, einer der Wegbereiter der Welt- und Seemachtpolitik, als auch dessen Nachfolger seit dem Sommer 1909, Theobald v. Bethmann Hollweg. Deren Versuche, den Rüstungswettlauf mit seinen unabsehbaren Folgen für die Stellung des Reiches im Mächtesystem, aber auch die finanzielle Lage im Innern abzubremsen, blieben erfolglos: „Auf den Gedanken an große Macht verzichtet man nicht gerne,“[2] konstatierte ein Mitarbeiter des Auswärtigen Amtes nüchtern Ende 1909. Angesichts des englischen Misstrauens gegenüber den aus englischer Perspektive wenig durchschaubaren außenpolitischen Ambitionen waren beide Kanzler nicht in der Lage, für mögliche geringe Zugeständnisse beim Flottenbau ein politisches Abkommen auszuhandeln, das das Reich im Falle eines Kontinentalkrieges vor einem englischen Eingreifen schützte und damit den militärischen Erfolg garantierte. Die Politik der Reichsleitung in der „Agadir“-Krise 1911 – so sehr diese auch durch das allen Abmachungen widersprechende französische Verhalten in Marokko provoziert worden war – bestärkte vielmehr das ohnehin große Misstrauen der europäischen Nachbarn.

1.3 Ist der Krieg unvermeidlich?

Allmähliche Entspannung zwischen Deutschland und England

Das Erstaunliche der „Agadir“-Krise ist, dass sie zwar einerseits zunächst die Spannungen in Europa verschärfte, andererseits aber gerade aufgrund der Sorge, dem großen Krieg einen Schritt näher gekommen zu sein, sowohl auf deutscher als auch auf englischer Seite Anlass war, über Möglichkeiten der Verständigung nachzudenken. Direkte Verhandlungen über einen Verzicht auf eine erneute Novelle, die Tirpitz im Windschatten der „Agadir“-Krise eingebracht hatte, im Gegenzug für ein Neutralitätsabkommen scheiterten allerdings im Februar/März 1912 aufgrund der Unvereinbarkeit der jeweiligen Positionen und tiefem gegenseitigen Misstrauen. Bei der Lösung „kleiner“ Fragen wie dem Streckenverlauf der Bagdadbahn oder der möglichen Aufteilung der portugiesischen Kolonien für den Fall, dass Portugal diese aus politischen und finanziellen Gründen würde verkaufen müssen, kamen sich beide Staaten jedoch näher. Die Tatsache, dass das Deutsche Reich trotz aller Anstrengungen das Flottenwettrüsten verloren hatte und die „leidige“ Flottenfrage fortan aus allen Gesprächen ausgeklammert wurde, erleichterte die Entspannung zwischen beiden Mächten. Äußerlich sichtbar wurde diese beim ersten Besuch eines englischen Geschwaders auf der Kieler Woche nach einer zehnjährigen Pause im Juni 1914.

Die Hoffnung, die allgemeine Situation in Europa würde sich nach der „Agadir“-Krise beruhigen, trog allerdings. Zwar trat der deutsch-englische Gegensatz in den Hintergrund; aber bereits der Krieg, den Italien im Windschatten dieser Krise im Herbst 1911 gegen das Osmanische Reich vom Zaun gebrochen hatte, um sich endlich an der gegenüberliegenden Mittelmeerküste festsetzen zu können, machte deutlich, dass selbst kleinere Mächte keine Skrupel hatten, ihre Interessen notfalls mit Gewalt durchzusetzen. Während dieser Krieg die Beziehungen unter den Mächten kaum belastete, galt dies nicht für jenen Konflikt, der indirekt aus diesem entstand: den Krieg der Balkanmächte gegen das Osmanische Reich im Oktober 1912. Dessen Schwäche war viel zu verlockend, um nicht ausgenutzt zu werden und jene Gebiete zu „befreien", die diesem immer noch gehörten.

Krieg auf dem Balkan

Nach Jahrzehnten des Friedens und der Ablenkung aller Spannungen an die Peripherie kehrte damit der Krieg endgültig auf den Kontinent zurück. Innerhalb weniger Wochen verdrängten die Armeen Serbiens, Bulgariens, Griechenlands und Montenegros das Osmanische Reich aus fast allen seinen europäischen Besitzungen. Diese Region, die den Staatsmännern Europas während des ganzen 19. Jahrhunderts erhebliches Kopfzerbrechen bereitet und das Risiko eines großen Krieges heraufbeschworen hatte, drohte, und darin liegt die eigentliche Brisanz dieses Konfliktes, erneut zum „Pulverfass" zu werden; ein kleiner Funke würde genügen, den Kontinent in die Luft zu jagen. Die Gründe liegen auf der Hand: Jede Veränderung in diesem sensiblen Teil Europas verschob die politischen, vor allem aber die militärischen Gewichte aus regionaler wie auch aus internationaler Perspektive. Nicht zuletzt aufgrund des Zusammenspiels deutscher und englischer Diplomaten konnte der „große" Krieg auf dem Balkan 1912/13 jedoch verhindert werden.

Auch wenn ein großer europäischer Konflikt verhindert werden konnte, be-

Abb. 2 „Der kochende Kessel" (1912). Die Karikatur der in London herausgegebenen Satirezeitschrift „Punch", die nach Ausbruch des Ersten Balkankrieges im Oktober 1912 erschien, wies unübersehbar auf die Gefahren eines Konflikts auf dem Balkan für ganz Europa hin.

reiteten sich gleichwohl alle Mächte auf diesen vor. Abgesehen von England, das sich weiterhin in erster Linie auf seine Flotte stütze, begannen alle Staaten seit 1912, ihre Armeen massiv aufzurüsten.

Tab. 2: Truppen- und Flottenstärke der Mächte 1880-1914

	Truppenstärke (Armee und Marine)	**Kriegsschifftonnage**	**Truppenstärke (Armee und Marine)**	**Kriegsschifftonnage**	**Truppenstärke (Armee und Marine)**	**Kriegsschifftonnage**	**Truppenstärke (Armee und Marine)**	**Kriegsschifftonnage**
	1890	**1890**	**1900**	**1900**	**1910**	**1910**	**1914**	**1914**
Russland	677000	180000	1162000	383000	1285000	401000	1352000	679000
Frankreich	542000	319000	715000	499000	769000	725000	910000	900000
Deutsches Reich	504000	190000	524000	285000	694000	964000	891000	1305000
Großbritannien	420000	679000	624000	1065000	571000	2174000	532000	2714000
Österreich-Ungarn	346000	66000	385000	87000	425000	210000	444000	372000
Italien	284000	242000	255000	245000	322000	327000	345000	498000
USA	39000	? 240000	96000	333000	127000	824000	164000	498000
Japan	84000	41000	234000	187000	271000	496000	306000	700000

Präventivküberlegungen

Diese Aufrüstungsspirale verstärkte in Deutschland wiederum das Drängen der militärischen Führung auf einen baldigen Präventivkrieg. Gebetsmühlenartig versuchte diese, die Politik von dessen Notwendigkeit zu überzeugen. Sozialdarwinistische Überzeugungen, politische Überlegungen und klassisches militärisches „worst-case"-Denken bildeten dabei zunehmend eine eigentümliche Gemengelage. „Nicht als ob für den Augenblick der Beginn eines Kriegs von Seiten der Gegner Deutschlands zu gewärtigen sei", hieß es in einer von Generalquartiermeister General Graf Georg v. Waldersee verfassten Denkschrift des Generalstabs vom 18. Mai 1914, „wohl aber mehren sich die Anzeichen, daß diese unablässig rüsten und Vorbereitungen auf den verschiedensten Gebieten treffen, um zu gegebener, wohl noch etliche Jahre hinaus liegenden Zeit, den Dreibund oder dessen beide Kaisermächte, am liebsten gar Deutschland allein, mit überlegener Macht von allen Seiten her anzufallen." Dass klang bedrohlich, im Nachsatz musste Waldersee jedoch eingestehen: „Daß gerade dieses Jahr den Gegnern Deutschlands einladend sei, gegen den Dreibund kriegerisch vorzugehen, kann nicht gesagt werden. Im Gegenteil, für den Moment kann keinem der Hauptbeteiligten etwas daran liegen, den Waffengang herbeizuführen."

Doch genau in dieser Diagnose lag der Schlüssel für den Weg, den Politik und Militär einschlagen sollten: Gerade weil die Wahrscheinlichkeit gering war, angegriffen zu werden, schien es nicht opportun, „einem Konflikt aus dem Wege zu gehen". „Vielmehr" schien es geboten, sich klar zu machen, „dass die Aussichten, einen großen europäischen Krieg schnell und siegreich zu bestehen, heute noch sehr günstig für Deutschland liegen und ebenso für den Dreibund."[3]

Wachsendes Misstrauen im Frühjahr 1914

Reichskanzler Bethmann Hollweg hat diesem Drängen nicht nachgegeben, da er einen großen Krieg für keine Lösung der außenpolitischen Probleme des Reiches hielt. Die Zuspitzung des deutsch-russischen Verhältnisses im Frühjahr 1914, die unübersehbare Krise der Donaumonarchie, des einzigen zuverlässigen Verbündeten sowie die geheimen Nachrichten über russisch-englische Verhandlungen über eine Marinekonvention scheinen sein „Lagebild" jedoch erheblich beeinflusst zu haben. Am schwersten wog dabei wohl der Verlust an Vertrauen gegenüber der englischen Regierung, auf deren Bereitschaft zur Annäherung er in den vergangenen Jahren maßgeblich „gesetzt" hatte. Auch bei ihm scheint daher die Bereitschaft gewachsen zu sein, den Zusammenhalt der Entente und damit den deutschen außenpolitischen Spielraum bei nächster Gelegenheit zu „testen". Inwieweit er sich darüber im Klaren war, dass dieser „Test" auch das Risiko eines großen europäischen Krieges beinhaltete, ist eine kaum zu beantwortende Frage.

Innenpolitische Faktoren

Gleichermaßen schwer zu beantworten ist die Frage, inwieweit bei den Überlegungen des Kanzlers auch innenpolitische Probleme eine Rolle gespielt haben. Bereits in der Bismarck-Ära hatten innenpolitische Aspekte immer wieder auch Einfluss auf außenpolitische Entscheidungen gehabt. Gleiches gilt für die Welt- und Flottenpolitik. Große Teile des Bürgertums hatten diese teilweise begeistert begrüßt, sich in Vereinen zusammengeschlossen und ihre Interessen artikuliert. Vor allem in Krisenzeiten war deutlich geworden, dass das außenpolitische Handeln der Reichsleitung gerade von den nationalen Kreisen – konservativen wie liberalen – aufmerksam beobachtet und kritisch kommentiert wurde. Stellvertretend für viele Reichstagsabgeordnete und national denkende Bürger erklärte der nationalliberale Reichstagsabgeordnete

Hermann Paasche während der Beratungen der Heeres- und Flottenvorlage im Frühjahr 1912:

„Wir sitzen nicht mehr als Michel hinter dem deutschen Ofen, sondern wir stehen mitten im Weltgetriebe; wir treiben Weltpolitik und müssen sie treiben im Interesse der Selbsterhaltung des deutschen Volkes und im Interesse der Ernährung und Beschäftigung unserer stets und ständig wachsenden Bevölkerung. Wir müssen diese Politik treiben, sage ich, und deswegen müssen wir dazu auch die Mittel haben.“[4]

Diese Haltung und das damit verbundene Selbstbewusstsein musste die Reichsleitung berücksichtigen, wollte sie nicht Gefahr laufen, trotz der nicht vorhandenen politischen Verantwortlichkeit gegenüber dem Reichstag in eine schwierige, wenn nicht ausweglose Lage zu geraten. Gleichwohl, daraus zu schließen, dass die Reichsleitung trotz der bellizistischen Stimmung in Teilen der Öffentlichkeit, geschweige denn den Unterganësszenarien, die schriftstellernde Militärs propagierten, oder dem weitverbreiteten Kulturpessimismus unter Intellektuellen sich zu einer waghalsigen Politik hat verleiten lassen, ist schwer nachweisbar. Entschied sie sich allerdings für eine risikoreiche außenpolitische Aktion, dann musste sie sich darüber im Klaren sein, dass ein Scheitern aufgrund einer zu nachgiebigen Haltung ihre eigene Stellung unhaltbar machen würde. Die Erfahrungen des Jahres 1911, als eine „Flutwelle des Nationalismus“ (Wolfgang J. Mommsen) das Land überschwemmt und ungeheuren Druck auf die Regierung ausgeübt hatte, standen dem Kanzler zweifellos vor Augen, als er sich im Juli 1914 entschied, seinen bisherigen vorsichtigen Kurs in der Außenpolitik wieder zu verlassen.

Kriegsschuld?

In der Forschung bestand bei allen Unterschieden lange Zeit Konsens, dass der Versuch des Deutschen Reiches, mit dem Übergang zur Welt- und Flottenpolitik „das internationale Staatensystem zu revolutionieren“ (Klaus Hildebrand) maßgeblich für die Unruhe unter den Nationen und die krisenhafte Zuspitzung seit 1897/98 verantwortlich war. Strittig war allein die Frage, inwieweit innenpolitische Faktoren bei diesem Kurswechsel im Sinne einer „Krisenstrategie“ (Volker R. Berghahn) eine Rolle gespielt haben. In neueren Arbeiten ist diese Fokussierung auf das Deutsche Reich als maßgeblichem Urheber der wachsenden Spannungen aus genuin deutscher (Konrad Canis) bzw. der Sicht einzelner Akteure in Europa in Frage gestellt worden. Auch Großbritannien (Andreas Rose), Frankreich (Stefan Schmidt) und vor allem Russland (Sean McMeekin) wird ein erheblicher, wenngleich unterschiedlich gewichteter Anteil an dieser Entwicklung zugeschrieben.

So richtig es ist, den jeweiligen Anteil der anderen Mächte auszumessen, so wenig sollte dabei allerdings die deutsche Verantwortung heruntergespielt oder gar völlig ausgeblendet werden. Zudem fallen einige national, nicht vergleichend orientierte Arbeiten erheblich hinter den Kenntnisstand jener tatsächlich komparatistisch angelegten Arbeiten von Paul Kennedy und Klaus Wormer oder – aus deutscher Perspektive urteilend – der kritischen Studie von Konrad Canis zurück. Die Diskussionen unter jenen, die sich quellennah insbesondere der englischen, französischen und russischen Politik gewidmet haben, machen zudem deutlich, dass manche polemisch formulierte, den deutschen Anteil an der Zuspitzung der internationalen Spannungen vor 1914 relativierende Thesen der Überprüfung durch weitere Detailforschungen bedürfen.

Literatur

Angelow, Jürgen, Der Weg in die Urkatastrophe. Der Zerfall des alten Europa 1900-1914, Berlin 2010.

Canis, Konrad, Der Weg in den Abgrund. Deutsche Außenpolitik 1902-1914, Paderborn 2011 (detailreiche Gesamtdarstellung deutscher Politik vor 1914).

Epkenhans, Michael, Die wilhelminische Flottenrüstung 1908-1914. Weltmachtstreben, industrieller Fortschritt, soziale Integration, München 1991.

Fischer, Fritz, Krieg der Illusionen. Die deutsche Politik 1911-1914, 3. Aufl. Düsseldorf 1969.

Geppert, Dominik, Pressekriege. Öffentlichkeit und Diplomatie in den deutsch-britischen Beziehungen (1896-1912), München 2007.

Hildebrand, Klaus, Das vergangene Reich. Deutsche Außenpolitik von Bismarck bis Hitler 1871-1945, Stuttgart 1995 (klassische Gesamtdarstellung auf sehr hohem Niveau).

Hirschfeld, Gerhard/Krumeich, Gerd, Deutschland im Ersten Weltkrieg, Frankfurt am Main 2013. (sehr gute Gesamtdarstellung aus deutscher Perspektive).

Kennedy, Paul M., The Rise of the Anglo-German Antagonism, 1860-1914, London 1980 (vielschichtige Studie über die Ursachen der deutsch-englischen Spannungen).

Kießling, Friedrich, Gegen den „großen Krieg“? Entspannung in den internationalen Beziehungen 1911-1914, München 2002 (maßgebende Studie mit vielen neuen Akzenten aus vergleichender Sicht) .

Kronenbitter, Günther, „Krieg im Frieden“. Die Führung der k.u.k. Armee und die Großmachtpolitik Österreich-Ungarns 1906-1914, München 2003 (wichtige Studie über die Politik Österreich-Ungarns vor 1914).

MacMillan, Margaret, The War that ended Peace. The Road to 1914, Toronto 2013.

McMeekin, Sean, The Russian Origins of the First World War, Cambridge, MA 2011.

Mombauer, Annika, Helmuth von Moltke and the Origins of the First World War, Cambridge 2005 (wichtige Biographie auf der Grundlage neuerer Akten).

Neitzel, Sönke, Weltmacht oder Untergang. Die Weltreichslehre im Zeitalter des Imperialismus, Paderborn 2000.

Röhl, John C.G., Wilhelm II. Der Weg in den Abgrund 1900-1941, München 2008 (sehr materialreiche Biographie des letzten deutschen Kaisers).

Rose, Andreas, Zwischen Empire und Kontinent: Britische Außenpolitik vor dem Ersten Weltkrieg, München 2011 (neue Studie über Formen und Ziele englischer Außenpolitik).

Ders., Außenpolitik des Kaiserreichs 1890-1918, Darmstadt 2013.

Schmidt, Stefan, Frankreichs Außenpolitik in der Julikrise. Ein Beitrag zur Geschichte des Ersten Weltkrieges, München 2007 (wegweisende, ausgewogene Arbeit über die französische Außenpolitik vor 1914).

Schröder, Stephen, Die englisch-russische Marinekonvention. Das Deutsche Reich und die Flottenverhandlungen der Tripelentente am Vorabend des Ersten Weltkriegs, Göttingen 2006.

Stevenson, David, Armaments and the Coming of War. Europe 1900-1914, Oxford 1996.

Wormer, Klaus, Großbritannien, Russland und Deutschland. Studien zur britischen Weltreichspolitik am Vorabend des Ersten Weltkriegs, München 1980 (mustergültige vergleichende Arbeit über die Politik der drei wichtigsten Großmächte vor 1914) .

2 Die „Julikrise“

2.1 Der Balkan – eine Konfliktregion

Der Balkan und der großserbische Nationalismus

Der Balkan war eine sensible Region. Das Osmanische Reich, das im 16. Jahrhundert seine Herrschaft bis an die Grenzen Mitteleuropas hatte ausdehnen können, war dort zu Beginn des 20. Jahrhunderts trotz erheblicher Verluste immer noch präsent. Mühsam hatten ihm Serben, Montenegriner und Rumänen, Bulgaren, Albaner und Griechen Teile abgerungen und ihre eigenen kleineren oder größeren Nationalstaaten gegründet. Erst in den Balkankriegen 1912/13 endete die Herrschaft des Sultans. Er hinterließ jedoch eine Region, in der in vielen Gebieten verschiedene Ethnien und Religionen zusammen lebten.

Das vom Untergang bedrohte Osmanische Reich war jedoch nicht der einzige derartige Staat in der Region. Auch die Donaumonarchie war von jeher ein Vielvölkerstaat. Je weiter dieser seine Herrschaft nach Südosten ausgedehnt hatte, umso größer war die Zahl der Ungarn, Rumänen, Kroaten, Slowenen, Bosnier, Herzegowiner und Serben geworden, die er regierte. Diese unterschieden sich nicht nur von ihrer ethnischen Herkunft, sondern auch von ihrer Religion: Die einen waren Katholiken, andere Orthodoxe und wieder andere Muslime.

Dem „Zeitgeist“ entsprach allerdings nicht der Vielvölkerstaat, sondern der weitgehend ethnisch homogene Nationalstaat. Deutsche und Italiener hatten dies im 19. Jahrhundert exemplarisch vorgemacht, andere wie die Polen und Ungarn hatten es versucht, waren aber blutig gescheitert. Auch wenn viele Einwohner des österreichischen Vielvölkerstaates sich immer noch zur altehrwürdigen Donaumonarchie bekannten, gab es starke Kräfte, die dieser den Rücken kehren und wie viele andere Nationalitäten in einem eigenen Nationalstaat leben wollten. Vor allem der serbische Nationalismus, der sich die Vereinigung aller Serben in einem Großreich auf die Fahnen geschrieben hatte, entwickelte sich langsam aber stetig zu einer tödlichen Gefahr für die Doppelmonarchie. Geheimorganisationen wie das „Komitee zur Verteidigung der serbischen Nation“ (Srpska Narodna Odbrana) oder die Vereinigung „Jedinjeneje ili smrt“ („Vereinigung oder Tod“), besser bekannt als die „Schwarze Hand“, die vom serbischen Geheimdienst gesteuert wurden, spielten dabei eine wichtige Rolle.

Abb. 3 Das Attentat von Sarajevo, 28. Juni 1914.
Fotos des Attentats existieren nicht. Zeitgenössische Zeichnungen wie diese aus der französischen Zeitung *Le Petit Journal* haben versucht, das Ereignis im Bild festzuhalten und für die Nachwelt zu überliefern.

Das Attentat von Sarajevo

Wer die Ereignisse in Sarajevo verstehen will, muss sich diesen Hintergrund des Besuchs des österreichischen Thronfolgers Erzherzog Franz Ferdinand und seiner Frau in Sarajevo am 28. Juni 1914 stets vor Augen halten. Am Ende einer Manöverreise wollte der Thronfolger diese besuchen. Doch dort erwarteten ihn nicht nur die üblichen Honoratioren aus Stadt und Provinz, sondern auch gleich mehrere Attentäter, die alle nur ein Ziel hatten: die Ermordung des Repräsentanten eines Regimes, dessen Herrschaft in der Region sie zugunsten der Errichtung eines großserbischen Reiches beseitigen wollten. Nachdem ein erstes Attentat entlang der Strecke gescheitert war, gelang es einem zweiten Attentäter, dem 18-jährigen Studenten Gavrilo Princip, den Thronfolger und dessen Frau aus nächster Distanz zu erschießen.

2.2 Vom Attentat in Sarajevo zum Ultimatum an Serbien

Die Ermordung des österreichisch-ungarischen Thronfolgers, Erzherzog Franz Ferdinand, in der bosnischen Hauptstadt Sarajevo löste jene Katastrophe aus, die später als „Urkatastrophe des 20. Jahrhunderts“ bezeichnet wurde.

Princip war kein Einzeltäter. Die Attentäter – insgesamt waren es sechs – waren zwar österreichisch-ungarische Staatsbürger, fühlten sich diesem Staat aber nicht zugehörig. Als Angehörige der serbischen Minderheit ging es ihnen vielmehr darum, den von vielen geträumten Traum eines großserbischen Reiches zu verwirklichen. Ihre Organisationen wurden vom Chef des serbischen Geheimdienstes, Oberst Dragutin Dimitrijević, unterstützt. Unter dem Decknamen „Apis“ konnte dieser auf eine lange Liste geheimer Operationen und politischer Morde zurückblicken. Skrupel hatte er dabei nie gehabt. Doch nicht nur Nicht-Serben zitterten vor ihnen: Auch die serbische Regierung selbst war stets in Sorge, dass „Apis'“ Organisation sich gegen sie richten könnte, um einer ultranationalistischen Politik den Weg zu ebnen. Das Zögern des serbischen Ministerpräsidenten Nikola Pašić, gegen „Apis“ vorzugehen, als er im Frühjahr 1914 von den Attentatsplänen erfuhr, hat hierin eine ihrer wesentlichen Ursachen.

Die Attentäter und ihre Hintermänner

Princip und seine Mitverschwörer gehörten allerdings nicht der „Schwarzen Hand“, sondern der Organisation „Mlada Bosna“ („Junges Bosnien“) an. 1904 gegründet, bestand diese aus zahlreichen lokalen und regionalen Gruppen; sie verfügte aber über enge Beziehungen zur „Schwarzen Hand“ und deren Zentrale in Belgrad. Auf Befehl von „Apis“ trainierte diese jene jungen Revolutionäre, die sich die serbische Sache zueigen gemacht hatten. Neben ihren Waffen trugen daher alle auch Zyankali bei sich, um sich nach Erfolg oder Misserfolg selber das Leben zu nehmen und – dem Motto von „Vereinigung oder Tod“ getreu – in späteren Verhören nichts verraten zu können.

Auch die gefassten Attentäter haben – vergeblich – versucht, sich diesem Motto entsprechend das Leben zu nehmen. Aussagen eines Mitwissers führten jedoch bald auf die Spur der anderen Verschwörer. Die gefundenen Waffen, alle serbischer Herkunft, verstärkten zugleich den Verdacht, dass die Regierung in Belgrad hinter dem Attentat stand. Handfeste, gerichtsverwertbare Beweise dafür gab es dennoch weiterhin nicht, aber darum ging es letztlich auch nicht. Zu diesem Zeitpunkt waren viele wichtige Entscheidungen bereits gefallen.

Reaktionen auf das Attentat

Das Attentat war für viele Menschen ein Schock. Die Ermordung eines Königs, eines Thronfolgers oder auch eines hochrangigen Politikers galt allgemein als besonders verwerflich. Gleichwohl gab es Unterschiede bei der Anteilnahme und Trauer. Die Bandbreite reichte von der Verkündung von Staatstrauer bis hin zu unverhohlener Schadenfreude. In manchen Ländern ging beides fließend ineinander über.

Erste Entscheidungen in Wien

Entscheidend und für den weiteren Verlauf der Krise bestimmend war zunächst der Entschluss der Verantwortlichen in Wien, dieses Attentat auszunutzen, um den in den Jahren zuvor mehrfach erwogenen, dann aber, nicht zuletzt auf deutschen Druck, immer wieder verschobenen Krieg gegen Serbien zu führen. Die Situation der Monarchie auf dem Balkan wurde immer schwieriger. Ohne einen energischen Schritt nach vorne drohte, darin waren sich Politiker und führende Militärs einig, nicht nur eine Beschleunigung des inneren Verfalls, sondern auch der baldige Verlust des Großmachtstatus. Die Gelegenheit, nach Jahren defensiven Agierens endlich wieder in die Offensive gehen zu können, ohne befürchten zu müssen, am Ende doch wieder klein beigeben zu müssen, schien einmalig günstig. Gleichwohl zögerten die Politiker zunächst, insbesondere der ungarische Ministerpräsident Stefan Tisza, während die Militärs, allen voran der Chef des Generalstabs, Franz Conrad v. Hötzendorff, schon am 29. Juni gegen alle Versuche, Serbien zunächst mit den Mitteln der Diplomatie zur Verantwortung zu ziehen, apodiktisch erklärte: „zu wirken vermag nur die Gewalt."[1]

Wie auch immer der Entscheidungsprozess in Wien verlaufen würde, aus Sicht aller Verantwortlichen grundlegend war jedoch die Frage, wie sich der Bündnispartner in Berlin zu den österreichischen Plänen verhalten würde. Würde er erneut, wie 1912/13, Österreich drängen, auf einen Krieg, und sei es in Form einer militärischen „Strafexpedition", zu verzichten, oder würde er dieses Mal treu zu dem einzigen wirklich Verbündeten stehen? Die ersten Anzeichen waren nicht ermutigend – der deutsche Botschafter hielt sich sehr zurück, warnte ausdrücklich „vor übereilten Schritten"[2] –, doch dies sollte sich schnell ändern. Verschiedene Signale ließen erkennen, dass die Reichsleitung bereit war, einen Krieg gegen Serbien nun doch zu „decken".

„Mission" Hoyos und Stimmung in Berlin

Die Reichsleitung in Berlin war nicht unvorbereitet, als der österreichische Sondergesandte, Alexander Graf v. Hoyos, das Handschreiben Franz Josephs überbrachte. In den Tagen nach dem Attentat hatten der Kanzler und sein Umfeld darüber beraten, wie sie sich verhalten sollten. Zwar hatte Wilhelm II. mit seinen Randbemerkungen zu einem Bericht des deutschen Botschafters in Wien, in denen dieser über sein Drängen auf Mäßigung berichtet hatte, deutlich gemacht, wie er dachte: „Tschirschky soll den Unsinn gefälligst lassen! Mit den Serben muss aufgeräumt werden, und zwar bald,"[3] hieß es dort. So drastisch der Kaiser sich hier auch äußerte, eine Entscheidung war damit noch nicht gefallen. Die wenigen erhaltenen Berichte über die internen Diskussionen dieser Tage lassen vielmehr eine gewisse

Unentschiedenheit erkennen, wie der Bericht des sächsischen Gesandten in Berlin vom 2. Juli 1914 deutlich macht:

Quelle

Kein Krieg?

Bericht des sächsischen Gesandten in Berlin, Ernst v. Salza, an Graf Christoph Vitzthum v. Eckstädt, 2. Juli 1914:[4]

„Das Auswärtige Amt glaubt, [...] daß es zu einem Kriege zwischen Österreich und Serbien nicht kommen wird. Was im übrigen unser Verhältnis zu unseren Nachbarn anlangt, so haben weder Russland noch Frankreich die Velleität, einen Krieg zu beginnen. Frankreich ist mit seinen inneren Verhältnissen und der Geldkalamität zu sehr beschäftigt. Rußland rasselt zwar mit dem Säbel, aber der Grund hierin ist anscheinend nur, um möglichst in diesem Jahre die für nächstes Jahr von Frankreich versprochenen 500 Millionen zu erhalten, da es auch an Geldmangel leidet. Unser Verhältnis zu England ist besser geworden, wenn wir uns auch nicht dem Wahne hingeben dürften, jenseits des Kanals beliebt zu sein. Aber auch England wünscht keinen Krieg."

Ganz anders die Haltung im Generalstab: „Ich habe dort", berichtete der sächsische Militärbevollmächtigte nur einen Tag später, „den Eindruck gewonnen, daß man es dort als günstig ansieht, wenn es jetzt zu einem Kriege käme. Besser würden die Verhältnisse und Aussichten für uns nicht werden."[5]

Diese Berichte weisen auf zwei Aspekte hin, die das Denken der Verantwortlichen in Berlin in den folgenden Wochen bestimmten und schließlich den Krieg nahezu unausweichlich machen sollten. Zum einen die Überlegung, die Krise, wie bereits 1912/13, politisch zu lösen und sich angesichts einer vielleicht gar nicht so schlechten außenpolitischen Konstellation weiter durchzuwursteln, zum anderen aber auch die Bereitschaft den Krieg, den viele Verantwortliche angesichts der Aufrüstung der Ententepartner, allen voran der Russen, ohnehin für unvermeidlich hielten, nun doch lieber jetzt als später zu führen.

„Blankoscheck"

Als der österreichische Sondergesandte in Berlin eintraf und mit den Verantwortlichen im Auswärtigen Amt konferierte, während der österreichische Botschafter gleichzeitig zunächst mit Wilhelm II. (5. Juli), dann mit dem Kanzler (6. Juli) das Handschreiben Kaiser Franz Josephs besprach, waren doch einige Entscheidungen gefallen. Das österreichische Bestreben, Serbien eine Lektion zu erteilen, erkannten alle an den verschiedenen Besprechungen Beteiligten – Beweise hin oder her – an. Erhebliche Unterschiede gab es jedoch bei der Einschätzung des damit verbundenen Risikos. Wilhelm II. und andere Verantwortliche glaubten nicht, dass aus dem lokalen Krieg – wenn es denn überhaupt dazu kommen würde – ein großer Kontinentalkrieg, geschweige denn ein Weltkrieg entstehen könnte. „Rußland", so der Kaiser gegenüber dem österreichischen Botschafter, „sei [...] noch keineswegs kriegsbereit und werde es sich gewiss noch sehr überlegen, an die Waffen zu appellieren."[6] Das klang optimistisch, aber es gab auch andere Meinungen. Unterstaatssekretär Arthur Zimmermann war, wie Hoyos später notierte, überzeugt, dass die Wahrscheinlichkeit eines großen Krieges „90 Prozent" betrug, da Russland einen Feldzug gegen Serbien nicht hinnehmen könne. Gleichwohl, ohne sich Rechenschaft über die möglichen Szenarien gegeben bzw. die eigene Unterstützung an bestimmte Bedingungen geknüpft zu haben, erklärte der Kanzler dem österreichischen Botschafter im Beisein von Vertretern des Auswärtigen Amts am 6. Juli, dass die Regierung in Wien „mit Sicherheit" darauf rechnen könne, „dass Deutschland als Bundesgenosse und Freund der Monarchie hinter ihr stehe."[7] Kaiser und Kanzler drängten zugleich auf „ein *sofortiges* Einschreiten", hielten sie doch „jetzigen Augenblick für günstiger als einen späteren." Umfassender konnte die Blankovollmacht kaum sein, zumal Wilhelm II. am Vortag auch für den Fall eines Krieges zwischen Österreich und Russland uneingeschränkte Unterstützung zugesagt hatte.

Das Kalkül Bethmann Hollwegs

Diesen „Blanko"-Scheck hatten der Reichskanzler und auch der Kaiser keineswegs leichtfertig ausgestellt. Bethmann Hollweg hat dem wachsenden Drängen aus vielen Richtungen auf Auslösung eines Präventivkrieges lange Zeit widerstanden. Die geheimen Nachrichten über englisch-russische Verhandlungen über ein gegen Deutschland gerichtetes Marineabkommen hatten bei ihm jedoch einen erheblichen Vertrauensverlust in die Haltung der englischen Regierung zur Folge gehabt. Die Aufrüstung der Gegner, deren Folgen die Militärs täglich immer schwärzer an die Wand malten, bei gleichzeitig immer größerer Schwäche des eigenen Lagers angesichts des drohenden Verfalls der Donaumonarchie vergrößerten seine Sorgen vor den Gefahren einer Einkreisung. Auch der Druck der nationalen Öffentlichkeit, in der „Weltpolitik" endlich Erfolge vorzuweisen, war unübersehbar.

Die Absicht, den immer fester werdenden Ring um das Reich zu sprengen, sich außenpolitisch mehr Bewegungsspielraum zu verschaffen und zugleich die Donaumonarchie zu stärken scheinen Bethmann Hollweg dazu veranlasst zu haben, durch energisches Auftreten den Zusammenhalt der Entente zu testen. „Vielleicht entschliesst sich der alte Kaiser doch nicht, meint der Kanzler. Kommt der Krieg aus dem Osten, so dass wir also für Oesterreich-Ungarn und nicht Oest[erreich]-Ungarn für uns zu Felde zieht, so haben wir Aussicht, ihn zu gewinnen. Kommt der Krieg nicht, will der Zar nicht oder rät das bestürzte Frankreich zum Frieden, so haben wir doch noch Aussicht, die Entente über diese Aktion auseinanderzumanövrieren.“[8]

Dieses Kalkül erschien verblüffend einfach und überzeugend, lagen die Vor- und Nachteile beider Alternativen – Krieg oder Frieden – doch offenkundig klar auf der Hand lagen. Wenn der „alte Kaiser“ sich tatsächlich für den lokalen Krieg gegen Serbien entschied, dann lag es am Zaren, daraus einen Kontinentalkrieg werden zu lassen, in dem das Reich dann wiederum eingreifen würde, um seine Bündnispflichten zu erfüllen. Würde der Zar aber in Erinnerung an die Attentate von Revolutionären auf seinen Vater und Großvater sich weigern, für „Königsmörder“ in den Krieg zu ziehen oder Frankreich, dessen innenpolitische Verhältnisse in diesen Wochen völlig verworren waren, das Zarenreich militärisch zu unterstützen, dann bestand begründete Hoffnung, dass dieses als diplomatische Schlappe betrachtet und die Entente zerbrechen würde. Nachrichten über englisch-russische Spannungen im Mittleren Osten nährten diese Hoffnung. Ließ die Reichsleitung den Bündnispartner in dieser besonderen Situation hingegen im Stich, dann, so offenkundig die Überlegung, gefährdete sie einerseits das Bündnis mit Österreich mit den entsprechenden weitreichenden politischen und militärischen Folgen. Andererseits drohte ein Zurückweichen in dieser Situation einen Sturm der Entrüstung im Reich hervorzurufen, der weitaus stärker und – hinsichtlich seiner Folgen für die Stellung des Kanzlers und das Gefüge im Innern – gefährlicher sein würde als der, den das desaströse Verhalten der Reichsleitung in der „Agadir“-Krise ausgelöst hatte. Unterm Strich, so die Überlegung des Kanzlers, konnte das Reich in beiden Fällen nur gewinnen, keinesfalls aber verlieren. „Wenn es uns gelingt, Frankreich nicht nur selbst stille zu halten, sondern auch in Petersburg zum Frieden mahnen zu lassen, so wird das eine für uns recht günstige Rückwirkung auf das französisch-russische Bündnis haben,“[9] schrieb er Mitte Juli voller Zuversicht an den Staatssekretär für das Reichsland Elsass-Lothringen. Dass Risiko, das diese Strategie enthielt, war jedoch sehr groß. „Lässt sich die Lokalisierung nicht erreichen und greift Russland Österreich an, so tritt der casus foederis ein, so können wir Österreich nicht opfern.

Wir ständen dann in einer nicht gerade proud zu nennenden Isolation. Ich will keinen Präventivkrieg, aber wenn der Kampf sich bietet, dürfen wir nicht kneifen,"[10] bekannte Staatssekretär Gottlieb v. Jagow am 18. Juli, also noch vor Ausbruch der eigentlichen Krise, in einem Privatbrief an den deutschen Botschafter in London.

"Sprung ins Dunkle"

So einfach die Alternativen und die damit verknüpften politischen und militärischen Erfolge auf den ersten Blick zu sein schienen, so groß und dementsprechend unkalkulierbar war im Grunde das Risiko. Der Reichskanzler war sich darüber, anders als viele seiner Zeitgenossen, durchaus im Klaren. „Unsere Lage", so vertraute er einem seiner engsten Mitarbeiter an, „ist schrecklich. Wenn der Krieg kommen sollte und die Schleier dann fallen, wird das ganze Volk folgen, getrieben von Not und Gefahr. Der Sieg ist die Befreiung. [...] Für ihn ist die Aktion ein Sprung ins Dunkle und dieser schwerste Pflicht."[11] Am Ende hätten der Kanzler und die anderen Entscheidungsträger die Sprengung der Entente zweifellos dem großen Krieg auf dem Kontinent vorgezogen; kontrollieren konnte sie diese Entwicklung allerdings nur begrenzt. Im Gegenteil, sie überließen es zum einen in fahrlässiger Weise der Regierung in Wien, den weiteren Kurs zu bestimmen. Zum anderen aber gingen sie einfach davon aus, dass die anderen Großmächte am Ende den großen Krieg scheuen und damit dem Deutschen Reich einen lange ersehnten politischen Triumph gönnen würden, der nachhaltige Rückwirkungen auf die gegenwärtige internationale Konstellation haben musste.

Sitzung des Ministerrats in Wien

Die in Berlin ausgestellte Blankovollmacht reichte, um in Wien die Entscheidung voranzutreiben. Am 7. Juli, unmittelbar nach Hoyos' Rückkehr, tagte der gemeinsame Ministerrat der Doppelmonarchie. Nach langen Diskussionen beschloss die Regierung in Wien, Serbien ein Ultimatum zu stellen und diesem damit zumindest auf den ersten Blick eine Chance zu geben, den Krieg verhindern zu können. Das Ultimatum sollte, und daran ließen die Verantwortlichen im weiteren Verlauf der Krise gar keinen Zweifel, so formuliert werden, dass die serbische Regierung es eigentlich nicht annehmen konnte, ohne ihren Rückhalt in Militär und Bevölkerung, aber auch ihr Ansehen unter den eigenen Freunden zu verlieren. Dass die Verantwortlichen in Österreich so dachten, war nach Lage der Dinge zu erwarten. Entscheidend für das spätere Urteil hinsichtlich der Verantwortlichkeit für den Kriegsausbruch ist, dass die Reichsleitung darüber von Anfang an informiert war, so sehr sie dies später abstreiten sollte.

Dass Österreich diesen Krieg nicht würde führen können, da Serbien vielleicht nachgeben könnte, war der größte Alptraum der

Verantwortlichen in Wien. Bis zuletzt wurde daher an den Forderungen gefeilt, und um deren Durchschlagskraft zu erhöhen, wurde die Überreichung des Ultimatums mehrfach so verschoben, dass es erst in Belgrad übergeben wurde, wenn der französische Präsident seinen lange geplanten Staatsbesuch in St. Petersburg beendet haben und sich auf hoher See, außer Reichweite aller Funkverbindungen, befinden würde. Eine möglicherweise die internationale Lage komplizierende Absprache zwischen Frankreich und dem Zarenreich sollte damit im wahrsten Sinne des Wortes unterbunden werden. Doch war dies realistisch? Vor allem aber: Was bedeutete das für die Reichsleitung?

2.3 Der Weg in den Weltkrieg

Das Ultimatum

Am 23. Juli 1914, abends um 6 Uhr übergab der österreichische Gesandte in Belgrad dem stellvertretenden serbischen Ministerpräsidenten das Ultimatum seiner Regierung. Innerhalb von 48 Stunden sollte die Regierung darauf antworten. In dem Ultimatum forderte die Regierung in Wien die serbische Regierung auf, der großserbischen Propaganda ein Ende zu setzen, gegen die in das Attentat verwickelten Personen vorzugehen bzw. diese, soweit deren Namen inzwischen bekannt waren, festzunehmen sowie sich zu antiösterreichischen Äußerungen offizieller serbischer Stellen seit dem Attentat zu äußern. Grundlage für diese Forderungen war ein österreichischer Untersuchungsbericht, in dem die Fakten, soweit bekannt, zwischenzeitlich zusammengetragen worden waren. Danach war die Mitwisserschaft oder auch die Beteiligung an der Vorbereitung serbischer Regierungsstellen nicht zu beweisen. „Es bestehen vielmehr“, so hieß es dort, „Anhaltspunkte, dies als ausgeschlossen anzusehen.“[12] Erwiesen war inzwischen aber, dass das Attentat in Belgrad beschlossen und unter Mitwirkung einzelner, namentlich bekannter Serben sowie unter Bereitstellung von Waffen aus serbischen Armeemagazinen durchgeführt worden war.

Gerichtsverwertbare Beweise gegen die serbische Regierung gab es also nicht. Die nachweisbare Beteiligung einzelner serbischer Regierungsangestellter reichte aber, die Regierung in Belgrad zu weiteren Untersuchungen aufzufordern.

Was wusste die serbische Regierung?

Spätestens hier gilt es zu fragen, inwieweit die Regierung in Belgrad tatsächlich vorher von dem Attentat gewusst und was sie unternommen hat, dieses zu verhindern. Nach allem, was wir heute wissen, war der Chef des serbischen Militärgeheimdienstes

„Apis“ der Drahtzieher hinter den Kulissen. Fest steht auch, dass der serbische Ministerpräsident Pašić relativ früh über Informationen verfügte, wonach ein Anschlag auf den Thronfolger geplant war. Diese Informationen hat er auch verklausuliert an den österreichisch-ungarischen Finanzminister Bilinski weitergegeben. Bilinski hat die Warnungen aber, angesichts der Vielzahl von Morddrohungen, nicht wirklich ernst genommen und nicht an die zuständigen Stellen weitergegeben. Ob Letzteres verständlich war, sei dahin gestellt; entscheidend ist die Passivität des serbischen Ministerpräsidenten trotz Kenntnis der Anschlagspläne. Hinzu kommt dessen fehlende Bereitschaft, das Verbrechen soweit möglich selber aufzuklären und damit Österreich zumindest teilweise den Wind aus den Segeln zu nehmen. Offenkundig fürchtete Pašić, radikalnationalistische Kreise könnten ein mögliches Vorgehen gegen ihre Organisationen im Zusammenspiel mit der Armee nutzen, um gegen ihn und seine eher gemäßigte, angesichts der gravierenden Folgen zweier gerade erst beendeter Kriege auf Konsolidierung, nicht weitere Expansion setzende Politik vorzugehen. Im Sommer/Herbst 1914 standen Wahlen bevor, die Pašić gewinnen wollte.

Die österreichische Kriegserklärung

Inwieweit bei der serbischen Entscheidung, die österreichischen Forderungen nur teilweise anzunehmen, in gleichsam letzter Minute eingegangene Berichte des serbischen Militärattachés in St. Petersburg eine Rolle gespielt haben, Russland würde Serbien bei einem Konflikt ohne Wenn und Aber unterstützen, ist unter Historikern bis heute umstritten. Wie dem auch sei: Aus Wiener Sicht war die Zurückweisung des Ultimatums ein Erfolg, ermöglichte sie doch den von Anfang an gewollten Krieg. Am 28. Juli erklärte die Regierung in Wien diesen auch formell, am Tag darauf begannen mit der Beschießung Belgrads die Kampfhandlungen.

Reaktionen in Paris und St. Petersburg

Die Frage, inwieweit auch andere Regierungen Verantwortung an der „Urkatastrophe Europas“ tragen, ist oft gestellt und höchst unterschiedlich beantwortet worden. Der Balkan war für Russland von jeher eine sensible Region. Als Schutzmacht aller Slawen, aber auch aus genuinem Großmachtinteresse heraus, hatte es dort im 19. Jahrhundert seine Position Schritt für Schritt ausgebaut. Die Erfolge der Balkanstaaten über das Osmanische Reich 1912/13 hatten diese Stellung gestärkt, aber auch die Frankreichs, des wichtigsten Verbündeten des Zarenreiches. Frankreich hatte die Balkanstaaten politisch, aber auch mit Waffenlieferungen unterstützt. Entscheidend aus französischer Sicht war, dass eine Stärkung der Balkanstaaten, allen voran Serbiens, auch eine

Schwächung des Zweibundes war. Je stärker Serbien war, umso mehr Kräfte musste die Donaumonarchie im Falle eines großen europäischen Konflikts im Süden anstatt im Norden und Osten gegen Russland binden. Dies sollte es Russland wiederum ermöglichen, mehr Kräfte gegen Österreich, vor allem aber gegen den eigentlichen Gegner Frankreichs, das Deutsche Reich, ins Feld schicken zu können. Doch kann man daraus schließen, dass Frankreich und Russland im Sommer 1914 an einem großen europäischen Konflikt interessiert waren, selbst wenn dies bedeutete, die „Königsmörder" zu schützen? Keine Frage, beide Mächte waren inzwischen besser gerüstet, als in den vorangegangenen Krisen. Doch ab wann hatten die Verantwortlichen in beiden Hauptstädten überhaupt das Gefühl, dass das Attentat eine gefährliche Krise, ja vielleicht sogar einen Krieg auslösen könnte?

Fest steht, dass das deutsche und österreichische Kalkül, Europa in Sicherheit zu wiegen, zunächst aufzugehen schien. In Paris war man ohnehin wenig handlungsfähig: Innenpolitische Auseinandersetzungen dominierten dort den Alltag. Zudem verließen Staatspräsident Raymond Poincaré und Ministerpräsident René Viviani, der zugleich auch Außenminister war, am 16. Juli das Land, um dem Zaren in St. Petersburg einen offiziellen Besuch abzustatten, wo sie erst am 20. Juli eintrafen.

In der Zwischenzeit hatte sich, nicht zuletzt durch fahrlässige, aber auch offenkundig gezielte Informationen das Bild allmählich zu verdichten begonnen, dass Österreich, gedeckt durch das Deutsche Reich, Serbien ein unannehmbares Ultimatum übergeben und nach dessen Ablehnung militärisch vorgehen wollte. Der russische Außenminister Sergei D. Sasonow nutzte diese Informationen, um dem deutschen Botschafter am 21. Juli – also zwei Tage vor Überreichung des Ultimatums – deutlich zu verstehen zu geben, „Russland würde es nicht dulden können, dass Österreich-Ungarn Serbien gegenüber eine drohende Sprache führe oder militärische Massregeln treffe. ‚La politique de la Russe', hat Herr Sasonow gesagt, ‚est pacifique, mais pas passive'."[13]

Vor diesem Hintergrund fanden die Gespräche zwischen dem Zaren und Präsident Poincaré statt. In diese, über die ausführliche Protokolle nicht existieren, ist immer wieder viel hineingeheimnisst worden. Es spricht viel dafür, dass der französische Präsident dem Zaren wohl „nicht allein die politische, sondern auch die militärische Unterstützung Frankreichs für den Fall einer Eskalation der Krise zusicherte."[14] Diese Zusicherung sollte er wenig später, als die Krise sich mit Überreichung des Ultimatums in Belgrad zuzuspitzen begann, von Bord der „France" aus noch einmal wiederholen. Aus Sicht Poincarés erschien dies wichtig, denn die russische Regierung hatte keineswegs den Eindruck erweckt, Serbien um jeden Preis schützen zu wollen. Das Ergebnis wäre dann eine erneute Demütigung der Entente mit ihren unter Umständen sehr weitreichenden Folgen für die Sicherheit Frankreichs gewesen. Dies wollte Poincaré auf keinen Fall riskieren, zumal die deutsche Strategie, Österreich seinen lokalen Krieg auf dem Balkan ohne Einmischung der Großmächte führen zu lassen, offen zu erkennen war.[15] Diese Aufforderung war, wie es in Paris hieß, nichts anderes als eine unverhohlene Drohung, für den Fall, dass die anderen Mächte ihr nicht nachkamen, Österreich militärisch und mit allen Konsequenzen zur Seite zu stehen.

Der Eindruck Poincarés, dem Zaren und seiner Regierung durch einen „Blankoscheck" – um nichts anderes handelte es sich –, den Rücken stärken zu müssen, war letztlich unbegründet. Nach Kenntnis des Ultimatums – am 24. Juli – begann Russland, sich auf einen möglichen Krieg vorzubereiten. Nach langen Diskussionen über eine Teil- oder auch Generalmobilmachung beschloss der russische Ministerrat am 24./25.7. zunächst, „vom 26. Juli an auf dem ganzen Reichsgebiet die Verordnung über die Kriegsvorbereitungsperiode [...] in Kraft zu setzen [...]."[16] Was bedeutete dies, und war damit der Krieg unvermeidlich?

Die britische Reaktion

Viel hing in der Krise von der Haltung der englischen Regierung ab. Die Macht Englands war einfach gewaltig: 1911, während der „Agadir"-Krise, hatte die unmissverständliche Drohung, Frankreich nicht im Stich zu lassen, genügt, die Reichsleitung zum politischen Rückzug zu zwingen; 1912/13 war es dann umgekehrt der englische Druck auf Russland gewesen, der das Zarenreich, wenn es denn tatsächlich vorgehabt hatte, zugunsten Serbiens zu intervenieren, von militärischen Schritten abgehalten hatte. Wie also würde sich die Regierung in London dieses Mal verhalten? Wie alle Regierungen hatte die Regierung in London das Attentat verurteilt, dann aber keinen Anlass für weiteres Agieren gesehen. Zum einen schien die Situation ungefährlich, zum anderen stand die Bewältigung dringender innerer Probleme im Vordergrund. Aber auch in der Außenpolitik stand nicht Europa, sondern das angespannte Verhältnis zu Russland im Vordergrund. Konflikte in Persien machten deutlich, dass das Zarenreich nach Jahren der Zurückhaltung infolge der eigenen Schwäche nach 1905 bestrebt war, dort seinen Einfluss wieder zu verstärken. Manche antideutschen „Falken" im Foreign Office warnten daher, „Rußland wird unsere Haltung in dieser Krise als Prüfstein betrachten und wir müssen äußerst vorsichtig sein, es uns nicht zu entfremden."[17]

Inwieweit die Rücksicht auf das Wohlverhalten des Zarenreiches am Ende die englische Politik in der Krise beeinflusst hat, ist bis heute umstritten. Gleichwohl, überzeugt davon, „dass Frankreich und Russland entschlossen sind, den ihnen hingeworfenen Handschuh aufzuheben", war auch England gezwungen zu handeln. Neutralität war keine richtige Option, denn: „Sollte der Krieg ausbrechen und England unbeteiligt bleiben, dann muss sich folgendes ergeben: a) Entweder siegen Deutschland und Österreich, sie erdrücken Frankreich und demütigen Russland [...] wie wird dann die Lage eines freundlosen Englands sein? b) Oder Frankreich und Russland siegen. Wie werden sie sich dann gegen England verhalten? Wie wird's mit Indien und dem Mittelmeer stehen?"[18]

Außenminister Edward Grey verschloss sich diesen Argumenten keineswegs, hielt es aber für zu früh, die Deutschen, wie 1911, offen zu warnen. Offenkundig wollte er weder die Deutschen provozieren noch die eigenen Partner ermutigen, sich unversöhnlich zu verhalten. Inwieweit Grey mit seiner Haltung zu einem vergleichsweise frühen Zeitpunkt eine Chance vertan hat, den großen Konflikt rechtzeitig zu verhindern, ist schwer zu sagen.

Mit der Ablehnung der österreichischen Forderungen durch Serbien und dem nun bevorstehenden Krieg zwischen beiden Staaten wurde ein großer europäischer Konflikt angesichts der Bündnisverpflichtungen und allseits bekannten Interessen der Großmächte nun immer wahrscheinlicher.

Das Dilemma dieser Tage, in denen hektisch Telegramme zwischen den verschiedenen Hauptstädten hin- und hergeschickt wurden, war, dass die Regierungen in Wien und Berlin den lokalen Krieg auf dem Balkan wollten. Nachdem sie alle Bitten um Verlängerung der Frist für die serbische Regierung bereits abgelehnt hatten, war es aus ihrer Sicht auch nur konsequent, Vermittlungsversuchen eine Absage zu erteilen. So ließ die Reichsleitung die Regierung in Wien am 27. Juli[19] offiziell wissen, dass sie auf Kompromissvorschläge allenfalls zum Schein eingehen würde und Österreich sich daher dieses Mal keine Sorgen über die Verlässlichkeit des Bündnispartners machen müsste. Damit schränkte sie die eigenen Handlungsmöglichkeiten für den Fall, dass sie sich in letzter Minute doch zum Abbruch der Eskalation entschließen sollte, in grob fahrlässiger Weise ein. Spätestens mit der österreichischen Kriegserklärung an Serbien am 28. Juli stand man am Rubikon.

Hektische Verhandlungen und Schlichtungsversuche

Greys erster Vorschlag vom 24. Juli, der eine Schlichtung nur für den Fall eines Konflikts zwischen Österreich und Russland vorsah, drohte Serbien letztlich preiszugegeben und „verpuffte" daher; sein zweiter vom 26. Juli hingegen, der eine Vermittlung der nicht interessierten Mächte – England, Deutschland, Italien und Frankreich – zwischen dem Zarenreich, der Habsburgermonarchie und Serbien vorsah, war für die Reichsleitung nicht akzeptabel. Deutschland könne „Österreich in seinem Serbenhandel nicht vor ein europäisches Gericht ziehen",[20] hieß es in einem Telegramm des Kanzlers an den Botschafter in London. Hinter dieser Formel, die die Treuepflicht gegenüber dem Bündnispartner einmal mehr unterstrich, verbarg sich allerdings nichts anderes als der Versuch, den angestrebten Triumph gegenüber den anderen Mächten nicht durch Verhandlungen in eine blamable Niederlage zu verwandeln. Eine „Beteiligung an der von England beabsichtigten Beruhigungsaktion [könne] sehr leicht in ein schwächliches Nachgeben Österreichs und damit eine Schlappe des Dreibunds ausarten"[21], warnte Tirpitz in Erinnerung an das Debakel der „Agadir"-Krise und wohl stellvertretend für viele andere am gleichen Tag.

Diese Sorgen waren freilich unbegründet, da Österreich, im Wissen um die deutsche Bündnistreue, allen Vermittlungsversuchen einschließlich direkter Gespräche mit dem Zarenreich eine Absage erteilte sowie mit der Kriegserklärung und gleichzeitigen Bombardierung Belgrads am 29. Juli einfach Fakten schuf.

Den Verantwortlichen in Frankreich und Russland kam die deutsche Haltung nicht ungelegen, auch wenn die Bedingungen dieses Mal erheblich günstiger waren. Vor allem Russland behandelte sie dilatorisch. Gleichwohl, auch wenn Grey die Schwierigkeiten unterschätzte, die Vermittlungsgespräche in sich bargen, die unter dem Druck gleichzeitiger Mobilmachungen mit ihrem engen Zeitfenster standen, eine Chance wären sie allemal gewesen, um den kleinen wie den großen Konflikt zu verhindern. Doch dazu hätte es der „Mitwirkung Deutschlands" bedurft, wie Grey bereits am 25. Juli festhielt.[22]

Doch diese verweigerte die Reichsleitung, da sie bereit war, den lokalen Krieg auf dem Balkan selbst dann zu wollen, wenn dies den großen Krieg auf dem Kontinent bedeutete. „Tendenz unserer Politik", notierte der einflussreiche Chef des Marinekabinetts, Admiral Georg-Alexander v. Müller, am 27. Juli, dem Tag der Rückkehr des Kaisers und vieler Besprechungen in Berlin „Ruhige Haltung, Rußland sich ins Unrecht setzen lassen, dann aber den Krieg nicht scheuen."[23] Dahinter stand die Hoffnung, dass England sich heraushalten und damit ein Weltkrieg vermieden werden könne.

Für den Kanzler war die Mitteilung des englischen Außenministers am Abend des 29. Juli, England könne bei einem deutschen Angriff auf Frankreich nicht neutral bleiben, in gewisser Hinsicht ein Schock.[24] „Die Direktion“, so erklärte er am Mittag des folgenden Tages in der Sitzung des Preußischen Staatsministeriums, „[sei] verloren und der Stein ins Rollen geraten.“[25] Sein Versuch, mit den in der gleichen Nacht abgesandten berühmten „Weltbrandtelegrammen“ doch noch, wenngleich ohne den dann eigentlich gebotenen Nachdruck zu versuchen, die Katastrophe aufzuhalten, war angesichts des bereits begonnenen Krieges der Donaumonarchie gegen Serbien und vor dem Hintergrund des eigenen Verhaltens gegenüber Österreich in den Tagen zuvor wenig aussichtsreich.[26] Dort überwog die Euphorie die Sorge vor dem, was möglicherweise kommen könnte: „Unsere Note ist sehr kräftig, sie wird, wie ich unter Alek [Hoyos, M.E.] Zustimmung sage, einen furchtbaren Sturm in Europa erregen. Wir sind also noch fähig zu wollen! Wir wollen und dürfen kein kranker Mann sein, sagt Alek, lieber rasch zugrunde gehen! [...] so bricht heute ein großer Tag an: hoffentlich führt er zu einer Gesundung Österreichs,“[27] hatte ein intimer Beobachter der Wiener Politik, Josef Redlich, nach Gesprächen mit einigen der Entscheidungsträgern bereits am 24. Juli in seinem Tagebuch notiert. Ein Zurückweichen auf deutschen Druck nur wenige Tage später war angesichts der hier artikulierten und von vielen geteilten Hoffnungen daher wenig wahrscheinlich. Was sollte man in Wien zudem auch davon halten, dass der Kanzler wie zuvor zwar die Bündnispflicht unterstrich, jetzt aber, anders als zuvor, es ablehnte, „uns von Wien leichtfertig und ohne Beachtung unserer Ratschläge in einen Weltbrand hineinziehen zu lassen.“[28] Gleiches galt für den „Halt-in-Belgrad“-Vorschlag, den der englische Außenminister in diesen Tagen formuliert hatte und der dem am Tage zuvor formulierten Vorschlag des Kaisers entsprach.[29] Zudem ist nicht zu übersehen, dass der Kanzler zugleich trotz seiner scharfen Formulierungen gegenüber der Regierung in Wien weiterhin den Eindruck erweckte, dass er nur taktiere: „Wenn Wien [...] jedes Einlenken [...] ablehnt, ist es kaum mehr möglich, Russland die Schuld an der ausbrechenden europäischen Konflagration zuzuschieben.“[30] Hinzu kam, dass nicht nur auf dem Balkan bereits gekämpft wurde, sondern auch die anderen Mächte begonnen hatten, ihre Armeen mobil zu machen bzw. im Begriff waren, dies zu tun.

Militärische Planungen und Mobilmachungen

Parallel erhöhten die Militärs ihren Druck auf die Politik und forderten, klare Entscheidungen zu treffen, um keine unnötige Zeit zu verspielen. Jeder Zeitverlust gefährdete den vorgesehenen Aufmarsch und damit den Sieg. Der Schlieffen-Plan, der ohnehin ein hochriskantes Spiel mit zahlreichen Unbekannten war, konnte nur funktionieren, wenn er mit der Präzision eines Uhrwerks rechtzeitig in Gang gesetzt wurde. Für die anderen Aufmarschpläne – ob es nun der französische Plan XVII oder der russische Plan 19 war – galt dies gleichermaßen.

Kriegserklärungen

Doch so sehr die Generale in den jeweiligen Hauptstädten auch drängten, am Ende waren es die Politiker, die die Entscheidungen fällten: In Berlin Reichskanzler Bethmann Hollweg, der erst dann dem Drängen der Generale nachgab, als Russland mit der Generalmobilmachung (30. Juli) vorgeprescht war und damit die innenpolitisch notwendige Rechtfertigung für eine deutsche allgemeine Mobilmachung (31. Juli) einschließlich anschließender Kriegserklärung zunächst an das Zarenreich (1. August), dann an Frankreich (3. August) geliefert hatte.[31] In den anderen Hauptstädten war es ähnlich: Auch dort entschieden die Politiker, so sehr die Militärs ihrerseits auch immer stärker auf tatsächliche oder vermeintliche militärische Zwangslagen hinwiesen. Am geringsten war wohl der Einfluss der Militärs in England, das am 4. August auch als letztes Land in den Krieg auf dem Kontinent eintrat.

„In ganz Europa gehen die Lichter aus“

Obwohl Außenminister Grey die Haltung seiner Regierung in den Tagen zuvor hinreichend klar gemacht hatte, spekulierten die Verantwortlichen in Berlin weiterhin auf die englische Neutralität – und sei es nur für die ersten Kriegswochen –, so unberechtigt diese Hoffnung objektiv auch gewesen sein mag. So versuchten Wilhelm II., Bethmann Hollweg und Tirpitz am 1. August, den Aufmarsch nach Westen noch einmal aufzuhalten, da sie aufgrund einer – falschen – Meldung des deutschen Botschafters in London glaubten, England würde doch noch neutral bleiben. Diese Hoffnung erwies sich mit dem Einmarsch in Belgien jedoch als Illusion. Der Versuch, die Verletzung der belgischen Neutralität mit der „Pflicht der Selbsterhaltung“[32] zu begründen, verfing in London nicht. Seit dem 4. August betrachtete sich auch England, das entsprechend seiner traditionellen Politik der „Balance of Power“ keineswegs bereit war, eine deutsche Hegemonie auf dem Kontinent zu dulden, als im Kriegszustand mit Deutschland. Damit trat das ein, was der badische Gesandte in Berlin, Siegmund Graf Berckheim, bereits am 3. August 1914 nach Karlsruhe berichtet hatte: „Es wird ein Krieg Aller gegen Alle entbrennen, wie ihn die Weltgeschichte noch nicht erlebt hat.“[33] Diese Deutung, die schon zu Beginn des Konflikts die Hoffnung auf einen kurzen Krieg als Illusion bezeichnete, deckte sich mit dem oft zitierten Ausspruch des englischen Außenministers Grey: „In ganz Europa gehen die Lichter aus, wir werden es nicht mehr erleben, daß sie angezündet werden.“[34]

Ursachenforschung

Die Frage, wer an diesem Krieg „schuld“ war, hat ganze Generationen von Politikern und Historikern, aber auch einfachen Menschen beschäftigt. Kaum eine Frage schien angesichts der Katastrophe, die im Sommer 1914 ausgelöst wurde, berechtigter. Die vielen „Farbbücher“, die alle Regierungen in Windeseile „zusammenschusterten“ – ohne sich dabei auch nur ansatzweise zu bemühen, die Entwicklung wahrheitsgetreu nachzuzeichnen –, sind dafür ein Beleg. Gleiches gilt für diejenigen, die im Juli 1914 Verantwortung trugen, und bald von Freunden, Bekannten oder auch interessierten Zeitgenossen gefragt wurden, wie es dazu hatte kommen können.
Viele Historiker haben sich nach 1918 von ihren Regierungen „einspannen“ lassen. Erst mit der sukzessiven Freigabe der Akten nach 1945 war eine detaillierte Forschung über die Ursachen des Krieges möglich. Den wichtigsten Anstoß dazu gab der Hamburger Historiker Fritz Fischer. In seinen seit Ende der 1950er-Jahre veröffentlichten Studien lastete er dem Deutschen Reich die Hauptverantwortung – nicht Schuld! – für den Ausbruch des Krieges an. Vor allem ältere Historiker haben ihm widersprochen. Einerseits haben sie ihm in einer teilweise sehr emotional geführten Debatte nachzuweisen versucht, dass auf deutscher Seite keiner der Verantwortlichen den Krieg gewollt habe. Andererseits wiesen sie auf die Rolle der anderen Mächte hin. Ihrer Meinung war auch diesen der Preis zu hoch, unter Inkaufnahme diplomatischer oder militärischer Nachteile den Frieden zu erhalten. Jüngere Sozialhistoriker, zu denen insbesondere der inzwischen verstorbene Bielefelder Ordinarius Hans-Ulrich Wehler gehörte, betrachteten die desolate außenpolitische Lage des Reiches zwar als wichtiges Motiv der handelnden Akteure in Berlin, sich auf eine Politik des „brinkmanship“ einzulassen. Ausschlaggebend war ihrer Meinung nach aber die völlig verfahrene innenpolitische Situation. In einer „Flucht nach vorn“ habe die Reichsleitung die einzige Möglichkeit gesehen, die Herrschaft der „alten Eliten“ noch einmal vor der „roten Flut“ zu retten.
Dauerhaft durchsetzen konnte sich diese Position jedoch nicht. Trotz unterschiedlicher Akzentuierungen folgte die große Mehrheit der Historiker vielmehr seit den 1970er-Jahren dem vom Kölner Historiker Andreas Hillgruber entwickelten Modell des „kalkulierten Risikos“. Diese Theorie stützte sich auf zwischenzeitlich aufgefundene Tagebuchaufzeichnungen Kurt Riezlers,

des Sekretärs des Kanzlers. Danach hätte dieser angesichts der sich stetig verschlechternden außenpolitischen und militärischen Lage des Reiches durch eine Politik am Rande des Krieges Druck auf die Entente ausüben und diese spalten wollen. Bei einem Fehlschlag wäre er aber auch – im Vertrauen auf die Zusagen der Militärs, einen Krieg im Jahre 1914 noch gewinnen können –, bereit gewesen, diesen zu führen.
Dieser weitgehende Konsens, der der deutschen Politik die Hauptverantwortung zuwies, ist durch die Forschungen von Christopher Clark infrage gestellt worden. Danach hätten sich alle Mächte vor und während der „Juli“-Krise wie „Schlafwandler“ verhalten und seien dementsprechend gleichermaßen für die darauf folgende Katastrophe verantwortlich. Zahlreiche Historiker haben sich dieser Revision des erreichten Forschungsstandes angeschlossen, andere wie Annika Mombauer, Jörn Leonhard und Gerd Krumeich haben ihr mit guten Gründen jedoch vehement widersprochen. Einen Konsens in der Frage der Verantwortung für das Geschehen in der „Juli“-Krise gibt es daher nicht. Unstreitig ist zunächst, dass der serbische Anteil, d.h. das Versagen der Regierung bei der Kontrolle der Scharfmacher im eigenen Lager, die Duldung antiösterreichischer Aktivitäten und der mangelnde Wille zur Aufklärung des Geschehens im eigenen Land stärker als bisher in den Blick genommen und entsprechend gewichtet werden müssen. Unstreitig ist ebenfalls, dass der Preis, den Frieden durch Nachgeben – und sei es in letzter Minute – und damit die Inkaufnahme eines möglichen Prestigeverlusts oder auch eine Belastung der Beziehungen zwischen den eigenen Allianzpartnern zu erhalten, den Verantwortlichen in Paris und St. Petersburg in gleicher Weise zu hoch erschien wie den Politikern in Berlin und Wien. Am Ehesten haben noch die Verantwortlichen in London sich aktiv um den Frieden bemüht. Ob England dabei klüger, energischer und rechtzeitiger hätte reagieren, und als damals noch dominierende Weltmacht beide Lager in die Schranken hätte weisen müssen, ist schwer zu beantworten.
Auch wenn die neuere Forschung stärker nach den Bedingungen fragt, die die Krise ermöglicht haben, und die verschiedenen Grade der Verantwortung herauszuarbeiten versucht, so gilt es doch einen Aspekt festzuhalten: An der Tatsache, dass das Deutsche Reich, das mit seiner aus ganz anderen Gründen erfolgten Billigung einer politisch-moralisch noch so gerechtfertigten „Strafexpedition“ gegen einen offenkundigen „failed state“ von

Anfang an einen Kontinentalkrieg, wenn nicht einen „Weltbrand" (Bethmann Hollweg) zu riskieren bereit war, im Zusammenspiel mit den Verantwortlichen in Wien die Kugel ins Rollen gebracht hat, die dann die große Katastrophe des 20. Jahrhunderts auslösen sollte, geht kein Weg vorbei. So sehr auch die anderen Mächte durch ihr Verhalten und ihre Entscheidungen in diesen Tagen zweifellos ihren Anteil daran hatten, so ist es diese Bereitschaft zur Inkaufnahme unkalkulierbarer Risiken, die den entscheidenden Unterschied bei der Ausmessung der Verantwortung zwischen Berlin und Wien, Paris, St. Petersburg und London ausmacht. Durch diese Bereitschaft zur Übernahme unkalkulierbarer Risiken unterscheidet sich die Krise im Juli 1914 auch grundsätzlich von ähnlich gelagerten Konflikten im weiteren Verlauf des 20. und 21. Jahrhunderts.

Literatur

Albertini, Luigi, The Origins of the War of 1914, 3 Bde, Oxford 1952 (ND New York 2005).

Clark, Christopher, Die Schlafwandler. Wie Europa in den Ersten Weltkrieg zog, München 2013, S. 475-708 (Aufsehen erregende Darstellung aus englischer Sicht, die die bisherige Forschung in manchen Bereichen infrage stellt).

Fischer, Fritz: Griff nach der Weltmacht. Die Kriegszielpolitik des kaiserlichen Deutschland 1914-18, 2. Auflage Königstein 1979.

Hamilton, Richard F.; Herwig, Holger H., Decisions for War 1914-1917, Cambridge 2004.

Jansen, Anscar, Der Weg in den Ersten Weltkrieg. Das deutsche Militär in der Julikrise 1914, Marburg 2005 (materialreiche Studie über die Rolle von Heer und Marine vor und während der Julikrise sowohl auf Reichs- wie auch auf regionaler Ebene).

Krumeich, Gerd, Juli 1914. Eine Bilanz, Paderborn 2014 (detaillierte Darstellung, die den deutschen Anteil an der Auslösung des Krieges betont, ohne aber den der anderen Mächte zu verschweigen).

Leonhard, Jörn, Die Büchse der Pandora. Geschichte des Ersten Weltkriegs, München 2014, S. 83-127 (ausgewogenste Darstellung des Geschehens im Juli 1914).

McMeekin, Sean, Juli 1914. Der Countdown in den Krieg, Berlin 2014 (Diese Studie betont vor allem die russische Verantwortung für die Eskalation der Krise).

Mombauer, Annika, Die Julikrise 1914. Europas Weg in den Ersten Weltkrieg, München 2014 (komprimierter und überzeugender Überblick über die Julikrise).

Mombauer, Annika, The Origins of the First World War. Controversies and Consensus, London 2002 (forschungsorientierter Überblick, der die wichtigsten Aspekte und Kontroversen bis zur Jahrtausendwende zusammenfasst).

Münkler, Herfried, Der große Krieg. Die Welt 1914-1918, Berlin 2013, S. 25-106.

Rauchensteiner, Manfried, Der Erste Weltkrieg und das Ende der Habsburgermonarchie, Wien 2013, insbes. S. 85-200 (quellennahe Darstellung des Geschehens aus österreichischer Sicht).

Zechlin, Egmont, Krieg und Kriegsziele. Zur deutschen Politik im Ersten Weltkrieg. Aufsätze, Düsseldorf 1979 (Zusammenfassung der zentralen Aufsätze eines der wichtigsten Kontrahenten von Fritz Fischer).

3 Krieg

3.1 Der Krieg zu Lande

Millionen ziehen in den Krieg

In den ersten Augusttagen 1914 marschierten Millionen Soldaten aller am Krieg beteiligten Nationen, soweit als möglich transportiert von tausenden von Zügen – allein ca. 10.000 auf französischer, 20.800 auf deutscher Seite –, die im Minutentakt an den jeweiligen Ausladestationen einfuhren, Offiziere und Mannschaften, Geschütze und Munition, Lebensmittel, Pferde und Pferdefutter entluden, um dann zurückzurollen und anschließend mit neuen Truppen und weiterem Nachschub zurückzukommen, in den von den Generalstäben vorgesehenen Gebieten auf: 2,4 Millionen deutsche, 1,4 Millionen österreichische, 1,8 Millionen französische, 3,4 Millionen russische und 111.000 englische Soldaten. Hinzu kamen die der kleineren Armeen: Belgien mobilisierte 117.000, Serbien 247.000 Mann.[1]

Am Ende der Kämpfe im Spätherbst 1918 sollten diese Zahlen bis dahin ungeahnte Höhen erreichen: ca. 13,2 Millionen deutsche, 7,8 Millionen österreichische, 2,8 Millionen osmanische und 1,2 Millionen bulgarische Soldaten waren auf Seiten der Mittelmächte, 8,5 Millionen französische, 12 Millionen russische, 9,0 Millionen britische, 5,5 Millionen italienische, 4,8 Millionen amerikanische, 750.000 rumänische und 700.000 serbische Soldaten auf Seiten der Entente mobilisiert worden. Rechnet man die Kolonien hinzu, dann belief sich die Zahl der Soldaten, die zwischen 1914 und 1918 eingezogen worden waren, auf ca. 72 Millionen.

Bewegungskrieg

Nach dem Aufmarsch von sieben deutschen Armeen mit insgesamt 1,6 Millionen Soldaten – fünf auf dem rechten, zwei auf dem linken Flügel, – an der französisch-belgischen Grenze begann mit dem Einmarsch in Belgien am Morgen des 4. August der Erste Weltkrieg. Bereits zwei Tage zuvor waren deutsche Truppen in Luxemburg eingerückt. Ihr Ziel war allerdings nicht Belgien, sondern Frankreich. Nur der Bruch der belgischen Neutralität ermöglichte aus Sicht der militärischen Führung einen Vormarsch, der einen schnellen Sieg bringen sollte. Für wie wahrscheinlich sie ihn tatsächlich gehalten haben, muss angesichts mancher widersprüchlicher Befunde offen bleiben. Dass viele an diesen Sieg wenn nicht fest geglaubt, so diesen doch wenigstens erhofft haben, steht allerdings außer Frage. Anders ist das Tempo des Vormarsches nicht zu erklären.

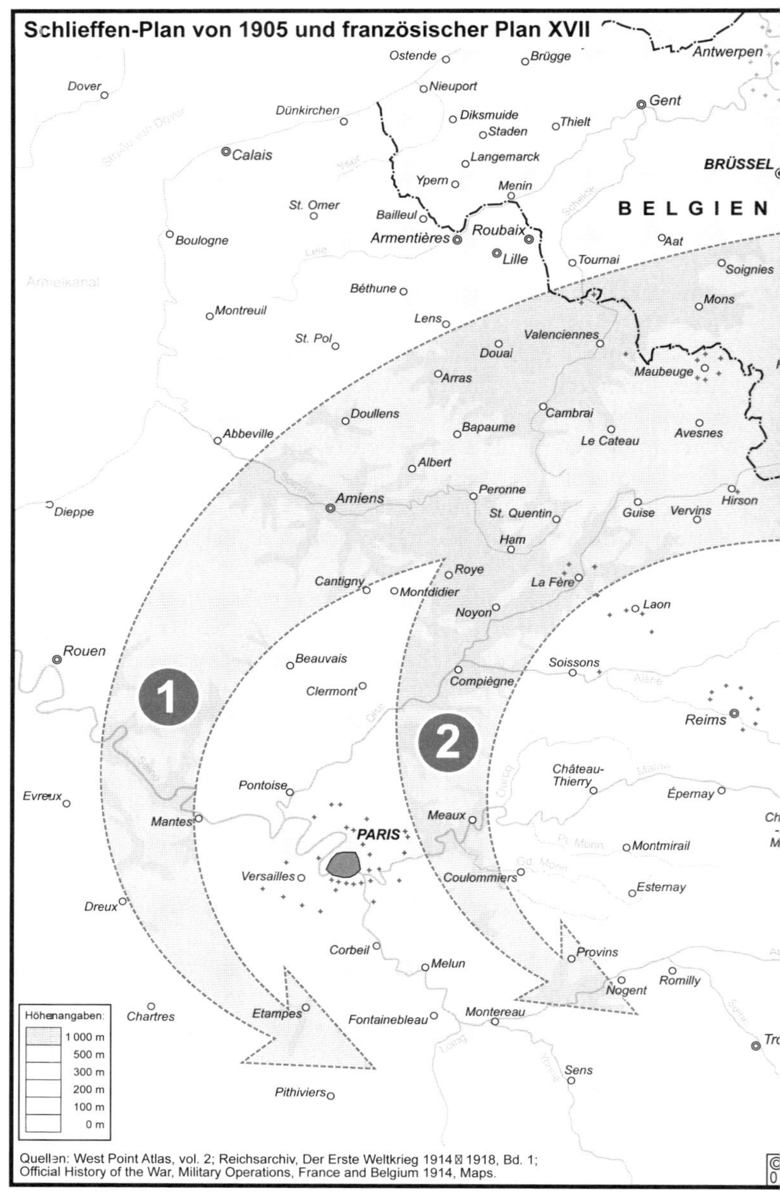

Karte 1: Deutsche und französische Planungen für den Angriff auf den jeweiligen Gegner 1914

Schlieffen-Plan von 1905
Angriffsoption Fall Kuhl II
Angriffsoption Fall Freytag II
Deutsche Armee
Deutsche Befestigungen
Französischer Plan XVII
Angriffsplan
Optionaler Gegenangriff
Französische Armee
Französische Befestigungen
Belgische Befestigungen
1. Kluck
2. Bülow
3. Hausen
Rechter Flügel
4. Albrecht
5. Kronprinz Wilhelm
Zentrum
6. Kronprinz Rupprecht
7. Heeringen
Linker Flügel
DEUTSCHES REICH
LUX.
LUXEMBURG
3. Ruffey
2. Castelnau
1. Dubail
Linker Flügel
Rechter Flügel
ANKREICH
20 40 60 80 100 km
©ZMSBw 07343-02

Schlieffen-Moltke-Plan

Leitgedanke der Operationen, die nun wie ein Uhrwerk abzulaufen begannen, waren die vom inzwischen legendären Chef des preußischen Generalstabs, Generaloberst Alfred Graf v. Schlieffen, entwickelten Gedanken über einen „Krieg gegen Frankreich" – so der Titel seiner letzten großen Denkschrift aus dem Jahre 1905. Nur eine Vernichtungsschlacht, die durch eine Umfassung des Gegners sowie eine möglichst bewegliche offensive Operationsführung erreicht werden sollte, konnte den Krieg im „Zeitalter der Millionenheere" schnell und siegreich beenden. Ob diese große Schlacht am Ende einer Folge grenznaher Einzelschlachten stattfinden oder das Ergebnis einer großen westlichen bzw. kleineren östlichen Umfassung von Paris ab dem 31. Mobilmachungstag sein würde, hing vom Verlauf des Vormarsches ab. Auch andere Szenarien waren nicht ausgeschlossen, jedoch weniger wahrscheinlich.

Helmuth v. Moltke d. J., Nachfolger Schlieffens seit 1906, hat an den operativ-strategischen Grundgedanken seines Vorgängers festgehalten.[2] In mancherlei Hinsicht war er jedoch flexibler, ganz abgesehen davon, dass er gezwungen war, den Wandlungen des internationalen Systems seit 1905 – dem Jahr, in dem Schlieffen seine letzte Studie angefertigt hatte – Rechnung zu tragen. So verstärkte er den linken Flügel, um sich im Zweifel auch andere operative Möglichkeiten offen zu halten. Er verzichtete auch auf einen Durchmarsch durch die Niederlande, die für den Fall eines längeren Krieges die Funktion einer „Luftröhre" haben sollten. Zugleich plante er eine schnelle Eroberung der Festungen um Lüttich, um den Vormarsch und die Umfassung der französischen Armeen zu beschleunigen. Auch der Aufmarsch nach Osten wurde daher 1913 eingestellt, um alle verfügbaren Kräfte nach Westen werfen zu können.

Ein wichtiger Aspekt der Planungen für den Krieg waren auch die Vorbereitungen hinsichtlich Mannschaftsstärke, Ausrüstung und finanzieller Ressourcen. Hier hatte Moltke zweifellos das getan, was ihm im System des Kaiserreichs möglich war. Seit 1912 war das Heer nach Jahren des Verzichts zu Gunsten der Flotte im Rahmen von zwei Vorlagen erheblich erweitert worden. Gleiches betraf die Ausrüstung mit schweren Waffen und Maschinengewehren. Eine vollständige Ausschöpfung der „Wehrkraft" – so ein zeitgenössischer Terminus – war bisher als weder finanzierbar noch als politisch opportun zurückgestellt worden. Angesichts der bevorstehenden massiven Verstärkung der russischen Armee hatte Kriegsminister Erich v. Falkenhayn diese Frage zwar erneut aufgeworfen, eine Entscheidung darüber war vor Ausbruch des Krieges nicht mehr gefallen.

Die Mobilmachung selbst lief dann, einmal verkündet, ab wie ein Uhrwerk. Wie seit Jahren detailliert geplant, marschierten die Truppen auf und drangen wie vorgesehen in das Land des Gegners ein. „Die 1. Armee", so hieß es in den Aufmarschanweisungen für das Jahr 1914/15, „wird Befehl erhalten, auf Brüssel zu marschieren und die rechte Flanke des Heeres zu decken. [...] Die 2. Armee wird Befehl erhalten, mit dem rechten Flügel auf Wavre, mit dem linken nördlich an Namur vorbei vorzugehen. [...] Das klang kühn und durchdacht, doch ob der Plan tatsächlich funktionieren würde, musste sich erst noch erweisen. Aus militärischer Sicht klangen auch die Forderungen hinsichtlich der Durchmarschrechte, die Belgien und Luxemburg gewähren sollten, durchaus schlüssig. Die politischen Implikationen eines solchen Ansinnens schienen offenkundig vernachlässigbar. Gelang der schnelle Sieg, dann war eine englische Intervention keine wirkliche Gefahr. Und sollte die British Expeditionary Force doch noch auf dem Kontinent landen, dann war der Generalstab überzeugt, „auch mit den 150.000 Engländern" fertig werden zu können.[3]

Der Schlieffenplan

Viele Zeitgenossen haben – nach der deutschen Niederlage – in der Denkschrift Schlieffens einen meisterhaften Plan gesehen, der, wenn er von dessen Nachfolger nur richtig umgesetzt worden wäre, den schnellen Sieg und nicht die katastrophale Niederlage nach einem zermürbenden, vierjährigen Stellungskrieg gebracht hätte. Diese Deutung, die nicht zuletzt einen Sündenbock für die erlittene Schmach suchte und diesen im 1916 gestorbenen Moltke fand, übersieht freilich, dass auch Schlieffens Plan von Variablen ausging, die im Zeitalter der Massenheere immer fragwürdiger wurden. Zudem war das deutsche Heer keineswegs stark genug, um die vorgesehene Zangenbewegung wie geplant durchführen zu können.

Auch Historiker haben immer wieder über den Schlieffenplan gestritten, ja sogar – wie Terence Zuber – seine Existenz mit zum Teil „abenteuerlichen" Begründungen bestritten. Von einem nachträglichen Konstrukt kann freilich keine Rede sein. Jüngere Forschungen haben vielmehr gezeigt, dass Schlieffen das Szenario immer wieder auf Generalstabsreisen und in Kriegsspielen geprobt hat, um seine Grundidee zu überprüfen. Die stark befestigte französische Hauptstadt Paris sollte dabei – je nach Lage – entweder westlich oder östlich umgangen werden.

Die Aufmarschpläne der anderen Mächte

Die Rigidität, mit der die deutschen operativen Planungen auf Sieg setzten und dabei alle Rücksichten auf geltendes Völkerrecht fallen ließen, war sicherlich einzigartig. Gleichwohl, auch den Plänen der anderen Generalstäbe, sei es des k.u.k.-Generalstabs, dem der russischen (Plan 19) oder der französischen Armee (Plan XVII) haftete in hohem Maße etwas Künstliches an. Gemeinsam war allen jedoch, dass sie angesichts der Ungewissheiten über den Aufmarsch des jeweiligen Gegners va banque spielten. Allen gemeinsam war auch der Glaube, durch offensives Vorgehen die Pläne des Gegners durchkreuzen sowie eigene Unzulänglichkeiten bei Planung, Ausrüstung und Aufmarsch ausgleichen zu können. Allein das kleine Britische Expeditionskorps nahm diesbezüglich eine Sonderstellung ein. Seine Teilnahme am Krieg auf dem Kontinent war bis zuletzt offen; mehr als unverbindliche Absprachen über seinen Einsatzort gab es nicht.

Angesichts der Mittellage des Reiches schien das von Schlieffen und Moltke geplante Vorgehen aus Sicht der militärischen Führung alternativlos: Nur ein schneller Sieg im Westen bot die Chance, die allen Vorausberechnungen zufolge langsamer aufmarschierenden russischen Armeen, die gefürchtete „Dampfwalze", im Osten aufzuhalten. Insofern spielten die Generale tatsächlich Vabanque. Das Risiko, einen länger sich hinziehenden Krieg, zumal an zwei Fronten, im Zeitalter des industrialisierten Maschinenkrieges erfolgreich zu bestehen, schien ihnen offenkundig noch unkalkulierbarer. Die bessere Ausbildung der deutschen Soldaten im Vergleich zu den französischen, bessere Gewehre und eine überlegene schwere Artillerie – bei den leichten Geschützen waren die französischen Truppen mit ihrer berühmten 7,5 cm Kanone im Vorteil – ließen es zudem gerechtfertigt erscheinen, die Risiken der operativen Planungen einzugehen. Mit 760.000 Mann war ihrer Ansicht nach der aus drei Armeen bestehende deutsche Schwenkungsflügel stark genug, um die kleine belgische Armee, das Britische Expeditionskorps und die französische 5. Armee – alle zusammen 254.000 Mann stark – zu schlagen. Dass Schlieffen bereits eine noch größere Überlegenheit gefordert hatte, übersahen sie dabei geflissentlich. Mehr Armeekorps hatte der Generalstab auch wegen des Widerstands des preußischen Kriegsministeriums nicht durchsetzen können.

Bereits innerhalb weniger Tage zeigte sich jedoch, dass die Realität des Krieges schnell die Planungen am Kartentisch und auf dem Manövergelände zur Makulatur werden lassen konnte. Zwar drangen die deutschen Armeen in Belgien, seit Mitte August auch in Frankreich, wie geplant vor. Auch der seit dem politisch und wirtschaftlich für notwendig gehaltenen Verzicht auf die Verletzung der Neutralität der Niederlande 1909 vorgesehene „Handstreich“ auf den Festungsgürtel von Lüttich gelang trotz heftigen Widerstands der kleinen belgischen Armee. Nach dem Einsatz schwerster Geschütze, darunter der berühmt-berüchtigten „Dicken Bertha“ sowie eilends herbeigeschaffter österreichischer Mörser, konnte der Schwenkungsflügel die notwendigen Marschstraßen für den weiteren Vormarsch nutzen.

„Ordinäre Siege“

Auch wenn es immer wieder zu Gefechten – „ordinären“ Siegen, wie Schlieffen es formuliert hatte – mit erheblichen Verlusten auf französischer und bald auch englischer Seite kam, entzog sich der Gegner letztlich der Umfassung durch Rückzug, anstatt sich zur großen Schlacht zu stellen. So gelang es den Resten der belgischen Armee, sich unter ihrem König Albert I. in die Festung Antwerpen zurückzuziehen. Damit zwangen sie die Oberste Heeresleitung, wie das wichtigste deutsche Gremium zur Führung des Krieges nun hieß, Truppen zu deren Verfolgung und Belagerung abzustellen, die an anderer Stelle bald fehlen sollten.

Auch an den Fronten in den Ardennen, in Lothringen und in den Vogesen fanden schon früh heftige Kämpfe statt. Der französische Generalstabschef Joseph Joffre hatte geglaubt, dem eigenen Plan XVII folgend, den deutschen linken Flügel, vor allem aber die, wie er nach den ersten Gefechten meinte, vermeintlich schwache deutsche Mitte durch massive Angriffe zurückdrängen und auf Reichsgebiet vordringen zu können. Zugleich hoffte er, damit die unerwartete Wucht des deutschen Angriffs aus dem Norden abfangen zu können, indem er seinen Gegenspieler Moltke zwang, Truppen vom Schwenkungsflügel in die Mitte und auf den linken Flügel zu verschieben. Das Resultat dieser Angriffe, die im heftigen MG-Feuer der deutschen Infanterie gescheitert waren, war ein Desaster für Joffre. Am 24. August – 75.000 französische Soldaten waren allein seit dem 20. August gefallen – sah er sich gezwungen, dem Kriegsminister die eigenen Niederlagen einzugestehen und den sofortigen Übergang zu einer rein defensiven Kriegführung zu empfehlen.

Auch wenn die deutschen Verluste an diesen Frontabschnitten und im Bereich des Schwenkungsflügels – manche Einheiten verfügten dort nur noch über die Hälfte ihrer ursprünglichen Stärke – erheblich waren, schien der Sieg dennoch zum Greifen nahe: Anfang September standen die deutschen Armeen an der Marne östlich von Paris. Anstelle der in den ursprünglichen Planungen vorgesehenen westlichen Umfassung der französischen Hauptstadt wollten die deutschen Armeen nun östlich von Paris einschwenken, in einer großen Zangenbewegung, an der sich alle aufmarschierten Truppen (1.-7. Armee) beteiligen sollten, die gegnerischen Armeen im Rücken fassen und schließlich vernichtend schlagen. Wie bedrohlich die Lage auch aus französischer Perspektive schien, zeigt die Tatsache, dass die Regierung ihren Sitz nach Bordeaux verlegte.

„Das Wunder an der Marne"

Spätestens an der Marne wurde deutlich, dass die Oberste Heeresleitung bei ihren Planungen große Risiken mit vielen Unbekannten eingegangen war. Anstatt, wie bisher, den Siegeszug fortsetzen zu können, stießen die deutschen Armeen dort auf überlegene feindliche Kräfte. 718.000 deutschen standen dank Umgruppierungen nun 800.000 französische und englische Soldaten an einer Frontlinie gegenüber, die von Paris bis Verdun reichte. Als alliierte Truppen durch geschicktes Manövrieren schließlich in die Lücke zwischen der deutschen 1. und 2. Armee zu stießen begannen und diese zu umfassen drohten, ordnete die Oberste Heeresleitung am 11. September 1914 den Rückzug der gesamten Front bis an die Aisne an.

Ob Moltke mit dem Befehl zum Rückzug tatsächlich den Sieg aus der Hand gab, obwohl die Lage vielleicht doch nicht so ernst war, wie sie sich, zumal aus dem fernen Hauptquartier in Luxemburg, darstellte, ist eine müßige Frage.[4] Am Ende der heftigen Kämpfe an diesem Frontabschnitt waren 68.000 deutsche und 118.000 alliierte Soldaten gefallen, verwundet worden oder in Gefangenschaft geraten.[5] Aus Sicht der Alliierten war dieser „Preis" nicht zu hoch: Taktisch geschickt auf der inneren Linie operierend, war es ihnen endlich gelungen, die deutschen Armeen nicht nur aufzuhalten, sondern unter Hinzufügen schwerer Verluste auch zurückzudrängen.

Über die Ursachen dieser Niederlage ist schon während des Krieges und in den Jahrzehnten danach viel gerätselt worden. Viele Generale, Politiker und Teile der Öffentlichkeit machten Moltke dafür verantwortlich. Er habe die Pläne seines Vorgängers, die ein sicheres Rezept für einen Sieg gewesen seien, in fahrlässiger Weise „verwässert" und damit die Niederlage fast unvermeidlich gemacht. Dabei verschwiegen sie, dass auch Schlieffens Planungen hohe Risiken in sich bargen. Zu diesen gehörten zunächst die enormen Probleme bei der Führung und Versorgung eines Millionenheeres. Sowohl die Kommunikation zwischen den vorwärts marschierenden Armeen und der Obersten Heeresleitung wie auch zwischen den Armeen selber erwiesen sich bald als unzureichend. Mangels klarer Lagebilder waren Fehlentscheidungen daher fast unvermeidlich. Hier in einzelnen Personen wie Moltke oder dem von ihm zur Klärung der Lage an die Front entsandten sächsischen Oberstleutnant Richard Hentsch einen Schuldigen zu sehen, wird der Komplexität des Geschehens und damit auch der Realität nicht gerecht. So „nervös" und überfordert Moltke angesichts der Anspannungen des Krieges zweifellos gewesen sein mag, persönliche Animositäten zwischen den selbstherrlich im Siegesrausch agierenden Armeeführern und landsmannschaftliche Vorbehalte zwischen Preußen und Bayern wie bei den verlustreichen Kämpfen in Lothringen sollten nicht übersehen werden. Um die Truppen dort gegen angreifende Franzosen zu stärken, hatte die Oberste Heeresleitung ihre einzigen Reserven vom rechten auf den linken Flügel verschoben. Im „Siegesrausch" glaubte sie Ende August sogar, nach der Kapitulation der Festung Namur zwei Armeekorps gegen die schneller als erwartet aufmarschierten russischen Truppen nach Osten abtransportieren zu können, anstatt diese wieder in die vormarschierende Armee einzugliedern. Hinzu kamen die Schwierigkeiten der Truppenversorgung. Anstelle der 18.000 Lastwagen, die eigentlich erforderlich gewesen wären, verfügte das Heer nur über 4.000. 60 Prozent von diesen waren zum Zeitpunkt der Schlacht an der Marne bereits ausgefallen. Ein Großteil des Nachschubs musste daher wie in den Jahrhunderten zuvor mit Pferd und Wagen nach vorne gebracht werden. Aber auch dies funktionierte zunehmend schlechter, da es immer schwieriger war, die Pferde zu versorgen. Allein die 84.000 Pferde der 1. Armee benötigten zwei Millionen (!) Pfund Futter täglich. Da dieses fehlte, und das auf den Feldern gerade heranreifende Getreide untauglich war, lagen Tausende Pferde daher bald tot am Straßenrand. Die Geschütze und Nachschubwagen, die sie zogen, blieben dementsprechend liegen. Gleichermaßen gilt es die Erschöpfung der eigenen Soldaten nach wochenlangen Kämpfen und kräftezehrenden Märschen von durchschnittlich 20, manchmal sogar 40 km pro Tag mit vollem Gepäck in sengender Hitze in Rechnung zu stellen. Als sie an der Marne eintrafen, hatten sie eine Strecke von mehr als 500 km zu Fuß zurückgelegt. Die Alliierten konnten für die Verlegung ihrer Truppen hingegen auf die eigenen Eisenbahnen oder gar die legendären Pariser Taxis zurückgreifen. Gleichermaßen bedeutend waren die besseren Kommunikationsmöglichkeiten untereinander. Moltkes Funkverbindungen zu den Kommandeuren vor Ort waren unzureichend; mangels Verschlüsselung hörten die Alliierten diese ab, ein entscheidender Vorteil vor und während der Schlacht. Wichtigstes Verbindungsmittel waren daher Offiziere, die in Autos von Stab zu Stab eilten, mehr aber noch „klassische" Meldereiter. Joffre hingegen konnte das gut ausgebaute eigene Telefonnetz nutzen und entsprechend schneller reagieren. Zudem entbehrt es nicht einer gewissen Ironie, dass das Zurückfluten der französischen Armeen nach den Niederlagen im Norden und Osten trotz der großen Verluste jene Kräfte freimachte, die dann neu gruppiert den deutschen Vormarsch aufhalten sollten.

Wichtig für den Erfolg der Alliierten war jedoch auch deren unterschiedliche „Führungskultur“: Im Gegensatz zu Moltke, der weit hinter der Front weilte, verschaffte sich Joffre täglich ein eigenes Bild von der Lage auf dem Schlachtfeld, der Führungskunst seiner Generale und der Moral der Soldaten. Mit großer Rücksichtslosigkeit griff er durch, wenn er persönliche Schwächen entdeckte, die abträglich für den Kampf waren. Ohne Ansehen der Person entließ er in den ersten Kriegswochen daher einen Armeeoberbefehlshaber, drei Korpskommandeure und 31 von 103 Divisionskommandeuren. Nur so glaubte er, den Widerstandswillen der Truppe stärken, aber auch – wie im Falle des entlassenen Befehlshabers der französischen 5. Armee, Charles Lanrezac, – die verbündeten Briten bei der Stange halten zu können. Verbittert über mangelnde Unterstützung durch französische Truppen in den Grenzschlachten, hatte deren Führung nach hohen Verlusten zeitweilig sogar erwogen, sich auf die Insel zurückzuziehen und dort neu zu formieren.

Die Reaktionen auf diese Niederlage beschrieb ein hoher Marineoffizier wie folgt:

Quelle

Ziel nicht erreicht

Kapitän z.S. Albert Hopman an den Unterstaatssekretär des Reichsmarineamts in Berlin, Admiral Eduard v. Capelle, Luxemburg, den 16. September 1914:[6]

„Euer Excellenz darf ich im strengsten Vertrauen und nur als für Euer Excellenz persönlich bestimmt zu dem gestern mitgeteilten Wechsel v. Stein – v. Falkenhayn noch folgendes erläuternd hinzufügen:
Das Revirement bedeutet ein Kaltstellen des Generalstabschefs Gen[eral] v. Moltke, an dessen Stelle Falkenhayn tritt. Moltke bleibt nur honoris causa. Man ist sich hier jetzt klar darüber geworden, daß dieser von dem Augenblick ab, wo es galt, abweichend von dem ursprünglichen Plan eigene Dispositionen und Entschlüsse zu fassen, versagt hat. Seine Nerven haben nicht gelangt, ebenso wenig ist General v. Stein der gewaltigen Aufgabe gewachsen gewesen. Daher haben die Zügel der Heeresleitung auf dem Boden

geschleift. Die Folge war das Fehlen der Einheitlichkeit in den Operationen der einzelnen Armeen, ein ungestümes, unüberlegtes Hinterherrennen hinter dem mit bestimmter strategischer Absicht zurückweichenden und neu aufmarschierendem Gegner, das Verlorengehen der Fühlung der einzelnen Armeen, besonders der I. und II., die Entblößung unseres rechten Flügels, die Überanstrengung unserer Truppen, unnötige Verluste, die Unmöglichkeit ihrer Auffüllung durch Ersatzmannschaften und viele andere Nachteile, die teuer haben bezahlt werden müssen. Wissende Leute haben das alles kommen sehen, S.M. hat seinem „Julius" [Moltke, M.E.] aber immer weiter vertraut, bis es zu spät war. [...] Der Herr Staatssekretär ist tieftraurig. Ist schon die Tatsache, daß der Chef des Generalstabes v. Moltke abgelöst werden muß, kein gutes Zeichen für das ganze System, so war General v. Moltke doch wohl die Persönlichkeit, die im Vertrauen S[einer] E[xcellenz] am höchsten im Kurse stand. Das, was man jetzt über ihn hört, auch von der Zeit schon vor dem Kriege, wirft starke Reflexe auf manches andere, namentlich auch auf Seine Majestät.
Dazu glaubte S[eine] E[xcellenz] in General v. Moltke einen Bundesgenossen seiner politischen Ansichten und wenigstens keinen Gegner seiner Flottenpolitik zu haben, was der tatsächliche Nachfolger, Falkenhayn, ganz ausgesprochen ist. Von letzterem hält der Herr Staatss[ekretär] überhaupt nicht viel, bezeichnet ihn als faiseur und hält ihn der großen ihm jetzt zufallenden Aufgabe für nicht gewachsen. Hoffentlich hat er darin unrecht, sonst sieht's für die Zukunft nicht rosig aus. Im übrigen ist die Situation heute im allgemeinen günstiger. Der französische Vorstoß scheint sich an der Ordnung,

Abb. 4 Der deutsche Vormarsch im Westen: Kavallerie auf dem Weg zum „Meer" in Flandern im Herbst 1914.

Abb. 5 Im Zeichen des Weltkrieges: Indische Kavallerie der britischen Kolonialstreitkräfte erreicht die Front in Flandern, 1914.

die jetzt allmählich in unsere Aufstellung kommt, und an der Zähigkeit unserer Truppen zu brechen. Damit ist aber das Ziel, Frankreich niederzuwerfen, das schon vor 3-4 Wochen manchen Optimisten ganz nahe schien, noch nicht erreicht. Was die nächste Zukunft bringen wird, wer mag das prophezeien? [...]"

Der „Wettlauf zum Meer"

So verlustreich die Kämpfe an der Marne und so schwerwiegend der Rückzug an die Aisne auch waren, dass diese Ereignisse ein Wendepunkt des Krieges sein würden, haben zu diesem Zeitpunkt die Wenigsten vermutet. Im Gegenteil: Nachdem sich die deutsche Front an der Aisne stabilisiert hatte, liefen sich die alliierten Angriffe dort fest. Zugleich plante die Oberste Heeresleitung – nun unter ihrem neuen, wenngleich zunächst geheim gehaltenen Chef, General Falkenhayn – neue Offensiven. Falkenhayn, der den völlig erschöpften Moltke am 14. September 1914 abgelöst hatte, wollte nun versuchen, die Entscheidung durch ein Überflügeln der linken Flanke des Gegners zu erreichen. Damit verfolgte er eine Strategie, die der Joffres ähnelte. Dieser hoffte, zusammen mit dem Britischen Expeditionskorps und den Resten der belgischen Armee die deutschen Armeen über eine Umfassung ihres rechten Flügels schlagen zu können. Am Ende dieses „Wettlaufs zum Meer" standen die Truppen beider Seiten am Kanal. Neben der allgemeinen Erschöpfung und den ungeheuren Verlusten trug nicht zuletzt das Öffnen der Schleusen von Nieuport, mit dem die belgische Armee ihr eigenes Land unter Wasser setzte, dazu bei, dass die Fronten allmählich erstarrten. Auch der später verklärte angebliche „Opfertod“ tausender Freiwilliger, ein Teil von ihnen Studenten, die wie bei Langemarck im November 1914 ohne Artillerieunterstützung frontal und im Grunde unsinnig feindliche Stellungen zu überrennen versuchten, hatte keinen Einfluss auf das militärische Geschehen. Aus dem schnellen Bewegungskrieg, der allein, wenn überhaupt, einen Sieg über ansonsten überlegene Sieger versprach, wurde ein Stellungskrieg, dessen Ende genauso wenig absehbar war wie die Anforderungen, die ein lange währender Krieg an Politik, Gesellschaft und Wirtschaft stellen würde. Bereits Schlieffen hatte davor gegraut, wie seine letzten Schriften erkennen lassen. Aber auch Moltke scheint dieses Szenario gelegentlich für wahrscheinlich gehalten zu haben, ohne aus diesen Überlegungen jedoch die notwendigen Konsequenzen zu ziehen.[7] Die Schrecken der wenigen Monate des Bewegungskrieges ließen in Ansätzen erahnen, welche Folgen ein längerer Krieg haben würde: So waren allein in den Schlachten im Westen Hunderttausende gefallen, verwundet oder gefangenen genommen worden. Auf deutscher Seite beliefen sich die Verluste – Tote, Verwundete, Gefangene – Ende 1914 allein im Westen auf 640.000 Mann, davon 85.000 Gefallene, auf französischer Seite betrugen die Verluste bis Ende Januar 1915 528.000 Mann.[8]

1915-1917: Stillstand im Westen

Das wesentliche Merkmal des Geschehens im Westen war der Stillstand. Nach dem Scheitern aller Offensiven im Sommer/Herbst 1914 begannen die Armeen sich einzugraben. Von der Kanalküste bis an die Schweizer Grenze lagen sich deutsche Soldaten auf der einen, französische, englische und belgische Truppen auf der anderen Seite gegenüber. Doch so sehr der kurze Krieg sich bei genauerer Betrachtung als Illusion erwiesen hatte, so wenig wollten die verantwortlichen Generale, aber auch die Politiker daraus die notwendigen Schlussfolgerungen ziehen und über ein Ende nachdenken. Falkenhayn machte mit seinem Diktum, „Wenn wir den Krieg nicht verlieren, haben wir ihn gewonnen“[9], zwar keinen Hehl aus seiner pessimistischen Beurteilung der Lage. Seine Empfehlung aber, mit Russland einen Sonderfrieden zu suchen, um sich dann auf Frankreich, vor allem aber England als dem eigentlichen Gegner konzentrieren zu können, hatte wenig Aussicht auf Erfolg. Weder ließ sich die Entente auseinandermanövrieren, wie vorsichtige Fühler in Petrograd – so hieß St. Petersburg seit Beginn des Krieges – zeigten, noch konnte sich die Reichsleitung intern über einen neuen Kurs einigen. Zum einen erschien es unmöglich, den Krieg ohne Annexionen zu beenden, dafür waren die Erwartungen zu hoch und die Opfer zu groß. Zum anderen gab es im inneren Kreis der Führung des Reiches, aber auch in der Öffentlichkeit viele Stimmen, die Falkenhayns „Kunst" nach den Niederlagen in Flandern misstrauten und ihn daher ersetzen wollten. Die Generäle Paul v. Hindenburg und Erich Ludendorff, die im Osten so erfolgreich gekämpft hatten, sollten daher auf den „Schild" gehoben werden, um den aus ihrer Sicht unabdingbaren und ungeachtet aller Rückschläge auch möglichen Sieg zu erringen. Die Antwort auf die Frage, ob in dieser Situation, in der selbst der Chef des Generalstabes den Sieg auf dem Schlachtfeld für aussichtslos hielt, eine Chance vertan wurde, den Krieg am Verhandlungstisch ähnlich wie 1763 bei Hubertusburg, mit einem Frieden auf der Grundlage des Status quo ante zu beenden, ist müßig. Niemand in Deutschland konnte sich dazu durchringen, einen derartigen Vorschlag überhaupt zu machen. Für die Alliierten galt dies allerdings gleichermaßen. Sie setzten vielmehr auf Sieg, zumal im Westen. Gleich mehrfach ließen Joffre und der Oberbefehlshaber des Britischen Expeditionskorps, John French, seit dem Winter 1914 ihre Armeen gegen deutsche Stellungen in der Champagne, im Artois und in Flandern anrennen. Verantwortlich dafür war zunächst der Wille, den verhassten Gegner durch eine Kombination von Ablenkungsangriffen an weniger wichtigen und massiven Angriffen an wichtigen Frontabschnitten vom eigenen Boden zu vertreiben. Zugleich hofften viele Generale, trotz der immer deutlicher werdenden Überlegenheit des Verteidigers gegenüber dem Angreifer aus dem Stellungskrieg, der mit allen bisherigen Vorstellungen von der Natur des Krieges unvereinbar war, durch den Mut der Soldaten wieder einen zum Siege führenden Bewegungskrieg machen zu können: „Soldaten der Republik [...] euer Elan wird unwiderstehlich sein. Er wird euch in einem ersten Anlauf bis zu den Geschützen des Feindes tragen, über die gegnerischen Befestigungen, die man uns in den Weg gestellt hat, hinweg. Ihr werdet ihnen weder Rast noch Ruhe geben, bis zum Sieg. Geht mit ganzem Herzen in den Kampf, für die Befreiung des Bodens des Vaterlandes, für den Triumph des Rechts und der Freiheit",[10] hieß es in einem französischen Tagesbefehl zu Beginn einer weiteren vergeblichen Offensive in der Champagne im September 1915.

Die Geländegewinne all dieser Vorstöße waren gering. Zwar konnte die deutsche Front an einigen Stellen eingedrückt werden, ein Durchbruch durch die Verteidigungsstellungen gelang aber nicht. Die Verluste in diesen Kämpfen waren hingegen entsetzlich, bei den angreifenden alliierten Armeen mit 623.300 Mann allerdings um ein Vielfaches höher als bei den deutschen Truppen, deren Verluste sich auf 260.000 Mann beliefen.[11] Die Hoffnung, mithilfe eines weiteren französischen Sieges über die deutschen Armeen – nach dem an der Marne – darüber hinaus nicht nur der Armee des Zaren im Moment höchster Bedrohung wenigstens indirekt zur Hilfe zu kommen, sondern auch die Position Frankreichs auf dem Kontinent gegenüber den eigenen Alliierten zu stärken, erwies sich trotz aller Anstrengungen und Opfer zumindest vorläufig als Chimäre. Zugleich rächte sich spätestens jetzt das Fehlen einer einheitlichen Strategie der Alliierten. Die englischen Angriffe in Flandern können nicht darüber hinwegtäuschen, dass sich die Führung der Britischen Expeditionsarmee und das Kriegsministerium unter Leitung Horatio Kitcheners das ganze Jahr 1915 eher zurückgehalten hatten. Während Joffre im Einklang mit der französischen Regierung glaubte, mit den Angriffen politische Vorteile für Frankreich für die Zeit nach dem Krieg herausholen zu können, wollte die englische Führung ihrerseits abwarten und ihre neuen Armeen keinesfalls vorzeitig verheizen. Falkenhayns Truppen sollten sich daher im Kampf mit den französischen und russischen Armeen zunächst verausgaben, dann, im entscheidenden Moment würde das Britische Expeditionskorps eingreifen und den Ausschlag geben – mit allen Folgen, die dieses dann bei der Etablierung einer neuen Ordnung nach dem Krieg haben würde. Diese Logik widersprach zweifellos dem Geist einer gemeinsamen Abwehr des als furchtbar betrachteten Gegners. Wirklich vorzuwerfen hatten sich jedoch beide Seiten nichts. Sie sollten aus ihren Fehlern jedoch bald lernen, wie der Verlauf des Krieges im Jahr 1916 deutlich machte.

Abgesehen von dem Angriff bei Ypern im April 1915, bei dem deutsche Truppen erstmals im großen Stil Giftgas einsetzten, hatten diese sich 1915 im Westen auf die Verteidigung der eroberten Gebiete beschränkt. Der Schwerpunkt deutscher Angriffe lag in diesem Jahr im Osten und auf dem Balkan. Das änderte sich 1916.

Die Zeit war, dies war Falkenhayn trotz aller Erfolge bei der Abwehr alliierter Angriffe im Westen und an der Peripherie sowie eigener Siege im Osten und auf dem Balkan Ende 1915 klar, auf Seiten der Entente. Mit jedem Monat, jedem Jahr, das der Krieg andauern würde, würde dieser trotz schwerer Verluste stärker werden. Vor allem die englischen Reserven waren keineswegs ausgeschöpft; im Gegenteil, die Mobilisierung der Männer nahm weiter zu, die Frage der Einführung der allgemeinen Wehrpflicht war nur noch eine Frage der Zeit. Das Kräfteverhältnis von 1:1,4 zugunsten der Alliierten konnte sich daher nur noch weiter verschlechtern. Hinzu kam deren wirtschaftliches Potenzial. Der freie Zugang zu den Märkten der Welt, der den Deutschen aufgrund der immer wirksameren Blockade in der Nordsee kaum noch möglich war, stärkte zugleich die Kapazitäten bei der Herstellung immer neuer und in stetig größerer Zahl benötigter Waffen und Munition.

Abnutzungskrieg – Die „Blutmühle von Verdun“

Im Frühjahr 1916 wollte Falkenhayn daher versuchen, die französische Armee an einem zentralen Punkt ihres eigenen Festungssystems, Verdun, „weißbluten“ zu lassen. Vom operativen Ansatz her klang dies überzeugend: Begrenzte Angriffe, unterstützt von der Feuerkraft der Artillerie und erstmals begleitet vom systematischen Einsatz von Luftschiffen und Flugzeugen sowie neuen Angriffsverfahren der Infanterie sollten Frankreich zwingen, seine weit geringeren Reserven in die Schlacht zu werfen und dort im wahrsten Sinne des Wortes im „Backofen“ des Artilleriefeuers zu verheizen. Den Verlust Verduns, seit dem Teilungsvertrag von 843, der eigentlichen Geburtsstunde Frankreichs, sowie der Rolle der Festung in den Revolutionskriegen und dem Deutsch-Französischen Krieg von 1870/71 ein symbolträchtiger Ort der deutschen und der französischen Geschichte, könne sich die Regierung in Paris weder militärisch noch psychologisch leisten. Parallel beabsichtigte Falkenhayn, an den durch die Konzentration schwächer besetzten Frontabschnitten anzugreifen und – wie Joffre im Jahr zuvor in anderer Form – aus dem Stellungskrieg einen Bewegungskrieg zu machen. England, das er eigentlich treffen wollte, sollte dadurch seinen „Festlandsdegen“ verlieren. Die Verschärfung des U-Bootkrieges, den er bisher nicht beachtet hatte, war ein weiteres Mittel im Kampf gegen das „perfide Albion“, wie Großbritannien oft hieß. Während dessen Planung und Durchführung in den Händen der Marine lag und zudem aufgrund interner Konflikte zwischen militärischer und politischer Führung nicht nur schwer in Gang kam, sondern nach Zwischenfällen auf See aus politischen Gründen wieder eingestellt wurde, begann der Angriff auf Verdun am 21. Februar 1916. Nachdem 1.220 Geschütze mehr als zwei Millionen Granaten verschossen hatten, versuchten deutsche Truppen, die französischen Stellungen am Ostufer der Maas zu stürmen. Am 25. Februar eroberten sie eines der beiden Hauptforts, Fort Douaumont, die Einnahme des anderen, Fort Vaux, scheiterte jedoch zunächst unter großen Verlusten. Diese sollte erst im Juni gelingen, einem Zeitpunkt, als Falkenhayns Strategie längst gescheitert war. So groß der Jubel über diese Erfolge auch war, am Ende scheiterte der Angriff. Die französischen Soldaten unter Leitung von General Philippe Pétain, der hier zur Legende wurde, verteidigten äußerst zäh jeden Zentimeter Boden. Der Kampf um Höhenzüge wie den bald sprichwörtlichen „Toten Mann“ oder „Höhe 304“ war bald tatsächlich eine „Blutmühle“, in der Tausende ihr Leben ließen, ohne nennenswert Gelände zu gewinnen. Falkenhayns Überlegung, dass Frankreich „ausbluten“ würde, da es allein aus historischen Gründen wie auch mit Rücksicht auf sein militärisches Prestige gezwungen sein würde, alle Kräfte zu mobilisieren, traf bald auch auf ihn selber zu. Ursprünglich eine allein vermeintlich nüchterner militärischer Logik folgende Operation mit einem aus deutscher Sicht begrenzten Kräfteansatz, entwickelte sich Verdun auch für die Oberste Heeresleitung zu einem symbolträchtigen Kampf, in dem ein Scheitern – und d.h. ein Rückzug in die Ausgangsstellungen – unmöglich war. Immer neue Einheiten wurden daher rücksichtslos in den Kampf geschickt, immer neue Waffen eingesetzt – darunter erstmals das hochgiftige Phosgen. Als die Kämpfe im Sommer abflauten, da Falkenhayn durch alliierte Angriffe an anderen Fronten im Westen und Osten gezwungen war, seine Kräfte umzugruppieren, hatte die angreifende deutsche 5. Armee nach dem Sanitätsbericht bis Anfang September 350.000 Mann Verluste, darunter ca. 55.000 Tote, zu verzeichnen. Auf französischer Seite waren es an diesem Frontabschnitt bis Dezember mit ca. 378.000 Mann, darunter ca.

Abb. 6 Die „Blutmühle von Verdun“: Hier, im Vorfeld von Verdun, stand einst das Dorf Vaux, 26. April 1917.

61.000 Gefallene, kaum weniger.[12] Die Vermissten – ca. 27.000 deutsche und 101.000 französische Soldaten – sind in dieser „Rechnung“ noch nicht enthalten.

Quelle

Dem Tod ins Auge

Im August 1916 schreibt der Gefreite Karl Fritz an seine Eltern und Schwestern von der Front bei Verdun:

„Drei Tage lang lagen wir in den Granatlöchern, dem Tod ins Auge sehend, ihn jeden Augenblick erwartend. Dazu kein Tropfen Wasser und der entsetzliche Leichengestank. Die eine Granate begräbt die Toten, die andere reißt sie wieder heraus. Will man sich eingraben, kommt man gleich auf Tote. Ich hatte eine Gruppe, doch gebetet hat jeder für sich. Das Schlimmste ist das Ablösen, das Rein und Raus. Durch das ständige Sperrfeuer. Hinzu gings durchs Fort Douaumont, so was habe ich noch nie gesehen. Hier liegt alles voll schwer Verwundeter und riecht nach Toten [....]. Dazu liegt es ebenfalls ständig unter Feuer. Wir hatten ungefähr 40 Tote und Verwundete [..]. Das war noch wenig für eine Kompanie, wie man hörte. Alle sahen bleich und verzehrt aus.
Ich will Euch nicht noch mehr Elend erzählen. Es mag genug sein. Seid herzlichst gegrüßt und geküsst und Gott befohlen von Eurem dankbaren Sohn und Bruder Karl.“[13]

Massensterben an der Somme 1916

Falkenhayns Strategie scheiterte jedoch nicht nur an dem völlig unterschätzten französischen Widerstandswillen – von Fehlern bei der eigenen Planung wie dem Verzicht auf einen gleichzeitigen Angriff am Westufer der Maas einmal abgesehen. Auch die englischen Truppen verhielten sich nicht so wie erhofft. Anstatt, so sein Kalkül, zu Beginn der Schlacht dem französischen Verbündeten durch Entlastungsangriffe zu Hilfe zu eilen und dabei, so Falkenhayns Plan, gleichermaßen in einer „Blutmühle“ zu verschwinden, hielt dieses sich zurück. Wie bei den Besprechungen über eine gemeinsame Strategie am Ende des Jahres 1915 vereinbart – eine der Lehren des Scheiterns in den vorangegangenen Monaten –, bereitete das Britische Expeditionskorps seine Offensive an der Somme vor. Minutiös geplant und mit ungeheuren Massen an Munition vorbereitet, sollte diese die deutschen Stellungen durchbrechen. Am Abend des 1. Juli 1916, dem Tag des Angriffs, lagen jedoch fast 60.000 englische Soldaten und deren Kameraden aus den Dominions und Kolonien tot oder verwundet auf dem Schlachtfeld.[14] Und so oft das Britische Expeditionskorps bis zum Abflauen der Schlacht im November auch auf die deutschen Stellungen in der Picardie vorstürmen sollte, die Geländegewinne blieben gering. Die deutschen Stellungen waren zu gut ausgebaut, MG- und Geschützstellungen zu geschickt aufgestellt, als dass sie trotz mancher Einbrüche in das Grabensystem auf konventionelle Weise überrannt werden konnten. Der einzige wirkliche „Nutzen" lag darin, dass Falkenhayn Truppen von Verdun an die Somme abzog. Der Druck auf die französischen Soldaten dort ließ nach, am Ende des Jahres standen beide Armeen bei Verdun wieder in ihren Ausgangsstellungen. Die symbolträchtigen Forts Douaumont und Vaux befanden sich zu dieser Zeit wieder in französischer Hand.

Zählt man zu den ohnehin schon gewaltigen Opfern von Verdun die Verluste von ca. 432.000 Mann (davon ca. 150.000 Tote), d.h. 3.600 an jedem einzelnen Tag der Schlacht, auf englischer und die ca. 200.000 Soldaten auf französischer sowie die ca. 465.000 Mann auf deutscher Seite hinzu, dann wird deutlich, warum beide Schlachten im kollektiven Gedächtnis aller beteiligten Nationen als Inbegriff eines sinnlosen massenhaften Dahinschlachtens haften geblieben sind.[15] Zugleich wird deutlich, mit welcher Rücksichtslosigkeit beide Seiten glaubten, durch „Abnutzung" den Gegner erschöpfen und damit die Grundlagen für einen späteren Durchbruch schaffen zu können. „Leisten", so zynisch dies klingt, konnten sich dies nur die Alliierten, wie das Reichsarchiv später unumwunden feststellte: „Um den Feind hier, wie es General von Falkenhayn neben anderen Plänen vorgeschwebt hatte, zum Ausbluten zu bringen, war jedoch der Verlustunterschied viel zu gering, des Gegners Gesamtüberlegenheit an Zahl viel zu groß gewesen. Sie konnte sich in den Materialschlachten bei Verdun und an der Somme derart auswirken, dass schließlich auch die hochstehende Moral des deutschen Soldaten darunter zu leiden begann."[16]

Vorerst jedoch schien keine Seite dem Ziel eines entscheidenden Durchbruchs und damit Sieges näher gekommen zu sein, im Gegenteil: Das Jahr 1917 sollte mit neuen, blutigen Angriffen im Westen unter dem nochmals gesteigerten Einsatz ungeheuren Materials, aber auch – in der Form des uneingeschränkten U-Bootkrieges – auf See eine weitere Radikalisierung der Kriegführung mit sich bringen.

Stellungsausbau und „Hindenburg"-Programm

Die Oberste Heeresleitung, seit dem Sturz Falkenhayns infolge wachsender Kritik an seiner Kriegführung von allen Seiten im August 1916 unter Leitung des Dioskurenpaares Hindenburg/

Ludendorff[17], beschränkte sich, zumal nach der schnellen Eroberung Rumäniens im Herbst 1916, auf das Halten der eroberten Gebiete. Die Stellungen im Westen wurden daher weiter ausgebaut, da, wo militärisch sinnvoll, in einer groß angelegten und verschleierten Operation – „Alberich" – verkürzt. Auch wenn Hindenburg und Ludendorff die Friedensinitiative des Reichskanzlers vom Dezember 1916 gebilligt hatten, bedeutete dies nicht, dass sie nicht mehr auf „Sieg" setzten. Im Gegenteil: Das gleichzeitig auf den Weg gebrachte „Hindenburg"-„Programm", machte vielmehr deutlich, dass die gesamte Gesellschaft und Wirtschaft für den Krieg mobilisiert werden sollte. Dadurch sollten dem industrialisierten „Maschinenkrieg" angesichts schwindender personeller und materieller Ressourcen die notwendigen Mittel für den Erfolg auf dem Schlachtfeld zur Verfügung gestellt werden. Vor diesem Hintergrund war aus ihrer Sicht auch der Übergang zum uneingeschränkten U-Bootkrieg nur konsequent. Hatten Hindenburg und Ludendorff angesichts des rumänischen Kriegseintritts im August 1916 noch gezögert, so waren sie nach dem schnellen Sieg über den einstigen Dreibundpartner zuversichtlich, auch das Risiko eines amerikanischen Kriegseintritts gelassen hinnehmen zu können. Das Versprechen der Marine, amerikanische Truppen- und Nachschubtransporte vor Erreichen der europäischen Küsten abfangen, vor allem aber England, das eigentliche Rückgrat der Entente, durch das Abschneiden von allen Zufuhren innerhalb von fünf Monaten in die Knie zwingen zu können, schien zu verlockend. Militärisches und politisches Kalkül auf der einen, Wunschdenken auf der anderen Seite vermischten sich hier einmal mehr in einer nur schwer voneinander zu trennenden Art und Weise.

Alliierte Planungen 1917

Im Gegensatz zur Obersten Heeresleitung, die im Interesse einer großen Offensive nach Umsetzung der eingeleiteten Maßnahmen zur Verstärkung der Armee im Westen vorerst auf die Defensive setzte, wollten die Alliierten die Entscheidung im Jahre 1917 erzwingen.[18] Ähnlich wie 1915, wenngleich besser vorbereitet und unter Anwendung neuer taktischer Angriffsmethoden, sollte zunächst das Britische Expeditionskorps im Nordabschnitt angreifen, um die deutsche Front zu schwächen. Danach, so die Absicht, sollte der entscheidende Stoß der französischen Armee gegen den Chemin des Dames, einen von den Deutschen gehaltenen strategisch wichtigen Höhenzug, weiter südlich erfolgen. Auch wenn die Alliierten ihre Armeen mit neu ausgehobenen und ausgebildeten Soldaten verstärkt hatten und deren Ausrüstung an Waffen und Munition noch einmal gesteigert worden war,[19] so scheiterten

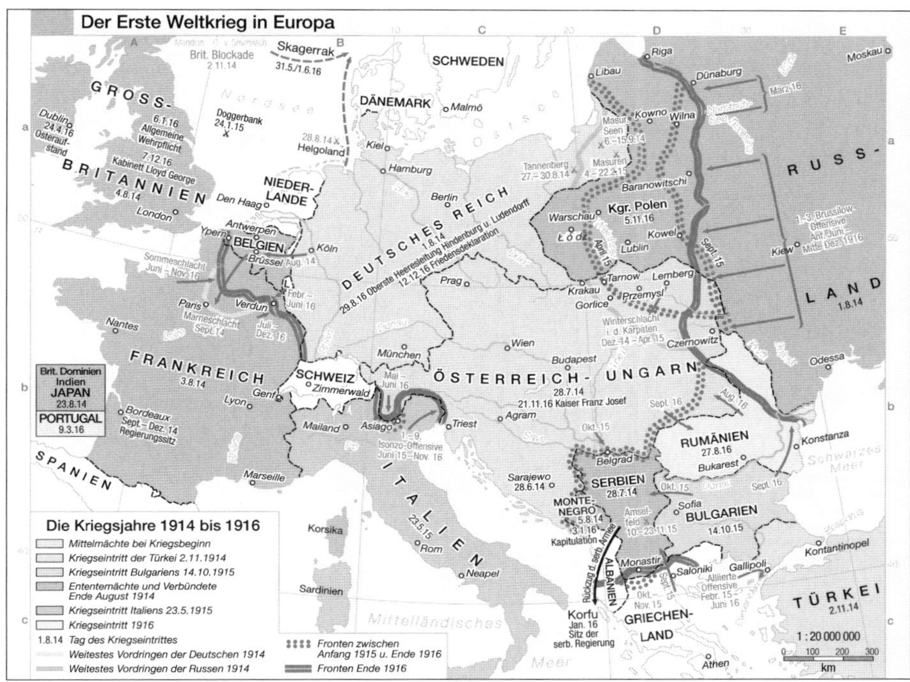

Karte 2: Der Erste Weltkrieg in Europa.

ihre Angriffe im Verlaufe des Jahres 1917 wie die deutschen Angriffe bei Verdun oder die englischen an der Somme im Jahr zuvor. Der taktische und unerwartete deutsche Rückzug hatte die alliierten Planungen durcheinander gebracht. Zugleich hatten die Deutschen das Vorhaben am Chemin des Dames rechtzeitig erkannt und Gegenmaßnahmen getroffen. Die französische Offensive, die trotz erheblicher Zweifel an deren Sinn auf Seiten der politischen Führung wie auch mancher Generale schließlich am 16. April 1917 begann, lief sich daher innerhalb weniger Tage fest. Das unerwartet schlechte Wetter trug dazu bei, den Sturm auf die deutschen Stellungen in einem Desaster enden zu lassen. Anstatt wie mit der politischen Führung, die kein neues Debakel wie an der Somme wollte, vereinbart, die Offensive nach 48 Stunden abzubrechen, trieb der neue französische Oberkommandierende, General Robert Nivelle, der im Dezember 1916 den glücklosen General Joffre ersetzt hatte, seine Soldaten zu immer neuen Vorstößen gegen die deutschen Stellungen an. Dabei beliefen sich die Verluste innerhalb der ersten Woche der Schlacht im April bereits

Krisen und Meutereien auf Seiten der Alliierten 1917

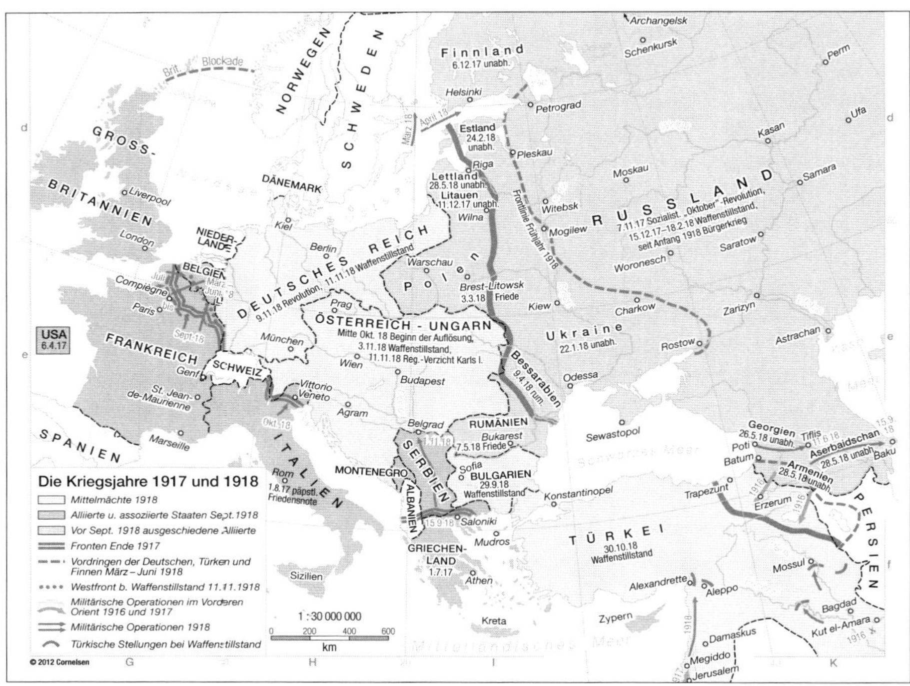

Karte 3: Der Erste Weltkrieg in Europa.

auf 85.000 Verwundete und 34.000 Tote.[20] Im Mai ließ Nivelle seine Truppen nochmals zu einer Großoffensive antreten mit dem Ziel, den Durchbruch doch noch zu schaffen – trotz hoher Verluste erneut erfolglos. Deutschen Schätzungen zufolge betrugen sie zwischen 250.000 und 300.000 Mann, französische Angaben schwanken zwischen 134.000 und 271.000 Mann.[21] Anders als in den Jahren zuvor waren die französischen Soldaten angesichts der offenkundigen Sinnlosigkeit des Angriffs dieses Mal nicht bereit, sich massenhaft auf die Schlachtbank führen zu lassen: Sie begannen zu meutern. Am Ende belief sich ihre Zahl auf zwischen 30.000 und 40.000 Soldaten. Zweidrittel der Armee wurden von diesen Unruhen erschüttert. Meutern hieß zwar nicht, dass sich die Soldaten direkt gegen ihre Offiziere wandten wie in Russland in diesen Monaten, wohl aber verweigerten sie die Versetzung an die Front oder das Verlassen der Gräben. An manchen Stellen kam es zu Demonstrationen oder sonstigen Formen von Protest. Die Armeeführung reagierte geschockt, am Ende dennoch angesichts der Schwere der Vergehen in einer gefährlichen Lage des Landes „relativ" milde: 3.427 Soldaten wurden verurteilt, davon 1.300 zu schwerer Zwangsarbeit und 554 zum Tode. Jedoch „nur" 49 der Todesurteile wurden vollstreckt. Entscheidend dafür, dass die Meutereien schließlich endeten, war jedoch nicht nur die unmittelbare Ablösung Nivelles durch Pétain, Mitte Mai 1917, sondern auch die Verbesserung der soldatischen Lebensbedingungen. Vorerst war die französische Armee zu keiner großen Offensive mehr fähig noch dazu bereit. „Ich warte auf die Amerikaner und die Panzer",[22] soll Pétain gesagt haben, der ohnehin eine defensive Kriegführung vorzog. Im Spätsommer kam es dann doch zu einem begrenzten Vorstoß am Chemin des Dames, den die Deutschen nach schweren Verlusten – nicht zuletzt infolge heftigen Gaseinsatzes – schließlich freiwillig räumten. Zur gleichen Zeit „bereinigten" französische Truppen auch die Lage bei Verdun, indem sie fast alle Stellungen wiedereroberten, die sie im Jahr zuvor verloren hatten.

Kämpfe in Nordfrankreich und Flandern 1917

Die Offensiven, die die englische Armee im April zunächst bei Arras, dann seit Juni in Flandern und schließlich, am Ende des Jahres, bei Cambrai begann, erwiesen sich alle als grandiose Fehlschläge. Die Geländegewinne waren einmal mehr äußerst gering, die Zahl der Opfer, vor allem in Flandern erneut ungeheuerlich. In allen drei Schlachten betrugen sie auf englischer Seite ca. 332.000 Mann, davon 50.000 Gefallene, auf deutscher Seite 217.000 Mann, darunter 35.000 Gefallene.[23] In gleicher Weise wie Verdun bald zum Symbol sinnlosen Sterbens auf deutscher und französischer Seite wurde, so sehr wurden es auf englischer Seite die Kämpfe um kleine Dörfer in Flandern mit unbekannten Namen wie Messines und Poelkapelle, vor allem aber Passchendaele. Das Britische Expeditionskorps war dort von seinen unbarmherzigen Kommandeuren immer wieder angetrieben – sprichwörtlich in dem durch wochenlangen Dauerregen aufgeweichten Schlamm versunken – und hingeschlachtet worden. In der englischen Erinnerung wirkte diese Schlacht unendlich lange nach; die Appeasement-Politik der 1930er-Jahre hat in der Weigerung großer Teile von Politik und Öffentlichkeit, nochmals die eigenen „boys" sinnlos auf den blutgetränkten Schlachtfeldern in Flandern zu opfern, eine ihrer tieferen Ursachen. Im Gedächtnis der *military professionals* haften geblieben ist allerdings die Schlacht von Cambrai.

Tanks

Erstmals setzte das Britische Expeditionskorps dabei im großen Stile die neuen Tanks ein. Trotz des Scheiterns der Operationen und des Ausfalls vieler Tanks nicht zuletzt aus technischen Gründen, deutete sich hier eine Revolution in der taktischen und schließlich auch strategischen Kriegführung zu Lande an. Die

Kombination eines kurzen Artilleriebombardements mit gleichzeitigen gezielten Vorstößen von Infantrie und massenhaft eingesetzten Tanks konnte, das hatten die anfänglichen englischen Erfolge gezeigt, tatsächlich Bewegung in einen seit Jahren festgefahrenen Krieg bringen.

Lange, dies war jedoch beiden Seiten Ende 1917 klar, würden sie sich das Massensterben auf den „killing fields" nicht mehr leisten können. Das Jahr 1918 musste, so oder so, die Entscheidung bringen.

Der Krieg im Osten

Im Gegensatz zum Westen, wo auch Ende 1917 trotz heftiger Kämpfe keine Entscheidung in Sicht war, war diese im Osten inzwischen gefallen. Das Zarenreich war infolge zweier Revolutionen, die die alte Ordnung beseitigt und die auch die Armee erfasst hatten, zusammengebrochen. Wie versprochen, hatten die siegreichen Bolschewiki, die im November die bürgerliche Regierung gestürzt hatten, die Kämpfe eingestellt und den Mittelmächten Friedensverhandlungen angeboten.

Schlacht bei Tannenberg 1914

Der Weg dahin war jedoch keineswegs einfach gewesen. Früher als erwartet, waren zwei russische Armeen – die 1. (Njemen) und die 2. (Narew)-Armee – in Ostpreußen eingerückt, um den französischen Verbündeten zu entlasten. Nach anfänglichen Erfolgen gegen die nur schwache deutsche 8. Armee war die Narew-Armee in einer „klassischen" Umfassungsschlacht bei Tannenberg geschlagen worden. Dieser Sieg schwächerer deutscher Einheiten – 173.000 deutsche standen an der ganzen Front ca. 485.000 russischen Soldaten gegenüber[24] – über die vor dem Krieg von vielen perhorreszierte „russische Dampfwalze" in den ostpreußischen Wäldern war auf den ersten Blick gewaltig: deutschen Verlusten in Höhe von 12.000 Toten, Verwundeten, Vermissten und Gefangenen standen ca. 50.000 tote sowie 92.000 verwundete und gefangene russische Soldaten gegenüber.

Militärisch war dieser Sieg zweifellos bedeutsam, kriegsentscheidend war er keineswegs. Seine Bedeutung jenseits des bald mythisch verklärten Sieges, der bei Licht besehen nicht mehr als eine erfolgreiche Defensivschlacht (Christian Stachelbeck) war, war der Aufstieg der „Dioskuren" Hindenburg und Ludendorff. Beide Generale, der eine schon im Ruhestand und gerade erst reaktiviert, der andere, ein begabter Taktiker, der den Vorstoß auf Lüttich geplant hatte und angesichts einer möglicherweise drohenden Niederlage zusammen mit Truppen aus dem Westen in den Osten geschickt worden waren, wurden durch den Sieg zu „Helden" stilisiert, die selbst das schier Unmögliche erreichen konnten. Gleichermaßen diente ihre Schlacht, symbolträchtig nach dem kleinen Dorf Tannenberg benannt, wo 1410 das deutsche Ordensheer eine schwere Niederlage gegen die vereinten polnisch-litauischen Heere erlitten hatte, gleichsam als „Beleg für die ‚Richtigkeit' des vernichtungsstrategischen Denkens" in der Tradition des bald gleichermaßen verklärten legendären Grafen Schlieffen.[25]

Österreichische Niederlagen im Osten 1914/15

„Zaubern" konnten aber auch die beiden Dioskuren nicht. Trotz des Rückschlags bei Tannenberg war die russische Armee keineswegs geschlagen, angesichts ihrer enormen Größe nicht einmal ernstlich geschwächt. Die Kämpfe an den Masurischen Seen und ein erneuter russischer Einbruch in Ostpreußen im Winter 1914/15 machten dies deutlich. Doch so erfolgreich die deutschen Armeen am Ende waren, so katastrophal war die Lage des Bündnispartners Österreich-Ungarn. Gegen diesen hatte sich im Sommer/Herbst 1914 der russische Hauptstoß gerichtet. Das Debakel des desaströsen eigenen Aufmarsches im Osten, die ausgebliebene, obwohl vermeintlich versprochene deutsche Hilfe und die gewaltigen Verluste in den ersten Monaten hatten die k.u.k.-Armee tief erschüttert. 100.000 Tote sowie ca. 320.000 Verwundete und Gefangene hatte diese allein im August 1914 zu verzeichnen gehabt.[26] Am Ende des Jahres war, so der Fachausdruck, ein „Gesamtabgang" von ca. 1,25 Millionen Mann zu verzeichnen.[27] Krankheiten dezimierten das Heer weiter, und die Zahl von 260.000 Gefangenen, darunter viele Polen und Tschechen, die zum Gegner übergelaufen waren, war mehr als bedenklich. Nur Umgruppierungen und die Aufstellung einer deutschen 9. Armee hatten schließlich die Front in Galizien stabilisieren und den Krieg nach Russisch-Polen hineintragen können. Auch die deutschen Truppen hatten an dieser Front einen hohen Preis gezahlt. Mit 150.000 Mann (darunter 19.800 Gefallene) betrugen die Verluste zwar „nur" ein Viertel der im Westen (640.000, davon 85.000 Gefallene), in der Summe war dies aber eine gewaltige Zahl innerhalb von gerade einmal vier Monaten Krieg.[28] Betrachtet man jedoch die deutschen Verluste im Vergleich zur Ist-Stärke, dann wird deutlich, dass der Krieg im Osten viel verlustreicher war als der im Westen. Mit durchschnittlich 14 Prozent lagen diese über denen im Westen von „nur" 12,5 Prozent. Daran sollte sich bis Ende 1916, als der Krieg im Osten zuende ging, selbst im Zeichen der großen Materialschlachten bei Verdun und an der Somme nichts ändern.[29]

Das Jahr 1915 – Bewegungskrieg im Osten

Der „Stillstand" im Westen war dann auch einer der Gründe, warum im Frühjahr 1915 Bewegung in den Krieg im Osten kam. Die Entscheidung dafür war intern allerdings heftig umstritten und letztlich in Teilen das Ergebnis eines Intrigenspiels. Hindenburg und Ludendorff, gestützt vom Reichskanzler, hatten hinter den Kulissen massiv auf eine Entscheidung im Osten, die sie nach ihren Siegen für möglich hielten, gedrängt. Sieht man einmal davon ab, dass dieses Intrigenspiel deutlich machte, zu welchen Mitteln Hindenburg und Ludendorff zu greifen bereit waren, wenn sie von der Richtigkeit ihrer Auffassungen überzeugt waren, dann zeigt sich dennoch zugleich, wie schwer es angesichts des Scheiterns der ursprünglichen Planungen war, überhaupt eine neue Strategie zu entwickeln. Das erneute Scheitern des österreichischen Bündnispartners in den Karpaten – die Verluste dort betrugen 600.000 Mann, darunter 100.000 Tote[30] – sowie ein drohender italienischer, aber auch rumänischer Kriegseintritt auf Seiten der Alliierten machten dann eine militärische Aktion im Osten unausweichlich. Die ursprünglich begrenzte Offensive im Raum Tarnow-Gorlice entwickelte sich dann jedoch zu einem regelrechten „Siegeszug". Innerhalb weniger Wochen drängten deutsche und k.uk.-Truppen die russische Armee zurück, eroberten im August Warschau, um dann schließlich im Herbst erschöpft entlang einer von Riga bis Czernowitz reichenden Linie zum Stehen zu kommen. Die russischen Verluste an Land, vor allem aber an Soldaten – 2,5 Millionen – waren gewaltig. Besiegt war das Zarenreich damit aber keineswegs. Soweit möglich, waren die Truppen wie bereits zu Napoleons Zeiten in die Tiefe des Raums zurückgewichen; den nachrückenden Armeen der Mittelmächte hinterließen sie nur verbrannte Erde sowie teilweise menschenleere Gebiete. Von einem Sonderfrieden konnte daher auch jetzt keine Rede sein.

Erneute Offensiven und Zusammenbruch Russlands 1916/17

Die Niederlagen des Jahrs 1916 haben die russische Führung keineswegs entmutigt. Im Gegenteil: Um dem Gegner nicht alleine ausgeliefert zu sein und diesem durch die Möglichkeit der schnellen Verschiebung seiner Armeen auf der inneren Linie nicht erneut Vorteile bei der Verteidigung und Vorbereitung begrenzter Angriffsoperationen zu bieten, hatten die Alliierten im Dezember 1915 in Chantilly erstmals gemeinsame Angriffe an allen Fronten beschlossen. Der deutsche Angriff auf Verdun durchkreuzte diese Absicht zwar, gleichwohl, die russische Armee tat, was sie konnte, um dem bei Verdun arg bedrängten französischen Bündnispartner zur Hilfe zu kommen. Die Armee des Zaren griff daher im März zunächst deutsche Einheiten in Weißrussland an. Während sie dort unter hohen Verlusten – 100.000 Mann – scheiterte, war der Angriff auf die k.u.k.-Armee in Galizien und in der Bukowina Anfang Juni zunächst ein großer Erfolg. Die österreichischen Truppen konnten unter Hinzu-

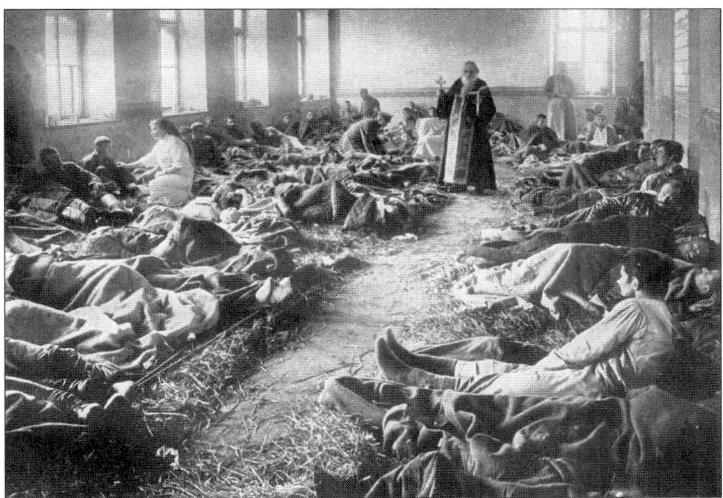

Abb. 7 Auch im Osten kam es teilweise zu erheblichen Zerstörungen und Verlusten. Verwundete russische Soldaten im Lazarett werden von einem orthodoxen Priester gesegnet.

fügen schwerer Verluste weit zurückgedrängt werden. Nur das Einschieben deutscher Einheiten verhinderte einen möglichen Durchbruch. Der Preis war auch hier hoch: Eine Million Gefallene, Verwundete und Gefangene (darunter 250.000 deutsche Soldaten) waren zu verzeichnen. Das Scheitern dieser Offensive – die russischen Verluste waren mit zwei Millionen Soldaten, darunter eine Million Toten, doppelt so hoch wie die der Mittelmächte[31] –, Erschöpfung und Enttäuschung der russischen Soldaten trugen maßgeblich zum Ausbruch der Revolution in Russland im März 1917 bei. Dennoch glaubte die neue Regierung, treu zu den Vereinbarungen mit den Alliierten stehen zu müssen. Die von ihr im Laufe des Sommers begonnene neue Offensive, benannt nach dem damaligen Kriegsminister Alexander Kerenski, scheiterte ebenso wie die im Jahr zuvor. An der ganzen Front drängten deutsche und österreichische Truppen die russischen Armeen zurück, im September eroberten sie sogar Riga und besetzten die baltischen Inseln Ösel, Dagö und Moon. Die Armee begann sich nun aufzulösen. Als die Bolschewiki, zu deren wichtigsten Versprechen neben einer grundlegenden Neuordnung von Staat, Wirtschaft und Gesellschaft des rückständigen und autokratischen Zarenreiches die Beendigung des Krieges gehörte, die bürgerliche Regierung stürzte, war der Krieg im Osten tatsächlich zuende. Wie der Frieden aussehen würde, war allerdings eine andere Frage. Der Preis für das Kriegsende war hoch: Die Verluste auf deutscher Seite beliefen sich nach dem offiziellen Sanitätsbericht 1916/17 auf 598.721 Mann, darunter 61.400 Gefallene.[32] Die Verluste der Russen und der Österreicher waren um ein Vielfaches höher – nicht zuletzt wegen der großen Zahlen an Gefangenen.

Krieg auf dem Balkan

Eigentlich war der Erste Weltkrieg „nur" als Krieg auf dem Balkan, d.h. eine von Deutschland gedeckte österreichische „Strafexpedition" gegen Serbien geplant. Diese Rechnung war, wie gesehen, im Juli 1914 nicht aufgegangen.[33] Gleichwohl, die österreichische Zuversicht, den ungeliebten Nachbarn innerhalb weniger Wochen niederwerfen zu können, erwies sich schnell als völlig unbegründet. Allein der Aufmarsch in dem bergigen Gelände des Balkans war schwierig. Schlechte Planung, Nachschubprobleme und Mangel an Gerät erschwerten diesen ebenso wie das ungemein heiße Wetter. Als die k.u.k.-Armee dann unter Führung des Statthalters von Bosnien, Oskar Potiorek, für den der Feldzug auch eine Art Rache für die von ihm als Demütigung empfundene Erschießung des Erzherzogspaares war, schließlich begann, erwies er sich keineswegs als der von manchen erhoffte „Spaziergang". Die serbischen Truppen, in zwei Balkankriegen kriegserprobt, erwiesen sich als zäher Gegner auf einem Gefechtsfeld, das von Bergen und Tälern, Wald und Flüssen durchzogen war. Innerhalb von zwei Wochen hatte die k.u.k.-Armee ca. 23.000 Tote, Verwundete und Gefangene zu verzeichnen, am Ende des Feldzugs beliefen sich die Verluste auf 275.000, d.h. fast 60 Prozent der Ausgangsstärke. Anstatt zu siegen, musste die Armee Niederlagen einstecken. Hinzu kamen zahllose Verweigerungen und Desertionen. Über manche Division wurde das Standrecht verhängt, um sie halbwegs zusammen zu halten. Am 2. Dezember gelang schließlich die Einnahme Belgrads; zwei Wochen später musste die k.u.k.-Armee die Stadt jedoch nach einem serbischen Gegenangriff wieder verlassen.

Der Krieg auf dem Balkan schleppte sich daher zunächst hin, da andere Fronten wichtiger waren. Dennoch, aufschieben konnte man die „serbische Frage" allein aus strategischen Gründen nicht. Serbien war nicht nur die Brücke in das Osmanische Reich, das seit Anfang August 1914 ein Verbündeter war, sondern dessen weiteres Schicksal war auch hinsichtlich der Haltung der anderen Mächte auf dem Balkan – Bulgarien und Rumänien – von Bedeutung. Ein Sieg über Serbien konnte diese veranlassen, sich den Mittelmächten als den möglichen Siegern im großen Ringen anzuschließen, sich weiterhin neutral zu verhalten oder sich aber wie Italien auf die Seite der Entente zu schlagen und damit die Waage zu deren Gunsten zu senken.

Nach dem Scheitern im Westen hatte Falkenhayn daher für einen baldigen Feldzug auf dem Balkan, nicht gegen Russland plädiert. Im internen Ringen hatte er diesen dann aufschieben müssen, im Herbst 1915 fand dieser dann endlich statt. Die Verbitterung darüber, dass die Deutschen diesen Krieg nun führten, wird beim Lesen eines Briefes des k.u.k.-Generalstabschef an den Chef der Wiener Militärkanzlei deutlich: „Du [kannst] mir gerne glauben, noch viel mehr aber drückt mich, dass unseren Krieg gegen Serbien, wohin alle unsere Traditionen weisen und den ich im Jahre 1909 erträumte, nunmehr die Deutschen führen. Aber dieses Jahr hat mich gelehrt, Bitterkeiten zu ertragen; und so muss auch diese hingenommen werden; hoffentlich ist es zum guten Ausgang für die gemeinsame Sache."[34] Anfang Oktober begann der Feldzug, Ende November war die serbische Armee geschlagen und auf der Flucht über die Berge an die rettende Adria, wo alliierte Kriegsschiffe sie aufnehmen und nach Korfu bringen sollten. Der Zustand derjenigen, die nach den Strapazen einer Flucht über unwegsames Gelände, zumal im Schnee, überhaupt ankamen, war erbärmlich: Sie waren ausgehungert, ihre Uniformen zerrissen, viele waren krank und völlig erschöpft. Nach ca. 130.000 Mann Verlust im Winter zuvor, waren nochmals 95.000 Tote und Verwundete zu beklagen; 125.000 Serben waren in Kriegsgefangenschaft geraten. Noch schlimmer war das Schicksal der österreichischen Kriegsgefangenen, die die Armee mit sich führte: Von ursprünglich 70.000 starben Zweidrittel unter den Strapazen. Wenig später musste sich auch das kleine Montenegro ergeben, das sich an Serbiens Seite gestellt hatte.

Der Krieg auf dem Balkan war damit – zumindest vorerst – gewonnen. Wichtig vor allem aber war, dass Bulgarien sich aus purem Egoismus den Mittelmächten angeschlossen hatte, um sich jene Gebiete – und, falls möglich, mehr – zu holen, die es 1913 im Frieden von Bukarest verloren hatte.

Krieg in Italien

Die Regierung in Bukarest hatte sich angesichts der Lage entschieden, vorerst weiter neutral zu bleiben. Auch die Regierung Italiens entschied sich ungeachtet der Zugehörigkeit zum Dreibund für die Neutralität. Dennoch, je länger der Krieg dauerte, umso mehr versuchten Mittelmächte und Entente, dieses auf ihre Seite zu ziehen. Am Ende hatte die Entente Italien, das in skrupelloser Weise mit beiden Parteien verhandelte, mehr zu bieten. Im Zeichen des „sacro Egoismo" und in der durch nichts gerechtfertigten, gleichwohl vom eigenen Generalstabschef in sträflicher Weise genährten Vorstellung, in kürzester Zeit auf der Siegerstraße zu stehen, erklärte Italien nach heftigen inneren Auseinandersetzungen zwischen Interventionisten und Neutralisten Österreich, nicht aber Deutschland, Ende Mai 1915 den Krieg. Die Kriegserklärung an Deutschland, eine der Anomalien dieses Krieges, erfolgte erst im August 1916.[35]

Militärisch war diese neue Front zweifellos ein herber Schlag für die Mittelmächte. Und auch wenn es dauerte, bis die italienische Armee aufmarschierte, die Kämpfe an der Alpenfront –, im Karstgebirge sowie in der Ebene an Isonzo, Tagliamento und Piave waren äußerst verlustreich. Ähnlich wie an der Westfront bewegte sich dort trotz gelegentlicher Vorstöße und kleinerer Erfolge lange Zeit nur wenig. Es war ein Abnutzungskrieg, in dem beide Seiten sich allerdings nichts „schenkten“. Giftgas war dort genauso ein Mittel des Krieges wie das Unterminieren von Gipfeln und Wegsprengen ganzer Berge ungeachtet der Wetterextreme.[36] Ende 1917 sah es nach vielen Schlachten in den Bergen und am Isonzo schließlich so aus, als könnte dort, nach dem Sieg über Russland, ebenfalls ein Erfolg errungen werden. Erstmals griffen auch deutsche Truppen massiv und nicht mehr nur punktuell in den Krieg mit ein: In einer großen Offensive drängten sie die italienischen Truppen über 100 km bis an die Piave zurück. Die Erschöpfung der eigenen Soldaten und die Stabilisierung der italienischen Armee mithilfe eilends herbeigeführter alliierter Verbände ließ die Kämpfe dann jedoch erlahmen. Italien verblieb weiterhin auf der Seite der Entente. Im Sommer/Herbst 1918 hatte es sich soweit erholt, dass es die österreichischen Armeen, die in völliger Fehleinschätzung der Lage, aber auch, um Beute zu machen, d.h. vor allem Lebensmittel für die eigenen Truppen zu „besorgen“, nochmals zu einer Großoffensive angetreten waren, abfangen und am Ende vor sich hertreiben konnte. Der Preis, den Italien für seinen Eintritt in den Krieg bezahlte, war im Vergleich ähnlich hoch wie bei anderen Mächten. „Über 500.000 Italiener“, so Holger Afflerbach, „bezahlten das Streben nach den ‚irredenten‘ Territorien mit ihrem Leben – fast so viele, wie die eroberten Gebiete Einwohner hatten.“[37]

Krieg in Rumänien

Während es den Mittelmächten nicht gelang, Italien niederzuwerfen, gelang es ihnen erstaunlich schnell, das ebenfalls „abtrünnige“ Rumänien zu besiegen.[38] Obwohl gleichfalls ein, wenn auch geheimer, Partner der Mittelmächte, hatte dieses sich 1914 ebenfalls für die Neutralität entschieden. Die Verlockung, zu einem günstigen Zeitpunkt jene österreichisch-ungarischen Gebiete in

Besitz zu nehmen, in denen Rumänen wohnten, und damit zugleich seinen Einfluss auf dem Balkan zu erweitern, war jedoch stets groß gewesen. Im Sommer 1916, als die Mittelmächte auf allen Seiten bedroht waren, glaubte die rumänische Führung, dass der richtige Zeitpunkt gekommen sei. In einem schnellen Feldzug wurde Rumänien jedoch besiegt und bis auf wenige Randgebiete besetzt. Im Mai 1918 musste es einen demütigenden Friedensvertrag unterschreiben, der es zu einem Satellitenstaat der Mittelmächte machte, von den Gebietsverlusten an Bulgarien einmal abgesehen.

Der Balkan war insofern bis 1918 in der Hand der Mittelmächte. Allein Griechenland versuchte, sich neutral zu verhalten, musste aber französische Truppen in Saloniki dulden, die im Rücken der bulgarischen Armee operierten, wenngleich bis 1918 ohne großen Erfolg.

Krieg im Nahen Osten

Bedeutsam aus Sicht der Mittelmächte war auch der Eintritt des Osmanischen Reiches an ihrer Seite. Bereits Anfang August 1914 hatten Berlin und Istanbul ein geheimes Bündnis geschlossen. Auch wenn dieses intern nicht unumstritten war – setzten manche Politiker doch eher auf die Entente als die Mittelmächte –, trat das Osmanische Reich im Herbst schließlich an der Seite Wiens und Berlins in den Krieg ein. Militärisch bedeutete dies, dass Russland damit nicht nur einen Gegner im Rücken hatte, sondern auch von alliierter Zufuhr durch die Dardanellen abgeschlossen war. Die deutsche Mittelmeerdivision, die Anfang August in den Bosporus geflüchtet war, konnte nun die lange türkische Küste am Schwarzen Meer schützen, aber auch die Verteidigung der strategisch wichtigen Meerengen entscheidend stärken. Gleichermaßen war der Kriegseintritt des Sultans auch eine große Gefahr für England und sein Empire. Dessen Lebensader, der Suezkanal, war nun in Reichweite osmanischer Truppen, die alsbald deutsche Einheiten verstärkten. Zugleich hoffte die Reichsleitung, dass der Sultan in seiner Eigenschaft als Kalif, oberster religiöser Führer aller Moslems, mit seiner Erklärung des „Heiligen Krieges“ am 14. November 1914 die Moslems des Empire zum Aufstand aufstacheln und damit England zum Abzug von Truppen von der Westfront zwingen könnte.

Alle diese Hoffnungen erwiesen sich als vergeblich. Von kleineren Unruhen abgesehen, blieb es unter den Moslems des Empire ruhig. Der Vorstoß zum Suezkanal scheiterte, wenn auch knapp. Nach ersten Siegen über russische Einheiten im Kaukasus mussten sich die türkischen Truppen zurückziehen und immer größere Teile ihres Landes in Anatolien preisgeben. Gleiches galt für Mesopotamien. Spektakuläre Erfolge wie der Sieg bei Kut-el-Amara 1916 können nicht darüber hinwegtäuschen, dass die türkischen Armeen auch hier stetig zurückweichen mussten. Zugleich gelang den Engländern mit der Entfachung des arabischen Aufstands unter dem legendären Archäologen und Offizier, T.E. Lawrence, das, was deutsche Orientalisten, Diplomaten und Offiziere wie Oskar v. Niedermayer, Max v. Oppenheim oder Werner Otto v. Hentig auf abenteuerlichen Reisen bis ins ferne Kabul vergeblich versucht hatten: Die Araber im Hedschas erhoben sich gegen die Herrschaft des Sultans. Arabische Stammeskrieger und reguläre englische bzw. anglo-indische Truppen drangen daher immer weiter in dem Riesenreich vor. 1917 eroberten sie Bagdad, Mosul und schließlich auch Jerusalem. Damit erreichten die Alliierten über die Peripherie schließlich das, was sie im Frühjahr 1915 vergeblich versucht hatten, als sie direkt an den Dardanellen angegriffen hatten: den Zusammenbruch des Osmanischen Reiches. Kaum eine Niederlage war so demütigend gewesen, wie das schlecht geplante und trotz früh erkennbaren Scheiterns über Monate vorangetriebene Unternehmen zur Eroberung der Dardanellen. Da es im Westen nicht weiterging, hatten Engländer und Franzosen versucht, die Front der Mittelmächte gleichsam von hinten aus den Angeln zu heben. Nachdem der Versuch, die Dardanellen mit einem Angriff der Royal Navy von See her zu nehmen, gescheitert war, sollten es Tausende Soldaten, die meisten von ihnen aus Australien und Neuseeland, nach Landung am Strand versuchen. Obwohl immer neue Truppen angelandet wurden und bald am Strand verbluteten, gelang dieser Plan nicht. Die türkische Abwehr war zu stark. Schließlich blieb nur die schmähliche, wenngleich militärisch erfolgreiche Evakuierung der Überlebenden Anfang 1916 übrig. Auch wenn die Verluste der osmanischen Armee insgesamt höher waren – 57.000 Tote, 156.000 Verwundete –, waren die der Alliierten mit 44.000 Gefallenen und 97.000 Verwundeten nicht nur schmerzlich, sondern letztlich auch völlig sinnlos gewesen.[39]

Globaler Krieg

Der Erste Weltkrieg war jedoch nicht nur ein Krieg, der in Europa und an dessen „Rändern“ wie dem Nahen Osten stattfand. Dieser Krieg war vielmehr von Anfang an auch ein globaler Krieg, so sehr die Reichsleitung auch gehofft hatte, diesen mit einem schnellen Sieg innerhalb weniger Wochen zu beenden. Zum einen besaß das Deutsche Reich Kolonien in Afrika, im Pazifik und an der chinesischen Küste. Zum anderen hatte die Reichsleitung selbst von Anfang an das Ziel, die Gegner durch die Revolutionierung von Minderheiten zu schwächen. Aber auch die Gegner machten dies auf ihre Weise deutlich. So erklärte im August 1914 nicht nur England, sondern auch das ganze britische Empire dem Reich den Krieg. Gleiches galt, wenn man so will, für Frankreich. Die Kolonialtruppen waren ein wichtiger Bestandteil beim Aufmarsch gegen das Deutsche Reich und seine Verbündeten. Der Kriegseintritt Japans auf der Seite der Alliierten bereits Ende August machte den globalen Charakter des Krieges genauso deutlich, wie der Eintritt anderer außereuropäischer Staaten, allen voran der Vereinigten Staaten im Frühjahr 1917. Der globale Charakter des Krieges zeigte sich nicht zuletzt auch darin, dass die Alliierten das Reich von Anfang an von allen Verbindungslinien abschnitten: Überseekabel wurden gekappt, Handelsschiffe beschlagnahmt, deren Besatzungen interniert, von dem Abschnüren von der Zufuhr mit Lebensmitteln und anderen Gütern in der Nordsee einmal ganz abgesehen. Je länger der Krieg dauerte, umso mehr „zapften" die Alliierten globale Ressourcen an. Dies betraf nicht nur Lebensmittel, Rohstoffe und andere Waren, sondern auch menschliche Arbeitskraft. Annähernd 140.000 chinesische Kontraktarbeiter, u.a. organisiert in einem „British Chinese Labour Corps", unterstützten seit 1916 die Kriegführung der Entente. Im Hinterland der Front übernahmen sie kriegswichtige Arbeiten wie den Bau von Unterständen, die Wiederherstellung zerstörter Eisenbahnlinien, Straßen und Stromleitungen, aber auch das Anlegen bzw. Wiederherstellen von Schützengräben. Hinzu kamen die Leistungen der Bevölkerung der Kolonien. Diese stellten nicht nur Truppen, sondern lieferten – wie Indien – immer mehr Kriegsmaterial. Der Druck auf die einheimische Bevölkerung war dabei allerdings teilweise so groß, dass es, wie in Französisch-Westafrika, zu Aufständen kam, die blutig niedergeschlagen wurden. Der freie Zugriff auf die Ressourcen der Welt erklärt allerdings, warum das Deutsche Reich bei seinen Planungen für eine Nachkriegsordnung nicht nur das viel zitierte „Mitteleuropa" in den Blick nahm, sondern auch global zu denken begann. Anders sind die umfangreichen Pläne zur Annexion reicher Kolonien und militärisch wichtiger Stützpunkte nicht zu erklären.

Krieg in den Kolonien

Was von diesen Zielen tatsächlich umgesetzt werden konnte, hing aber vom Verlauf des Krieges ab. Zunächst war die Bilanz eher ernüchternd. Eigentlich hatte das Deutsche Reich gehofft, dass die Kolonien wie auf der Berliner Kongo-Konferenz 1884/85 beschlossen, bei einem Krieg zwischen den europäischen Mächten nicht mit einbezogen werden würden.[40] Damit hatten alle Mächte verhindern wollen, dass ein Konflikt unter „Weißen" deren Ansehen und Stellung bei der einheimischen Bevölkerung schwächte. Die Alliierten machten aber von Anfang an klar, dass sie nicht daran dachten, sich an diese Absprache zu halten. Sie griffen daher alle Kolonien an und besetzten diese nach und nach.

Pazifik

Als erstes besetzten australische und neuseeländische Truppen einen Teil der deutschen Kolonien im Pazifik, den anderen Teil übernahmen japanische Truppen ebenfalls kampflos. Erobern musste Japan hingegen den deutschen Marinestützpunkt Tsingtau. Dieses ergab sich erst Anfang November, als jeder Widerstand angesichts der Überlegenheit des Gegners zwecklos geworden war.

Togo

Gleiches galt auch für die kleine deutsche Kolonie Togo in Westafrika. Britisch-französische Truppen griffen unmittelbar nach Kriegsausbruch diesen kleinen Außenposten des Reiches an, nicht zuletzt um durch die Zerstörung der Funkstation Kamina die deutschen Verbindungen in seine Kolonien, aber auch zu Schiffen in Übersee zu unterbrechen. Ende August ergaben sich die wenigen Deutschen. In den übrigen afrikanischen Kolonien zogen sich die Kämpfe hingegen länger, teilweise bis über das Ende des Kriegs hinaus, hin. Die dort stationierten Schutztruppen waren größer und besser ausgebildet. Zudem verstanden sie es, das Gelände geschickt zu nutzen. Konkret hieß dies, dass sich die ohnehin kleinen Verbände im unwegsamen Bergland, großen Savannen oder im Urwald leichter dem Gegner entziehen konnten. Indem sie zugleich eine Strategie der „verbrannten Erde“ und des „kleinen Krieges“ verfolgten, versuchten sie, dessen Verfolgung soweit als möglich zu behindern. Dieses Anpassen an eine „spezifisch afrikanische Gewaltlogik“ (Christian Stachelbeck) hatte allerdings fatale Folgen für die einheimische Bevölkerung. Tausende litten unter Hunger und Seuchen, Hunderttausende einheimische Träger, Schätzungen gehen von ca. 200.000 aus, vermutlich mehr, starben an den Strapazen der Märsche in unwegsamen Gegenden, ertranken in Flüssen oder wurden Opfer wilder Tiere.

Südwestafrika

1915 ergaben sich die deutschen Schutztruppen Deutsch-Südwestafrika. Nach anfänglich erfolgreichem Widerstand erschien es angesichts der Kräfteverhältnisse und mit Rücksicht auf die dort zahlreichen deutschen Siedler geboten, den Kampf aufzugeben. Zugleich wollte die Führung der Schutztruppe damit versuchen, den Siedlern eine Zukunft auch nach dem Ende des Krieges in Europa zu sichern. Dies gelang.

Kamerun

Ende 1915/Anfang 1916 fanden auch die Kämpfe in Kamerun ein Ende. Lange Zeit hatte sich die Schutztruppe im Bergland dem Zugriff englischer und französischer Einheiten entziehen können. Der Mangel an Waffen und Munition, aber auch die Überlegenheit, mit einer relativ intakten Truppe nach dem Krieg ein

Faustpfand in der Hand zu haben, veranlassten deren Führung, den größten Teil Ende 1915 in der neutralen spanischen Kolonie Muni zu internieren; kleinere Reste ergaben sich Anfang 1916 den Alliierten.

Ostafrika

Am längsten hielt sich die Schutztruppe in Deutsch-Ostafrika. Geführt von dem legendären General Paul v. Lettow-Vorbeck leistete diese ebenfalls hinhaltenden Widerstand. Zugleich griff sie soweit möglich feindliche Stellungen an. Ein erfolgreicher Krieg in der Kolonie sollte die Alliierten zwingen, Truppen nach Afrika zu verlegen und damit die deutsche Front im Westen entlasten. Diese Rechnung ging nicht auf. Das britische Empire verfügte über genügend lokale Kräfte, um die deutschen Kolonien zu erobern. Seit 1916, nach der Kapitulation der anderen afrikanischen Kolonien, konzentrierten sich die britischen Truppen daher auf die einzige dem Reich noch verbliebene Kolonie. Lettow-Vorbeck verstand es in der Folgezeit zwar, sich dem Gegner immer wieder zu entziehen, diesem durch überfallartige Vorstöße sogar Verluste zuzufügen. Der Übermacht von ca. 370.000 Soldaten und mehr als einer Million Trägern, die die britischen Truppen für den Kampf in Deutsch-Ostafrika mobilisieren konnten, konnte der Führer der deutschen Schutztruppe nur wenig entgegenstellen: 3.600 Mann rekrutierten sich aus der weißen Bevölkerung und von deutschen Schiffen, 14.600 gehörten zu den sogenannten Askaris. Hinzu kamen mehrere Tausend Hilfskrieger. Ein Sieg war damit nicht möglich, gleichwohl: Es gelang der freilich immer kleiner werdenden Schutztruppe, sich immer wieder, teilweise auch durch Ausweichen in portugiesische (Mozambique) bzw. englische (Rhodesien) Kolonien, den Verfolgern zu entziehen. Erst als sie, inzwischen auf rhodesischem Gebiet, von dem Waffenstillstand in Europa hörten, ergaben sie sich englischen Truppen.

3.2 Die Führung des Krieges

Das Große Hauptquartier

Kriege, zumal moderne Kriege im Zeitalter der Massenheere, benötigen professionelle Führung. Darüber kann auch der Versuch Kaiser Wilhelms II. nicht hinwegtäuschen, wie seine Vorfahren im 18. Jahrhundert, sein Vater und Großvater bei Königgrätz und Sedan in der Tradition der preußischen Heerkönige den Krieg, wenn nicht vom Schlachtfeld selbst, so doch aus dessen unmittelbarer Nähe zu führen. Das „Große Hauptquartier Seiner Majestät des Kaisers und Königs“ – so die offizielle Bezeichnung – war seit Kriegsbeginn das

Zentrum, in dem alle politischen und militärischen Entscheidungen fallen sollten. Neben dem Kaiser versammelten sich daher führende Militärs von Heer und Marine, der Reichskanzler und – soweit notwendig – ein Teil der Staatssekretäre, Vertreter der Bundesstaaten sowie der Verbündeten ganz oder teilweise im Hauptquartier des Kaisers. Je nach Kriegslage befand sich dieses in Koblenz, Luxemburg, Charleville, Pless, Kreuznach, Avesnes oder Spa.

Rolle der Obersten Heeresleitung

Wichtigstes Element dieses Hauptquartiers war die Oberste Heeresleitung. Auch wenn der Kaiser nominell als „Oberster Kriegsherr“[41] alle Funktionen bündelte und – zumindest theoretisch – die letzte Entscheidungsinstanz war, lag die eigentliche militärische Führung des Krieges in den Händen der Obersten Heeresleitung. So nannte sich jetzt der preußische Große Generalstab, der nach der Reichsverfassung nur im Kriegsfalle, Befehlsgewalt über *alle* militärischen Einheiten des Reiches hatte. Deren Chefs, zunächst Moltke d.J., dann Falkenhayn, schließlich Hindenburg, entschieden über die Operationen. Sie stützten sich dabei auf einen Stab hochqualifizierter Generalstabsoffiziere. All diese Bereiche unterlagen der sogenannten Kommandogewalt des Kaisers, waren nur diesem, nicht einer politischen Instanz verantwortlich. Dies galt auch für die stellvertretenden Generalkommandos in der Heimat. Mit der Ausrufung des Belagerungszustandes nach Kriegsbeginn erhielten diese sehr weitgehende Befugnisse im zivilen Bereich. Daneben, auch dies eine preußisch-deutsche Besonderheit, gab es den Bereich der Militärverwaltung mit Kriegsministerium. Allein dieses unterlag der Mitzeichnungspflicht. Eine Sonderrolle spielte die Kaiserliche Marine. „Lieblingskind“ des Kaisers, versuchte der Monarch hier, seine Funktion als „Oberster Kriegsherr“ tatsächlich wahrzunehmen. Die – teilweise persönlichen – Animositäten zwischen hochrangigen Marineoffizieren erleichterten ihm diese Rolle. Erst die Bildung einer Obersten Seekriegsleitung nach dem Muster der Obersten Heeresleitung im August 1918 beendete die internen Querelen, drängte allerdings auch den Einfluss des Kaisers weitestgehend zurück. Von Bedeutung war dies zu diesem Zeitpunkt allerdings nicht mehr.

Stellung des Reichskanzlers

Der Reichskanzler spielte, soweit es die militärischen Operationen betraf, theoretisch keine Rolle. Trotz der unverkennbaren Verachtung, mit der viele Militärs dem Kanzler schon vor dem Kriege begegneten und dem Selbstbewusstsein, mit dem Falkenhayn und erst recht das Gespann Hindenburg-Ludendorff auf dem Standpunkt beharrten, „dass die politische Leitung, solange der Kriegszweck nicht erreicht ist, durchaus keinen Vorrang vor der militärischen hat“,[42] hat dieser sich erstaunlicher Weise in entscheidenden Fragen lange Zeit durchsetzen können. In der Praxis hing es von ihm und seinem Verhältnis zu Kaiser und Oberster Heeresleitung ab, welchen Einfluss er tatsächlich ausüben konnte. Bei kleineren Operationen konnte und wollte er diesen Einfluss nicht geltend machen. Bei grundsätzlichen Entscheidungen wie dem U-Bootkrieg oder der Frage der strategischen Schwerpunktsetzung, der Formulierung von Kriegszielen, der Formulierung von Friedensangeboten oder auch Eingriffen des Militärs in den Alltag ging an ihm kein Weg vorbei – vorausgesetzt er war bereit, mögliche Konflikte durchzustehen.

In diesen teilweise ungeordneten Strukturen, in denen viel vom persönlichen Zugang zum Monarchen, dessen Empfindungen und persönlichen Neigungen sowie der Persönlichkeit des Kanzlers abhing, lag allerdings auch eines der grundlegenden Dilemmata deutscher Kriegführung. Es förderte Intrigen und Absprachen Einzelner in Hinterzimmern, nicht aber klar strukturierte Entscheidungsprozesse. Im Grunde hätte es dazu eines „Reichsverteidigungsrates" bedurft. Dessen Bildung ist angeblich 1912 erwogen, aber verworfen worden, da der Kaiser nicht in der Lage schien, die dann auf ihn zukommende Aufgabe der Koordination *aller* Entscheidungen tatsächlich wahrzunehmen.

Militärdiktatur der Obersten Heeresleitung?

Das Nebeneinander von Entscheidungsorganen mit ihren partiellen Befugnissen und die Persönlichkeit des Kaisers waren zweifellos ein günstiger Nährboden für eine Ausweitung der Befugnisse der Obersten Heeresleitung. Moltke, ohnehin nur kurz im Amt, und Falkenhayn haben von ihrem Selbstverständnis her nicht versucht, sich zu „Diktatoren" aufzuschwingen. Hindenburg und Ludendorff hingegen waren bereit, ihren Einfluss aus militärischen Gründen, aber auch zur Durchsetzung genuin politischer Ziele auszuweiten. Eine „Militärdiktatur" haben sie aber – anders als Martin Kitchen, Wolfram Pyta oder Manfred Nebelin annehmen – letztlich nicht errichten können, vermutlich auch nicht wirklich wollen.[43] Wilhelm II., so schwach er auch war, machte vielmehr, wie Holger Afflerbach überzeugend dargelegt hat, mehrfach deutlich, dass er sich in zentralen Fragen die Entscheidung vorbehielt.[44] Das Scheitern aller Versuche Ludendorffs, den 1916 geschassten Tirpitz zum Reichskanzler zu machen, ist dafür nur ein Beispiel.

> Am Reichstag, dessen Einfluss im Laufe des Krieges zunahm, führte gleichfalls kein Weg vorbei, wie die Verabschiedung des „Hilfsdienstgesetzes“ und des „Hindenburg“-Programms zeigten.

Bündnispartner

Krieg führen hieß 1914-1918 auch, dies mit Bündnispartnern zu tun. Dies war ein schwieriges Unterfangen. Bereits vor Kriegsausbruch hatte es im Grunde nur unzureichende Absprachen zwischen preußisch-deutschen und österreichischen Militärs gegeben. Die blutigen Verluste der k.u.k.-Armee in den ersten Kriegswochen waren daher schon früh Anlass für schwere Vorwürfe an die deutsche Seite. Umgekehrt machte diese keinen Hehl aus ihrer miserablen Einschätzung des Bündnispartners. Das persönliche Verhältnis zwischen dem Chef der Obersten Heeresleitung, Falkenhayn, und dem des k.u.k.-Generalstabs, Conrad v. Hötzendorff, war maßlos schlecht. Nur wenn absolut notwendig, trafen sie sich zu Besprechungen über die Kriegslage und Operationen. Die militärische Lage erzwang dann 1916 allerdings ein besseres Zusammenwirken der Verbündeten, und das hieß auch eine gemeinsame Kriegführung. 1917 kündigte der neue Kaiser Karl diese Vereinbarungen jedoch bereits wieder auf. Die gegenseitigen Vorurteile und das Misstrauen konnten derartige Vereinbarungen ohnehin nicht über Nacht beseitigen.

Führungsprobleme bei den Alliierten

Das, was für die Mittelmächte gesagt worden ist, gilt in Teilen auch für die Alliierten. Jede Armee kämpfte zunächst für sich allein. Zwar gab es seit den Chantilly-Konferenzen von 1915 – benannt nach dem Hauptquartier des französischen Generalstabschefs – Absprachen über Operationen wie auch politische und wirtschaftliche Fragen des Krieges. Misstrauen und Vorurteile gab es auch hier, nicht zuletzt gegenüber dem italienischen Verbündeten, der auf dem Schlachtfeld nicht hielt, was er versprochen hatte. Ein oberster Kriegsrat wurde jedoch erst Ende 1917, bezeichnender Weise nach der schweren italienischen Niederlage bei Caporetto, errichtet, ein gemeinsamer Oberbefehl an der Westfront jedoch erst nach der fast erfolgreichen deutschen Frühjahrsoffensive im Sommer 1918 geschaffen.

Verhältnis Politik – Militär bei den Alliierten

Was das Verhältnis Politik – Militär betrifft, sah es bei den Alliierten, das autokratische Russland ausgenommen, anders aus als im Deutschen Reich. Der Einfluss der Politik war erheblich größer, was massive Einflussversuche führender Militärs wie Joffre auf die Politik vor allem in den ersten Kriegsjahren nicht ausschloss. Im Zweifel konnten Regierungen, gestützt auf die Parteien im Parlament, jedoch erheblichen Einfluss auf das Geschehen an den Fronten nehmen. Die Bildung kleinerer Entscheidungsgremien wie dem „War Council" in England oder die fast diktatorischen Stellung Georges Clemenceaus in Frankreich seit 1917 sicherten den Primat der Politik. Die große Debatte zwischen den Abgeordneten der Chambre des Députées im Sommer 1915 über den Primat der Politik ist ein weiteres Beispiel für den Willen, diesen auch unter den schwierigen Bedingungen eines Krieges zu behaupten. Die Ablösung Joffres, den das militärische Glück inzwischen lange verlassen hatte, im Zusammenspiel von Regierung und Parlament im Dezember 1916 oder von dessen Nachfolger Nivelle im Sommer 1917, der sich über ausdrückliche Befehle hinweggesetzt hatte, die von ihm geplante Offensive sofort abzubrechen, wenn sie keinen Erfolg versprach, sind dafür nur zwei Beispiele.

3.3 Die Erstarrung der Fronten

Der Wandel des Krieges

Mit dem Erreichen der Kanalküste im Herbst 1914 änderte sich die Form des Krieges. Die Zeit der Eilmärsche war zumindest vorerst vorbei. Stattdessen gruben sich die Armeen nach dem Scheitern aller bisherigen Pläne zwischen dem Meer und der Schweizer Grenze ein. Dieses „Eingraben" war im Prinzip nichts gänzlich Neues. Im amerikanischen Bürgerkrieg (1861-65) wie auch im Russisch-Japanischen Krieg (1904/05) hatten sich Truppen in kilometerlangen Gräben verschanzt, anstatt sich dem Gegner in offener Feldschlacht zu stellen und so lange zu kämpfen, bis eine Seite unterlegen war und am Ende sich zurückziehen oder kapitulieren musste.

Viele Offiziere „mochten" das „Eingraben" nicht. Es widersprach ihrem überlieferten Verständnis von Kriegführung: Klare Entscheidungen, d.h. „Siege", waren das eigentliche Ziel des Kampfes, nicht das defensive Verharren in Stellungen, die Abwehr feindlicher Angriffe oder die vage Hoffnung, den Gegner zermürben zu können. Nicht zuletzt die Moral der eigenen Truppen musste leiden, wenn sie tagaus, tagein in schmutzigen Gräben lagen, dem Wetter und allen anderen Widrigkeiten ausgeliefert, auf den Feind wartend oder dessen Beschuss hilflos ertragend, vor allem aber, ohne zu wissen, wie es weitergehen würde. Gleichwohl, allein diese Form der defensiven Kriegführung versprach aus der Sicht beider Seiten die Chance, das Erreichte zumindest vorläufig zu halten bzw. den Gegner am weiteren Vordringen zu hindern.

Das System der Gräben

Trotz des „Primats der Bewegung" (Dieter Storz) waren die deutschen Soldaten auf den Krieg in den Gräben am besten vorbereitet.[45] Schanzzeug gehörte seit längerem zu ihrer Ausrüstung, und in Manövern war das Schanzen auch regelmäßig geübt worden. Das schnelle Eingraben entlang der Aisne nach dem Rückzug von der Marne hatte zudem deutlich gemacht, wie erfolgreich diese Taktik bei der Abwehr eines nachdrängenden Gegners war. Aus anfänglich eher provisorischen Gräben wurde je nach den Gegebenheiten des Geländes schließlich ein immer ausgeklügelteres, zumeist aus drei, an heiß umkämpften Stellen wie Verdun oder an der Somme auch mehr Gräben – durchschnittlich bis zu 2 m tief und 1,5 m breit – bestehendes Grabensystem: Unmittelbar am Gegner lag der Frontgraben, zwischen 50 und 100 m dahinter der Unterstützungs- und weitere ca. 250 m hinter diesem der Reservegraben, jeweils miteinander verbunden durch unzählige Verbindungsgräben. Diese dienten der Versorgung der vordersten Linien mit Nachschub an Munition, Essen und Wasser. Zugleich ermöglichten sie den relativ sicheren Austausch von Truppen oder die Verstärkung der Frontgräben bei bevorstehenden eigenen oder gegnerischen Offensiven. In vorgeschobenen Gräben im „Niemandsland“, d.h. das Gebiet zwischen den eigenen und den Gräben des Gegners, beobachteten Vorposten die Bewegungen des Gegners, horchten mithilfe vergleichsweise „moderner“ Geräte, was sich vor, insbesondere aber unter den eigenen Stellungen ereignete. Je schwieriger es war, die Gräben im Sturmangriff zu nehmen, umso mehr versuchten die Planer von Offensiven, durch Sprengungen Löcher in die Front zu hauen, um den eigenen Soldaten bei deren Beginn den Vormarsch zu erleichtern. Monatelang trieben sogenannte Sappeure (Pioniere) daher Tunnel unter die Stellungen des Gegners und zündeten zu Beginn von Offensiven die dort vorbereiteten Minen. Die großen Sprengungen in Flandern, mit denen englische Truppen ihre Offensive im Sommer 1917 einleiteten, waren hinsichtlich der Zerstörungskraft – 42 t Sprengstoff detonierten allein bei St. Eloi – die größten vor der Explosion der Atombomben von Hiroshima und Nagasaki. Ihr Ziel erreicht haben sie dennoch genauso wenig wie die Sprengungen, mit denen Österreicher und Italiener im Alpenkrieg Terrain zu gewinnen versuchten: Auch die „berühmte“ Sprengung des Col di Lana in den Dolomiten durch italienische Truppen verschaffte diesen keine großen Vorteile.

Die Vorstellung, es habe sich bei dem Schützengrabensystem um „einen“ langen Graben gehandelt, geht fehl. Die Gräben waren vielmehr sägezahnartig angelegt, um den Gegner bei Angriffen auch von der Seite beschießen zu können. Auch ein „Aufrollen“ der Gräben bei einem Sturmangriff oder zu große Verluste bei Artilleriebeschuss sollten so erschwert bzw. verhindert wer-

Abb. 8 Französischer Soldat in einem Schützengraben, 1915. Dieses Bild stellt einen „ordentlichen" Schützengraben dar. Viele Schützengräben, zumal jene an vorderster Front, unterschieden sich jedoch bald kaum von den vor bzw. hinter ihnen liegenden zerstörten Landschaften.

den. Tiefer liegende, vor allem auf deutscher Seite teilweise mit Betondecken versehene Unterstände und Bunker dienten als Ruhe- und Schutzraum für die Soldaten, die gerade nicht auf Posten waren. Die an strategisch wichtigen Punkten der Front angelegten, manchmal mehrstöckigen Bunker erfüllten mit ihren gut geschützten MG-Stellungen zugleich wichtige Funktionen bei der Abwehr feindlicher Angriffe. Der englische Angriff an der Somme im Sommer 1916 ist nicht zuletzt an diesen nur unzureichend aufgeklärten Befestigungen gescheitert.

Die Gräben selbst waren am Boden mit Holzbohlen ausgelegt; Bretter, Draht und Sandsäcke sollten verhindern, dass die Wände durch die Unbilden des Wetters einstürzten. Leitern ermöglichten den schnellen Vorstoß bei Angriffen und Gegenangriffen. Scharten dienten der Beobachtung des Geschehens im Niemandsland oder als Versteck für Scharfschützen, die jeden Soldaten auszuschalten versuchten, der sich im gegenüberliegenden Graben unvorsichtig bewegte. Die letzte Szene in Erich Maria Remarques „Im Westen nichts Neues", in der sich der Protagonist kurz vor Kriegsende beim Versuch, einen Schmetterling zu fangen, zu weit aus der Deckung wagt und Opfer eines französischen Scharfschützen wird, ist dafür der weltweit wohl bekannteste Beleg.

Abb. 9 Zerstörter Schützengraben, übersät mit den Hinterlassenschaften deutscher Soldaten. Herbstschlacht bei La Bassée und Arras, 1916.

Wie zerfurcht die Landschaft im Westen, aber auch an anderen Fronten war, zeigt die tiefe Staffelung der Grabensysteme. Hinter den ersten Gräben unmittelbar an der Front verlief in ein bis zwei, manchmal auch mehr Kilometer Entfernung bald ein zweites, an manchen Frontabschnitten sogar ein drittes ähnlich konstruiertes Grabensystem. Mit den jeweils vorderen Gräben verbunden, sollte dieses bei notwendigen Rückzügen den vorwärtsstürmenden Gegner abfangen. Durchbrüche waren daher selbst bei Inkaufnahme großer Verluste praktisch unmöglich. Vor allem die Alliierten sollten dies bei ihrem Anrennen auf die deutschen Stellungen seit den Herbst- und Winterschlachten 1914 mehrfach blutig erfahren.

Zwischen den vordersten Gräben, dem Niemandsland, das je nach der Topografie des Frontabschnitts unterschiedlich breit war – manchmal einige hundert, manchmal weniger als hundert, an einigen Stellen wie auf der Halbinsel Gallipolli nur 15 m –, befand sich ein immer dichteres System von Stacheldrahtverhauen – die eigentliche Todeszone in den jahrelangen Kämpfen. Verbunden mit allen möglichen Systemen von Fallen, sollten diese Hindernisse das Vorstürmen des Gegners verhindern oder wenigstens erschweren. Diese zu zerstören, um den eigenen Truppen „freie Bahn“ zu verschaffen, war daher auch die vordringlichste Aufgabe nächtlicher Stoßtrupps, vor allem aber der Artillerie bei der Vorbereitung von Offensiven.

3.4 Alltag an der Front

Alltag in den Gräben

So „geordnet" die nach detaillierten Vorschriften erbauten Grabensysteme erschienen, so furchtbar war das Leben in ihnen. Nichts hat die Erinnerung an den Ersten Weltkrieg auf allen Seiten so geprägt, wie der Alltag im Schützengraben – ob im Westen, an der italienischen oder der Balkanfront. Dies gilt selbst für die Ostfront, deren Kennzeichen im allgemeinen Bewusstsein eher der Bewegungs-, nicht der Stellungskrieg war. Regen und Hitze, Eis und Schnee machten den Soldaten zu schaffen. Die vorhandenen Uniformen, darunter der von englischen und französischen Soldaten getragene berühmte Trenchcoat („Grabenmantel"), boten zwar etwas Schutz gegen Regen, Wind und Kälte, mehr aber auch nicht. Gleichermaßen zermürbten die Soldaten in den vorderen Abschnitten die fehlenden Möglichkeiten zur Ruhe: Auf Posten in den Gräben waren sie dem Wetter ausgesetzt, in den Unterständen und Bunkern war es eng, feucht und gefährlich. Stürzten diese bei Offensiven durch direkten Beschuss ein, drohte der Tod durch Ersticken. Hinzu kamen die katastrophalen hygienischen Zustände: Millionen von Ratten und Myriaden von Läusen plagten die Soldaten, indem sie die ohnehin immer schmaleren Rationen fraßen oder Krankheiten übertrugen, von den psychischen Folgen ihrer ständigen Anwesenheit ganz zu schweigen. Gleiches galt für das ganze Problem der Körperpflege: Wasser und Seife gab es allenfalls in rückwärtigen Stellungen, Austreten konnte tödlich sein, selbst wenn es zu den ungeschriebenen Regeln gehört haben mag, in diesem Fall nicht zu schießen. Ruhr, Cholera und Typhus, schließlich die „Spanische Grippe" waren daher in den Gräben bald alltäglich und forderten Tausende Opfer.

Die Gräben selbst veränderten sich zudem. Vor allem bei Offensiven verwandelten sich manche Abschnitte in unwirkliche Kraterlandschaften, die teilweise mit Wasser vollliefen, wenn das Grundwasser nicht tief genug lag wie in Flandern. Mit Beginn des Einsatzes von Gas war dieses zudem häufig vergiftet. In mühevoller Arbeit mussten die Gräben dann wieder hergerichtet werden. Hunderte Soldaten schaufelten dann, zumeist nachts und mit der Angst, im Schein der Leuchtkugeln Opfer feindlicher Schützen zu werden, um die bisherigen auszubessern oder neue zu ziehen. Manchmal wurden dazu von allen Seiten auch Kriegsgefangene eingesetzt – gegen alle Regeln –, um die eigenen Soldaten nicht zu gefährden bzw. als Schikane für die vermeintlich unrechtmäßige Behandlung eigener gefangener Soldaten durch den Gegner[46] oder sog. „Armierungssoldaten", d.h. Soldaten, die für den Dienst an der Front nicht tauglich oder aus anderen Gründen nicht einsetzbar, sonst aber durchaus verwendungsfähig waren. Der SPD-Reichstagsabgeordnete Karl Liebknecht ist dafür ein gutes Beispiel: Um ihn mundtot zu machen, wurde er trotz seiner parlamentarischen Immunität Anfang 1915 eingezogen und an die West- und Ostfront geschickt, um dort u.a. Schützengräben auszuheben.

Verwundung, Tod und Töten

Am schlimmsten waren freilich das Warten auf den Tod oder die Angst vor schwerer Verwundung. Beide „Szenarien" waren allgegenwärtig – selbst in ruhigen Abschnitten oder zwischen den großen Offensiven. Die toten oder manchmal stunden-, tagelang vor den eigenen Gräben sterbenden Soldaten der eigenen wie auch der angreifenden Truppen sowie die Toten und Verletzten in den Gräben unmittelbar neben einem erinnerten sie daran ständig ebenso wie eigene Verletzungen aus vorangegangenen Kämpfen: „Wurde heut Vormittag neu verbunden im Operationssaal, wo vier Operationstische neben einander liegen. Ein Mann mit halbabgefaultem Bein lag grade auf dem Tisch neben mir und schrie, als man ihm die Watte aus den Wunden zupfte. Auf dem andern Tisch wurde grade einer am Schädel operiert, er hatten einen großen Schnitt am Kopfe, an dem eine Menge Zangen baumelten. (...) Neben mir liegt ein Vizefeldwebel mit amputiertem Bein und Bauchschuß. Seine Fiebertafel zeigt jähe Schwankungen von 36° – 40°. Heut bekam er den ersten Brief von zu Hause und weinte laut",[47] notierte Ernst Jünger während eines Lazarettaufenthaltes im November 1916.

Tausende Soldaten wurden nach Verwundung und Krankheit als einsatzfähig wieder an die Front geschickt, um sich erneut der Gefahr auszusetzen, noch einmal verwundet oder dieses Mal getötet zu werden. Das Elend, das sie, wie Jünger, zwischenzeitlich in den Lazaretten erlebt hatten, die verstümmelten Kameraden, vor allem aber die mit den „zermalmten" Gesichtern, die erblindeten oder an den Folgen von Gas leidenden, aber auch die „Kriegszitterer" – fast 600.000 waren es nach dem amtlichen Sanitätsbericht im deutschen Heer bis 1918 – hafteten gleichermaßen in ihrem Gedächtnis.[48] Ein Dorfchronist hielt die Berichte von Soldaten über ihre Erlebnisse im Frühjahr 1916 fest:

Quelle

Alle werden sinnlos

Soldaten berichten in der Heimat über ihre Erlebnisse, 1916:[49]

„Den kürzlich (besonders aus der Gegend von Verdun) hier auf Urlaub weilenden Soldaten kann man anmerken, dass die Nerven ungemein angespannt werden. ‚Bäckermeister Harms erzählte mir, dass er kleine Kinder kaum noch um sich haben könne; er habe Ruhe nötig. Von der ungemein starken Artillerie erzählte er mancherlei; 200.000 Geschütze sollen sich vor Verdun in Summe befinden. Wenn alle schössen, wurde man fast sinnlos. In demselben Sinne sprach mein Nachbar Cordes. Sie sagten aber alle: Wir müssen ja wieder hin, damit der Franzose und Engländer nicht ins Land kommen. Aber mehr oder minder krank werden wir alle. Es würde nach dem Kriege noch viele Nervenkranke geben."

Artilleriebeschuss „grub" zudem diejenigen Toten wieder aus, die bei vorangegangenen Kämpfen mühsam begraben worden waren – gleichsam als apokalyptische Warnung vor dem, was einem selbst passieren konnte. Sturmangriffe glichen angesichts des immer gezielteren Einsatzes von schweren und leichten MGs oder des Abwehrfeuers der Artillerie einem mörderischen Dahinschlachten. Erreichten die Soldaten dann doch einen gegnerischen Graben, kam es zum Kampf Mann gegen Mann und das hieß weniger mit dem unhandlichen, da für den Grabenkampf zu langen Gewehr, sondern mit Bajonett, Grabendolch und geschärftem Klappspaten, mittelalterlichem Morgenstern, Grabenkeule und Streitkolben. Auch Handgranaten unterschiedlichsten Typs wüteten unter den Grabenbesatzungen. Dies war insbesondere dann der Fall, wenn die Gräben so nahe aneinanderlagen, dass die Soldaten diese direkt hinüberwerfen konnten. 75 Millionen Handgranaten, die allein englische Soldaten im Laufe des Krieges auf gegnerische Stellungen warfen, vermitteln einen ungefähren Eindruck der Schrecken, den diese Waffe verbreiteten. Verwundungen durch alle Formen von Granatsplittern waren daher auch für ca. dreiviertel aller Verluste verantwortlich, weniger Treffer durch Gewehrkugeln oder Verletzungen im Nahkampf. Seit 1915/16 eingeführte, die bisherigen Lederhelme ersetzenden Stahlhelme schützten die Soldaten zwar vor schweren Kopfverletzungen, dafür stieg nun aber die Zahl der Verletzten, die mit schweren Gesichtsverletzungen überlebten, anstatt wie zuvor gleich zu sterben. Davor fürchteten sich alle Soldaten: „Von der Vorsehung erbitte ich nur, dass mir diese Gnade gewährt wird: Lieber gleich den Tod als ein schreckliches Leiden, Folge dieser fürchterlichen Verwundungen, deren Zeuge wir alle Tage sind. In diesem Geisteszustand, meine liebe Mutter, trete ich der Gefahr entgegen. Ich versichere Dir, daß der Tod mir keine Angst bereitet"[50], hieß es in dem Brief eines französischen Soldaten an seine Mutter im April 1916. Tod und Schrecken verbreiteten auch die Stoßtrupps. Im Gegensatz zu großen Offensiven, die tagelanges Artilleriefeuer ankündigte und auf die die Soldaten sich entsprechend vorbereiten konnten, brachen diese nachts in die eigenen Gräben ein, töteten die unvorbereiteten Grabenbesatzungen, um sich dann heimlich wieder zurückzuziehen oder aber Hindernisse im Vorfeld feindlicher Gräben für bevorstehende eigene Offensiven zu beseitigen.

Wie groß die Gefahr zu fallen oder verwundet zu werden vor allem für jene Soldaten war, die den ganzen Krieg über unmittelbar an der Front, nicht in der von vielen bald verachteten Etappe verwendet wurden, zeigt ein jeweils nur zehn Tage (!) umfassender Vergleich der deutschen Verluste in fünf größeren Schlachten des Krieges:

Tab. 3: Vergleich der Verluste deutscher Armeen im Verhältnis zur Ist-Stärke in einem Zehntageszeitraum (Tote, Vermisste, Verwundete und Erkrankte)[51]

Schlachten (Zeitraum)	Armee und Zeitraum	Ø Ist-Stärke	Verluste	Anteil an Ist-Stärke in %
Marne (5.-9.9.1914)	3. Armee 1.-10.9.1914	117 700	14987	12,7
Tarnow-Gorlice u. Folgekämpfe (1.-10.5.1915)	11. Armee 1.-10.5.1915	131 797	16524	12,5
Verdun (21.2.-9.9.1916)	5. Armee 1.-10.3.1916	521 570	41248	7,9
Somme (24.6.-26.11.1916)	1. Armee 11.-20.8.1916	304808	36638	**12,0**
Flandern (27.5.-3.12 1917)	4. Armee 21.-31.7.1917	603 740	40849	6,8
Offensive „Michael" (21.3.-5.4.1918)	17. Armee 21.-31.3 1918	478235	79441	16,6

Selbst wenn man berücksichtigt, dass die großen Schlachten in der Regel „nur" zwischen Frühjahr und Herbst stattfanden und diese dann zumeist nur bestimmte Abschnitte, nicht die ganze Front betrafen, so darf dies nicht darüber hinwegtäuschen, dass auch an ruhigen Frontabschnitten und in eher gefechtsarmen Zeiten der Tod allgegenwärtig war. So fielen allein 107.000 englische Soldaten im ersten Halbjahr 1916, obwohl sich das britische Expeditionskorps in dieser Zeit an keiner größeren Offensive beteiligte, sondern darauf beschränkte, eine eigene große, die Somme-Offensive, vorzubereiten.

Abb. 10 Die Allgegenwärtigkeit des Todes: Gefallene deutsche Soldaten in einem Granattrichter in Flandern, 1917.

Der eigene Tod oder die eigene Verwundung waren freilich nur die eine Seite des Daseins in den Gräben; die andere, gleichermaßen schreckliche war der Zwang, bei einem Angriff oder Gegenangriff selber töten zu müssen, um zu überleben oder in dem Gefühl, damit zu einem Sieg beizutragen, der dem Massensterben und -töten ein Ende bereitete. Beides war letztlich untrennbar miteinander verknüpft. Die Empfindungen der Soldaten lässt der Brief eines Bäckermeisters aus Burgund vom September 1915 nach Rückkehr in die Gräben erkennen:

Quelle

„Gemetzelfeld"

René Jacob, ein Bäckermeister aus Burgund, im September 1915 nach Rückkehr in die Gräben bei Soissons in Nord-West-Frankreich:[52]

„Wie soll man es beschreiben? Mit welchen Worten? Gerade sind wir durch Meaux gezogen, die Stadt ist ausgestorben und still. – Meaux mit seinen auf der Marne versenkten Schiffen und seiner zerstörten Brücke. Danach haben wir die Landstraße nach Soisson[s] genommen und die Stelle erklommen, die uns auf die nördliche Hochebene führt. Und auf einmal, als würde man einen Theatervorhang vor uns lüften, erschien vor uns das Schlachtfeld mit all seinem Grauen. Leichname von Deutschen am Rand der Landstraße. In den Senken und Feldern schwärzliche, grünliche zerfallene Leichname, um die herum unter der Septembersonne Mückenschwärme schwirren: Menschliche Leichname in merkwürdiger Haltung, die Knie in die Luft gestreckt oder einen Arm an die Böschung des Laufgrabens gelehnt; Pferdekadaver, was noch schmerzlicher als menschliche Leichname ist, mit auf dem Boden verstreuten Gedärmen; Leichname, die man mit Kalk oder Stroh, Erde oder Sand bedeckt, die man verbrennt oder begräbt. Ein schrecklicher Geruch, ein Beinhausgeruch steigt aus dieser Verwesung hervor. Er packt uns an der Kehle und für viele Stunden wird er nicht ablassen. Gerade, als ich diese Zeilen schreibe, fühle ich ihn noch um mich, was mir das Herz zuschnürt. Vergeblich bemüht sich der in Böen über die Ebene wehende Wind all dies wegzufegen; es gelang ihm, die Rauchwirbel zu vertreiben, die von diesen brennenden Stapeln aufstiegen; aber er vermochte nicht den Geruch des Todes zu vertreiben. ‚Schlachtfeld' habe ich vorher gesagt. Nein, nicht Schlachtfeld, sondern Gemetzelfeld. Denn die Leichname, das hat nichts zu bedeuten. Bis jetzt habe ich hunderte ihrer verzerrten Gesichter und ihre verrenkten Haltungen gesehen und vergessen. Aber, was ich niemals vergessen werde, ist die Verschandelung der Dinge, die grässliche Verwüstung der Hütten, das Plündern der Häuser."

Zerstörungen und Vertreibungen

Dieser Brief eines französischen Soldaten vermittelt nicht nur einen unmittelbaren Eindruck von den Erfahrungen mit Verwundung, Tod und Verwesung, sondern auch mit den Zerstörungen, mit denen die Soldaten tagtäglich konfrontiert wurden. Äcker, Wiesen und Wälder, aber auch altehrwürdige Städte wie Reims und Ypern sowie unzählige, meist unbekannte Kleinstädte und Dörfer „pflügte" die Artillerie um. Vielerorts stand bald kein Stein mehr auf dem anderen, einst blühende Landschaften bestanden nur noch aus Gräben oder Trichtern, von Bäumen waren oft kaum mehr als die Stümpfe übrig. Dazwischen „hausten" die Soldaten, jede Mauer oder Bodenerhebung als Deckung nutzend, bis die Artillerie auch diese einebnete. Das, was an Infrastruktur doch noch übrig geblieben war, wurde, wie bei dem deutschen taktischen Rückzug im Frühjahr 1917 zwischen Arras und Soissons („Operation Alberich"), zerstört: 200 Ortschaften wurden dabei dem Erdboden gleichgemacht, alle Straßen und Brücken, Telegrafenleitungen und Eisenbahnlinien zerstört. „Erfunden" haben die Deutschen diese Strategie allerdings nicht: Auch russische Truppen verfolgten bei ihrem Rückzug 1915 eine Politik der „verbrannten Erde". Nichts sollte den vorrückenden deutschen Armeen bei ihrem weiteren Vormarsch nützlich sein. Der einzige Unterschied bestand darin, dass deutsche Truppen im Westen fremdes Land, russische Armeen hingegen eigenes Land zerstörten. Für diejenigen, die alles verloren oder sogar deportiert wurden – allein während der „Operation Alberich" deportierten deutsche Truppen mehr als 100.000 Franzosen –, dürfte dies kaum einen Unterschied gemacht haben. Für die ca. 3,3 Millionen eigener Landsleute, die vor den vorrückenden Deutschen flohen oder die die Russen allein bis Ende 1915 zwangen, sich mit ihnen zurückzuziehen oder die sie, zumal wenn sie deutschstämmig waren, in andere Teile des Riesenreiches deportierten, dürfte dies gleichermaßen gegolten haben. 1917 schließlich sollen, einschließlich der Kaukasusregion, mehr als sechs Millionen Menschen, d.h. ca. fünf Prozent der Gesamtbevölkerung, in Russland auf der Flucht gewesen sein.[53]

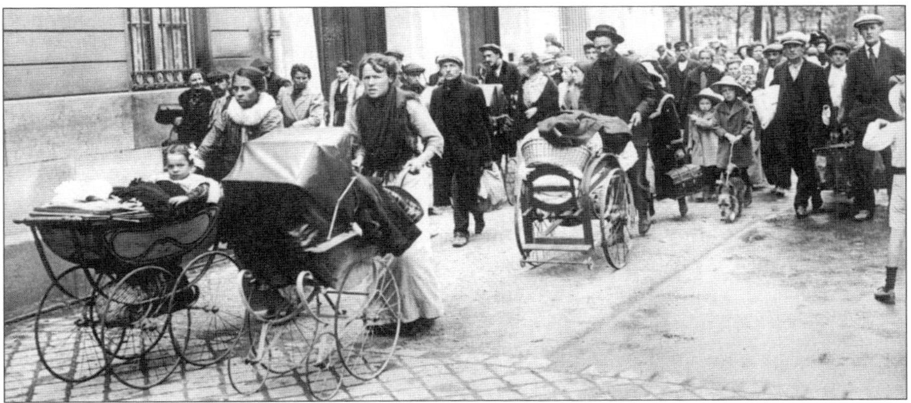

Abb. 11 Der Krieg war auch Anlass für Flucht und Vertreibung. Millionen Menschen waren in ganz Europa bald jahrelang unterwegs – teils, weil sie vor dem Kriegsgeschehen flüchten mussten, teils, weil sie von den Kriegsparteien vertrieben wurden. Belgische und französische Flüchtlinge erreichen Paris.

„Organisation" der Front

Auch wenn Tod und Verwundung den Alltag der Soldaten prägten, so wäre die Vorstellung, dass diese tagaus, tagein fast vier Jahre unter Beschuss in den Gräben gelebt hätten, falsch. Auch den jeweiligen militärischen Führungen war klar, dass sie ihre Soldaten damit völlig überfordern würden. Unmittelbar in den Gräben kämpfte ohnehin „nur" ein Viertel bis ein Drittel der Soldaten. Die anderen unterstützten die „Frontkämpfer" – so ein bald heroisierter Topos – in vielerlei Form, sei es, dass sie den Nachschub gewährleisteten, als Teil des Besatzungsheeres – wie im deutschen Fall – in den eroberten Gebieten für Ruhe und Ordnung sorgten oder aber dem Besatzungsheer in der Heimat angehörten. Allein um die Zahl der Verluste zu begrenzen, wurden die vordersten Gräben im Laufe des Krieges zudem in der Regel nur „dünn" besetzt. MG-Stellungen, gedeckt von weiter hinten liegender Artillerie, reichten zwischen Offensiven, um die jeweiligen Frontabschnitte zu sichern. Darüber hinaus war es bei den „Frontkämpfern" üblich, diese in regelmäßigen Abständen auszutauschen. Ungefähr die Hälfte des Jahres verbrachte ein Soldat in den Frontgräben, dabei rotierend zwischen erstem, zweitem oder drittem Graben, die übrige Zeit in sogenannten Ruhestellungen, bei der Ausbildung, im Lazarett und auf „Reisen" zwischen den Fronten oder aber auch im Heimaturlaub. Gleichwohl, so „kurz" die Zeit in den Frontgräben selbst gewesen sein mag, vor allem in Zeiten von Offensiven muss sie den dort stets mit dem Tod konfrontierten oder selbst zum Töten gezwungenen Soldaten unendlich lang vorgekommen sein.

„Tägliche Rituale"

Die Angst vor Tod und Verwundung oder die furchtbaren Lebensbedingungen bedeuteten nicht, dass die Soldaten nicht versucht hätten, sich in der „Todeszone" einzurichten. So gut es ging wurden die Unterstände und Bunker „wohnlich" hergerichtet – mit provisorischen oder aus der Umgebung herbeigeschleppten Öfen und Betten. Zugleich kümmerten sie sich um die tägliche Verpflegung, die Körperpflege oder andere Grundbedürfnisse, reinigten Waffen und Gerät, besserten Gräben und Unterstände aus, beseitigten Müll und Fäkalien. Das Pflegen von Ritualen wie dem regelmäßigen Frühstück oder Nachmittagstee sowie das gemeinsame Essen von Offizieren in einer improvisierten – manchmal sogar mit Blumensträußen ausgestatteten – „Offiziersmesse" in den Gräben gehörten ebenso dazu wie das Halten von allen Arten von Vieh zur Verbesserung der täglichen Rationen. Die Schattenseite dieser Versuche, irgendetwas wie „Normalität" vorzutäuschen, war dann wiederum das Begraben von Leichen – eigener Kameraden oder gefallener Feinde.

„Freizeit"

„Freizeit" ermöglichte zugleich das Schreiben von Tagebüchern und Briefen. 6,8 Millionen dieser Briefe schrieben Soldaten während des Krieges täglich (!) an ihre Angehörigen und Freunde.[54] Auch wenn sie immer mit der Drohung lebten, dass diese, angesichts der Massen ohnehin nur stichprobenartig, zensiert wurden und sie im Falle von Verstößen in Bezug auf das, was berichtet werden durfte, mit Arrest oder auch Kriegsgericht rechnen mussten, vermittelten sie doch einen Eindruck des Geschehens und Lebens an der Front, der eigenen Gefühle und Hoffnungen. Die Briefe aus der Heimat wiederum, vor allem die „Liebesgaben", – insgesamt 9,9 Millionen täglich – hielten den Kontakt von Eltern, Ehefrauen und Kindern zu den Soldaten aufrecht. Zugleich informierten diese Briefe die Soldaten über das Geschehen zuhause, die Sorgen und Nöte der Ehefrauen, die Entwicklung der Kinder oder auch die allgemeine politische, wirtschaftliche und soziale Entwicklung, wie sie sich aus deren Sicht in den Städten und Dörfern darstellte. Wenn sie konnten, „besichtigten" die Soldaten die Gegend, in der sie sich gerade befanden, waren die meisten doch erstmals außerhalb ihrer engeren Heimat. So war das ehemalige Schlachtfeld von Sedan aus dem Deutsch-Französischen Krieg von 1870 zu Beginn des Krieges fast eine Art „Wallfahrtsort" für viele Stabsoffiziere. Die mittelalterlichen belgischen Städte im Hinterland der Front oder Bukarest, das „Paris des Ostens", faszinierten die Soldaten gleichermaßen. Dabei handelte es sich allerdings um ein „Vergnügen", das eher Offizieren als Mannschaften möglich war. Zudem sollte nicht vergessen werden, dass die Gegenden, in denen sie sich befanden, bald nur noch Trümmerlandschaften waren – „Ausflüge" daher ihren „Reiz" verloren. Für die große Mehrheit reichten daher die „Vergnügungen", die sie sich selbst bereiteten: Karten spielen, Rauchen und Plaudern, das Lesen von Büchern und Schützengrabenzeitungen oder auch schlichtweg Nichtstun. Hinzu kamen jene, die ihnen die Etappenverwaltungen anboten: Der Besuch von Frontkinos und -theatern, aber auch – nach Offizieren und Mannschaften getrennt – von Frontbordellen, die die sexuellen Bedürfnisse der Soldaten befriedigten. Die Geschlechtskrankheiten, die viele Soldaten anschließend plagten, waren die Kehrseite dieser Art von „Vergnügungen".

Abb. 12 Neben Briefen verbanden Fotos der Liebsten oder der Kinder die Soldaten mit der Heimat. Hier der Unteroffizier Karl Mende mit seiner späteren Frau Anastasia, aufgenommen im Frühjahr 1918 vor dem Abmarsch an die Westfront.

„Leben und leben lassen“

Doch nicht nur Ruhepausen, „Freizeit“ und „Vergnügungen“ erleichterten den Soldaten das Leben an der Front.[55] Informelle Waffenruhen, sei es um tote oder verwundete Kameraden im Niemandsland zu bergen, eine Kultur des Leben und Lebenlassens zwischen großen Offensiven – sprich des absichtlichen Danebenschießens –, ritualisierte Feuerwechsel, die niemanden trafen, oder auch Verbrüderungen wie zu Weihnachten 1914 an Teilen der Westfront waren keine Seltenheit. Gleiches gilt für den Austausch von Zeitungen, die inzwischen „berühmten“ Fußballspiele im Niemandsland oder sogar gegenseitige Einladungen zum Essen. Häufig „einigten“ sich Soldaten über die Gräben hinweg, sich gegenseitig beim Essenholen und beim Frühstück – alle Soldaten hatten schließlich Hunger –, beim Waschen oder auch beim Toilettengang nicht anzugreifen. Diese informellen Absprachen, die auf der nüchternen Erkenntnis beruhten, dass das Stören des Gegners in diesen Fällen unweigerlich dessen Reaktion hervorrufen würde, wenn man selbst ähnliche Bedürfnisse stillen wollte, gab es selbst in Situationen, in denen eigentlich „Kampf“ angesagt war. Regnete es beispielsweise seit Wochen, waren die Gräben mit Wasser vollgelaufen und das Niemandsland nur noch eine Schlammwüste, dann kam es durchaus vor, dass beide Seiten auf Angriffe verzichteten, weil sie angesichts des Schlamms viel zu mühselig gewesen wären. Viel hing hier von dem Verhalten der Offiziere in den jeweiligen Frontabschnitten, der Aggressivität der Truppenteile oder einzelner Soldaten ab: Entscheidend war, ob sie bereit waren, den Gegner „leben“ zu lassen, so euphemistisch dies klingt, oder diesen so schnell wie möglich zu töten. Aber auch einfache Soldaten konnten Hemmungen haben, einen verwundeten Feind zu töten, waren vielmehr stattdessen bereit, diesem zu helfen oder ihm vielleicht die letzte Zigarette oder Wasser aus der eigenen Feldflasche zu geben. Umgekehrt konnten

Abb. 14 Unteroffizier Karl Mende (1893-1973), aufgenommen in Bukarest im Frühjahr 1918 vor der Verlegung an die Westfront.

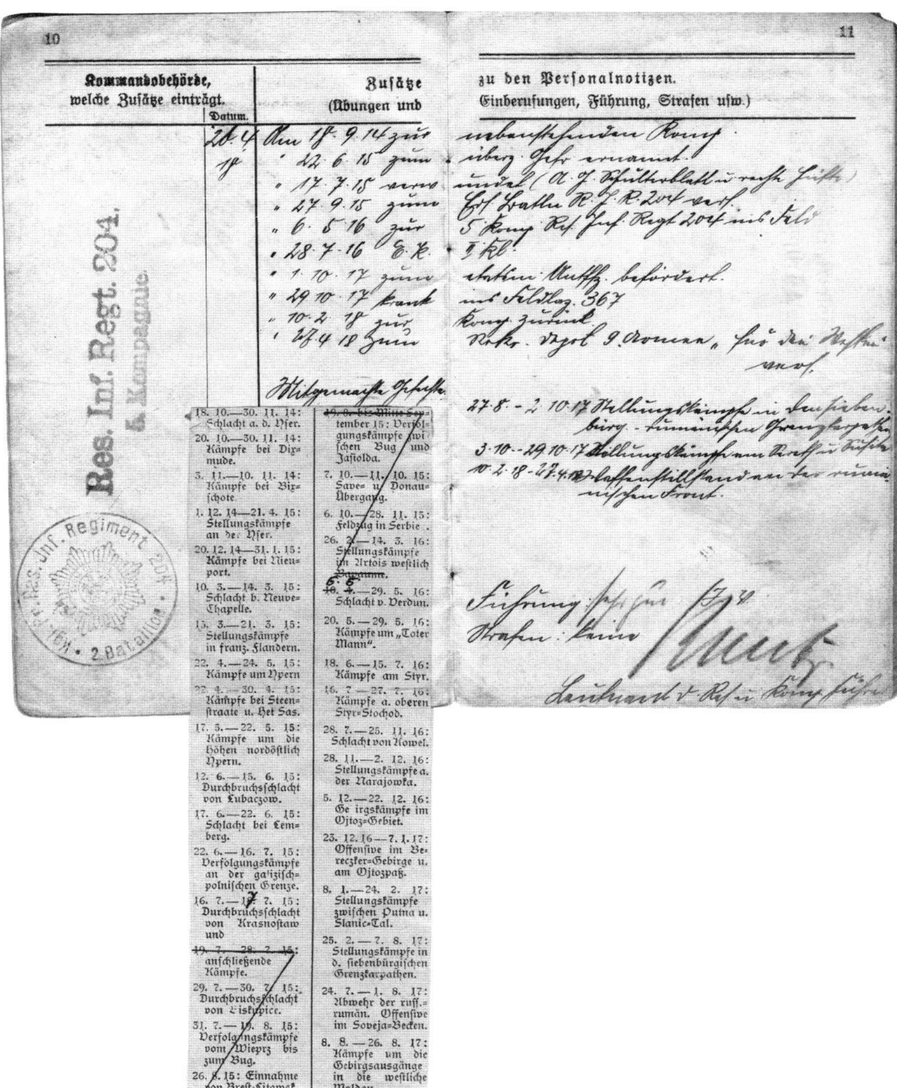

10 11

Kommandobehörde, welche Zusätze einträgt.	Datum.	Zusätze (Übungen und	zu den Personalnotizen. Einberufungen, Führung, Strafen usw.)

Res. Inf. Regt. 204
5. Kompagnie

Kgl. Pr. Res. Inf. Regiment 204 · 2. Bataillon ·

18. 10.—30. 11. 14: Schlacht a. d. Yser.
20. 10.—30. 11. 14: Kämpfe bei Dixmude.
3. 11.—10. 11. 14: Kämpfe bei Bixschote.
1. 12. 14—21. 4. 15: Stellungskämpfe an der Yser.
20. 12. 14—31. 1. 15: Kämpfe bei Nieuport.
10. 3.—14. 3. 15: Schlacht b. Neuve-Chapelle.
15. 3.—21. 3. 15: Stellungskämpfe in franz. Flandern.
22. 4.—24. 5. 15: Kämpfe um Ypern
22. 4.—30. 4. 15: Kämpfe bei Steenstraate u. Het Sas.
17. 5.—22. 5. 15: Kämpfe um die Höhen nordöstlich Ypern.
12. 6.—15. 6. 15: Durchbruchsschlacht von Lubaczow.
17. 6.—22. 6. 15: Schlacht bei Lemberg.
22. 6.—16. 7. 15: Verfolgungskämpfe an der galizisch-polnischen Grenze.
16. 7.—18. 7. 15: Durchbruchsschlacht von Krasnostaw und
~~19. 7.—28. 7. 15:~~ anschließende Kämpfe.
29. 7.—30. 7. 15: Durchbruchsschlacht von Liskupice.
31. 7.—19. 8. 15: Verfolgungskämpfe vom Wieprz bis zum Bug.
26. 8. 15: Einnahme von Brest-Litowsk.
~~19. 8. bis Mitte September~~ 15: Verfolgungskämpfe zwischen Bug und Jasiolda.
7. 10.—11. 10. 15: Save- u. Donau-Übergang.
6. 10.—28. 11. 15: Feldzug in Serbien.
26. 2.—14. 3. 16: Stellungskämpfe im Artois westlich ~~Peronne~~.
~~10. 4.~~—29. 5. 16: Schlacht v. Verdun.
20. 5.—29. 5. 16: Kämpfe um „Toter Mann“.
18. 6.—15. 7. 16: Kämpfe am Styr.
16. 7.—27. 7. 16: Kämpfe a. oberen Styr-Stochod.
28. 7.—25. 11. 16: Schlacht von Kowel.
28. 11.—2. 12. 16: Stellungskämpfe a. der Narajowka.
5. 12.—22. 12. 16: Gebirgskämpfe im Ojtoz-Gebiet.
23. 12. 16—7. 1. 17: Offensive im Bereczker-Gebirge u. am Ojtozpaß.
8. 1.—24. 2. 17: Stellungskämpfe zwischen Putna u. Slanic-Tal.
25. 2.—7. 8. 17: Stellungskämpfe in d. siebenbürgischen Grenzkarpathen.
24. 7.—1. 8. 17: Abwehr der russ.-rumän. Offensive im Soveja-Becken.
8. 8.—26. 8. 17: Kämpfe um die Gebirgsausgänge in die westliche Moldau.

Abb. 13 Auszug aus dem Militärpass des Unteroffiziers Karl Mende (1893-1973), von Beruf Bergmann in Hamborn, ursprünglich aus einem kleinen Dorf in Oberschlesien. Angehöriger des Reserveinfanterieregiments Nr. 204. Die Eintragungen im Militärpass zeigen die „Dichte“ der Einsätze an West- und Ostfront zwischen Oktober 1914 und August 1917, unterbrochen allein durch eine Verwundung (russische Schrapnells in Schulter und Hüfte) während der Kämpfe im Osten 1915 und anschließenden längeren Aufenthalt im Lazarett (Juli 1915 – Mai 1916).

Soldaten bei „regelwidrigem" Verhalten oder dem Benutzen besonders grausamer Waffen wie Flammenwerfern und sägeartigen Bajonetten keine Gnade erwarten. Die Grenzen zwischen Hilfe und Töten waren im Zeichen des Massentodes ohnehin fließend.

Warum halten Soldaten durch?

Warum aber hielten die Soldaten dieses „Leben" aus, das ja für viele ein Sterben oder Verwundetwerden war? Viele zeitgenössische Berichte und spätere Darstellungen haben versucht zu suggerieren, Patriotismus, Nationalgefühl, der tatsächliche Wille, Kaiser und Reich, aber auch Frau und Kind, Haus und Hof gegen einen böswilligen Feind zu verteidigen, seien ausschlaggebend gewesen. Daran war sicherlich manches wahr: „Es scheint," so hieß es in dem Brief eines bald darauf gefallenen Offiziers Anfang November 1914, „dass wir hier so etwas wie die Entscheidung bringen sollen. [...] Es ist wenigstens ein Glück, dass wir an der tatsächlich entscheidensten Stelle der ganzen augenblicklichen Lage in Aktion treten und dass, wenn es Opfer kostet – und das wird es – man weiß, wofür es ist. Ich jedenfalls werde mir vorstellen, Ihr Lieben zuhause alle ständet hinter mir, und ich müsste Euch schützen. Morgen mehr !"[56] Dieses Gefühl, die Familie schützen zu müssen, konnte aber auch sehr politisch aufgeladen sein, wie ein englisches Beispiel zeigt: „Um die Freiheit der Welt zu verteidigen, um unsere politische Freiheit zu bewahren, um die Ehre der Frauen und Kinder zu schützen, ist jeder, der die Freiheit liebt und die Ehre, jeder, der Prinzipien höher als sein Wohlergehen hält, das Leben höher als bloß zu leben; alle diese sind in einem gewaltigen Kreuzzug vereint, um – es lässt sich nicht leugnen – Deutsche zu töten, nicht um des Tötens willen, sondern um die Welt zu erretten, den guten wie den schlechten Deutschen, die jungen wie die alten [...]; sie allesamt zu töten, auf dass nicht die menschliche Zivilisation selbst getötet werde,"[57] schrieb ein englischer Soldat im Dezember 1915 nach Hause.

Wieweit derartige Motive, das Denken in Freund-(Erb)-Feind-Kategorien oder der Wille, die eigene Zivilisation gegen die Barbarei zu verteidigen, wirklich verbreitet waren, ist trotz unleugbar vorhandener Zeugnisse im einzelnen schwer zu beurteilen. Mehr als das vage, von vielen nicht tiefer reflektierte, in seiner Bedeutung dennoch nicht zu unterschätzende Gefühl, die eigene Heimat, Familie und Kinder verteidigen zu müssen, dürfte die Mehrheit der Soldaten nicht motiviert haben, durchzuhalten und zu kämpfen. Kämpften sie hingegen umgekehrt ganz konkret für ihre Heimat, wie die direkt aus der Provinz stammenden Landwehrmänner bei der Verteidigung Ostpreußens, dann war ihr Wille durchzuhalten geradezu grenzenlos. Gleiches galt für viele italienische Soldaten Ende 1917, als die Mittelmächte fast im Sturmlauf ihre Heimat zu erobern begannen.

Die Motive der Soldaten auf einen Nenner zu bringen, dürfte angesichts der Millionen, die schließlich an den Fronten kämpften, ohnehin schwierig sein. Zunächst war da einfach das dem Militär ureigene System von Befehl und Gehorsam, das, zumal je länger der Krieg dauerte, wiederum untrennbar mit dem des Vorbildes verknüpft war: Guten Offizieren und Unteroffizieren folgten die Mannschaften bis zuletzt bereitwillig. „Der Soldat weiß ja sehr gut und findet es ganz in der Ordnung, dass der Offizier im Allgemeinen eine bessere Lebenshaltung hat, er baut ihm auch gerne einen netten Unterstand und tut ihm alles zuliebe, wenn er nur sieht, dass der Offizier ein Herz für ihn hat, gerecht gegen ihn ist und alles Schwere mit ihm teilt“,[58] schrieb ein Pfarrer an den bayerischen Kriegsminister im Sommer 1916. Entsprachen sie diesen Erwartungen nicht, sei es hinsichtlich ihres Auftretens, sei es hinsichtlich ihrer Lebensführung, dann bildete sich allmählich eine Kluft, die immer schwerer zu überbrücken war. Dies galt für das Heer genauso wie für die Marine, auch wenn dort die Matrosen eher in den „Streik“ traten, den Gehorsam verweigerten, wie die Meutereien im Sommer 1917 und erst recht im Herbst 1918 belegen. Großflächige Meutereien wie in der französischen Armee im Sommer 1917 oder der russischen im Zeichen von Revolution und Zusammenbruch im Laufe des gleichen Jahres hat es bei den deutschen Truppen erst beim Übergang von der Matrosenmeuterei zur Revolution am Ende des Krieges gegeben. Aber auch Kameradschaft oder landsmannschaftliche Zugehörigkeit spielten eine wichtige Rolle: Da ließ man sich einfach nicht im Stich. Der Wille, mit dem eigenen Einsatz den Krieg zu beenden, sollte, so paradox dies erscheinen mag, ebenfalls nicht unterschätzt zu werden. Vor allem für die große Westoffensive 1918 gibt es zahllose Belege dafür, dass dieses Motiv weit verbreitet war. Bedeutsam, wenngleich wenig erforscht, war auch ein System der „Anreize“: Heimaturlaube, Sonderrationen und Orden sind nur einige Beispiele dafür. Auch Alkohol hat, wie zahllose Eintragungen über regelrechte Exzesse in den Tagebüchern Ernst Jüngers zeigen, eine erhebliche Rolle gespielt, wenn es um das „Durchhalten“ oder auch Vergessen ging.

Zudem gilt es zu berücksichtigen, dass die Alternativen zum Kämpfen gering waren: Der freiwillige Weg in die Gefangenschaft war nicht ohne Risiken. Die vielen Berichte über das Erschießen von Soldaten, die sich ergeben wollten, oder die harten Bedingungen in den Lagern, zumal wenn sie unmittelbar in der Kampfzone lagen, waren nicht gerade verlockend. Gleiches galt für Desertion, unerlaubte Abwesenheit oder die sogenannte „Drückebergerei". 150.000 Fälle bei über 13 Millionen Kriegsteilnehmern waren eine verschwindend geringe Zahl, selbst wenn die Dunkelziffer, zumal 1918, vielleicht dreimal höher lag. Viel häufiger waren daher kleine oder größere Unbotmäßigkeiten, das Schimpfen über Offiziere, das Hinauszögern von Genesungen oder schlichtweg die einfache Übertretung des gewährten Urlaubs. Die Ursache dafür ist, anders als im Zweiten Weltkrieg, nicht in einer blutrünstigen Militärjustiz zu sehen, die Tausende Soldaten nach kurzem Prozess oder einfach standrechtlich hinrichtete. Im Gegenteil: Die preußisch-deutsche Militärjustiz war nach den verfügbaren Quellen mit „nur" 48 vollstreckten Urteilen weitaus milder als die der Alliierten. Allein Engländer und Franzosen – für die russische Armee gibt es keine Zahlen – richteten zehnmal mehr eigene Soldaten hin. Landesherren machten großzügig von ihrem Recht auf Begnadigung Gebrauch, entehrende Strafen wie das Anbinden an Bäume oder Mauern wurden – gegen den Rat der Kommandeure – Ende 1917 aufgrund von Beschwerden der Soldaten sogar abgeschafft. Dennoch, der Grad zwischen „Verständnis" und dem Versuch, Disziplin durchzusetzen, war schmal. Je mehr die Soldaten 1918, nach dem Scheitern der Westoffensive, in „Streik" traten, umso harscher versuchte die Oberste Heeresleitung, diese mit drastischen Mitteln wiederherzustellen. Da Arrest- und Gefängnisstrafen bald keine abschreckende Wirkung mehr hatten, griffen sie schließlich auf die Bildung von Militärstrafkompanien zurück, die an besonders gefährlichen Stellen eingesetzt wurden. Aufhalten konnten sie die Niederlage damit jedoch nicht. Selbstverstümmelung, sei es mit den eigenen Waffen, dem Schlucken von Motoröl oder aller Arten von Säuren, schließlich war auch ein Weg, dem Grauen zu entfliehen. Damit ruinierten die Soldaten allerdings nicht nur ihre Gesundheit, sondern sie liefen immer auch Gefahr, als Simulanten bezeichnet und entsprechend behandelt zu werden. Genaue Zahlen über das Ausmaß fehlen allerdings.

3.5 „Maschinenkrieg"

„Maschinenkrieg"

Wesentliches Kennzeichen der zweiten Phase des Krieges war „die absolute Herrschaft des Feuers".[59] Dies bedeutete, dass nicht mehr der kühn vorwärtsstürmende, aber, wie die Flandernschlachten im Herbst 1914 blutig bewiesen hatten, dem Maschinengewehrfeuer fast hilflos ausgelieferte Infanterist, sondern in viel stärkerem Maße als vorausgesehen die Kriegstechnik die erhoffte Entscheidung herbeiführen sollte. Zu den wichtigsten Waffen im Stellungskrieg gehörten die Artillerie, das Maschinengewehr und die Handgranate. Hinzu kam der allein auf deutscher Seite verwendete Flammenwerfer. Zeitgenössische Aufnahmen, die Verfilmung von Erich Maria Remarques „Im Westen nichts Neues“ sowie viele veröffentlichte Kriegsbriefe haben, soweit dies überhaupt möglich war, versucht, einen Eindruck von den Schrecken tagelangen Trommelfeuers, massenhaften Sterbens im MG-Feuer sowie der tödlichen Wirkung der in den Gräben und Trichtern benutzten Handgranaten zu vermitteln.

Trommelfeuer

Zu den – wenn es überhaupt eine Reihenfolge geben kann – schrecklichsten Erinnerungen der Soldaten gehört das Trommelfeuer, mit dem seit Ende 1914 oft hunderte Geschütze aller Kaliber versuchten, eigene Offensiven vorzubereiten oder gegnerische Vorstöße zu stören. „Der Kanonendonner“, berichtete ein Soldat Anfang Januar 1915 nach Hause, „ist häufig derart lebhaft, dass man keinen einzelnen Kanonenschuss hört, sondern nur ein stundenlanges ununterbrochenes Rollen. Geradezu entsetzlich sehen die Menschen aus, wenn sie soeben aus den Schützengräben zur Erholung zu uns kommen.“[60] Die Wirkung der Granaten und Minen war fürchterlich: Das Gefechtsfeld verwandelte sich zunehmend in eine Trichterlandschaft, und die Soldaten, die in den Löchern hausten, lebten ständig in der Gefahr, von den Splittern zerrissen oder verstümmelt bzw. infolge der von den Granaten ausgehenden Druckwelle in den Erdlöchern und Gräben verschüttet zu werden. Stärkste Befestigungen wie die großen Forts von Verdun oder auch mit Betondecken versehene Unterstände erwiesen sich alsbald als tödliche Fallen, da sie dem Beschuss großkalibriger Mörser nicht mehr standhielten.

Obwohl wie bei Somme-Schlacht 1916 ganze Kompanien „in dem Glutofen feindlichen Feuers“[61] verschwanden, waren die Ergebnisse des Trommelfeuers im Vergleich zu dem Verbrauch an Munition „gering“: Das deutsche 7. Armeekorps berichtete beispielsweise im Mai 1917, dass es innerhalb eines Monats eine Million Granaten verschossen und dabei pro hundert Schuss einen „gegnerischen Verlust“ zu verzeichnen gehabt hätte.[62]

Angesichts dieser Relation ist es nicht weiter erstaunlich, dass die Oberste Heeresleitung den Munitionsverbrauch als alarmierend betrachtete, waren Offensiven bei derartig extensivem Artillerieeinsatz angesichts immer begrenzterer Ressourcen doch nur noch eingeschränkt möglich. Gleichzeitig machte dieser extreme Verbrauch an Kriegsmaterial deutlich, dass die volle Mobilisierung aller gesellschaftlichen und industriellen Ressourcen die entscheidende Voraussetzung des modernen, totalen Krieges war. So sehr deutsche Chemiker, Techniker und Industrielle sich diesbezüglich auch bemühen mochten, am Ende lief die Uhr gegen sie, zumal nach dem Eintritt der Vereinigten Staaten in den Krieg. Ein neuer Sieg von Erfindergeist, technischer und industrieller Leistungsfähigkeit rückte unter den gegebenen Umständen in immer weitere Ferne.

Doch die Rolle der Artillerie, während des Krieges mit einer Reihe neuer Geschütze ausgerüstet, beschränkte sich nicht darauf, die gegnerischen Stellungen in immer ausgefeilterer Weise zu beschießen bzw., wie im Frühjahr 1918, durch speziell dafür hergerichtete Geschütze, die sog. „Paris-Geschütze", deren Reichweite 130 km betrug, in der französischen Hauptstadt Angst und Schrecken zu verbreiten.

Neue Kampfverfahren

Seit den Kämpfen von Verdun bzw. an der Somme hatte die Oberste Heeresleitung unter Hindenburg und Ludendorff erkannt, dass „Feuer" allein nicht ausreichte, den im Hinblick auf die verfügbaren Ressourcen an Menschen und Material dringender denn je notwendigen Sieg zu erringen. Neue, ausgeklügelte Schießverfahren wie die sog. „Feuerwalze", die, gestützt auf eine neue, moderne Form von Aufklärung, das Luftbild, im Minutenabstand weitersprang, sollten daher der eigenen Infanterie, d.h. in erster Linie speziell ausgebildeten Stoßtruppen, ein „sicheres", überraschendes Vordringen ermöglichen: Nach einem „Feuerschlag, der auf die Sturmsekunde (nicht-minute!) unter Berücksichtigung der Flugbahnzeiten abriss", sollten diese „mit der Schusswaffe den sichtbaren und mit Handgranaten den gedeckten Gegner" niederkämpfen.[63]

Doch „Bewegung" konnten diese, in der Weimarer Zeit teilweise regelrecht „verklärten" Truppen, die mit Maschinengewehren, Granat-, Minen- und Flammenwerfern ausgerüstet waren,[64] in den Krieg auch nicht bringen, wie die gescheiterten Offensiven des Jahres 1918 belegen. Derartige Versuche verschleierten aber nur, wie Ernst Jünger, einer der bekanntesten Stoßtruppführer, bereits 1930 selbstkritisch eingestand, „dass der Glaube an eine strategische Beendigung des Krieges verlorengegangen" und durch den Versuch, „den Gegner zum Weißbluten [zu] bringen" ersetzt worden war. „Wenige Maschinengewehre in einer von Verteidigern fast entblößten Zone [ließen] Angriffe zusammenbrechen, die durch tausend Geschütze vorbereitet" waren.[65]

Wie „wirkungsvoll" im Vergleich zur Artillerie das vor Kriegsausbruch eher unterschätzte Maschinengewehr – bis zur Auslieferung einer leichten Variante zunächst freilich eine reine Defensivwaffe – und die Handgranaten waren,[66] zeigten vor allem die großen Abwehrschlachten, allen voran die Somme-Schlacht. Nachdem die englische Artillerie in siebentägigem Trommelfeuer auf einen Frontabschnitt von 25.000:2.000 m insgesamt 1.500.000 Granaten jeden Kalibers verschossen hatte, d.h. grob gerechnet eine Tonne Granaten pro Quadratmeter,[67] griff die Infanterie die gegenüberliegenden deutschen Stellungen an in der Annahme, bei dem anschließenden Sturm dort kaum noch auf Widerstand zu stoßen. Doch nur die wenigsten Soldaten konnten tatsächlich wie erhofft mit verschränkten Armen durch das Niemandsland gehen. Die meisten sahen sich bereits nach dem Verlassen der Brustwehren heftigem deutschen MG-Feuer ausgesetzt, das die Angreifer regelrecht niedermähte. Diejenigen, die die deutschen Stellungen schließlich erreichten, waren erstaunt, dass sie aus Granattrichtern oder verschont gebliebenen Grabenstücken mit Handgranaten beworfen wurden. Um die Relation der Verluste zwischen Angreifer und Verteidiger zu verdeutlichen, sei als Beispiel die englische 8. Division angeführt. Von ursprünglich 12.000 Mann, mit denen sie die deutschen Stellungen angriff, verlor sie 5.121 Mann; die 3.000 deutschen Verteidiger hingegen, die nach dem tagelangen Beschuss eigentlich keine Gefahr mehr hätten darstellen sollen, verzeichneten „nur“ einen Verlust von 280 Soldaten.[68]

Giftgas

Die Schwierigkeiten, mit Hilfe konventioneller Waffen den operativen Durchbruch zu erzielen, waren von der Obersten Heeresleitung bereits im Herbst 1914 erkannt worden. Seit Oktober 1914 setzte sie daher auch eine neue, unkonventionelle, tödliche Waffe ein, die geeignet erschien, diesen zu ermöglichen: Giftgas.[69] Gas war zwar keine prinzipiell neue Waffe, hatten doch alle Armeen damit bereits vor 1914 experimentiert, es, wie die Franzosen, sogar in der Form von Tränengas- bzw. mit Chloraceton gefüllten Handgranaten, wenngleich erfolglos, eingesetzt. Das Festlaufen der eigenen Offensive und die Klagen vieler Kommandeure über den Mangel an Artilleriemunition bzw. die Schwierigkeiten, mit Explosivgeschossen feindliche Grabenbesatzungen zu bekämpfen, wirkten jedoch zunächst auf deutscher Seite als Katalysator für die Entscheidung, diese Waffe nun auch in einer tödlichen Konzentration einzusetzen, um der eigenen Infanterie den Weg durch die gegnerischen Stellungen zu bahnen. Dadurch wurde freilich eine Eskalationsspirale in Gang gesetzt, die den Einsatz von Gas alsbald zu einem fast „alltäglichen“ Ereignis an den Fronten machte. So harmlos das Verschießen von Niespulver-Granaten bei Neuve

Chapelle in Flandern durch deutsche Truppen bereits im Herbst 1914 sowie der Einsatz von Tränengas-Granaten an der Ostfront im Januar 1915 daher auch auf den ersten Blick war, so tödlich war der erste Gasangriff, bei dem Chlorgas aus Flaschen abgelassen wurde, bei Ypern im April 1915. Militärisch „erfolgreich“ war dieser – wie auch der spätere – großflächige Einsatz von Gas wider Erwarten nicht: Zwei französische Divisionen gerieten zwar in Panik, und es gelang den deutschen Truppen, 2.000 Gefangene zu machen und 51 Geschütze zu erbeuten, die Situation an diesem Frontabschnitt änderte sich dadurch aber nicht.[70] Gleichwohl, die Zahl der Opfer, 1.200 Tote und 3.000 Verwundete, ließ die tödliche Wirkung dieser Waffe wenigstens in Ansätzen erahnen.

Das verwendete Giftgas wurde zunehmend in seiner tödlichen Wirkung „verfeinert“.[71] Zugleich verschossen beide Seiten immer mehr Gasmunition. So stieg der Anteil der verschossenen Gasmunition zwischen 1915 und 1918 allein auf deutscher Seite von ein auf fast 30 Prozent, an manchen Frontabschnitten betrug er sogar 50 Prozent. Von insgesamt 1.389 Millionen Granaten, die alle Armeen im Laufe des Krieges verschossen haben sollen, waren demnach 66 Millionen (= 4,6 Prozent) mit Gas befüllt.[72] Die gesamte Menge an eingesetzten Gaskampfstoffen, betrug vorsichtigen Schätzungen zufolge 113.000 t; davon entfielen ca. 52.000 auf das Deutsche Reich. Dennoch blieb Gas – erstaunlicher Weise – eine rein taktische Waffe. Die Ursache dafür ist zunächst in technischen Problemen bei dessen Einsatz sowie den Wetterverhältnissen – der häufige Westwind trieb die Gasschwaden nur allzu oft auf die eigenen Stellungen zurück – zu sehen. Darüber hinaus gelang es den Alliierten relativ schnell, sich auf diese Form der Kriegführung einzustellen, die eigenen Soldaten durch Masken etc. zu schützen sowie selbst mit Gas zu antworten. Seit 1916 verschossen die Briten dieses mithilfe von Projektilen. Die Lage in den Gräben änderte sich dadurch zwar, da die Soldaten nun ohne Vorwarnung Opfer von großflächigen Gasangriffen wurden. Da die anderen Armeen jedoch bald nachzogen, handelte es sich letztlich nur um temporäre und räumlich begrenzte „Erfolge“. Gleiches gilt für die Verwendung immer giftigerer Formen von Gas: Chlor, das von den Franzosen zuerst verwendete Phosgen und schließlich das von deutschen Chemikern entwickelte „Senfgas“. Letzteres tötete nicht durch Lähmung der Atemwege, sondern drang über die Haut ein und machte damit die bisher verwendeten Atemschutzmasken wirkungslos.

Der erhoffte Durchbruch durch die Frontlinien mithilfe von Gas blieb allerdings aus, obwohl die Zahl der Opfer immens war:

3,4 Prozent der Soldaten (ca. 20.000 Tote – 2.280 deutsche, 8.000 französische, 6.062 englische, 1.221 amerikanische, 4.627 italienische Soldaten –, ca. 500.000 Verwundete) wurden Opfer dieser neuen Form des Krieges. Der Krieg an der Westfront blieb insofern trotz Giftgas weiterhin ein Stellungskrieg. In strategischer Hinsicht erwies sich der Einsatz von Gas allenfalls an der diesbezüglich freilich wenig beachteten Ostfront als erfolgreich, obwohl auch hier eigentlich nur der taktische Erfolg beabsichtigt war. Genaue Zahlen fehlen zwar, aber ca. 500.000 russische Soldaten, von denen vermutlich 56.000 qualvoll starben, wurden Opfer des großflächigen Einsatzes von Giftgas.[73] Für den gezielten strategischen Einsatz von Giftgas reichte das Vorstellungsvermögen der Verantwortlichen offensichtlich doch noch nicht aus; erst gegen Kriegsende und in der Diskussion unter Kriegstheoretikern nach 1918 gewinnt Gas als Mittel strategischer Kriegführung, d.h. großflächige Gasangriffe auf die Zivilbevölkerung mit Flugzeugen und Luftschiffen, an Bedeutung.[74]

Abb. 15 Maschinen sollen den Krieg wieder in Bewegung bringen: Zerstörter englischer Tank.

Tanks

In strategischer Hinsicht „revolutionärer“ als Giftgas war hingegen der Einsatz von Panzern oder, wie sie zunächst hießen, Tanks. Ihre „Erfindung“ drängte sich, wie Ernst Jünger es später zutreffend formulierte, geradezu auf: „Nachdem die Herstellung von Feuer durch Maschinen ihre letzte Möglichkeit erreicht hatte, [mussten] Maschinen zur Herstellung von *Bewegung* erfunden werden.“[75] Bereits vor 1914 war über die Einführung von Panzerwagen diskutiert worden; die chronische Finanznot der Heeresverwaltung sowie die mangelnde technische Reife der vorgelegten Entwürfe hatten aber zur Folge, dass diese Projekte nicht weiterverfolgt wurden. Das offenkundig unlösbare Dilemma des Stellungskrieges zwang die Verantwortlichen jedoch dazu, sich dieser Frage erneut anzunehmen. Treibende Kraft in dieser Frage war anfangs der eigentlich gar nicht zuständige, moderner Technik aber sehr aufgeschlossen gegenüberstehende Erste Lord der Admiralität in London, Winston S. Churchill. Zeitgleich entwickelte auch die französische Armee Panzerprototypen. Im September 1916 kamen bei einem englischen Angriff zum ersten Mal Tanks zum Einsatz.[76] Diese 28-t-Ungetüme erwiesen sich zwar als Fehlkonstruktion, da sie entweder aufgrund technischer Probleme bereits im Vorfeld liegen blieben oder aufgrund ihrer geringen Geschwindigkeit und Schwerfälligkeit eine leichte Beute deutscher Truppen wurden. Im Gegensatz zu den Deutschen arbeiteten die Alliierten aber fieberhaft an einer Verbesserung dieser neuen Waffe. Die Oberste Heeresleitung gab allerdings Ende 1916 einen Prototyp in Auftrag; der 1918 schließlich einsatzfähige Panzer A7V war jedoch sehr schwerfällig und allenfalls für Operationen im Flachland geeignet.[77] Die mangelnde geistige Bewältigung dieses neuen Waffentyps, fehlende materielle Ressourcen und die ohnehin schon angespannte Lage der Rüstungsindustrie sind für die Vernachlässigung der „Panzerwagenfrage“ gleichermaßen verantwortlich. Wie wenig die Möglichkeiten des Panzers zu diesem Zeitpunkt von Hindenburg und Ludendorff erfasst worden waren, zeigen auch die Einsatzrichtlinien der wenigen eigenen und Beutepanzer für die Westoffensive 1918: Sie sollten keineswegs die Speerspitze der Infanterie sein. Ihre Hauptaufgabe bestand vielmehr in der Überwindung der gegnerischen Drahtverhaue und MG-Nester – also einer klassischen Hilfsfunktion. Technische Defizite wie die ungünstige Gewichtsverteilung und der geringe Munitionsvorrat schienen diese Aufgabenzuweisung auf den ersten Blick betrachtet auch zu rechtfertigen. Der Angriff 500 französischer Panzer neuen Typs am 18. Juli 1918, dem eigentlichen „schwarzen Tag“ an der Westfront, der die deutschen Stellungsdivisionen in wenigen Stunden überrollte, deutete jedoch gänzlich neue strategische, taktische und operative Optionen der Landkriegführung an. Darüber hinaus rächte sich auch die mangelnde Aufmerksamkeit, mit der die deutsche Armeeführung das Problem der Panzerabwehr behandelt hatte.

3.6 Der Krieg aus und in der Luft

Krieg aus und in der Luft

Zu den Waffen, die „als bewegliche schwere Artillerie" neben dem Panzer den Krieg in Bewegung halten und damit wieder führbar machen sollte, und deren militärischer Wert im Ersten Weltkrieg nicht nur stetig zunahm, sondern die Strategen bald als *die* Waffe eines zukünftigen Krieges ansahen, gehörte das Flugzeug. Vergleichbar dem U-Boot, dessen erste Prototypen ebenfalls in den Jahren nach der Jahrhundertwende entwickelt wurden, war das Flugzeug eine junge Waffe, über dessen militärische Brauchbarkeit gleichermaßen kontrovers diskutiert wurde. Aus Sicht des preußischen Generalstabes schien es ebenso wie die Zeppeline und Ballons allenfalls zur Aufklärung und Artillerieleitung geeignet, eine Einschätzung, die sich jedoch bereits zu Kriegsbeginn als falsch herausstellte.[78] Die französischen Flugzeuge waren den deutschen hoffnungslos überlegen: Sie waren besser bewaffnet, und ihre Piloten betrachteten auch den Kampf aus und in der Luft als genuines Ziel. Dementsprechend bekämpften sie die deutschen Aufklärer und attackierten – so „primitiv" die Fliegerpfeile in der Rückschau auch erscheinen – deutsche Marschkolonnen. Darüber hinaus begannen sie bereits 1914, den Krieg ins Hinterland zu tragen. Im Dezember 1914 bombardierten sie Freiburg, im Januar die BASF-Fabriken in Ludwigshafen und im Februar 1915 Karlsruhe. Die Erfolge waren zwar gering, die Idee des strategischen Luftkrieges, die nach den furchtbaren Erfahrungen in den Schützengräben in der Zwischenkriegszeit fast zu einem Wundermittel effizienter Kriegführung hochstilisiert werden sollte, war jedoch geboren.

Diese Erfahrungen „beflügelten" die Entwicklung der deutschen Luftwaffe: Neue, teilweise technisch überlegene und auch besser bewaffnete – die Schrotflinte wurde durch besondere Maschinengewehre abgelöst – Flugzeuge kamen an die Front. Dort wurden sie nun entweder als Aufklärer, als Jagdflugzeug oder ebenfalls als Bomber eingesetzt. Gleichzeitig wurden systematisch taktische Grundsätze für den Einsatz von Flugzeugen im Stellungskrieg erarbeitet und beim Angriff auf Verdun erstmals angewandt: So klärten deutsche Flugzeuge systematisch über dem Festungsareal auf, Sperrflieger verhinderten gleichzeitig das Eindringen französischer Aufklärer in die deutschen Aufmarschräume. Nach Beginn des Angriffs unterstützten sie die Bodentruppen durch das Bombardement frontnaher Flugplätze, Versorgungsanlagen und Artilleriestellungen. Die Wirkung dieser Angriffe war jedoch begrenzt, zumal die anfängliche Luftüberlegenheit verloren ging. Zahlenmäßig als auch hinsichtlich der Einsatzprinzipien waren die alliierten Flieger bald überlegen. Diese versuchten nun zum einen, systematisch die Luftherrschaft zu erringen; zum anderen begannen sie während der Somme-Schlacht im Sommer 1916, direkt in den Erdkampf einzugreifen. Die deutsche Antwort darauf, das Sperrefliegen, d.h. regelmäßige Patrouillen von zwei Flugzeugen über einem bestimmten Frontabschnitt, erwies sich als unzureichendes Abwehrmittel. Die geringe Zahl der verfügbaren Flugzeuge, ein Indiz für die Notwendigkeit ausreichender industrieller Ressourcen, sowie deren technische Unterlegenheit gegenüber neuen französischen Typen war dafür gleichermaßen verantwortlich.

Die Luftschiffe, die aufgrund der geschickten Propagandatätigkeit des Grafen Zeppelin außerordentlich populär waren, obwohl ihre militärische Brauchbarkeit keineswegs erwiesen war,[79] bestanden hingegen ihren „Test" nicht. Armee und Marine setzten sie zwar als Aufklärer oder auch seit 1915 zur Bombardierung Londons sowie der englischen und der russischen Küste ein; die Verluste an Luftschiffen – von ursprünglich 78 Luftschiffen besaß die Marine im Sommer 1918 nur noch 16 – standen am Ende in keinem Verhältnis mehr zu den Erfolgen und wurden abgebrochen. Die Verluste und Schäden, die beispielsweise die Angriffe auf London

Abb. 16 Von Beginn des Krieges fand der Krieg auch in der Luft statt: Von österreichisch-ungarischen Fliegern über Pula abgeschossenes italienisches Luftschiff „Citta die Jesi".

verursachten, waren zwar durchaus beträchtlich – 670 Tote und 1.962 Verletzte zwischen 1914 und 1918 –; aufgrund ihrer Größe und ihrer geringen Geschwindigkeit waren sie aber letztlich ein allzu leichtes Ziel von Flugzeugen, deren Steigfähigkeit während des Krieges stetig zunahm. Wegen der großen Verwundbarkeit wurden sie auch an der Westfront nach ersten Verlusten im August 1914 nicht mehr eingesetzt. Nur noch an der Ost- und Südostfront, wo das Risiko, von Flugzeugen angegriffen zu werden, relativ gering war, spielten sie eine bescheidene Rolle. Die größeren Erfolge deutscher Bomber vom Typ Gotha und Staaken im Sommer 1918 deuteten zugleich an, dass diesbezüglich nicht dem Luftschiff, sondern dem großen Bomber die „Zukunft" gehörte.

3.7 Der Krieg auf und unter Wasser

Der Erste Weltkrieg war jedoch nicht allein ein Land- und Luft-, sondern auch ein Seekrieg. Die Waffen(systeme) waren in vielerlei Hinsicht moderner, als die, mit denen die Armen im August 1914 in den Krieg zu zogen. Die Wechselwirkungen zwischen industrieller Entwicklung und technologischem Fortschritt einerseits, Anforderungen der Admiräle an ihre Schiffe andererseits hatte den Kriegsschiffbau im 19. Jahrhunderts in fast atemberaubender Weise revolutioniert: Holz wurde durch Stahl und Eisen, das Segel durch immer leistungsfähigere Maschinen und wenig leistungsfähige Vorderlader durch weitreichende Geschütze ersetzt.[80] Dementsprechend modern waren die Schiffe, die zu Beginn des Krieges in den Häfen lagen und auf ihren Einsatz warteten: Die deutschen Schlachtschiffe, Großen und Kleinen Kreuzer sowie Torpedo- und U-Boote – für die anderen Marinen, allen voran die Royal Navy, galt dies gleichermaßen – waren mit ihren Geschützen und Torpedos, ihren Antriebsanlagen, den Feuerleitsystemen und ihren Funkeinrichtungen hochkomplexe, außerordentlich „effiziente" Waffensysteme, die den neuesten Stand der Technik widerspiegelten und vom eigentlichen „Vater" der deutschen Flotte, Großadmiral Alfred v. Tirpitz auch zu Recht als „beste Industrieaustellung in kleinem Maßstab" bezeichnet wurden.[81]

Seestrategische Prinzipien

Diese technische Modernität der deutschen wie auch der meisten anderen Marinen stand jedoch in krassem Gegensatz zu den vormodernen strategischen Prinzipien, die ihrem Einsatz im Ernstfall zugrunde lagen. In gleicher Weise wie – um es etwas provokativ auszudrücken – der „Erfinder" des gescheiterten deutschen strategischen „Rezepts" für einen schnellen Sieg, Generaloberst Schlieffen, sich von einem antiken Vorbild, der Schlacht bei Cannae, hatte inspirieren lassen, orientierten sich viele Admiräle an den Lehren, die der amerikanische „Marineprophet“ Admiral Alfred T. Mahan aus seiner Analyse der Seekriege des 17. und 18. Jahrhunderts gezogen und weiterhin für allgemeingültig erklärt hatte.[82] Dass die in den Häfen liegenden Kriegsschiffe sich allein rein äußerlich von den hölzernen Segelschiffen unterschieden, die Horatio Nelson bei Trafalgar zum Sieg verholfen hatten, bzw. dass neue Erfindungen wie beispielsweise das U-Boot die Seekriegführung entscheidend beeinflussen konnten, wurde allenfalls ansatzweise und erst sehr spät erkannt: Eine Seeschlacht à la Trafalgar war das Ziel, das die Marineführung unter Berufung auf das von Mahan verkündete Dogma von der Bedeutung von Seemacht für das Schicksal der Nationen zu erreichen suchten. Angesichts dieser typischen Diskrepanz zwischen unleugbar moderner Marinepolitik und vormoderner Marinestrategie war es auch nicht weiter erstaunlich, dass alle Argumente, die die auf einer überlieferten, den gegebenen Kräfteverhältnissen und der strategischen Lage nicht Rechnung tragende Seestrategie – vorsichtig – in Frage stellten und eine rationalere, gänzlich andere Planung forderten, unter Hinweis auf die Lehren der Geschichte brüsk zurückgewiesen wurden.

Englische Planungen für den Seekrieg in der Nordsee

Obwohl eigentlich alle Admiräle – Tirpitz war diesbezüglich kein Einzelfall – aus diesen oder ähnlichen Erwägungen *die* Entscheidungsschlacht zur See anstrebten, operierten sie in den ersten Monaten des Krieges vergleichsweise vorsichtig. In der Admiralität in London, der der Übergang von der geschichtsmächtigen Offensive zur strategischen Defensive keinesfalls leicht gefallen war, hatte sich nach verschiedenen Versuchen, einen Kompromiss zwischen Offensive und Defensive zu finden, die Auffassung durchgesetzt, dass eine Fernblockade völlig ausreichend sein würde. Das militärisch wichtigste Ziel, die Hochseeflotte in Schach zu halten, um die eigene Suprematie zu wahren, konnte damit genauso gut erreicht werden wie mit der bisher üblichen, völkerrechtlich vermeintlich gebotenen sowie marinehistorisch „fairen“ engen Blockade. Die großen modernen, extrem teuren Einheiten wurden somit keinen unnötigen Risiken ausgesetzt. Zugleich schien es so möglich, dem hochindustrialisierten, auf stetigen Nachschub an Rohstoffen, vor allem aber Nahrungsmitteln angewiesenen Gegner regelrecht die Lebenslinien abzuschneiden. Diese Strategie schloss eine Schlacht, die vor allem der Befehlshaber der Grand Fleet, Admiral John Jellicoe, in den ersten Monaten oft herbeiwünschte, jedoch nicht prinzipiell aus.

Der Weg zum „Operationsbefehl Nr. 1“

Für die deutsche Marineführung stellte sich die Lage allerdings ganz anders dar: Seit 1912 ahnten die verantwortlichen Admiräle zwar, dass die englische Flotte nicht „kommen“ würde, wie Tirpitz seit seinem Amtsantritt gebetsmühlenartig verkündet hatte. Obwohl den meisten klar war, dass die Hochseeflotte ihrerseits zu schwach und, wie Kriegsspiele im Winter 1913/14 gezeigt hatten, ein Angriff auf die englischen Blockadestellungen im Norden aufgrund der geographischen Lage mit einem Desaster enden würde, wollte aber niemand die notwendigen Konsequenzen aus dieser Erkenntnis ziehen. Im Prinzip hätte dies das Eingeständnis des eigenen Scheiterns bedeutet. Anstatt grundlegend neu zu planen, „trösteten“ sich führende Admirale vielmehr damit, dass die Royal Navy in der Geschichte letztlich immer offensiv vorgegangen sei, und dass es in der Anfangsphase des Krieges genügen würde, die Übermacht des Gegners durch einen Kleinkrieg mit Hilfe von U-Booten und Minen abzunützen, um dann doch die ersehnte Schlacht unter günstigen Bedingungen schlagen zu können. Von einem durchdachten strategischen Plan, der dem Ernst der Lage, der gewaltigen Überlegenheit des Gegners und den wenigen noch verbliebenen eigenen strategisch-taktischen Optionen nüchtern Rechnung trug, konnte hierbei aber keine Rede mehr sein.

Der später so umstrittene Operationsbefehl Nr. 1 für die Hochseeflotte versuchte, aus der veränderten Lage in der Nordsee das Beste zu machen. Nicht eine baldige große Schlacht, sondern „nur“ eine Schädigung der Blockadestreitkräfte durch offensive Vorstöße und „durch eine bis an die britische Küste getragene rücksichtslose Minen- und, wenn möglich U-Bootsoffensive“ waren die Ziele der Operationen.[83] Mehr erschien angesichts der überwältigenden englischen Überlegenheit nicht möglich: 16 deutschen Großkampfschiffen standen 24 englische gegenüber, von der großen Zahl älterer englischer Schiffe und dem zu erwartenden Zuwachs neuerer gar nicht zu reden. Aufgehen konnte dieses aus der Not geborene Konzept freilich nicht.

Niederlagen und interne Streitigkeiten

Die eher vorsichtig tastend als wirklich zielstrebig unternommenen Versuche, dieses Kleinkriegskonzept in die Tat umzusetzen, um dann die das maritime Denken bestimmende Entscheidungsschlacht herbeizuführen, erwiesen sich jedoch bereits in den ersten Kriegsmonaten als wenig erfolgreich. Seit dem Gefecht bei Helgoland Ende August 1914, bei dem drei Kleine Kreuzer verloren gingen, mischten sich darüber hinaus Wilhelm II. und Reichskanzler Bethmann Hollweg in – wie Tirpitz, der um sein Lebenswerk fürchtete, nie müde wurde zu betonen[84] – unheilvol-

Abb. 17 Geschwader der deutschen Hochseeflotte, 1917.

ler Weise in die Seekriegführung ein. Im Gegensatz zu Tirpitz, dessen Haltung allerdings nicht so eindeutig war, wie er und seine Anhänger später zu suggerieren versuchten, hatten Kaiser und Reichskanzler freilich durchaus richtig erkannt, dass eine offensive Kriegführung ein militärisches Desaster mit unabsehbaren politischen Konsequenzen zur Folge zu haben drohte. Konsequent beschränkten sie daher den Einsatz der Hochseeflotte auf die Rolle einer „Fleet in being", die die Küste schützte und die für den Fall von Verhandlungen weiterhin zumindest als potentielles Druckmittel auch zur See taugte. So sehr Tirpitz gegen dieses strategisch defensive Konzept auch opponierte, so wenig konnte er diese Überlegungen entkräften. Sein Glaube an die fundamentale Bedeutung einer baldigen Entscheidungsschlacht für die gesamte weitere Kriegführung gegen England überzeugte nicht. Verschiedene Vorstöße gegen die englische Ostküste im Herbst/ Winter 1914/15 bewiesen zudem, dass die strategische Gesamtsituation ungünstig blieb, die eigene Flotte wenig glücklich operierte und die Überlegenheit der Royal Navy durch die Fertigstellung zahlreicher Neubauten sich weiter vergrößerte anstatt kleiner zu werden.

Untätigkeit der Hochseeflotte 1915

Die großen Schiffe, die Millionen gekostet hatten, lagen daher untätig in den eigenen Häfen und rosteten buchstäblich vor sich hin. Gelegentliche Vorstöße wie auch ein Wechsel in der Führung der Hochseeflotte Anfang 1915 änderten daran nichts. Selbst Admiral Reinhard Scheer, der im Frühjahr 1916 zum Flottenchef ernannt wurde und dem allgemein der Ruf vorauseilte, offensiver vorgehen zu wollen, beabsichtigte angesichts der großen Risiken keineswegs, die Grand Fleet zu einer Entscheidungsschlacht herauszufordern. Dass diese am 31. Mai 1916 in gewisser Hinsicht dann doch stattfand, hatte entgegen mancher weitverbreiteter Legende mehr mit Zufällen als mit zielstrebiger Planung zu tun.

Seeschlacht im Skagerrak 1916

Für sich betrachtet, war die Schlacht im Skagerrak, in der mit 150 englischen und 99 deutschen Kriegsschiffen eine riesige, mit den modernsten Waffen ausgerüstete Streitmacht aufeinandertraf,[85] zweifellos ein Ereignis von großer Bedeutung. Einerseits offenbarte sie die gewaltige Zerstörungskraft moderner Technik: Neue Schlachtkreuzer, die aus tausenden Tonnen von Stahl gebaut, mit schwersten Geschützen bewaffnet und mit dicken, speziell gehärteten Panzerplatten gegen auftreffende Geschosse geschützt waren, flogen teilweise nach der Explosion einer einzigen Granate, die aus Entfernungen von mehreren Kilometern abgefeuert worden war, in die Luft oder schleppten sich, wie die bekannten Bilder des schwerbeschädigten Schlachtkreuzers „Seydlitz" zeigen, mit haushohen Löchern in der Bordwand mühsam in den rettenden Hafen. Auch wenn die Verluste isoliert betrachtet im Vergleich zu denen in den Schützengräben in Flandern oder bei Verdun gering waren, so waren sie insgesamt doch sehr hoch: von ca. 110.000 beteiligten Offizieren und Seeleuten starben immerhin 9.000 auf ihren Schiffen. Andererseits machte diese Schlacht endgültig deutlich, dass eine große Zahl mächtiger Schiffe allein nicht ausreichte, die strategische Gesamtsituation zu ändern. Während die Royal Navy innerhalb von vier Stunden wieder gefechtsbereit war, brauchte die Hochseeflotte dafür mehrere Wochen. Doch selbst eine kürzere Zeit hätte dieser kaum genützt, da die geographische Lage an sich nicht veränderbar war, es sei denn man hätte, wie von manchen Marineoffizieren bereits zu diesem Zeitpunkt gefordert aber militärisch nicht realisierbar, die Schlüssel zum Atlantik, d.h. die französischen Atlantikhäfen sowie die norwegische Küste in Besitz genommen.[86]

Vor diesem Hintergrund ist der Streit von Zeitgenossen und Historikern über die Frage, inwieweit die Schlacht im Skagerrak, bei der die Hochseeflotte dem Gegner zwar einige Verluste zufügen konnte, dessen Zugriff sie sich aber selbst durch die „berühmten" Gefechtskehrtwendungen entziehen musste, als ein deutscher Sieg bezeichnet werden könne, eher müßig. Selbst Scheer hat das Ergebnis sehr nüchtern betrachtet und als das beurteilt was es letztlich war, eine strategische Niederlage. Auch wenn die Hochseeflotte Mitte August 1916 noch einmal auslief in der Hoffnung, die Grand Fleet in eine vorbereitete U-Bootfalle locken zu können, so waren dieser wie auch alle weiteren geplanten Vorstöße nichts anderes als militärisch nutzlose und zudem gefährliche Demonstrationen, die allenfalls theoretisch den Nachweis der Bedeutung einer Flotte von Großkampfschiffen erbringen konnten. Weitere Vorstöße unterblieben daher bis zum Ende des Krieges.

Abb. 18 Nach dem Scheitern des Krieges „über Wasser" findet dieser zunehmend „unter Wasser" statt. Sinkender Passagierdampfer „Lusitania" vor der irischen Küste im Mai 1915 in einer deutschen Darstellung. Im Hintergrund naht schon das Rettungsschiff.

Wandel des Seekrieges

Kaum weniger wichtig als die Einsicht in die geographischen und damit strategischen Realitäten des Seekrieges nach der Skagerrakschlacht war die allerdings nur von wenigen konsequent zu Ende gedachte Erfahrung, dass sich die Grundlagen der Seekriegführung an sich geändert hatten. So paradox es auch klingen mag, aber moderne Großkampfschiffe und seemännisches Können waren aufgrund des sich beschleunigenden Wandels der Waffentechnologie sowie der Erfindung neuer, alternativer Waffensysteme nicht mehr in gleicher Weise verlässliche Garanten von Seemacht, wie dies noch zu Nelsons Zeiten der Fall gewesen war. Die Leistungs- und Innovationsfähigkeit der heimischen Industrie waren weitere neue Variablen, mit denen Rüstungspolitiker und Admiräle in Zukunft zu rechnen hatten. Die Tatsache, dass mit der „Engadine" der Vorläufer moderner Flugzeugträger an der Schlacht im Skagerrak teilnahm, deutete darüber hinaus nicht nur die Richtung an, in die sich die Marinestrategie bald bewegen würde, sondern machte zugleich auch klar, welche Voraussetzungen sowohl in technologischer Hinsicht als auch bezüglich der industriellen Leistungsfähigkeit zu erfüllen waren, um die Seeherrschaft zu behaupten bzw. zu erringen.

Die „Schlacht der Träger" als strategisch-taktischer Alternative zum Geschwaderkampf von Schlachtschiffen und Schlachtkreuzern sollte zwar erst eine Generation später Wirklichkeit werden,[87] aber auch während des Ersten Weltkrieges begannen die verantwortlichen Admiräle, über neue strategische Optionen in der Seekriegführung nachzudenken. Vergleichsweise konventionell war der im Mai 1914 prinzipiell angedachte Vorschlag, ein fliegendes Geschwader von Schlachtkreuzern in den Atlantik zu entsenden. Dieses Unternehmen hätte nicht nur die englischen Seeverbindungen nachhaltig stören können, sondern auch die Grand Fleet zur Zersplitterung ihrer Streitmacht gezwungen. Die Chancen der Hochseeflotte in einem Gefecht mit ihrem Hauptgegner wären dadurch erheblich gestiegen. Im Herbst 1914 fehlte der deutschen Flottenführung aber der dazu notwendige Mut zum Risiko, sodass die einzige, eventuell erfolgversprechende Alternative ungenutzt blieb.

U-Bootkrieg

Im Gegensatz zum Schlachtschiff, das trotz technologischer „Sprünge" im Prinzip eine „alte" Waffe der Seekriegführung war, war das U-Boot ein neues, sehr junges Kriegsmittel, dessen Bedeutung für die Seekriegführung von den verantwortlichen Marinepolitikern und Stabsoffizieren allenfalls ansatzweise erkannt worden war. Die technische „Unreife" dieser Waffe, die durch zahlreiche schwere Unfälle seit der Jahrhundertwende immer wieder illustriert worden war, einerseits, die Fixierung auf die klassische Seeschlacht andererseits, waren für die Vernachlässigung des U-Boot-Baues weitgehend verantwortlich. Auch wenn es einige Anzeichen dafür gibt, dass sich die englische Marine unmittelbar vor 1914 sehr wohl über den strategischen Wert von U-Booten klar wurde, so ändert dies nichts daran, dass diese Waffe in ihren Kriegsplänen nur eine untergeordnete Rolle spielte.

Nach dem sichtbaren, wenn auch nicht offen ausgesprochenen Scheitern des Tirpitzschen seestrategischen Konzepts, kristallisierte sich das U-Boot, jedoch als das einzige Kriegsmittel heraus, das geeignet war, die vom Gegner beherrschten Seewege wenigstens teilweise unsicher zu machen, das Scheitern des mit großen Hoffnungen verknüpften „Tirpitz-Plans" zu kaschieren und die Seekriegführung zugleich prinzipiell zu revolutionieren: Ohne gesehen zu werden, konnte dieses in feindlichen Gewässern operieren, die Handelswege durch das Legen von Minen, die Versenkung von Dampfern oder das Aufbringen von Prisen unsicher machen sowie die Grand Fleet durch die Angst vor ihrer Präsenz in ihrem Aktionsradius einengen bzw. deren Stärke durch Torpedoangriffe allmählich verringern. Letztendlich, so versicherten Tirpitz und der Chef des Admiralstabes, Admiral Gustav Bachmann, bereits im Februar 1915 dem Kaiser, werde es dadurch gelingen, England zum „Einlenken" zu bewegen.[88]

Eine durchdachte Strategie zur Realisierung dieser nebulösen Zielvorstellung lag dem vermehrten Einsatz von U-Booten, deren Leistungsfähigkeit erheblich überschätzt wurde, jedoch nicht zugrunde. Dazu war nicht nur ihre Zahl zu gering, sondern dafür fehlten auch die Erfahrungen im U-Bootkrieg – von der inneren Reserviertheit vieler hoher Offiziere gegenüber dieser Waffe einmal ganz abgesehen. Darüber hinaus wurde sehr schnell deutlich, dass die politischen Auswirkungen eines uneingeschränkten Handelskrieges auf die Neutralen, allen voran die Vereinigten Staaten, sowohl von Militärs, aber auch von anfangs nicht beteiligten Politikern weitgehend außer acht gelassen worden waren.[89] Erst der öffentliche Aufschrei in den USA nach der warnungslosen Versenkung der „Lusitania" im Mai 1915 ließ die Reichsleitung aufhorchen; die Folge war ein zähes Ringen mit der Marine um die Bedingungen des U-Bootkrieges, das die politische Führung im Februar 1917 endgültig verlor. Die im Prinzip auf Wunschdenken basierende und – trotz beachtlicher Versenkungsziffern[90] – militärisch nicht zu begründende Zusicherung des Admiralstabes, Großbritannien als Hauptstütze der Entente innerhalb von fünf Monaten durch einen uneingeschränkten U-Bootkrieg niederringen zu können, war für die Oberste Heeresleitung unter Hindenburg und Ludendorff wie auch den anfangs zögerlichen Kaiser nach dem unübersehbaren strategischen Patt zu Lande allzu verführerisch, um nicht als letzte Trumpfkarte ausgespielt zu werden. „Hoffentlich flutscht es nun bald recht gründlich, und es geht zu Ende mit Albions stolzer Herrlichkeit. Dann ist Deutschlands und namentlich auch der Marine Zukunft für alle Zeiten auf unerschütterlichem Fels gebaut und seine Stellung die, die ihm dem Lügenpack gegenüber gebührt und schon vor Jahrhunderten ihm zugefallen wäre, hätten wir nicht mit Ausnahme von Friedrich dem Großen und Bismarck so erbärmliche Politiker gehabt",[91] schrieb Admiral Hopman, der keineswegs zu den bornierten „Eisenfressern" in der Marine gehörte, am 1. Februar 1917 in einem Brief an seine Frau, nachdem er die Erklärung des uneingeschränkten U-Bootkrieges in der Zeitung gelesen hatte.

Dass zahllose Volkswirtschaftler, Bankiers und Industrielle in von der Marine eigens „bestellten", in ihrem Wert anfechtbaren Gutachten den Gedanken an eine schnelle Niederringung Englands durch den uneingeschränkten U-Bootkrieg bei der Reichsleitung und in weiten Kreisen – einschließlich Reichstag – genährt haben, macht aus der Rückschau einmal mehr deutlich, wie sehr der Charakter des Krieges sich inzwischen gewandelt hatte. Eine völkerrechtlich höchst zweifelhafte Blockade über Wasser sollte durch eine gleichermaßen rechtlich zweifelhafte Blockade unter Wasser bekämpft werden. Der Spielraum des Kanzlers, der sich diesen Zwängen lange Zeit mit guten politischen Argumenten zu entziehen versucht hatte, verengte sich zunehmend. Nach dem Scheitern seiner Friedensinitiative blieb ihm daher nichts anderes übrig, als dem Drängen der Fachleute und der Militärs nachzugeben. Sein „Sieg" über Tirpitz, den er nach der Vorlage falscher Zahlen über die Möglichkeiten des U-Bootkrieges im März 1916 noch geschickt aus dem Amt hatte drängen können, war daher nicht viel wert gewesen.

Erfolge und Scheitern des U-Bootkrieges

Die Erfolge der U-Bootwaffe, die mit 95 im Atlantik bzw. Mittelmeer verwendungsfähigen Booten weiterhin relativ klein war, waren durchaus erstaunlich: Im ersten Quartal 1917 wurden monatlich durchschnittlich 700.355 BRT versenkt.[92] Diese Versenkungsziffern führten zwar zu einer schweren Krise in der alliierten Führung, das Ziel, diese in die Knie zu zwingen, erreichten sie damit aber dennoch nicht. Die Überlegungen, die dieser Strategie des rücksichtslosen U-Bootkrieges zugrunde lag, beruhten jedoch auf groben Fehleinschätzungen der Leistungen der englischen Schiffbaukapazitäten, der Möglichkeiten, die Nahrungsmittelversorgung durch eine Erweiterung der Anbauflächen zu vergrößern sowie der Verbesserung der U-Bootabwehr durch die Royal Navy. So reduzierten die Bildung von Konvois, die von alliierten Einheiten begleitet wurden, und technische Innovationen wie Wasserbomben und Unterwasserhorchgeräte die Wirksamkeit der U-Boote. Im letzten Quartal 1917 waren deren Versenkungsziffern mit 365.489 BRT kaum höher als vor Beginn des uneingeschränkten U-Bootkrieges, bei gleichzeitig stetig steigenden eigenen Verlusten.[93] Zugleich wurde deutlich, dass die Marineführung nicht nur den Wirkungsgrad der U-Boote überschätzt hatte, sondern letztlich auch nicht fähig war, das operative und taktische Problem ihres Einsatzes gegen gesicherte Konvois zu lösen. Die offensive Minenkriegführung der Royal Navy, die das Aus- und Einlaufen der U-Boote zunehmend erschwerte, tat ein übriges, um deren Bewegungsfreiheit in stetig steigendem Maße einzuschränken. Darüber hinaus wurde bereits 1917 deutlich, dass weder die industriellen Ressourcen verfügbar noch das dazu notwendige qualifizierte Arbeiterreservoir vorhanden waren, um ein U-Bootprogramm zu verwirklichen.

Planungen für einen letzten Flottenvorstoß 1918

Am Ende griff die deutsche Flottenführung, für die das U-Boot letztlich nur ein „Notbehelf" gewesen war, daher erneut auf die Schlachtflotte zurück: Todesmutig sollte diese Ende Oktober 1918 auslaufen, um durch ihren Untergang im Kampf mit einer hoffnungslos überlegenen Flotte die eigene Daseinsberechtigung doch noch nachzuweisen und die Ehre des Seeoffizierkorps, eine unterschwellig stets mitschwingende wichtige Variable kaiserlicher Marinepolitik und -strategie, zu retten. Die Matrosen der Hochseeflotte machten diesem Plan, der nichts anderes als eine „Admiralsrebellion" gegen die neue, nun dem Parlament verantwortliche Regierung war, im letzten Moment durch das Verweigern der entsprechenden Befehle zunichte.

Minen

Abgesehen vom U-Boot kamen im Ersten Weltkrieg im Rahmen der Kriegführung zur See auch weitere neue Waffen erstmals zum Einsatz wie die äußerst schnellen Motorboote, mit denen die italienische Marine einige spektakuläre Erfolge erzielte, ferngelenkte Boote oder auch Luftschiffe und Flugzeuge als Aufklärer oder bereits als offensive Teilstreitkraft; abgesehen vom Flugzeug, dessen Wirkung in Zusammenarbeit mit Kriegsschiffen seit einem englischen Angriff auf die deutschen Luftschiffhäfen Ende 1914 erkennbar war, handelte es sich dabei jedoch um Waffen mit sehr begrenzter, eher zufälliger Wirkung und ohne „Zukunft".

Erfolgreicher waren hingegen die Minen, die alle Kriegführenden zu Tausenden warfen. Allein in der Nordsee schwammen 1918 mehr als 200.000 Minen. Defensive Minensperren sollten dabei den Eingang der Deutschen Bucht sperren, offensive Sperren den gegnerischen Schiffsverkehr stören und den Bestand der Grand Fleet dezimieren helfen. Sowohl die Kaiserliche Hochseeflotte, aber auch die Alliierten, die schließlich zur Bekämpfung der U-Bootgefahr zu einer großflächigen Verseuchung der Nordseeeingänge übergingen, hatten dabei einige spektakuläre Erfolge zu verzeichnen. Im Oktober 1914 lief eines der modernsten englischen Kriegsschiffe, „Audacious" in der Irischen See auf eine von einem U-Boot gelegte Mine; im Juni 1916 starb Lord Kitchener, der englische Kriegsminister, an Bord des Kreuzers „Hampshire", als dieser vor den Orkney-Inseln ebenfalls auf eine Mine lief.[94] Aber auch die Alliierten, darunter die häufig unterschätzte russische Marine, konnten diesbezüglich Erfolge vorweisen:[95] Zahlreiche U-Boote, aber auch größere Einheiten sowie Handelsschiffe liefen in Nord- und Ostsee auf Minensperren und sanken. Überschätzt werden sollten die Erfolge durch Minen freilich nicht. Die Hochseeflotte, die während des Krieges immerhin 50.000 Minen gelegt hatte, errechnete, dass ca. drei bis vier Prozent ein Ziel fanden.[96] Die Kosten der großen Minensperre zwischen Schottland und Norwegen, bei im Sommer 1918 70.263 Minen gelegt wurden, sollen sogar 40 Millionen Dollar betragen haben. Ob die sechs dabei vernichteten U-Boote diesen Aufwand rechtfertigten, erscheint durchaus fraglich.[97]

Globaler Seekrieg

Die Lage auf den anderen „Feldern" der Seekriegführung war aus Sicht der Marineführung kaum weniger erfreulich: Das Kreuzergeschwader unter Vizeadmiral Graf Maximilian v. Spee, das sich bei Kriegsausbruch im Pazifik befunden hatte, hatte am 1. November 1914 zwar vor Coronel einen Sieg über ältere englische Einheiten davongetragen; sechs Wochen später lag dieses aber nach einem Zusammentreffen mit überlegenen englischen Einheiten vor den Falklandinseln auf dem Grunde des Südatlantiks. Auch die wenigen Kleinen Kreuzer, allen voran die „Emden", aber auch die „Karlsruhe" und die „Königsberg", die zeitweise erfolgreich Handelskrieg auf den Ozeanen geführt hatten, hatten der englischen weltweiten Seeherrschaft nicht wirklich bedrohlich werden können. Ende 1914 waren sie weitgehend von überlegenen Kräften vernichtet worden bzw. auf andere Weise verlorengegangen.

Seekrieg in der Ostsee

Halbwegs erfolgreich war allein die Kriegführung in der Ostsee, aus Sicht der Marineführung eigentlich ein „Nebenkriegsschauplatz". Dementsprechend schwach und veraltet waren die hier stationierten Einheiten. Dies schien insofern gerechtfertigt, als die Verminung der Belte die Ostsee gegen den Einbruch überlegener englischer Einheiten sicherte, allerdings der Hochseeflotte die Möglichkeit zur strategischen Rochade nahm, die angesichts der im Sommer 1914 abgeschlossenen Verbreiterung und Vertiefung des Nord-Ostseekanals eigentlich möglich gewesen wäre. Die Royal Navy konnte sich daher ganz auf die Nordsee konzentrieren, ohne fürchten zu müssen, von der Hochseeflotte aus den dänischen Meerengen heraus angegriffen zu werden. Die russische Flotte hingegen, die seit 1912 modernisiert wurde, stellte zu diesem Zeitpunkt keine ernstzunehmende Bedrohung dar. Dennoch, zur großen Überraschung verstand es das Kommando der Baltischen Flotte immer wieder, die östliche Ostsee mit großen und geschickt gelegten Minenfeldern zu verseuchen, denen zahlreiche Kriegs- und Handelsschiffe zum Opfer fielen. Seit 1915 führten englische U-Boote zudem erfolgreich Handelskrieg, und es gelang ihnen sogar, einige der dort kreuzenden deutschen Kriegsschiffe zu torpedieren bzw. zu versenken. Erstaunlich ist aus der Rückschau auch, dass die hier – anders als an der Westfront – mögliche gemeinsame Operationen von Flotte und Armee gegen die russischen Truppen in Kurland erst sehr spät in ihrer militärischen Bedeutung erfasst und durchgeführt wurden: Im Herbst 1917, als der Krieg im Osten eigentlich schon entschieden war, nahmen Armee und Marine gemeinsam die baltischen Inseln in Besitz und drangen in den Rigaischen Meerbusen ein. Zuvor hatte die Marine allenfalls sporadisch auf Anforderung von Oberost einzelne Küstenabschnitte beschossen bzw. russische Landungen im Rücken der Front verhindert.

Seekrieg im Mittelmeer und im Schwarzen Meer

Aus Sicht der deutschen Marineführung waren Mittelmeer und Schwarzes Meer eher zu vernachlässigen. Dies galt erst recht, nachdem die ursprünglichen Planungen der Dreibundmarinen, im Falle eines Krieges gemeinsam gegen französische Truppentransporte von Nordafrika ins Mutterland vorzugehen, mit der italienischen Neutralitätserklärung überflüssig geworden waren. Während der k.u.k.-Marine nichts anderes übrig blieb, als in der Adria zu verbleiben, um die eigenen Küsten zu schützen, flüchtete die deutsche Mittelmeerdivision, bestehend aus dem Großen Kreuzer „Goeben" und dem Kleinen Kreuzer „Breslau" in osmanische Gewässer. Nun unter türkischer Flagge, schützten sie die Dardanellen wie den Bosporus gegen alliierte Angriffe. Zugleich sicherten sie, wenngleich unter immer schwierigeren Bedingungen, die langen Nachschubwege der osmanischen Armee entlang der Schwarzmeerküste für den Kampf mit Russland. Auch kleinere offensive Vorstöße im Schwarzen Meer und in der Ägäis wurden unternommen, wenngleich mit unterschiedlichem Erfolg. Erfolgreich war hingegen der U-Bootkrieg sowohl vor den Dardanellen und im Schwarzen Meer als auch im Mittelmeer. Mehrere große alliierte Kriegsschiffe konnten während der Landung bei Gallipoli versenkt werden. Auch eine große Zahl von Handelsschiffen fiel den im Mittelmeer operierenden deutschen und österreichischen U-Booten zum Opfer. Die strategische Lage der Mittelmächte änderten derartige Erfolge gleichwohl nicht.

3.8 Krieg, Besatzung und Verbrechen

Im Gegensatz zu den Alliierten, die allenfalls zeitweilig fremdes Territorium besetzt hielten – sieht man von dem kleinen Zipfel im Elsass einmal ab –, hielten die Mittelmächte teilweise über vier Kriegsjahre hinweg große Gebiete im Osten, im Westen und auf dem Balkan besetzt.[98] Die Formen dieser Herrschaft waren höchst unterschiedlich – abhängig vom besetzten Gebiet, dem Verlauf des Krieges sowie den Zielen, die Reichsleitung und militärische Führung nach Besetzung der Gebiete verfolgten. So gab es Etappengebiete, die Institution des Generalgouvernements und die „klassische" Militärverwaltung. Hinzu kamen schließlich, vor allem im Osten, die „Satellitenstaaten" – das 1916 proklamierte „Königreich" Polen sowie die nach dem russischen Zusammenbruch errichteten Staatengebilde im Baltikum – nominell unabhängig, aber doch vom Reich abhängig.

Besatzung bedeutete zunächst einmal Sicherstellen von „Ruhe und Ordnung" im Rücken der eigenen Front, dann Ausbeutung zugunsten der eigenen Kriegsanstrengungen. Die Beschlagnahme von Vieh, Lebensmitteln und Rohstoffen wie Haushaltskupfer und Matratzenwolle bis hin zu Kirchenglocken war bald an der Tagesordnung. Hinzu kam manch alltägliche Schikane, die die gelegentlich durchaus vorhandenen Sympathien für die Besatzer schnell wieder ins Gegenteil verkehrten. Ein Beispiel dafür ist der Befehl des deutschen Stadtkommandanten von Laon in Nordfrankreich vom September 1917:

Quelle

Gutes Einvernehmen?

Befehl des Kommandeurs in der französischen Stadt Laon, General Hans Freiherr v. Berlepsch, vom 8. September 1917:[99]

„Seine Exzellenz der Herr General-Kommandeur ist zufrieden mit dem guten Einvernehmen, das seit der Besetzung der Stadt Laon stets zwischen der Militärverwaltung und der französischen Bevölkerung besteht.
Dennoch, um dieses Einvernehmen auch nach außen zu zeigen, befiehlt seine Exzellenz, dass künftig die männliche Bevölkerung alle Offiziere durch Abnehmen der Kopfbedeckung grüßt und dass dieser Gruß von den Offizieren höflich erwidert wird. Die gesamte Bevölkerung muss auf der Straße den Offizieren mit Takt und in respektvoller Weise Platz machen.
In der Absicht, angenehme Beziehungen zwischen den Angehörigen der Armee und der Bevölkerung zu erhalten, und um zu beweisen, dass die Militärverwaltung sich nur mit der bewaffneten Macht, aber nicht mit der Zivilbevölkerung im Krieg befindet, hat seine Exzellenz darüber hinaus den Wunsch geäußert, die Einwohner künftig an den sonntäglichen Militärgottesdiensten teilnehmen zu sehen und insbesondere an den religiösen Konzerten.
Ein besonderer Platz wird für die Zivilbevölkerung in der Kirche reserviert werden. Der Eintritt zu den Konzerten ist kostenlos.
Die Kommandantur, gez. Freiherr von Berlepsch"

Zwangsarbeit

Führten derartige Maßnahmen schon zu Unmut unter der Bevölkerung, so galt diese erst recht, als die Besatzungsverwaltungen begannen, 60.000 Arbeiter für die deutsche Rüstungsindustrie zwangszuverpflichten und ins Reich zu deportieren. Kaum etwas hat dem deutschen Ansehen in Belgien nach den Franktireur-Gräueln zu Beginn des Krieges so geschadet wie diese Maßnahme. Internationale Proteste und Ineffektivität führten schließlich zur Einstellung dieser Deportationen nur ein Jahr später. Dass Zwangsarbeit im Osten eine viel stärkere Rolle als im Westen spielte, ist in der Forschung freilich lange Zeit übersehen worden. Mittels „totaler Methoden (Zwangsrekrutierungen und Zwangsarbeit) sowie totaler Kontrolle (z.B. durch Pässe, Arbeiterlisten und eine Abkehr vom freien Arbeitsmarkt)“ versuchte OberOst eine „totale Mobilisierung“ zu erreichen. Auch wenn OberOst insofern zu Recht als ein „Laboratorium“ des totalen Krieges bezeichnet worden ist, gilt es gleichwohl festzuhalten, dass eine direkte Kontinuitätslinie zur deutschen Politik während des Zweiten Weltkrieges nicht ohne weiteres zu erkennen ist.[100] Hier bedarf es allerdings weiterer Forschungen über eventuell doch vorhandene Kontinuitäten. Gleiches gilt für die Politik der deutschen Verbündeten. In der Annahme, diese seien im Zweifel ohnehin nicht loyal, verpflichteten sie teilweise sogar eigene Minderheiten zur Zwangsarbeit. Forschungsbedarf gibt es allerdings auch für die Politik der Alliierten wie die aktuelle Diskussion über die Rolle der chinesischen Zwangsarbeiter bzw. die aus den Kolonien auf deren Seite zeigt.

Umsetzung völkischer Pläne im Osten

Je länger der Krieg dauerte, umso mehr versuchten die Besatzungsverwaltungen auch, in den von ihnen besetzten Gebieten „Politik“ zu machen. Die Proklamation des „Königsreichs“ Polen, die den Einfluss des Reiches im Osten vergrößern sowie die polnische Bevölkerung in das ausblutende Heer locken sollte, ist ein Beispiel dafür; der Versuch, die in Belgien virulente Flamenfrage zu instrumentalisieren, ein weiteres. Ludendorffs Pläne für den Osten, die den hypertrophen Vorstellungen der Alldeutschen von einer „völkischen Feldbereinigung“ (Heinrich Claß) nicht nachstanden, sprengten schließlich jeden vernünftigen Rahmen. Das Ende des Krieges machte diese dann zunichte. Dennoch, der geistige Boden für einen erneuten Versuch, dort „Lebensraum“ zu schaffen, war bei allen Unterschieden bereitet.

Quelle

Eine „völkische Feldbereinigung“

In seiner 1917 veröffentlichten „Kriegszieldenkschrift“ forderte der Vorsitzende des „Alldeutschen Verbandes“, Heinrich Claß:[101]

„In den Gebieten, die wir im Osten zu erwerben empfehlen, sitzen zwar auch schon einige hunderttausende Deutsche – in den Ostseeprovinzen ist die gesamte Oberschicht deutsch – im übrigen aber Esten, Letten, Litauer [...], Weißrussen, Polen und Juden, endlich auch in kleiner Zahl Großrussen. Also eine Völkerkarte von buntestem Gemisch, angesichts derer die bange Frage auftauchen muß, ob nicht diese gemischte Menge, zu deutschen Staatsbürgern gemacht, uns ewigen Unfrieden in unser Haus hineintragen, viel kostbare Kraft in innerem, politischem Hader verzehren, den Charakter des Deutschen Reichs als Nationalstaat mindern, ja schließlich sogar die rassische Grundlage des deutschen Volkes ernsthaft bedrohen würde. Aber so denken wir uns die Landnahme nach Osten nicht – ebenso wenig wie wir an der Militärgrenze im Westen das Land mit der französischen Bevölkerung für brauchbar ansehen. Und wie dort die Rückkehr ins alte Vaterland vorgeschlagen wurde, so bietet sich auch hier ein Ausweg: Es ist der Gedanke eigene Stammesangehörige gegen die Fremdstämmigen friedlich auszutauschen, sie nach festen Vereinbarungen herüber- und hinüberzuschieben, jede Nationalität dem Kern ihres Stammesvolkes zuzuführen. Also eine Art „völkischer Feldbereinigung“, die nichts anderes ist als eine Politik der völkischen Sammlung um die eigentlichen Anziehungs- und Mittelpunkte der in Betracht kommenden Stämme.“

Krieg und Verbrechen

In allen Kriegen sind Zivilisten Opfer von Verbrechen geworden, sei es, dass ihre Häuser geplündert und in Brand gesetzt, Männer zur Zwangsarbeit verpflichtet, Frauen vergewaltigt, Kinder misshandelt, Menschen als Geiseln genommen oder auch völlig willkürlich ermordet wurden. Die Gräuel des Dreißigjährigen Krieges, die Plünderungen französischer Truppen in Ostpreußen während des Vormarsches nach Russland oder der berüchtigte Marsch des Unionsgenerals William T. Sherman durch die Südstaaten 1864 sind dafür nur einige Beispiele. Gleiches gilt auch für Soldaten: Dass Erschießen von Gefangenen, die sich ergeben hatten, oder Verwundeten, die nicht mehr kämpfen konnten, war immer wieder vorgekommen. „Unter Waffen schweigen die Ge-

Abb. 19 Kaum etwas hat dem deutschen Ruf international so geschadet wie die unleugbaren Kriegsverbrechen in Belgien zu Beginn des Krieges. Deutsche „Kultur" war in der Kriegspropaganda der Alliierten fortan ein Sinnbild sinnloser Gewaltausübung. „The Triumph of „Culture", Karikatur des Londoner „Punch", Oktober 1914.

setze", hatte bereits im alten Rom Markus Tullius Cicero behauptet und damit alle Handlungen während eines Krieges zu rechtfertigen versucht. Mit der Aufklärung hatte es beispielsweise hinsichtlich der Behandlung von Gefangenen erste Versuche gegeben, das Recht im Kriege zu normieren. Im weiteren Verlauf des 19. Jahrhunderts waren, nicht zuletzt unter dem Eindruck der blutigen Schlachten von Solferino (1859) sowie der Ereignisse während des Deutsch-Französischen Krieges von 1870/71, erste internationale Regelungen über das Verhalten gegenüber der Zivilbevölkerung, aber auch im Hinblick auf den Einsatz bestimmter Waffen hinzugekommen. Die Haager Konferenzen von 1899 und 1907 und die auf diesen verabschiedete „Landkriegsordnung" hatten schließlich versucht, einen allgemein verbindlichen Kodex zu schaffen. „Die Einhaltung völkerrechtlicher Regeln galt dabei", so hat Daniel Segesser unter Hinweis auf die vielen Diskussionen unter Völkerrechtlern, Politikern und Militärs am Ende des 19. und zu Beginn des 20. Jahrhunderts zu Recht betont, „als zentrales Merkmal für Grad der Zivilisiertheit und als Voraussetzung, um als Glied der internationalen Gemeinschaft anerkannt zu werden."[102] Dahinter stand die implizite Annahme, dass nur un- oder halbzivilisierte Völker, und dazu zählten viele die Balkanstaaten, gegen die geschriebenen und ungeschriebenen Normen verstoßen würden, nicht hingegen die auf einer höheren Entwicklungsstufe sich befindenden Staaten Mittel- und Westeuropas. Diese Annahme war trügerisch, wie die Ereignisse auf den westlichen, aber auch anderen Kriegsschauplätzen bald zeigen sollten.

Belgien und Frankreich

Bereits die ersten Tage des Krieges sollten zeigen, dass völkerrechtliche Normen wenig bedeuteten. Das erste Opfer war Belgien. Widersprach allein die Verletzung der belgischen Neutralität – Bethmann Hollweg bezeichnete die Verträge, die diese garantierten, einfach als einen „Fetzen Papier" – geltenden, von allen anerkannten Normen, so galt dies erst recht für das, was nach dem deutschen Einmarsch geschah. War diese Verletzung der belgischen Neutralität nur ein Verstoß gegen letztlich abstrakte völkerrechtliche Reglungen, so waren die sich innerhalb weniger Tage nach dem Einmarsch entwickelnden teils massiven Übergriffe an der Zivilbevölkerung und Brandschatzungen nichts anderes als Kriegsverbrechen. Am Ende erschossen deutsche Soldaten ca. 6.500 belgische und – nach dem Einmarsch in Nordfrankreich – auch französische Zivilisten.[103] Allein in Lüttich, dem wichtigsten Ziel der deutschen Operationen in den ersten Tagen, wurden allein zwischen dem 5. und 8. August, d.h. direkt nach Kriegsbeginn, 571 Zivilisten zumeist ohne einen Zusammenhang mit den Kampfhandlungen erschossen, in Andenne wenig später 262 (20.8.), in Tamines 383 (22.8.), in Dinant 674 (23.8.) und Löwen 248 (25.8.), um nur einige Beispiele zu geben. Summarische Hinrichtungen ganzer Gruppen – Männer, Frauen und Kinder jedweden Alters – oder das wahllose Erschießen von Einzelpersonen, die der Hilfe der Franktireurs (Freischärler) verdächtigt wurden, sowie die Benutzung von Zivilisten als „menschlicher Schutzschilde" finden sich nebeneinander. Damit einher gingen nicht nur die Deportation Tausender Zivilisten, sondern auch das mutwillige Zerstören von Einzelhäusern, Dörfern oder ganzen Städten. So setzten deutsche Soldaten in Dinant 1.100, in Löwen 2.000 zivile Gebäude – darunter die weltberühmte mittelalterliche Bibliothek – mutwillig in Brand.

Ursachen der Kriegsverbrechen

Über die Ursachen für diese exzessive Gewalt gegenüber Unbeteiligten ist bereits unter Zeitgenossen viel gestritten worden. Die deutsche Seite hat diese Taten stets als legitime Akte zur Verteidigung gegen Franktireurs zu rechtfertigen versucht, konnte damit angesichts der vielen toten alten Männer, Frauen und Kinder sowie, nicht zuletzt, vieler katholischer Priester nicht überzeugen. Dies gilt umso mehr, als es den deutschen Truppen nie gelang, auch nur einen einzigen Franktireur vor einem ordentlichen Kriegsgericht zu überführen und anschließend abzuurteilen. Sicher, die Erinnerung an die zunehmenden Überfälle von „Franktireurs" während des Deutsch-Französischen Krieges 1870/71 war vielen älteren Offizieren noch präsent. Auch sollten der massive Zeitdruck, unter dem die Operationen standen, der Wille zu siegen und der Offensivgeist der Truppen, die fatale Wirkung von Gerüchten und das unbeabsichtigte Feuer eigener

Truppen („friendly fire") nicht übersehen werden. Daraus entstand, zumal wenn nicht erkennbar war, woher die Soldaten beschossen wurden, eine gefährliche Mischung aus Massenhysterie, Panik und Rachelust, die sich beim kleinsten Anlass entlud.

Folgewirkungen der Belgiengräuel

So gering am Ende die militärische Wirkung dieser gegen jedwedes Kriegsrecht militärisch für gerechtfertigt gehaltenen Reaktionen auch war, so unendlich groß war deren politisch-moralischer Schaden. Nichts hat den Ruf der Deutschen als „Hunnen" so geprägt wie die Kriegsverbrechen an belgischen Zivilisten in den ersten Kriegswochen. Die Alliierten haben diese Gräuel auch umgehend für ihre Propaganda ausgenutzt, teilweise die ohnehin schon schreckliche Realität überzeichnend. Die Ermordung wehrloser Frauen oder von Kindern, denen die Hände abgeschlagen wurden, verfestigten sich – ob im Einzelnen wahr oder nicht – insbesondere im neutralen Ausland zu einem Bild von den Deutschen mit ungeheuren Folgewirkungen. Versuche der Reichsleitung, diesen Trend aufzuhalten, waren hilf- und am Ende auch erfolglos. Der berühmte Aufruf deutscher Intellektueller „An die Kulturwelt", einem maßgeblich mithilfe des Nachrichtenbureaus des Reichsmarineamts eiligst erstellten Pamphlet zur Rechtfertigung der Erschießungen und Zerstörungen, verpuffte daher völlig. Die gebetsmühlenartige Zurückweisung der alliierten Vorwürfe – „Es ist nicht wahr" –, die scharfe Verurteilung des Vergleichs von Wilhelm II. und dem Hunnenkönig Attila sowie der flammende Appell an die Intellektuellen im Ausland: „Glaubt uns. Glaubt, das wir diesen Kampf zu Ende kämpfen werden als ein Kulturvolk, dem das Vermächtnis eines Goethe, eines Beethoven, eines Kant ebenso heilig ist, wie sein Herd und seine Scholle",[104] war mit dem, was vor den Augen der Weltöffentlichkeit ungeachtet aller Verzerrungen durch die alliierte Propaganda tatsächlich geschehen war, schlichtweg nicht in Einklang zu bringen.

Russengräuel

Vor diesem Hintergrund beachteten viele Beobachter die Vorwürfe der Deutschen über die von russischen Truppen beim Einmarsch in Ostpreußen verübten Gräuel kaum. Dies erschien vielen umso berechtigter, als Reichsleitung und Presse diese in geradezu unglaubwürdiger Weise ihrerseits, gleichsam als Retourkutsche für das, was mit den deutschen Gräueln in Belgien geschehen war, auszuschlachten versuchten. Der Topos wilder „Kosakenhorden", die die Zivilisation des Westens bedrohten, verfing nicht. Dabei hatte es sowohl während des ersten Einmarschs russischer Truppen im August als auch während des zweiten Vormarsches im Herbst/Winter 1914/15 zweifellos erhebliche Übergriffe an der Zivilbevölkerung gegeben. Späteren deutschen Angaben zufolge waren 1.500 Zivilisten zu Tode gekommen, zahlreiche Frauen vergewaltigt und ca. 13.600 Deutsche – darunter 4.000 Frauen und 2.500 Kinder) nach Russland deportiert worden, von denen nur 8.300 erst nach dem Kriege zurückkehren konnten. Einzelne Bauernhöfe, Güter und Schlösser sowie 1.500 Dörfer und 30 Städte waren teils während der Kampfhandlungen, teils während des russischen Rückzuges in Brand gesetzt worden.[105] Das, was für Ostpreußen galt, galt auch für die Teile Galiziens, die russische Truppen im Kampf mit der k.u.k.-Armee im Sommer/Herbst 1914 erobert hatten. Der Unterschied zwischen dem deutschen Verhalten in Belgien, wo es sich zumeist um vorsätzlich verübte Verbrechen gehandelt hat und den russischen in den deutschen und österreichischen Ostgebieten, wo die Verbrechen offenbar weitgehend das Resultat persönlichen Fehlverhaltens oder schlichtweg auch des Kriegsgeschehens waren, mag für die Beurteilung aus historischer Perspektive relevant sein, aus Sicht der Betroffenen bleiben es Kriegsverbrechen.

Kriegsverbrechen auf dem Balkan

Dies gilt auch für die erst spät in den Blick der Forschung gerückten Kriegsverbrechen auf dem Balkan. Mit dem Vordringen österreichischer Truppen kam es in schneller Folge zu zahllosen, von der Führung gedeckten Kriegsverbrechen. Der Verdacht, Freischärler zu sein oder diese zu unterstützen reichte für ein Todesurteil. Zeitgenössische Schätzungen gehen von ca. 3.500 bis 4.000 getöteten Zivilisten allein in der Anfangsphase des Krieges aus. Auch nach vollständiger Besetzung des Landes gingen die k.u.k.-Truppen mit unbeschreiblicher Härte vor.

Auch bulgarische Truppen begingen massenhaft Kriegsverbrechen, nachdem sie im Herbst 1915 auf Seiten der Mittelmächte in den Krieg eingetreten waren. Hunderte serbische Kriegsgefangene wurden willkürlich hingerichtet oder entgegen allen Regeln des Völkerrechts behandelt. Nach der Besetzung der serbischen Teile Makedoniens, die Bulgarien als Teil des eigenen Staates betrachtete, begann zudem eine Politik, die heute als „ethnische Säuberung“ bezeichnet werden würde. Armee und paramilitärische Verbände zerstörten serbische, griechische und muslimische Dörfer und Städte. Die darin lebende Bevölkerung vertrieben sie rücksichtslos, wobei vor allem Angehörige der Oberschicht häufig gezielt ermordet wurde. 46.000 Serben deportierte die bulgarische Armee zugleich zu unmenschlichen Arbeitseinsätzen im Inneren Bulgariens. Der blutige Untergrundkrieg zwischen irregulären serbischen und bulgarischen Verbänden lieferte zugleich einen „Vorgeschmack“ auf das, was sich am Ende des Jahrhunderts auf dem Balkan, wenngleich unter anderen Umständen, wiederholen sollte.[106]

Der Genozid an den Armeniern 1915/16

Die zahlenmäßig meisten Verbrechen beging jedoch die Armee des Sultans. Das Scheitern der eigenen Offensive im Kaukasus und das anschließende Vordringen russischer Truppen auf osmanisches Gebiet löste eine Eskalation aus, an deren Ende die Ermordung von 800.000 bis ca. 1,3 Millionen Armeniern jedweden Alters und beider Geschlechter stand. Die Tatsache, dass armenische Freiwillige angesichts der sich zunehmend verschärfenden Politik der osmanischen Regierung gegenüber der eigenen Minderheit auf russischer Seite gekämpft hatten, war ein willkommener Anlass, gegen diese vermeintliche „Fünfte Kolonne" in den eigenen Reihen brutal vorzugehen. Alle in der osmanischen Armee dienenden Armenier wurden im Frühjahr 1915 entwaffnet und schließlich hingerichtet. Ein armenischer Aufstand gegen türkische Repressalien im osttürkischen Van verschärfte die Situation der Armenier endgültig. Nach dessen blutiger Niederschlagung begannen groß angelegte Razzien in der ganzen Türkei: Alle Armenier, derer man habhaft werden konnte, wurden verhaftet und in den Osten des Reiches deportiert. Soweit sie noch lebten, mussten sie von dort Todesmärsche in die syrische und mesopotamische Wüste antreten. Nach außen hin war das Ziel dieser Deportationen die Umsiedlung des Volkes der Armenier, tatsächlich ging es um nichts anderes als dessen Vernichtung, so sehr die türkische Regierung dies auch heute noch zu leugnen bzw. die Opfer als Resultat von Seuchen und Hunger, der Umstände des Krieges und nicht steuerbarer Überfälle von Banden zu relativieren versucht. Die Grausamkeiten, die während dieser Todesmärsche verübt wurden, sind kaum zu beschreiben. Auch deutsche Politiker und Militärs haben dabei Schuld auf sich geladen. Ähnlich wie auf dem Balkan, schauten sie aus politischen und militärischen Erwägungen heraus schlichtweg beiseite, obwohl die Berichte der Konsuln und Offiziere in diesen Gebieten unmissverständlich waren.

„Grauzonen"

Neben diesen großen und angesichts des geltenden Völkerrechts unumstrittenen Kriegsverbrechen gab es „Grauzonen". Dazu gehörte zweifellos auch die – entsprechend der jeweiligen Perspektive – umstrittene Frage der Blockade und des U-Bootkrieges. Aus deutscher Sicht war die englische „Hungerblockade", der neutralen Schätzungen zufolge ca. 700.000 deutsche Zivilisten zum Opfer fielen, völkerrechtswidrig. Gleiches behauptete die englische Seite wiederum beim U-Bootkrieg, dessen Opfer hilflose Handelsschiffe waren. Konnte man darüber unter Völkerrechtlern trefflich streiten, so galt dies nicht für die Internierung von Zivilisten. Auch die Behandlung von Kriegsgefangenen oder Verwundeten verstieß manchmal gegen geltendes Recht. Sieht man

Abb. 20 Der Genozid an den Armeniern 1915/16.

einmal von spontanen, manchmal allerdings befohlenen Erschießungen von Gefangenen oder Verwundeten im Frontbereich ab, so hielten sich alle Mächte weitgehend an geltende internationale Konventionen – es sei denn, sie instrumentalisierten vor allem die Gefangenen bei Schanz- und sonstigen Arbeiten im gefährlichen Frontbereich oder durch gezielt schlechte Behandlung als Druckmittel im Kampf um eine bessere Behandlung der eigenen gefangenen Soldaten auf der Seite des Gegners. Drakonische Strafen und gezielt ausgelöste Pogrome an Juden oder nationalen Minderheiten, insbesondere im Krieg im Osten, die Tausende von Zivilisten das Leben kosteten, Deportationen und sonstige Formen ethnischer Säuberungen überschritten im Grunde auch die Grenze zum Verbrechen, selbst wenn geltendes Kriegsrecht dieses Vorgehen formal legitimierte.

Literatur

Angelow, Jürgen (Hrsg.), Der Erste Weltkrieg auf dem Balkan, Berlin 2011 (Sammelband, der eine sehr gute Übersicht über das Geschehen auf dem Balkan aus unterschiedlicher Perspektive gibt).

Chickering, Roger/Förster, Stig, Great War, Total War. Combat and Mobilization on the Western Front, 1914-1918, Cambridge 2000 (Facettenreicher Überblick über das Kriegsgeschehen aus internationaler Perspektive).

Der Krieg zur See 1914-1918. Hrsg. vom Marinearchiv, später vom Bundesarchiv, 23 Bde., Berlin 1920-1941, Frankfurt a.M. 1964-1966 (ausführliche, an Informationen reiche, in seinen Interpretationen nicht unproblematische offiziöse Darstellung des Seekriegs).

Der Weltkrieg 1914-1918. Die militärischen Operationen zu Lande, 14 Bde. Bearb. im Reichsarchiv/Bundesarchiv, Berlin, Koblenz 1925-1956 ausführliche, an Informationen reiche, in seinen Interpretationen nicht unproblematische offiziöse Darstellung des Landkriegs).

Die deutsche Seekriegsleitung im Ersten Weltkrieg. Dokumentation, 4 Bde. Bearb. von Gerhard Granier, Koblenz 1999-2004 (sehr gute Quellenedition zum Seekrieg).

Dowling, T.C. The Brussilov Offensive, Bloomington 2008.

Ehlert, Hans u.a. (Hrsg.), Der Schlieffenplan. Analysen und Dokumente, 2., durchgesehene Aufl. Paderborn 2007 (Zusammenfassung des gegenwärtigen internationalen Forschungsstandes einschließlich des Abdrucks neuer Quellen).

Endzeit Europa. Ein kollektives Tagebuch deutschsprachiger Schriftsteller, Künstler und Gelehrter im Ersten Weltkrieg, hrsg. von Peter Walther, Göttingen 2008 (sehr gute Quellensammlung aus der Perspektive der Front und der Heimat).

Foley, Robert, German Strategy and the Path to Verdun: Erich von Falkenhayn and the Development of Attrition, 1870-1916, Cambridge 2008.

Groß, Gerhard P., Mythos und Wirklichkeit. Geschichte des operativen Denkens im deutschen Heer von Moltke d. Ä. bis Heusinger, Paderborn 2012.

Hamilton, Richard F./Herwig, Holger H. (Hrsg.), War Planning 1914, Cambridge 2010 (grundlegende Aufsatzsammlung).

Herwig, Holger H., The Marne 1914: The Opening of World War I and the Battle that changed the World, New York 2009 (Moderne Operationsgeschichtliche Darstellung).

Hirschfeld, Gerhard/Krumeich, Gerd/Langewiesche, Dieter/Ullmann, Hans-Peter (Hrsg.), Kriegserfahrungen. Studien zur Sozial- und Mentalitätsgeschichte des Ersten Weltkriegs, Essen 1997.

Dies., „Keiner fühlt sich mehr als Mensch…“ Erlebnisse und Wirkung des Ersten Welktrieges, Frankfurt am Main 1996 (Vorzüglicher Überblick über „Erfahrungen“ während des Krieges aus deutscher und internationaler Perspektive).

Hirschfeld, Gerhard/Krumeich, Gerd/Renz, Irina (Hrsg.), Die Deutschen an der Somme 1914-1918, Essen 2006.

Dies. (Hrsg.), Enzyklopädie Erster Weltkrieg, aktualisierte und erweiterte Studienausgabe, Paderborn [u.a.] 2009 (Ausgezeichnete Enzyklopädie mit einer große Fülle von Informationen zu vielen Ereignissen, Personen und Entwicklungen).

Holzer, Anton, Das Lächeln der Henker. Der unbekannte Krieg gegen die Zivilbevölkerung 1914-1918, Darmstadt 2008.

Horne, John/Kramer, Alan, Deutsche Kriegsgräuel 1914. Die umstrittene Wahrheit, Hamburg 2004.

Jahr, Christoph, Gewöhnliche Soldaten. Desertion und Deserteure im deutschen und britischen Heer 1914-1918, Göttingen 1998.

Liulevicius, Vejas Gabriel, Kriegsland im Osten. Eroberung, Kolonisierung und Militärherrschaft im Ersten Weltkrieg, Hamburg 2002 (ausführliche Darstellung der Pläne der Obersten Heeresleitung für den Osten).

Martinetz, Dieter, Der Gaskrieg 1914-1918. Entwicklung, Herstellung und Einsatz chemischer Kampfstoffe, Bonn 1996.

Münch, Matti, Verdun. Mythos und Alltag einer Schlacht, München 2006.

Nebelin, Manfred, Ludendorff. Diktator im Ersten Weltkrieg, München 2010.

Sanitätsbericht über das Deutsche Heer im Weltkriege 1914/1918, 3 Bde. Bearb. in der Heeres-Sanitätsinspektion des Reichswehrministeriums, Berlin 1934-1938.

Nübel, Christoph, Durchhalten und Überleben an der Westfront. Raum und Körper im Ersten Weltkrieg, Paderborn u.a. 2014.

Pyta, Wolfram, Hindenburg. Herrschaft zwischen Hohenzollern und Hitler, 2. Aufl. München 2007 (Thesenfreudige moderne Biografie).

Showalter, Dennis E., Tannenberg. Clash of Empires 1914, Washington D.C. 2004 (Detaillierte operationsgeschichtliche Analyse der Schlacht).

Spilker Rolf (Hrsg.), Der Tod als Maschinist. Der industrialisierte Krieg 1914-1918, Bramsche 1998 (Begleitband zu einer Ausstellung mit vielen grundlegenden Aufsätzen).

Stachelbeck, Christian, Militärische Effektivität im Ersten Weltkrieg. Die 11. Bayerische Infanteriedivision 1915 bis 1918, Paderborn u.a. 2010.

Thiel, Jens, „Menschenbassin Belgien“. Anwerbung, Deportation und Zwangsarbeit im Ersten Weltkrieg, Essen 2007.

Ulrich, Bernd, Die Augenzeugen. Deutsche Feldpostbriefe in Kriegs- und Nachkriegszeit 1914-1933, Essen 1997.

Ulrich, Bernd/Ziemann, Benjamin (Hrsg.), Frontalltag im Ersten Weltkrieg. Wahn und Wirklichkeit. Quellen und Dokumente, Frankfurt am Main 1994 (sehr gute Quellensammlung).

Westerhoff, Christian, Zwangsarbeit im Ersten Weltkrieg. Deutsche Arbeitskräftepolitik im besetzten Polen und Litauen, Paderborn u.a. 2012 (sehr gute Arbeit auf der Basis des neuesten Forschungsstandes).

Ziemann, Benjamin, Front und Heimat. Ländliche Kriegserfahrungen im südlichen Bayern 1914-1923, Essen 1997.

4 Die „Heimatfront“ – Kriegsalltag und gesellschaftlicher Wandel

4.1 „Kriegsbegeisterung“ und „Augusterlebnis“

Kriegsbegeisterung?

Als der Krieg im August 1914 ausbrach, schienen viele Menschen zu jubeln. Der Krieg beendete offenkundig eine als zunehmend unerträglich empfundene Zeit jahrelanger Spannungen. Zu oft hatten Deutschland und Europa zuvor am Rande eines großen Krieges gestanden. Bereits in den letzten Friedenstagen hatten unzählige Menschen erregt die Straßen vieler Städte bevölkert. Im Zentrum Berlins hatten nach Bekanntwerden der serbischen Antwort auf das österreichische Ultimatum und der bevorstehenden Kriegserklärung Österreichs an Serbien „herzerhebende patriotische Kundgebungen“[1] stattgefunden. 30.000 Menschen sollen angeblich begeistert durch das Regierungsviertel gezogen sein. Kein Bild hat freilich bereits die zeitgenössische Deutung von den jubelnden Massen, die geradezu begeistert in den Krieg zogen, so geprägt, wie die Aufnahme jener 40–50.000 Menschen, die nach der Rede des Kaisers vom Balkon des Stadtschlosses am 1. August 1914 begeistert ihre Hüte schwenkten und tief bewegt unter dem Geläut der Glocken des Berliner Doms den Choral „Nun danket alle Gott!“ sangen. Seit dem schwer erkämpften preußischen Sieg über Österreich in der Schlacht bei Leuthen 1757, als 25.000 Soldaten dieses alte protestantische Kirchenlied spontan angestimmt hatten, hatte der Choral den Charakter einer in Zeiten der Bedrohung einigenden vaterländischen Hymne. Auch die Bilder von den Eisenbahnwaggons, in deren offenen Türen Soldaten fröhlich gestimmt an die Front zu fahren schienen, oder von den Truppen, die zu den Bahnhöfen marschierten, von Frauen begleitet, die ihnen „Liebesgaben“ und Blumen zuwarfen, die sie dann an den Gewehrlauf steckten, sind Bestandteil des kollektiven Gedächtnisses in Deutschland. Auch die unzähligen Kriegsfreiwilligen, die es angeblich nicht abwarten konnten, an die Front zu ziehen, um dort, wenn es sein musste, für das Vaterland zu fallen, gehören dazu. Das, was sich in Berlin abspielte, wiederholte sich, wie zahllose Fotos und Filmaufnahmen offenkundig belegen, in allen Hauptstädten Europas, deren Regierungen in den ersten Augusttagen Millionen Männer in den Krieg zu schicken begannen. Dieser Krieg würde – einem Spaziergang gleich – kurz und siegreich sein. Dies suggerierten jedenfalls die Aufschriften auf den Eisenbahnwaggons, die die Soldaten den minutiös ausgearbeiteten Mobilmachungsfahrplänen folgend nun in den Krieg transportierten. „Zum Frühstück Auf nach Paris!“ hieß es auf deutschen, „A Berlin“ auf französischen Waggons.

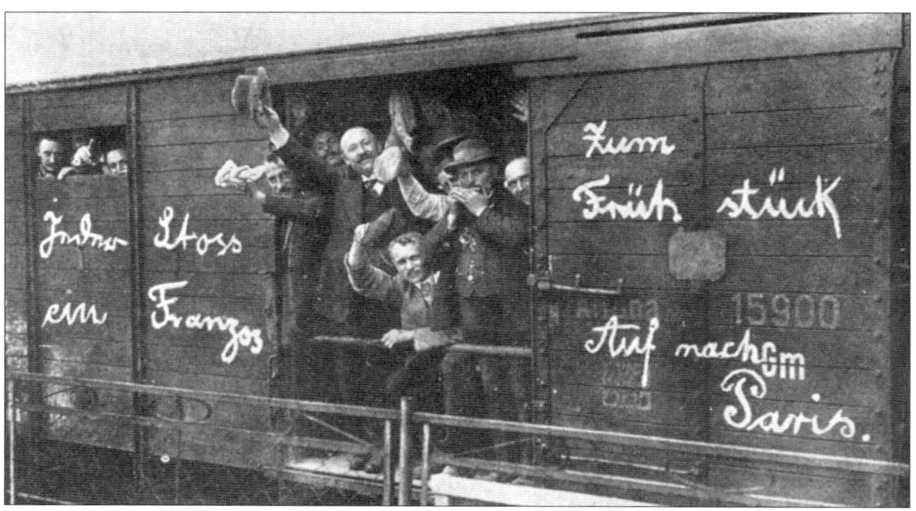

Abb. 21 Truppentransport 1914. „Jeder Stoss ein Franzos“ und „Zum Frühstück Auf nach Paris“ steht an den Waggons. Dieses und ähnliche Fotos wurden gern zu Propagandazwecken verwendet.

Wie viele Menschen im Sommer 1914 von dem Ausbruch des Krieges begeistert waren und ihn freudig begannen, ist schwer zu sagen. Die große Mehrheit scheint den verfügbaren Quellen zufolge eher aus einem Gefühl der Bedrohung heraus bereit gewesen zu sein, ihre vaterländische Pflicht – oft schweren Herzens – zu erfüllen. Wie unterschiedlich die Reaktionen selbst auf kleinstem Raum sein konnten, zeigt ein Blick auf die alte Hanse- und Garnisonsstadt Lüneburg und deren unmittelbare Umgebung. Eine gewisse „fieberhafte Unruhe“ war unverkennbar, „ersprießliches Arbeiten fast unmöglich“, alles hoffte auf „erlösende Nachrichten. Die Menschenbewegung“, so der Bericht der „Lüneburgschen Anzeigen“ vom 1. August, „in den Straßen ist außergewöhnlich. [...] Vor der Schlosskaserne sammelten sich wieder ungeheure Menschenmengen an. Einzelne stimmten Kriegslieder an, jedoch die große Menge blieb ruhig, der schweren Stunden eingedenk. [...] Mäuschenstille" herrschte, als ein Offizier der Garnison, von einem Trompetensignal angekündigt, vom Treppenpodest des Schlosses die Erklärung des Kriegszustandes für das X. Armeekorps verlas. „Die Menge brach in Hoch- und Hurrah-Rufe aus und räumte langsam den Platz und die Straßen. In den Gasthäusern aber blieb es lebhaft bis tief in die Nacht hinein."[2] Im nur fünf Kilometer entfernten Heidedorf Wittorf notierte der Dorfschullehrer, der die Schulchronik führte, unter dem 1. August: „Der Briefbote brachte die Zeitung. Sie enthielt die Verordnung des Kaisers über die allgemeine Mobilmachung des Heeres und der Flotte. Alles atmete auf. Man hatte Gewißheit. Eine laute Begeisterung war nirgends zu finden, wohl aber ernste Entschlossenheit. Alle waren eines Sinnes: Der Feind oder die Feinde werden geschlagen werden, sie müssen geschlagen werden."[3] Und am 3. August, als immer mehr Männer ihren Gestellungsbefehlen folgten, schrieb er: „Manchen wurde der Abschied recht schwer und manche Träne ist in diesen Tagen geflossen. Die Arbeit wollte in diesen aufgeregten Tagen nicht recht schmecken, sie kam einem so müßig vor."[4]

Quelle

Tränen in den Augen

Über die Abfahrt eines Truppentransports aus dem rheinischen Remagen berichtete ein 20jähriger Soldat seinen Eltern Anfang August:[5]

Liebe Eltern, Am 2. August morgens 3 Uhr dann endgültig Abmarsch, nachdem unser Major eine kurze markige Ansprache gehalten hatte. Voran die Musik, „Heil Dir im Siegerkranz", gings dem Bahnhof zu. Um 5 Uhr waren wir verladen in ca. 20 Wagen mit unseren Gerätewagen, und um 6 Uhr verließen wir Koblenz unter Absingen froher Lieder Richtung Trier. An den Wagen hatten wir allerhand Ulk angemalt, so „auf nach Paris zum Bundesschießen", „morgen gibts Goulasch mit Rothosen", „Franzosen, Belgier, Serben, Ihr alle müsst jetzt sterben" usw. Auf der ganzen Fahrt haben wir gesungen, was nur die Kehle hergab. Überall, wo wir auf der Fahrt durchkamen, wurden wir aufgemuntert, feste zuzuhauen, aber auch so manches Mütterlein stand an der Bahn mit Tränen in den Augen.

Augusterlebnisse

Anknüpfend an französische Studien hat die Forschung das lange vorherrschende und in diesen wenigen Äußerungen in seinen Differenzierungen deutlich werdende Bild allgemeiner Kriegsbegeisterung in den vergangenen beiden Jahrzehnten erheblich relativiert. Zunächst gilt es quellenkritisch festzuhalten, dass diese Bilder nur Ausschnitte eines sehr komplexen Geschehens zeigen. Manche Bilder, darunter das berühmte Foto, das eine jubelnde Menschenmenge – in der sich auch Adolf Hitler befand – auf dem Münchener Odeonsplatz zeigt, sind offenkundig auch gestellt worden. Zudem gilt es sorgfältig darauf zu achten, wer jubelte. Kleidung und Umgebung lassen deutlich erkennen, dass die auf den Bildern zu erkennende Begeisterung, soweit sie nicht gestellt war, auch ein schichtenspezifisches Phänomen war. Angehörige des Bürgertums scheinen weit eher gejubelt zu haben als Arbeiter oder Bauern. Gleichermaßen wird man zwischen Groß- und Kleinstädten sowie Dörfern sorgfältig unterscheiden müssen. Sorgfältig zu unterscheiden ist auch zwischen der „Julibegeisterung" und der „Augusteuphorie".

Die Reaktionen auf das österreichische Ultimatum, die serbische Antwort seit dem 25. Juli und die deutsche Kriegserklärung an Russland als Antwort auf dessen Generalmobilmachung am 1. August sind daher anders zu beurteilen. Im Juli waren es vor allem Angehörige des konservativen Bürgertums, die sich demonstrativ an die Seite Österreich–Ungarns stellten und mit dem Absingen der „Wacht am Rhein" Bündnistreue und Stärke offen ausdrückten. Anfang August hingegen war der Grundton anders: Die russische Mobilmachung bedrohte offenkundig das Reich. Diese Bedrohung durch den Zarismus, Inbegriff einer blutrünstigen Willkürherrschaft, einte auch Schichten, die ansonsten tiefe Gräben trennten. „Begeisterung" bedeutete zudem nicht, dass die große Mehrheit der Menschen einen Krieg regelrecht herbeigesehnt hatte und es nun nicht abwarten konnte zu sterben. Zweifellos hat es Menschen gegeben, die, angesteckt durch sozialdarwinistische Ideen und die daraus folgende weit verbreitete Verklärung des Krieges oder kulturpessimistische Diskussionen unter Intellektuellen in den Vorkriegsjahren den Krieg als Möglichkeit gesehen haben, den Vätern gleich für die Größe des Vaterlandes zu kämpfen. Zugleich „befreite" er die Menschen offenkundig aus einer Friedenswelt, die viele so unendlich „satt" hatten: „Krieg! Es war eine Reinigung, Befreiung, was wir empfanden und eine ungeheuere Hoffnung,“ hieß es stellvertretend für viele andere, die ähnlich dachten, in Thomas Manns im September 1914 erschienenen „Gedanken im Kriege“.[6] Diese Stimmung erfasste nicht nur die älteren Angehörigen des Bildungsbürgertums, sondern auch deren Söhne. Anders sind die vielen Gymnasiasten und Studenten, die sich in Scharen freiwillig an die Front meldeten, nicht zu erklären. Die häufig kolportierte Zahl von mehr als einer, vielleicht sogar mehr als zwei Millionen Freiwilligen ist jedoch nur eines jener Gerüchte, die alsbald als vermeintliche Tatsache den Willen der Bevölkerung zur Verteidigung des eigenen Landes unterstreichen sollten. In Preußen meldeten sich in den ersten zehn Kriegstagen nur 260.000 Männer freiwillig, von denen jedoch allein die Hälfte angenommen wurde. Auf den ganzen August 1914 bezogen, wird die Zahl der Kriegsfreiwilligen auf ca. 185.000 geschätzt. Daneben gab es jene Menschen, die einfach froh waren, dass nach den Spannungen der letzten Julitage endlich Klarheit herrschte. In Arbeitervierteln sah es hingegen ganz anders aus. Hunderttausend Menschen folgten allein am 28. Juli, dem Tag der österreichischen Kriegserklärung an Serbien, dem Aufruf der SPD-Führung, gegen den drohenden europäischen Krieg auf die Straße zu gehen, für das gesamte Reich wird die Zahl der Teilnehmer an Antikriegsdemonstrationen auf ca. 750.000 geschätzt.

Reaktionen im Ausland

Die Ambivalenz der Gefühle, die diese Zeugnisse dokumentieren, findet sich auch in jenen Ländern, gegen die deutsche Soldaten nun in den Krieg zogen. Wie in Berlin gab auch dort Menschen, die offenkundig zu jubeln schienen, aber auch andere, die bedrückt waren, wenn sie an die Folgen dessen dachten, das ihnen oder ihren Angehörigen nun bevorstand. „Von allgemeiner Kriegsbegeisterung war auch jetzt nicht das geringste zu merken. Die Trupps von eingezogenen Reservisten [...] machten weit eher einen gedrückten als begeisterten Eindruck. [...] Nicht ein patriotischer Gesang, nicht ein Ausruf war zu hören. Welcher Kontrast zu dem, was ich wenige Tage darauf in Berlin sah!“, schrieb etwa der deutsche Botschafter in St. Petersburg in seinen 1919 veröffentlichten „Erinnerungen“.[7] In Frankreich und England war die Stimmung gleichermaßen unterschiedlich – je nach Ort und je nach Bevölkerungsschicht schwankte sie zwischen dem durchaus begeisterten Willen, das Vaterland zu verteidigen oder für eine vermeintlich gerechte Sache zu kämpfen und der unverhohlenen Angst – um das eigene Leben oder um den nächsten Angehörigen.

Krieg und nationale Emotionen

Die – wie auch immer motivierte – Bereitschaft, für das eigene Vaterland zu kämpfen, hatte allerdings auch das Wiederaufleben stereotyper Feindbilder zur Folge. Bilder vom jeweiligen „Erzfeind" gehörten dabei ebenso zu den eher harmlosen Varianten wie die Versuche, auch über die Sprache nationale Geschlossenheit und Eigenständigkeit zu demonstrieren. Der deutsche Gruß „Grüß Gott" ersetzte das französische „Adieu", „Verzeihung" sollte es heißen statt „Pardon"; in England nannte sich der Erste Seelord in Zukunft nicht mehr „Battenberg" sondern „Mountbatten", aus „St. Petersburg" wurde „Petrograd", aus „Frankfurt Sausages" wurden „Cambridge Sausages" oder aus „Johann Schmidt" wurde „John Smith".[8] Vor allem in den ersten Kriegstagen, aber auch später gab es immer wieder regelrechte Anfälle von Hysterie, die sich in direkten Angriffen auf feindliche Ausländer und deren Besitz, aber auch vermeintliche Kriegsgegner und Pazifisten in den eigenen Reihen äußerten: Menschen wurden verprügelt, ihre Läden zerstört. Damit einher ging eine nur sozialpsychologisch zu erklärende Furcht vor Spionen, die angeblich die militärischen Planungen ausspähen, Brücken sprengen oder das Trinkwasser vergiften wollten. Selbst technisch kaum mögliche Flugzeugangriffe auf weit von der Front entfernt liegende Städte waren Anlass für Gerüchte und Panik unter der Bevölkerung. Ziel dieser „kollektiven Mobilisierungseuphorie" (Gerhard Hirschfeld/Gerd Krumeich) war Geschlossenheit, denn nur eine einige Nation schien in der Lage, diesen Krieg zu gewinnen.

4.2 „Burgfrieden"?

Burgfrieden

„Burgfriede" war regelrecht das „Zauberwort", das diese Einheit herstellen sollte. Nachdem Wilhelm II. bereits in seiner Rede vom Balkon des Berliner Schlosses am 1. August die innere Einheit mit der Formel „Ich kenne keine Parteien mehr, Ich kenne nur Deutsche" proklamiert hatte, forderte er bei der Eröffnung des Reichstages am 4. August im Weißen Saal des Stadtschlosses – bezeichnender Weise dem Tag des deutschen Einmarsches in Belgien und zugleich der Kriegserklärung Englands an Deutschland – die anwesenden Parteiführer auf, ihm in die Hand zu geloben, „daß Sie fest entschlossen sind, ohne Parteiunterschiede, ohne Stammesunterschiede, ohne Konfessionsunterschiede" mit ihm durchzuhalten „durch dick und dünn, durch Not und Tod"[9]. Keiner weigerte sich. Diesem Willen, zur Verteidigung des Vaterlandes alle Gegensätze und Konflikte bis zum erhofften baldigen Sieg zurückzustellen, mochten sich auch die Sozialdemokraten nicht entziehen. Auch wenn die Abgeordneten der SPD bei der Zeremonie im Schloss traditionell nicht anwesend waren, um zu dokumentieren, dass sie als ausgegrenzte und verfolgte Partei diesem System und dessen Repräsentanten, dem Kaiser, nicht huldigen wollten, so waren sie nun doch bereit, dessen Appell zu folgen. In der anschließenden Reichstagssitzung stimmten die Abgeordneten der SPD den vom Kanzler beantragten Kriegskrediten zu. Damit erkannten sie zugleich dessen Begründung an, der Krieg sei einer reiner Verteidigungskrieg. Auch die Verletzung der Verträge über die belgische Neutralität, die Bethmann Hollweg am gleichen Abend gegenüber dem englischen Botschafter verächtlich als „Fetzen Papier“ bezeichnete, nahmen sie hin.

Verhalten der Sozialdemokratie

Das Verhalten der SPD ist seit jeher Gegenstand politischer und historischer Kontroversen. Warum, so die Frage, hat diese Partei, die von der Reichsleitung bis dahin gezielt ausgegrenzt und verfolgt worden war, dieser die Mittel zur Führung eines Krieges bewilligt, der, wie ihr Sprecher, der zweite Vorsitzende neben Friedrich Ebert, Hugo Haase, in seiner Rede zur Begründung der Zustimmung betonte, eine Folge „der imperialistischen Politik“ und des „Wettrüstens“ war? Hinzu kommt: Warum schwenkte die SPD-Führung nun so um, nachdem sie sich bis in die letzten Juli-Tage hinein noch zu den Idealen der Sozialistischen Internationale bekannt und zu Demonstrationen gegen den drohenden Krieg aufgerufen hatte? Leicht gemacht hat die SPD sich diese Entscheidung, die bis zuletzt intern heftig umstritten war, nicht. Dies gilt umso mehr, als manche SPD-Abgeordnete durchaus Zweifel daran hatten, dass die Reichsleitung unschuldig sei. Trotz dieser Zweifel waren sie aber bereit, „in der Stunde der Gefahr das eigene Vaterland nicht im Stich“ zu lassen, so Haase. Verantwortlich für diese Entscheidung der von vielen bis dahin noch immer als „vaterlandslose Gesellen“ verfemten Partei war zunächst die Tatsache, dass ein Sieg der Gegner unabsehbare Folgen für die Arbeiter haben musste. Diese hatten, trotz aller Benachteiligung und Verfolgung, inzwischen mehr zu verlieren. Die Sorge vor „einem Sieg des russischen Despotismus“, einem Gespenst, das die SPD von jeher in Schrecken versetzte, verstärkte die Entscheidung, sich ohne Wenn und Aber zur Landesverteidigung zu bekennen. Aber auch die Angst, bei einer Enthaltung oder gar einer Ablehnung erneut Opfer repressiver Maßnahmen zu werden, spielte bei der Entscheidungsfindung eine erhebliche Rolle. Da die Haltung der Partei in diesen kritischen Tagen durchaus offen war und Verfolgungsmaßnahmen nicht auszuschließen waren, hatte der Parteivorstand zugleich die Parteikasse in die neutrale Schweiz bringen lassen. Neben Befürchtungen verschiedenster Art spielten aber auch Hoffnungen eine Rolle. Indem die SPD – wie ihre „Bruder"-Parteien in England und Frankreich – ungeachtet aller vorherigen Bekundungen internationaler Solidarität im Falle eines Krieges und dem gemeinsamen Schwur, diesen durch einen Streik der Massen zu verhindern – nun ihre nationale Zuverlässigkeit unter Beweis stellte, hoffte sie, endlich als gleichberechtigt anerkannt zu werden. Die Zustimmung zu den Kriegskrediten und zum „Burgfrieden" war in ihren Augen insofern der Auftakt zu einer Politik der Reformen, die den Millionen Arbeitern endlich die seit der Reichsgründung angestrebte Gleichberechtigung im Innern gewähren sollte. Angesichts dieser komplizierten Gemengelage ist es daher verfehlt, das Verhalten der SPD, zumal ihrer Führer, als Verrat an den Idealen der Arbeiterklasse oder längst überfälliges Bekenntnis zur Nation zu werten.[10] So verständlich die Haltung der SPD daher war – waren ihre Hoffnung berechtigt bzw. inwieweit sollten sie sich erfüllen?

Reichsleitung, Reichstag und Parteien

„*Glatter* Verlauf der Mobilmachung", konstatierte daher auch der Reichskanzler zufrieden in der ersten Sitzung des preußischen Staatsministeriums am 15. August 1914. „Die Einmütigkeit des [...] Volkes und der [...] Parteien muß in ihrer ganzen Großartigkeit gewahrt bleiben, weshalb in der Behandlung der Sozialdemokratie, der Polen und Dänen sowie der Presse [...] größte Vorsicht geboten ist. Die SPD beginnt, für ihr Wohlverhalten Quittung zu verlangen. Man muß möglichstes Entgegenkommen zeigen, ohne sich aber festzulegen sowie größte Vorsicht walten lassen, denn mit der Duldung von SPD–Mitgliedern in der Eisenbahnverwaltung soll in Grundsätze des Staates eine Bresche geschlagen werden."[11] Diese wenigen Sätze lassen im Grunde das Dilemma erkennen, mit dem sich die Reichsleitung während des Krieges konfrontiert sah: Im Zeichen des „Burgfriedens" war sie auf die Unterstützung der SPD wie auch der nationalen Minderheiten angewiesen; besonders ausgeprägt war die Bereitschaft, diesen bisher stark ausgegrenzten Gruppen die lange überfälligen Konzessionen zu machen, jedoch nicht.

Die Gräben im Innern reißen wieder auf

Die 1914 öffentlich verkündete „Burgfriedenspolitik" glich ungeachtet aller Bekundungen des Kanzlers daher schon bald einem „Drahtseilakt", der nicht gelingen konnte. Ansätze zur Reform des preußischen Dreiklassenwahlrechts, einem Gegenstand dauernder Kritik seit der Jahrhundertwende, blieben bereits im Ansatz stecken. Die nach der russischen Februarrevolution im April 1917 hastig verkündete „Osterbotschaft" des Kaisers sowie spätere Ankündigungen waren viel zu vage und vertagten das Problem weiter, ganz abgesehen davon, dass das Preußische Herrenhaus, die

Bastion der Konservativen, immer wieder erkennen ließ, wie sehr es gewillt war, dem „verfassungsfeindlichen Vordringen der Parlamente ein ‚Halt' zuzurufen."[12] Vertrauen konnte dadurch nicht entstehen. Gleiches gilt für die vor dem Hintergrund wachsender materieller Not immer bedeutsamere Frage der sozialen Gerechtigkeit. Der Eindruck, die Regierung stütze die ohnehin schon Reichen, vernachlässige aber jene, die immer größere Opfer bringen mussten, war bis in die Mittelschichten hinein verheerend. Der bittere Spott, den die – trotz Pressezensur – zahlreichen Karikaturen des „Simplicissimus" oder manche Postkarten enthalten, spiegeln die Unzufriedenheit darüber ebenso wider wie die wachsende Zahl der Proteste. Die zudem zunehmend harscheren Reaktionen der Stellvertretenden Generalkommandos darauf verschärften die inneren Spannungen weiter, anstatt sie zu lösen. Auch die ungeachtet aller Verbote 1915 einsetzende und auf Druck der III. Obersten Heeresleitung im Herbst 1916 schließlich frei gegebene Diskussion über Kriegsziele in aller Öffentlichkeit riss die im Zeichen des „Burgfriedens" nur notdürftig zugeschütteten Gräben zwischen den Parteien wieder auf. Entgegen allen Beteuerungen der Regierung erweckte diese den Eindruck, dass der Krieg eben doch kein Verteidigungskrieg, sondern ein Eroberungsfeldzug zugunsten der führenden Schichten war. Damit einher ging die teils berechtigt wachsende Befürchtung, dass an die Einlösung der gegebenen Versprechen nach einem siegreichen Krieg gar nicht zu denken sei. So ließen die Konservativen und die ihnen nahe stehenden Verbände immer wieder erkennen, dass eine grundlegende Veränderung der bestehenden Verhältnisse mit ihnen nicht zu machen sei. In dieser intransigenten Haltung konnten sie sich wie vor dem Kriege auf den Kaiser verlassen. Dieser machte gar keinen Hehl daraus, dass er gar nicht daran dachte, sein überliefertes Herrschaftsverständnis den Anforderungen der Zeit anzupassen. „Wenn erst die mit dem Eisernen Kreuz geschmückten Soldaten wieder nach Hause kämen", drohte er im November 1917 angesichts der „Erpresserpolitik" der Parteien des Interfraktionellen Ausschusses offen, „würde der Reichstag etwas erleben."[13] Dass Wilhelm II. mit dieser Haltung dem 1871 errichteten Kaisertum, das nicht nur Adel und Bürgertum trugen, sondern das selbst die Sozialdemokratie inzwischen keineswegs ganz ablehnte, allmählich den Boden entzog, erkannten dieser wie auch viele seiner Ratgeber nicht. Dabei hatte selbst der „Vorwärts" noch am 3. April 1917, als die breite Masse bereits schwer unter den Folgen des „Kohlrübenwinters" litt und die russische Revolution gezeigt hatte, wie schnell ein überlebtes Regime stürzen konnte, sich erstaunlich deutlich zur bestehenden monarchischen Ordnung bekannt: „Man soll die Stärke der Monarchie in Deutschland nicht unterschätzen. [...] Nur das eine soll gesagt sein: Findet die Monarchie in dieser Zeit kluge Ratgeber, dann kann sie sich für alle absehbare Zeit sichern und festigen. [...] Sobald die Monarchie die Wünsche des Volkes erfüllt, ist einer republikanischen Agitation der Boden weggezogen."[14] Doch genau das war das Problem: An „klugen Ratgebern", die, wie der „Vorwärts" es gefordert hatte, den Monarchen den Weg wiesen, die diesen deutlich machten, dass „gleiches Wahlrecht", „Selbstverwaltung" und „parlamentarisches System" nunmehr gewährt und die Monarchien sich nach westeuropäischem Vorbild wandeln mussten, mangelte es. Dabei hätte es diese Ratgeber durchaus gegeben: Kanzler Bethmann Hollweg wies nach Ausbruch der russischen Revolution darauf hin, dass er mit einer „Ausbreitung antimonarchischer Tendenzen [...] einstweilen nicht ernsthaft" rechne.[15] „Die Stellung der Monarchie ist in den breiten Volksmassen stark. Eine direkte Gefahr", so fuhr er fort, „würde aber entstehen, wenn man demokratische Forderungen, die eine unvermeidliche Folge dieses Krieges sind, schlechterdings als antimonarchisch brandmarken und wie es vor dem Kriege Sitte war, nur die Reaktionäre als verlässliche Stützen des Thrones anerkennen wollte."[16]

Die Stunde des Reichstags?

Im Grunde hätte spätestens diese Situation die Stunde des Reichstags und der in ihm vertretenen Parteien sein können und müssen. Doch diese zögerten lange, ihren Einfluss auszuweiten. Im Gegenteil: Zu Beginn des Krieges hatten sie dem Bundesrat – und damit der Reichsleitung – nach einstimmiger Bewilligung der beantragten Kriegskredite mit einer Art „Ermächtigungsgesetz" weitreichende Vollmachten ausgestellt. Im Anschluss daran war der Reichstag bis auf weiteres vertagt worden. Erst Ende des Jahres trat er wieder zusammen.

Gleichwohl wäre es falsch anzunehmen, der Reichstag wäre für die Dauer des Krieges ein reines Akklamationsorgan der Regierung geblieben. Allein die Bewilligung neuer Kriegskredite, aber auch die Einsicht in die Notwendigkeit, bei wichtigen Entscheidungen „ein gewisses Minimum an innerer Zustimmung" (Max Weber) der Regierten zu erreichen, machten es in bestimmten Abständen notwendig, diesen einzuberufen. Hinzu kommt, dass ein Teil der Parteien, so gouvernemental sie im Einzelfall auch waren, nicht bereit war, der Regierung das Feld vollkommen zu überlassen. Eine wachsende Zahl von Abgeordneten wollte mehr als einfach nur die Kriegskredite „absegnen": Sie wollten auch in allen außenpolitischen und militärischen Fragen informiert werden, mit diskutieren und auch mit entscheiden.[17] Damit knüpften sie an eine Entwicklung an, die sich bereits vor 1914 abgezeichnet hatte. Ein aktiver Schritt in Richtung Parlamentarisierung des Reiches war mit diesen Bestrebungen nach der Erweiterung bestehender Rechte – noch – nicht verbunden; als spätere mögliche Folge wurde diese aber von allen Parteien angesehen und von einer Mehrheit vorsichtig bejaht.[18]

Hauptausschuss

Das wichtigste Organ bei diesem Streben nach dem Ausbau der Parlamentsrechte war der 1915 auf maßgebliche Initiative von SPD, Zentrum und Linksliberalen gebildete Hauptausschuss.[19] Hervorgegangen aus der Budgetkommission, die bis dahin über den Reichshaushalt beraten hatte, befasste sich dieser nun mit allen Fragen der Kriegsführung. Hier musste sich die Regierung viel stärker als im öffentlich tagenden Reichstag auch kritische Fragen gefallen lassen. Die Auseinandersetzungen über den U-Bootkrieg, die unsägliche Kriegszieldebatte, die Haltung gegenüber den USA vor und nach deren Kriegseintritt, die Frage einer Friedensvermittlung durch Präsident Woodrow Wilson oder Papst Benedikt XV. sowie die Reaktionen der Marineführung auf die Meutereien im Jahre 1917 sind dafür nur einige Beispiele. Es wäre allerdings verfehlt anzunehmen, dass der Reichstag hier in erster Linie mäßigend aufgetreten wäre. Die U-Boot-Debatten vom Frühjahr und Herbst 1916, in denen Konservative, Nationalliberale und Zentrum, zeitweise sogar Teile der SPD, verführt durch den Gedanken, damit den Krieg verkürzen zu können, den zögernden Kanzler in Resolutionen dazu zu drängen versuchten, dem Einsatz des „verzweifelten Mittels" – so der führende Nationalliberale Eugen Schiffer zuzustimmen, ist vielmehr ein Beispiel für den auch im Reichstag lange Zeit vorherrschenden Willen, den Krieg mit einem Sieg-, nicht einem Kompromissfrieden zu beenden.[20]

Interfraktioneller Ausschuss und „Friedensresolution" 1917

Gleichsam neben dem Hauptausschuss entstand im Sommer 1917 der Interfraktionelle Ausschuss. Ziel dieses Ausschusses, dem Sozialdemokraten, Zentrum, Linksliberale und bis Anfang 1918 auch einige nationalliberale Abgeordnete angehörten, war es, die Arbeit dieser Parteien im Vorfeld von Debatten im Hauptausschuss und im Reichstag besser zu koordinieren. Allein der Anlass für dessen Bildung war bemerkenswert und entbehrt angesichts der Reichstagsresolutionen zur Einführung des uneingeschränkten U-Bootkrieges im Jahr zuvor nicht einer bitteren Ironie: Mit einer Aufsehen erregenden Rede hatte der – so eine zeitgenössische spöttische Beschreibung – „bekehrte" Matthias Erzberger, ein führendes Zentrumsmitglied, am 6. Juli 1917 im Hauptausschuss scharfe Kritik an dem offenkundig gescheiterten U-Bootkrieg geübt und als Konsequenz daraus Schritte zu einem Verständigungsfrieden gefordert. Das Ergebnis dieser Initiative war schließlich die am 19. Juli 1917 vom Reichstag verabschiedete Friedensresolution: „Zur Verteidigung seiner Freiheit und Selbständigkeit, für die Unversehrtheit seines territorialen Besitzstandes hat Deutschland die Waffen ergriffen. Der Reichstag erstrebt einen Frieden der Verständigung und der dauernden Versöhnung der Völker. Mit einem solchen Frieden sind erzwungene Gebietserwerbungen und politische, wirtschaftliche oder finanzielle Vergewaltigungen unvereinbar,"[21] hieß es darin.[22] Verfassungsgeschichtlich war diese Resolution insofern besonders bemerkenswert, als sich die Reichstagsmehrheit hier, anders als 1916 in der U-Bootfrage, erstmals ausdrücklich gegen die Politik der III. Obersten Heeresleitung stellte, wenngleich mit wenig Erfolg.

Die Gräben bleiben bestehen

Die Tatsache, dass die im April gegründete Unabhängige Sozialdemokratische Partei einen eigenen Antrag vorlegte, der sich an der Formel der russischen Revolutionäre „Ein Frieden ohne Annexionen und Kontributionen" anlehnte, machte deutlich, dass sich die Parteien der Mitte und der Linken im Reichstag keineswegs einig waren. Die rechtsstehenden Parteien – Nationalliberale und beide konservative Parteien – hatten aus Prinzip ohnehin dagegen gestimmt. Gustav Stresemann, später einer der Wegbereiter der Verständigung mit den ehemaligen Kriegsgegnern, hatte sich in der Debatte selbst ausdrücklich als „Annexionist" bezeichnet, und Kuno Graf Westarp, Fraktionsvorsitzender der Deutsch-Konservativen Partei, hatte Erzberger zuvor im Hauptausschuss sogar des „Vaterlandsverrats" bezichtigt.[23] Tiefer konnten die Gräben zwischen den Parteien daher kaum sein.

Oberste Heeresleitung und Innenpolitik

Viel entscheidender als diese Kluft zwischen den Parteien war jedoch, dass der neue Reichskanzler, Georg Michaelis, gar nicht beabsichtigt hatte, diese Resolution umzusetzen, die bei näherem Hinsehen genug Schlupflöcher für Annexionen enthielt. Spätestens hier rächte sich, dass die Parteien zwar in der Lage waren, im Zusammenspiel mit der Obersten Heeresleitung einen Kanzler zu stürzen, dessen Politik der Diagonale sie für gescheitert hielten. Bei der Auswahl des Nachfolgers Bethmann Hollwegs haben sie jedoch ebenso wenig eine Rolle gespielt wie bei dessen baldigem Sturz und Ersetzung durch den bayerischen Ministerpräsidenten und Zentrumspolitiker, Georg Graf Hertling. Die gleichzeitige Ernennung des linksliberalen Reichstagsabgeordneten Friedrich v. Payer zum Vizekanzler, der sein Amt krankheitsbedingt allerdings erst im Frühjahr 1918 antreten konnte, konnte Regierung und Reichstag gegenüber der übermächtig erscheinenden Obersten Heeresleitung auch nicht stärken. Auch das Programm – Fortsetzung der Friedenspolitik, Reform des preußischen Wahlrechts, Aufhebung der Zensur, Änderung der Gewerbeordnung zugunsten der Gewerkschaften und Bildung eines Bundesstaats Elsass-Lothringen –, auf das die Mehrheitsparteien sie verpflichtet und das beide als bindend gegenüber dem Duo Hindenburg-Ludendorff empfanden, blieb letztlich Makulatur. Allein in einigen Fragen der Innenpolitik gelang es der Reichstagsmehrheit, der Obersten Heeresleitung, dem Kriegsministerium und den Stellvertretenden Generalkommandos beispielsweise bei den Vorschriften über den Belagerungszustand oder den Auswirkungen des „Hilfsdienstgesetzes" Konzessionen abzuringen. In allen anderen Fragen hielten sie sich, nicht zuletzt aus Respekt vor dem „Burgfrieden" sowie der gleichsam plebiszitären Grundlage der III. Obersten Heeresleitung vor weitergehenden Eingriffen in deren Befugnisse zurück.[24] So intensiv die Abgeordneten daher auch über U-Bootkrieg, deutsches Friedensangebot, amerikanische Vermittlung oder die Frage einer Friedensresolution diskutieren mochten, beeinflussen konnten sie damit die Entscheidungen von Oberster Heeresleitung und Reichsleitung nur in sehr engen Grenzen. Der Gedanke, wie die französische Nationalversammlung es nach den schweren Verlusten bei Verdun mit dem Oberbefehlshaber der Armee, General Joffre, getan hatte, Hindenburg vor den Hauptausschuss zu zitieren und zur Lage an den Fronten förmlich zu befragen, kamen die Abgeordneten nicht. „Freundliche" Bitten durch Kanzler und einzelne konservative Abgeordnete, dem Reichstag in der Frage des U-Bootkrieges doch noch Auskunft zu geben, lehnte Hindenburg mit dem Hinweis ab, dass er Eingriffe in die kaiserliche Kommandogewalt nicht zulassen könne.[25]

"Stille Parlamentarisierung"?

Das Verhalten der Obersten Heeresleitung im Jahre 1918 bei der Durchsetzung des Friedens von Brest-Litowsk oder dem Sturz des Staatssekretärs des Auswärtigen, der angesichts der Kriegslage im Reichstag vorsichtig genug für Verhandlungen mit den Alliierten eingetreten war, haben die Reichstagsparteien ohne großen Widerstand hingenommen. Gemeinsam dagegen vorzugehen, erschien ihnen weder wünschenswert noch angesichts der großen Differenzen zwischen den Lagern möglich. Im Gegenteil: Als Erzberger es im Mai 1918 im Hauptausschuss wagte, die Oberste Heeresleitung wegen ihrer maßlosen Ostpolitik zu kritisieren, löste er einen Sturm der Entrüstung aus.[26] „Das letzte Jahr ist nicht ausgenutzt, sondern politisch vertrödelt worden,"[27] klagte der linksliberale Abgeordnete Conrad Haußmann daher im

Sommer 1918 zu Recht. Erst die anbahnende Katastrophe sollte dies ändern. So sehr sich die Parteien der späteren Weimarer Koalition – SPD, Linksliberale und Zentrum – daher während des Krieges annäherten und so sehr sie sich bemühten, den Reichstag stärker ins Spiel zu bringen, wirklich aktiv vorangetrieben haben sie die Parlamentarisierung des Reiches nicht. Vor allem das Zentrum war dazu innerlich viel zu sehr zerrissen. Die Angst vor den Massen wirkte hier bei aller Einsicht vor allem der bürgerlichen Kräfte im Zentrum in die Notwendigkeit des Übergangs zur parlamentarischen Demokratie bremsend. Doch nicht nur das Zentrum, auch die anderen Parteien hatten keine konkrete Vorstellung davon, wie das System des Kaiserreichs nach dem siegreichen Ende des Krieges wirklich aussehen sollte. Von einer „stillen Parlamentarisierung“ (Manfred Rauh) zu sprechen, erscheint daher nicht angebracht. Auch die Einsetzung des Verfassungsausschusses, der sich seit dem Sommer 1917 mit der Frage einer Reichsverfassungsreform befasste, stützt diese These nicht. Im Gegenteil: Die Vertagung des Reichstages wie auch aller Ausschüsse selbst in Zeiten weitreichender Krisen wie im Frühjahr/Sommer 1918 unterstreicht vielmehr, wie gering das Machtbewusstsein unter Parlamentariern immer noch ausgeprägt war.[28] Sinnvoller erscheint es vielmehr, den angestrebten Einflussgewinn des Reichstages bei der Kontrolle der Regierung als eine „dem konstitutionellen Dualismus“ (Christoph Schönberger) entsprechende Politik zu deuten.

Im Herbst 1918, als die Parlamentarisierung, notgedrungen, dann doch umgesetzt wurde, verfolgten die Massen in großen Teilen andere Ziele. Die Revolution, die die in letzter Minute beschlossene Parlamentarisierung des Reiches hatte verhindern sollen, brach nur Stunden später dann doch aus.

Spaltung der SPD

Doch das Zentrum war nicht die einzige Partei, die während des Krieges inneren Zerreißproben ausgesetzt war. Am stärksten davon betroffen war zweifelsohne die SPD. Lange vor Kriegsausbruch hatte die Parteiführung die verschiedenen Flügel nur mühsam zusammenhalten können. Auch im August 1914 hatte allein die traditionelle Parteidisziplin das Ausscheren linker Abgeordneter bei der Zustimmung der Partei zu den Kriegskrediten verhindern können. Im Dezember 1914 weigerte sich Karl Liebknecht jedoch, noch einmal für die Bewilligung von Kriegskrediten zu stimmen. Damit öffnete er langsam das Tor für weitere Kritiker, deren Zahl schließlich immer mehr anwuchs. Anlass dafür waren Berichte über deutsche Kriegsgräuel sowie das Gefühl, der Krieg sei ein Eroberungs-, kein Verteidigungskrieg. Daher forderten sie die Rückbesinnung auf die traditionellen sozialdemokratischen Werte von Antimilitarismus, Antiimperialismus und Völkerverständigung. Die Mehrheit der Partei war dazu jedoch nicht bereit. Sie hielt ungeachtet aller gegenläufigen Tendenzen am „Burgfrieden" fest, setzte darauf, dass der Kanzler die Verteidigung des Vaterlandes belohnen, diese in Staat und Gesellschaft integrieren, vor allem aber den Einfluss der konservativen Rechten zurückdrängen würde. Dass sich diese Hoffnung der Parteispitze um Friedrich Ebert und Philipp Scheidemann in großen Teilen als Illusion erwies, gehört zu den bitteren Ironien der deutschen Geschichte, denn der Preis dafür war hoch. Er bestand in der Spaltung der Arbeiterbewegung in einen linken und einen extrem linken Ableger im Laufe des Jahres 1916. Aus der 1916 nach heftigen innerparteilichen Auseinandersetzungen gegründeten „Sozialdemokratischen Arbeitsgemeinschaft" ging schließlich die „Unabhängige Sozialdemokratische Partei" (USPD) hervor. Aus dem gleichfalls 1916 gegründeten „Spartakusbund", an dessen Spitze Karl Liebknecht und Rosa Luxemburg standen, entwickelte sich nach der Revolution die „Kommunistische Partei Deutschlands". Die Folgen dieser Entwicklung sollten allerdings jenseits aller theoretischen Debatten während des Krieges erst nach dessen Ende spürbar werden.[29]

4.3 „Gott ist mit uns" – Konfessionen im Krieg

Konfessionen

Das Reich war vor 1914 nicht nur politisch und gesellschaftlich eine gespaltene Nation. Auch zwischen den Konfessionen – den Protestanten und den Katholiken – sowie zwischen diesen beiden und den Deutschen jüdischen Glaubens gab es eine große Kluft. Der „Kulturkampf" der 1870er-Jahre hatte, obwohl er äußerlich weitgehend beigelegt worden war, tiefe Wunden hinterlassen. Auch die in Deutschland lebenden Juden erfuhren, trotz aller rechtlichen Gleichstellung, immer wieder, wie sehr sie ausgrenzt wurden. Die vergeblichen Versuche Walther Rathenaus, eines führenden Industriellen, das für das Sozialprestige so wichtige Patent eines Reserveoffiziers zu erhalten, ist dafür nur ein Beispiel. Der unübersehbare, wenngleich unterschiedlich stark ausgeprägte Antisemitismus, dessen Vertreter selbst im Reichstag saßen, ist ein weiteres Beispiel.

Gleichzeitig mit dem Ausrücken der Truppen und den Gestellungsbefehlen an die Reservisten, die diesen bald folgen sollten, fanden auf Anordnung des Kaisers in seiner Eigenschaft als Summus Episcopus der Protestanten am 5. August überall im Reich ein „außerordentlicher allgemeiner Bettag" statt. Die anderen Konfessionen folgten diesem Beispiel. In tiefer Ehrfurcht feierten die mobilisierten Soldaten und ihre Angehörigen in überfüllten Kirchen und Synagogen vielleicht ein letztes Mal gemeinsam die heilige Messe, nahmen das Abendmahl ein und gingen zur Beichte, um dann, einer alten preußischen Devise entsprechend, „mit Gott für König und Vaterland" in den Krieg zu ziehen. Zugleich baten die Geistlichen – wie es Wilhelm II. in seinem Erlass gefordert hatte – im bevorstehenden Kampf um Gottes Beistand und segneten die Waffen. Deutlicher konnte der enge Zusammenhang von Politik, Religion und Krieg zu Beginn des 20. Jahrhunderts kaum unterstrichen werden. Ein typisch deutsches Phänomen war diese Haltung allerdings nicht, auch in Österreich-Ungarn, England, Frankreich und Russland gab es diese engen Bindungen.

Protestanten

Soweit es die Protestanten betraf, gab der Berliner Hofprediger, Ernst v. Dryander, in seiner Predigt im Berliner Dom bereits am 4. August 1914 in seiner Predigt zur feierlichen Eröffnung des Reichstages die Richtung vor. Zum einen rief er, dem Tenor der Balkonrede des Kaisers folgend, auf, „Brücken" zu schlagen, „von Herz zu Herz, von Partei zu Partei, in denen die Fürsten und Völker einander die Bruderhand reichen und nichts, nicht sein wollen als Deutsche, Kinder *eines* Vaterlandes, Söhne eines Reiches."[30] Zum anderen aber begründete er, warum das Reich nun in den Krieg ziehen sollte: „Wir ziehen in den Kampf für unsere Kultur – gegen die Unkultur. Für die deutsche Gesittung – gegen die Barbarei. Für die freie, an Gott gebundene Persönlichkeit – wider die Instinkte der Ungeordneten Massen. Und Gott wird mit unseren gerechten Waffen sein."[31] Bereits am Tag zuvor war durch eine Verfügung des Evangelischen Oberkirchenamtes in das allgemeine Kirchengebet der Passus eingefügt worden: „Allmächtiger barmherziger Gott! Herr der Heerscharen! Wir bitten Dich in Demut um Deinen allmächtigen Beistand für unser deutsches Vaterland. Segne die gesamte deutsche Kriegsmacht. Führe uns zum Siege und gib uns Gnade, daß wir auch gegen unsere Feinde uns als Christen erweisen. Lass uns bald zu einem die Ehre und die Unabhängigkeit Deutschlands dauernd verbürgenden Frieden gelangen."[32]

Dieser Tenor bestimmte auch die unzähligen Kriegspredigten, -reden und -schriften, mit denen protestantische Theologen wie Adolf v. Harnack oder Reinhold Seeberg in den urbanen Zentren sowie die Pfarrer in den Städten und Dörfern die Gläubigen immer wieder zu ermutigen versuchten, in ihren Anstrengungen für den Sieg nicht nachzulassen. Der Krieg wurde dabei zum Teil eines göttlichen Heilsplans, der den Aufstieg Deutschlands zu einer Weltmacht in Europa voranbringen sollten.[33] Mit dem Läuten der Glocken aus Anlass von Siegen und Dankgottesdiensten sowie zahlreichen Festgottesdiensten, in denen sie bis in die letzten Kriegstage hinein kritiklos Wilhelm II. zum friedliebenden „Heldenkaiser“ stilisierten, unterstützten sie treu im Dienste des Bündnisses von Thron und Altar alle Bemühungen, die Moral im Innern zu stärken. Kritische Stimmen gab es nur wenige; erst 1917, im Luther-Jahr wurden sie lauter, ohne aber größere Breitenwirkung zu entfalten.

Viel bedeutsamer als der theologische Diskurs über den Sinn des Krieges oder die von wenigen betonte „Gewissenspflicht, im

Abb. 22 Gedenkblatt für Heinrich Epkenhans, gefallen im Dezember 1914. Dieses wie auch das einzige Bild des Sohnes, bezeichnenderweise während des Wehrdienstes in Uniform aufgenommen, hingen viele Jahrzehnte in der Wohnstube eines westfälischen Bauernhauses als Erinnerung an den ältesten von insgesamt drei Söhnen, die 1914 eingezogen worden waren. Auch ein weiterer überlebte den Krieg nicht; gerade einmal 18 Jahre alt, starb er im Herbst 1918 auf dem Weg an die Front an der Grippe.

Abb. 23 Heinrich Epkenhans in der Paradeuniform eines Grenadiers beim Kaiser-Alexander-Grenadier-Regiment in Berlin (1910).

Namen des Christentums fortan mit aller Entschiedenheit dahin zu streben, daß der Krieg als Mittel der Auseinandersetzung unter den Völkern aus der Welt verschwindet“[34], war die unmittelbare Seelsorge vor Ort. Alte volkskirchliche Traditionen lebten dabei wieder auf. Pfarrer hielten eben nicht nur patriotische Kriegspredigten, sondern sie standen den Mitgliedern ihrer Gemeinden auch in vielfältiger Form bei: in Kriegsgebetstunden, Kriegsfamilienabenden, bei Sammlungen für Bedürftige, vor allem aber bei der Bewältigung der Sorgen oder der Trauer bei denjenigen, deren Angehörige gefallen, vermisst oder schwer verwundet worden waren. Häufig waren sie es, die im Auftrag der Behörden den Angehörigen die Nachrichten vom Verlust eines Angehörigen oder die von Wilhelm II. 1915 gestifteten, mit einem religiösen Motiv versehenen Gedenkblätter überbringen mussten. Wie der Tod Jesu am Kreuz wurde auf diesen der Tod des gefallenen Helden zum unvermeidlichen Opfer für das Vaterland stilisiert. Der Sieg, den dieser letztlich ermögliche, wurde in dieser Deutung mit der „Erlösung“ gleich gesetzt.

Seelsorge in der Heimat

Auch um Jugendliche kümmerten sich die Pfarrer, versuchten, diese im Rahmen moderner Jugendarbeit im staatlichen Sinne zu beeinflussen sowie vom Abgleiten in unmoralische Milieus abzuhalten.

Dass, was die Pfarrer in der Heimat für die Angehörigen waren, waren die Militärseelsorger an der Front für die Soldaten. 744 preußische Feldgeistliche und 39 Marinegeistliche – dies der Höchststand aus dem Jahre 1915 – sowie zahlreiche Kriegspfarrer bei den nichtpreußischen Kontingenten betreuten die Soldaten an der Front und in der Flotte. „Durch Predigt und Seelsorge im Felde“ versuchten sie, „die geistigen Vorbereitungen des Sieges zu schaffen.“[35] Predigten, klassische Seelsorge, Abendmahlsfeiern, die Betreuung von Verwundeten sowie unendlich viele Grabreden an provisorischen Gräbern kennzeichneten ihren Alltag. Manche von ihnen, ohne dass genaue Zahlen vorliegen, griffen sogar selbst zu den Waffen.

... und an der Front

Katholiken

Die Lage der Katholiken unterschied sich grundlegend von der der Protestanten. Im Kaiserreich waren sie mit 37,7 Prozent eine Minderheit. Durch ihren „Utramontanismus“ waren sie international ausgerichtet.[36] Das Etikett des „Reichsfeindes“ haftete ihnen daher, trotz unleugbarer Annäherungen zwischen katholischer Kirche und protestantischem Staat immer noch latent an. Der Kriegsausbruch machte dieses Spannungsfeld von internationaler Orientierung und nationaler Loyalität einmal mehr deutlich. Gleichwohl, katholische Geistliche taten sich anfänglich schwerer bei dem Versuch, den Krieg wie ihre protestantischen Kollegen zu begründen oder zu verherrlichen. Ähnlich wie die gleichsam als „Reichsfeinde" verfemten Sozialdemokraten glaubte aber auch die Mehrheit der Katholiken, durch Treue zum Staat die erhoffte volle Gleichberechtigung erlangen zu können. Deutsche Katholiken unterschieden sich hier im übrigen nicht von ihren französischen Glaubensgenossen, die aus dem gleichen Grund der „Union sacrée" beitraten.

Anfänglich reagierten die katholischen Bischöfe eher theologisch auf den Krieg, den sie als Heimsuchung Gottes zur geistigen Erneuerung der Völker interpretierten.[37] Besonders erfreulich in ihren Augen war jedoch die „große religiöse Erhebung"[38], die sie seit Kriegsbeginn festzustellen glaubten. Je länger der Krieg dauerte, umso stärker erfasste aber auch sie der nationale Rausch. Auch sie versuchten, dem Krieg nun einen Sinn ganz im Einklang mit anderen Sinnstiftungsideologien zu geben: „Unendlich Großes steht auf dem Spiele: der Bestand und die Freiheit des Vaterlandes. Kein Opfer ist dafür zu groß. Es gilt, den Segen unserer deutschen Kultur, wie sie in der Sonne des Christentums erblüht ist, durch diesen von unseren Feinden angefachten Weltbrand hindurchzuretten in eine bessere Zukunft",[39] hieß es in einem Hirtenbrief des Kölner Kardinals Felix v. Hartmann an seine Diözesanen in der Fastenzeit 1916.

Wie in der protestantischen Kirche gab es prominente Philosophen wie Max Scheler oder Politiker wie Matthias Erzberger, die in Reden und Schriften diesen Kurswechsel begründeten und eigene Ziele zu formulieren suchten. Scheler stilisierte in seinem Buch „Der Genius des Krieges und der deutsche Krieg" den Weltkrieg „zum Herold einer religiösen Erneuerung Europas durch einen Sieg der Mittelmächte" hoch, Erzberger erhoffte sich, zumal nach dem Kriegseintritt Italiens, durch deren Sieg eine Lösung der römischen Frage. Vor diesem Hintergrund hatten der Versuch Papst Benedikts XV., im Sommer 1917 einen Frieden zu vermitteln, wenig Chancen. Von einem völligen Verzicht auf Annexionen wollten auch führende Zentrumspolitiker zu diesem Zeitpunkt nichts wissen.[40] Vor allem die belgische Frage, ein Land mit einer katholischen Mehrheit, erwies sich als unüberwindliches Hindernis. Nicht nur katholische Politiker, sondern auch die deutschen Bischöfe wichen aus Gründen nationaler Loyalität einer eindeutig positiven Antwort auf die Initiative des Papstes daher aus. Zu mehr als einem Aufruf zur Buße und Gebeten um Frieden konnten sie sich nicht durchringen.

Auf der regionalen und lokalen Ebene sah die Realität jedoch – ähnlich wie bei den Protestanten – anders aus. Die „großen" Fragen spielten dort kaum eine Rolle. Seelsorge und Fürsorge standen hier wie bei den protestantischen Glaubensgenossen im Vordergrund. Gleiches gilt für die katholischen Militärseelsorger.[41]

Deutsche Juden

Die deutschen Juden waren die kleinste der drei großen Konfessionen in Deutschland. Auch sie wollten sich am Weltkrieg beteiligen. „An die deutschen Juden!", hieß es in einem Aufruf des „Verbandes der deutschen Juden" vom 1. August 1914. „In schicksalsernster Stunde ruft das Vaterland seine Söhne unter die Fahnen. Daß jeder deutsche Jude zu den Opfern an Gut und Blut bereit ist, die die Pflicht erheischt, ist selbstverständlich. Glaubensgenossen! Wir rufen Euch auf, über das Maß der Pflicht hinaus Eure Kräfte dem Vaterlande zu widmen. Eilet freiwillig zu den Fahnen! Ihr alle – Männer und Frauen – stellt Euch durch persönliche Hilfeleistung jeder Art und durch Hergabe von Geld und Gut in den Dienst des Vaterlandes."[42] Angesichts des latenten Antisemitismus im Kaiserreich schien dies folgerichtig; gleichwohl sollte nicht übersehen werden, dass die Integration der Juden weit fortgeschritten, „Hyperpatriotismus" als Mittel zur „totalen Assimilation"[43] daher nicht notwendig war. Das Engagement der deutschen Juden für das Land, in dem sie lebten, war insofern einfach auch naheliegend. Manche spätere Sinnzuschreibung erscheint daher eher als rückwärtsgerichtete Projektion und Rechtfertigung.

Dennoch: Einfach war dieses Engagement nicht. Insbesondere die internationalen Verbindungen der deutschen Juden erschwerten es diesen, dem Krieg wie die Protestanten eine spezifische Legitimation zu geben, auch wenn es diese gab. Der von Ernst Lissauer verfasste „Hassgesang gegen England" ist hierfür ein Beispiel. Das Wirken Albert Ballins, des einflussreichen Hapag-Direktors, Walther Rathenaus, Präsident der AEG und Gründer der Kriegsrohstoffabeilung oder Fritz Habers, des Erfinders des Giftgases – sei hier stellvertretend für das konkrete Engagement für einen Sieg angeführt. Umgekehrt war es gerade der Internationalismus, der einige deutsche Juden – Albert Einstein, Gustav Landauer und Gershom Scholem – veranlasste, pazifistische Ideen voranzutreiben.

Antisemitismus

Doch so sehr sich die deutschen Juden in der Heimat oder als Soldaten an der Front für das Deutsche Reich engagierten, das auch ihr Vaterland war, so wenig konnten sie das Vordringen antisemitischer Strömungen verhindern. Die „Judenzählung" vom Herbst 1916 ließ diese wie in einem Brennglas erkennen. Durch nichts gerechtfertigte Gerüchte, von der Drückebergerei der Juden, die nur am Profit interessiert seien, führten dazu, dass das Preußische Kriegsministerium, angetrieben von völkischen, nationalliberalen und Zentrumskreisen, gegen jedwedes Recht zum Stichtag 1. November 1916 alle Juden im Heer wie auch in den Kriegsgesellschaften zählen ließ. Die Ergebnisse wurden – wohlweislich – nie veröffentlicht, aber der politische „Flurschaden", den die Zählung anrichtete, war enorm. Die Fakten sprachen ohnehin gegen die kursierenden Gerüchte und politisch motivierten Vorwürfe: Mit ca. 100.000 Juden dienten im Heer prozentual im Hinblick auf den jüdischen Anteil an der Bevölkerung genauso viele Soldaten an der Front wie Angehörige anderer Konfessionen. Auch die Zahl der Verluste entsprach prozentual denen der anderen.[44] Auch wenn diese Fakten allen Vorwürfen Hohn sprachen, änderte dies nichts daran, dass die deutschen Juden am Ende des Krieges erneut als Sündenböcke herhalten mussten. Bereits im Zeichen der absehbaren Niederlage forderte der Vorsitzende des Alldeutschen Verbandes, Heinrich Claß, dazu auf, die „Lage zu Fanfaren gegen das Judentum und die Juden als Blitzableiter für alles Unrecht" zu benutzen. Seine Forderung gipfelte – in Anlehnung an eine auf die Franzosen gemünzte Formulierung Heinrich v. Kleists – in dem Ruf: „Schlagt sie tot, das Weltgericht fragt Euch nach den Gründen nicht." Eine Generation später wurde daraus eine mörderische Realität.[45]

Spätestens hier wird deutlich, wie brüchig nicht nur der „Burgfriede" oder der soziale Frieden, sondern auch der Konfessionsfrieden im Reich war. Die anfängliche Hoffnung, „das Erleben dieses Krieges [habe] das Bewusstsein geweckt, daß konfessionelle Spaltung nicht nationale Spaltung bedeutet"[46], erwies sich als trügerisch. Spätestens das Drängen Erzbergers auf die Verabschiedung der „Friedensresolution" im Sommer 1917 und die fast zeitgleiche Veröffentlichung der „Friedensnote" von Papst Benedikt XV. verlieh überkommenen, nie wirklich überwundenen Vorurteilen über die römische, nicht die nationale Orientierung des Zentrums wieder neuen Auftrieb.

4.4 „Gott strafe England" – Propaganda und die „Ideen von 1914"

Krieg und Propaganda

Bereits in den Revolutions- und den napoleonischen Kriegen, aber auch im Deutsch-Französischen Krieg von 1870/71 war Propaganda ein wichtiger Bestandteil der Kriegsführung. Mit ihren Bildern, die den Gegner mit den Mitteln der Karikatur, des Spottverses oder des Heldengedichts grotesk als einen verabscheuungswürdigen Feind überzeichneten, hatten Künstler und Intellektuelle unterschiedlichster Herkunft versucht, ihre Mitmenschen zu mobilisieren, aber auch das neutrale Ausland zu beeinflussen. In der Regel handelten sie wie Ernst Moritz Arndt in der Zeit der Befreiungskriege oder Heinrich v. Treitschke während des Deutsch-Französischen Krieges auf eigene Initiative, teilweise aber gezielt gelenkt durch staatliche Behörden.

Infiziert von nationalem, imperialistischem und sozialdarwinistischem Gedankengut hatten sich auch in der Folgezeit Künstler und Intellektuelle in vielerlei Formen in die Politik eingemischt. Die Karikaturen des „Simplicissimus" oder des Londoner „Punch" sind dafür ebenso Beispiele wie die zahllosen Flugschriften von politisierenden Historikern, Ökonomen oder Militärs. Aus eigenem Antrieb, häufig aber auch – wie bei der deutschen Kolonial- und Flottenpropaganda – in engem Zusammenspiel mit Regierungsstellen versuchten sie, im Zeitalter des „politischen Massenmarktes" die eigene Bevölkerung zu mobilisieren oder deutsche Interessen möglichen Rivalen gegenüber demonstrativ zu dokumentieren.

Künstler und Intellektuelle engagieren sich für den Krieg

Mit Ausbruch des Ersten Weltkrieges erlebte diese Form der Kriegsführung jedoch einen bis dahin nie gesehenen Höhepunkt hinsichtlich des Umfangs der Methoden: Zeitungsartikel, Broschüren und kunstvoll gestaltete Plakate sowie Millionen von Postkarten, Theater- und Musikaufführungen, Vorträge von Professoren, Künstlern und Wissenschaftlern, die wie „Wanderprediger" durchs Land zogen, sowie eigens gedrehte Filme wie „Unsere Helden an der Somme" ließen den Krieg als heroischen, von böswilligen Feinden aufgezwungenen und damit gerechten Kampf um die eigene Existenz erscheinen.[47] Überzeugt von der Sittlichkeit des Krieges, seinem Sinn und seiner Gerechtigkeit, empfanden viele Menschen ihn sogar als „Heiligen Krieg". Damit verliehen sie diesem eine religiöse Weihe, die alle Ziele legitimieren sollte. Dieser „Heilige Krieg" werde die „Vollendung der Nation"[48] – so der Theologe Adolf v. Harnack – zur Folge haben, in der alle bisherigen inneren Gegensätze überwunden sein würden. „Da kann", erklärte der Althistoriker Eduard Meyer überwältigt von seinen Erfahrungen Anfang August 1914, „zunächst gar nicht scharf genug betont und ins Bewusstsein gehämmert werden, dass die Welt in der wir bisher gelebt haben oder zu leben glaubten, in den ersten Augusttagen des Jahres 1914 zusammengebrochen ist und niemals wiederkehren wird."[49]

Verknüpft mit der Überzeugung, dass das Reich im Innern sich vollständig zum „Guten" wandeln würde, war die Auffassung, dass dieses aufgrund seiner Stärke und des Muts seiner Soldaten und der diese stützenden Heimat letztlich als Sieger hervorgehen würde. Die Stilisierung des Gegners zu „Bestien", die es zu „dressieren" gelte, so eine bereits 1914 weit verbreitete Ansicht, oder die, wie im Falle Englands, angesichts ihrer „Perfidie" nach dem Motto „Gott strafe England" zur Rechenschaft zu ziehen seien, gehörte zum Standardrepertoire der Botschaften, die vermittelt wurden.

Steuerungsversuche der Regierung

Die Regierung versuchte, gestützt auf das Instrument der Zensur, steuernd zu wirken.[50] In Teilen ist ihr dies auch gelungen, wie die Vorgeschichte des berühmt-berüchtigten „Aufrufs der 93" vom Oktober 1914 belegt, der die alliierten Gräuel-Vorwürfe in Belgien widerlegen sollte. Hier hatte vor allem das in diesen Dingen sehr erfahrene Reichsmarineamt eine bedeutende Rolle im Hintergrund gespielt. Reibereien zwischen der zivilen Reichsleitung und der militärischen Führung, die über die stellvertretenden Generalkommandos zuständig für die Zensur waren, erschwerten jedoch bis zuletzt eine einheitliche Presselenkung. In diesem Zusammenhang sollte allerdings auch nicht übersehen werden, dass sich die Journalisten auch unter den Bedingungen der Zensur nur begrenzt von den verantwortlichen Stellen für eine bewusste Irreführung der Öffentlichkeit oder ein Verschleiern der Wahrheit „missbrauchen" ließen – vorausgesetzt, sie wurden „richtig" informiert. Genau darin lag allerdings eines der Kernprobleme amtlicher Informationspolitik. Gleichwohl, auch als sich die Niederlage im Sommer 1918 abzuzeichnen begann, hielten amtliche Pressevertreter und Journalisten an der Linie fest, Siegeszuversicht zu verbreiten. Damit trugen sie, bewusst oder unbewusst zur Entstehung der später so fatalen „Dolchstoßlegende" bei.

Propaganda zur Aufrechterhaltung der Stimmung im Innern

Kriegsausstellungen, zahllose Vereine mit vaterländischen Namen und Vortragsveranstaltungen in immer größerem Ausmaß verstärkten diese Propaganda nach innen. Sie sollten, so hieß es im Vorwort zu den zweibändigen „Deutschen Reden in schwerer Zeit", die namhafte Berliner Professoren nach Kriegsbeginn gehalten hatten, „die Gesundung Deutschlands von Parteihader und Klassenhaß" dokumentieren und diese „Stimmung zu erhalten, sie hinweg zuführen auch über eine Zeit, in der nicht jeder Tag der Bote eines neuen Sieges sein konnte, in der die Losung würde lauten müssen: aushalten, durchhalten! Eine Zeit, in der in den Jubel über errungene Siege die Klage über den Verlust des Teuersten hineinklingen würde, in der die Sorge um die Existenz zahlloser Volksgenossen die Hoffnung auf unseren endlichen

Sieg lähmen möchte."[51] Hinzu kamen groß inszenierte öffentliche Nagelungen. Diese versuchten, nicht nur Geld für den Krieg zu sammeln, sondern auch die innere Einheit öffentlich zu beschwören. In vielen Orten war es ein hölzerner Hindenburg, das personifizierte Symbol des Sieges, an den alle glaubten; in anderen wie dem niedersächsischen Lüneburg griff man in die große eigene Geschichte zurück. Anstelle von Hindenburg oder, wie im Marinestützpunkt Wilhelmshaven, dem Schöpfer der Hochseeflotte, Tirpitz, diente dort der eiserne, angeblich in der Michaeliskirche begrabene Sachsenherzog Hermann Billung als Kristallisationspunkt vaterländischer Opferbereitschaft. Stolz auf die eigene Geschichte und Bereitschaft, wie dieser für das Reich zu streiten, schlugen Tausende Lüneburger im November 1915 feierlich und unter dem Schmuck wehender Fahnen ihre Nägel in die von einem lokalen Industriellen gestiftete Figur. Damit unterstützten sie einerseits die Kriegsanstrengungen, andererseits demonstrierten sie damit auch die Einheit der städtischen Gesellschaft, so brüchig diese allmählich zu werden begonnen hatte.

Quelle

„Wir nageln dem Sachsenherzog
aus alter eiserner Zeit,
im eisenklirrenden Jahre
ein neues Panzerkleid.
Ein Sinnbild unseres Willens,
wir wollen wie Eisenstark
der Slaven und Welschen schützen
die heimatliche Mark."[52]

Begrenzte Erfolge der Propaganda

Inwieweit diese Propaganda und Beschwörungsrituale ihre Ziele erreichten, ist schwer zu sagen. Am geringsten dürfte ihr Erfolg bei jenen Schichten gewesen sein, die von Anfang an am meisten unter den Folgen des Krieges leiden mussten: Arbeitern und der unteren Mittelschicht. Im Bildungs- und Besitzbürgertum hingegen, wo die Begeisterung vergleichsweise am größten war, dürfte die Resonanz hingegen beträchtlich gewesen sein. Dabei verstärkte sie eher ohnehin vorhandene sozialdarwinistischen Auffassungen vom Krieg als gleichsam natürlicher Teil der Auseinandersetzung von Staaten und Nationen, als mit neuen Ideen breitere Schichten für den Kampf zu mobilisieren.

Die „Ideen von 1914"

Wie begrenzt die Reichweite der Propaganda war, zeigt der letztlich kläglich gescheiterte Versuch, im Propagandakrieg mit den

Abb. 24 Nagelungsfeier in Lüneburg am 24.10.1915. Die Sammlung erbrachte 25.000 Mark. Bild: Stadtarchiv Lüneburg.

sogenannten „Ideen von 1914“ gemeinsame, unverzichtbare und überzeugende Werte zu propagieren, die, unter anderen Vorzeichen, wie 1789 in Frankreich das Volk einten und in seinem Kampf für eine gerechte Sache antreiben und den Sieg erringen ließen. Die geistige Grundlage eines „heldischen Idealismus“ war gleichsam der deutsche Gegenentwurf gegen die „Ideen von 1789“, die, so einer der bekanntesten Nationalökonomen, Werner Sombart, „Händlerideale, die nichts anderes bezwecken als den Individuen bestimmte Vorteile zu verschaffen.“[53] In zahllosen Pamphleten und Vorträgen griffen deutsche Intellektuelle dieses Thema auf, verdichteten es, wie Sombart, in seiner Schrift „Händler und Helden“, oder Johann Plenge – ebenfalls ein Volkswirt – sowie der prodeutsche schwedische Staatswissenschaftler Rudolf Kjellén in ihren Büchern über die „Ideen von 1914“ mit einem vehementen Angriff gegen die westlichen Länder, deren Gesellschaften und die diese tragenden Ideologien. Eine Breitenwirkung über das Bildungsbürgertum hinaus haben sie damit aber nicht erzielt. Der Versuch, spezifisch deutsche Werte und Tugenden den liberalen Ideen des Westens als überlegen darzustellen – „Volksgemeinschaft“ anstelle von „Klassenkampf“, „nationaler Sozialismus“ anstelle von „schrankenlosem Kapitalismus“, „Verantwortung“, „Zusammengehörigkeit“ und „Autorität“ anstatt „zügelloser Freiheit“ – und damit dem Krieg einen gleichsam „missionarischen“ Charakter zu geben, stieß nur bei jenen auf Gehör, die ohnehin davon überzeugt waren, dass Deutschland seinen eigenen Weg gehen müsse. Die breite Masse hatte schon früh ganz andere Probleme, als sich mit derartigen Fragen zu befassen.

Deutsche Vaterlandspartei

Verantwortlich für die begrenzte Reichweite der „Ideen von 1914" war allerdings auch die Tatsache, dass sich die führenden Intellektuellen in ihrer Haltung, wie der Krieg zu führen sei und welche Ziele er haben sollte, keineswegs einig waren. Liberale, auf einen Kompromissfrieden und Reformen im Innern drängende Imperialisten wie Max Weber, Friedrich Meinecke und Ernst Troeltsch auf der einen, völkisch denkende, von alldeutschem Gedankengut beeinflusste Annexionisten reinsten Wassers wie Dietrich Schäfer, Max Scheler und Rudolf Seeberg auf der anderen Seite versuchten mit ihren Eingaben und Vereinsgründungen die Regierung zu beeinflussen und zugleich die Deutungshoheit im internen Meinungsstreit zu gewinnen. Mit Gründung der „Deutschen Vaterlandspartei"[54] am symbolträchtigen 2. September 1917, dem Sedanstag, gelang es den Vertretern neokonservativer, autoritären Staatsvorstellungen verhafteter, völkisch angehauchter und expansionistisch orientierter Ideen dann doch, sich neben dem eher elitären Alldeutschen Verband[55] eine Basis zu schaffen, die die Grenzen des bisherigen Parteiengefüges hinter sich ließ, indem sie den Geist der „Volksgemeinschaft" sowie die Bedeutung von Macht und nationaler Größe über alle Lager hinweg zu beschwören versuchte. Der Einfluss dieser Organisation, die antigouvernemental, antiparlamentarisch und antisemitisch auftrat, blieb nach anfänglichem „Höhenflug" angesichts des weiteren Kriegsverlaufs zwar begrenzt, der Transformationsprozess von Teilen der Konservativen über eine außerparlamentarische Massenbewegung zu einer Partei neuen Typs war jedoch vorgezeichnet. Die Werte, die diese verkörperte, sollten im Zeichen der Niederlage in Teilen des national-konservativen Bürgertums und der alten Eliten eine furchtbare Wirkungsmächtigkeit entfalten, ohne dass, bei allen Ähnlichkeiten, aufgrund der personellen und politischen Kontinuitäten der Weg zur „Machtergreifung" und allem was danach geschah zwangsläufig vorgezeichnet war.

4.5 Frauen und Kinder im Krieg

Frauen im Krieg

Nicht nur Millionen Männer zogen seit dem Sommer 1914 in den Krieg, auch Millionen Frauen kämpften – nach zeitgenössischem Verständnis – an der „Heimatfront" mit. Geradezu symbolträchtig schlossen sich die unterschiedlichen Frauenverbände, ob sie nun nationalkonservativ, bürgerlich, konfessionell oder sozialdemokratisch orientiert waren, zum „Nationalen Frauendienst“ zusammen. Alle politischen Unterschiede im Hinblick auf die Rolle der Frau in Staat und Gesellschaft traten dabei vorerst zurück. Die Äußerung von Helene Lange, einer der führenden Frauenrechtlerinnen, dass viele Frauen „den Ruf der Zeit an ihre Kraft, ihre Mitarbeit teils wie eine lang ersehnte Berufung, teils wie eine neue, hinreißende Forderung“[56] empfunden hätten, spiegelt den Enthusiasmus wider, mit dem sie begannen, ihren Beitrag zum Erfolg im Krieg zu leisten.

Die Tätigkeiten des Nationalen Frauendienstes reichten von der materiellen Unterstützung hilfsbedürftiger Frauen und ihrer Familien über die Vermittlung von Arbeit bis hin zur Rechtsberatung. Häufig genug arbeiteten sie dabei mit kommunalen Stellen zusammen, die für die „Kriegsfürsorge“ zuständig waren. Die individuellen Formen der Beteiligung von Frauen am Dienst an der „Heimatfront“ innerhalb und neben diesen Vereinen waren vielfältig. Sie variierten nach Stand und Klasse. Die Bessergestellten engagierten sich zu Tausenden in Hilfsvereinen aller Art: Sie arbeiteten als Hilfsschwestern in Krankenhäusern und Pflegeheimen, in Volks- und Kriegsküchen sowie Sammelstellen aller Art. Zudem strickten und nähten sie unablässig für die Soldaten an der Front und die Bedürftigen in der Heimat in unzähligen, eigens dafür organisierten „Strick- und Nähstuben“.

Frauen in der Kriegswirtschaft

Dieses freiwillige, karitativen Motiven entspringende Engagement an der „Heimatfront“ gilt es jedoch von der wachsenden Übernahme ursprünglich männlicher Arbeiten in der Kriegswirtschaft zu unterscheiden. Frauen ersetzten Männer in zunehmendem Umfang bei immer mehr Tätigkeiten. Als Schaffnerin in der Straßenbahn, als Schornsteinfegerin und als Arbeiterin beim Straßenbau oder in den Rüstungsbetrieben sowie als Angestellte in den Verwaltungen. Die Motive für die Übernahme dieser Tätigkeiten waren höchst unterschiedlich. Bei vielen war es blanke Not, da die staatliche Unterstützung von „Kriegerfrauen“ und „Kriegerfamilien“ – zumal angesichts steigender Preise – unzureichend war und Spenden diese allenfalls lindern konnten. Für manche, vor allem junge Frauen oder Frauen, die zuvor als Dienstmädchen oder Landarbeiterinnen viel härter und länger hatten arbeiten müssen, war die Arbeit in einer der Fabriken, so anstrengend diese war, allerdings auch attraktiv, da sie geregelter und besser bezahlt war. Andere wiederum, vor allem Frauen aus den Mittelschichten, zog es in die Büros staatlicher und militärischer Behörden oder von Unternehmen.

Die Annahme, dass, wie es viele Bilder suggerieren, der Anteil erwerbstätiger Frauen seit Kriegsbeginn massenhaft gestiegen wäre, trügt jedoch. Im Vergleich zur Vorkriegszeit war die Steigerungsrate hinsichtlich der weiblichen Erwerbsquote mit durchschnittlich 17 anstatt 20 Prozent wie in den Jahren zuvor eher geringer. Hinzu kam, dass Frauen vor allem in den ersten beiden Kriegsjahren eher Schwierigkeiten hatten, Arbeit zu finden. Die entsprechenden Arbeitsplätze waren zunächst schlichtweg nicht vorhanden. Traditionellen Rollenmustern folgend, sahen viele ihre Hauptaufgabe lange Zeit auch darin, sich um ihre Familien zu kümmern. Wenn die Zahlen erwerbstätiger Frauen insofern nicht so in die Höhe schnellten, wie es gelegentlich den Anschein hat, so gab es allerdings wohl eine erhebliche Verschiebung bei den Beschäftigungsverhältnissen. Im Vergleich zu 1914 war der Anteil von Frauen, die in der Maschinenbauindustrie beschäftigt waren, 1918 35-mal so hoch, in der Metall- und Elektroindustrie immerhin noch achtmal.

Tab. 4: Die Zusammensetzung der Werktätigen in Industriebetrieben im Deutschen Reich[57]

	1913	1918	Veränderung 1913–1918	
			absolute Zahlen	in %
Männer				
Erwachsene	5.410.000	4.046.000	– 1364000	– 33,71 %
unter 16	384.000	421.000	+ 37000	+ 9,64 %
insgesamt	5.794.000	4.467.000	– 1327000	– 22,90 %
Frauen				
Erwachsene	1.406.000	2.139.000	+ 733000	+ 52,13 %
unter 16	187.000	181.000	– 6000	– 3,20 %
insgesamt	1.593.000	2.320.000	+ 727000	+ 45,64 %

Kein Durchbruch bei der Emanzipation

So bedeutsam die Rolle von Frauen an der „Heimatfront“ letztlich war, so sehr sie sich bei der Organisation von „Liebesgaben“ oder dem Drehen von Zündern in den Rüstungsbetrieben engagierten, gelohnt hat sich dieses Engagement letztlich nicht. Auch wenn manche Frauen dies sicherlich erhofft hatten, ihre Emanzipation machte während des Krieges keine Fortschritte. Dass Frauen Männer nur temporär ersetzen sollten, nicht aber als wirklich gleichberechtigt neben diesen betrachtet wurden, zeigen allein die Verzichtserklärungen auf Weiterbeschäftigung nach dem Krieg, die sie häufig genug vor Aufnahme einer Tätigkeit in den Fabriken unterschreiben mussten. Damit verknüpft war die Weigerung der Unternehmen, Frauen weiter zu qualifizieren; ihnen blieben nur reine Hilfstätigkeiten. Die Versuche, soweit als möglich Soldaten von der Front zu reklamieren bzw. Kriegsgefangene oder Zwangsarbeiter einzusetzen unterstrichen den Willen, an der klassischen Geschlechterordnung auch unter den harten Bedingungen eines sich totalisierenden Krieges nicht zu rütteln. Insofern blieb die Erschließung neuer, bisher allein Männern vorbehaltener Arbeits- und Berufsfelder ein temporäres Phänomen. Aber auch materiell lohnte sich die Arbeit immer weniger. Inflation einer-, Mangel am Nötigsten andererseits ließ es vielen Frauen, zumal in den Städten, bald wichtiger erscheinen, sich auf das Anstellen bei Verteilung der immer knapper werdenden Lebensmittel oder auf Hamsterfahrten aufs Land als auf die Arbeit zu konzentrieren. Seit der zweiten Kriegshälfte wandelte sich der Kampf an der „Heimatfront“ für immer mehr Frauen und ihre Familien zu einem Kampf ums eigene Überleben. Beispielhaft zeigt dies das Bittgesuch einer Soldatenfrau aus dem Weserbergland im Jahre 1917:

Quelle

Traurige Lage

Die Frau eines Soldaten bittet 1917 um offizielle Unterstützung:[58]

„Meine älteste Tochter Sophie, 15 Jahre alt, ist Lungenkrank [sic!], muß aber um nur einigermaßen durch zukommen [sic!] mitarbeiten und verdient wöchentlich 9 M. Einen Antrag auf Zuweisung von mehr Fett, Eier und Fleisch für meine Tochter habe ich nicht gestellt, weil ich die Ausgaben hierfür nicht bestreben [sic!] kann. Dies kann ich umsoweniger, da ich nur 12 M monatlich Mietsunterstützung erhalte, während die ganze Miete [...] 17 Mark beträgt. Durch die mangelhafte Ernährung und das unaufhörliche Mitarbeiten trotz meines großen Haushaltes (5 Kinder) bin ich nun vollständig entkräftet und Bettlägerig [sic!] krank und werde auch wohl nie wieder Erwerbsarbeit treiben können. Meine traurige Lage ermöglicht es nicht, Arzt und Apotheke selbst zu bezahlen. Ferner ist es mir nicht möglich, die gekauften 20 Zentner Kohlen sowie 40 Mark Rest von den gekauften Kartoffeln bezahlen zu können. Infolge der Schweineseuche mußte ich 2 Schweine schlachten, wovon mir wegen der Hitze ein großer Teil verdorben ist. Mittel zum Ankauf eines neuen Schweins habe ich nicht. Dies alles macht mich völlig Hoffnungslos [sic!], dazu der stete Gedanke, daß mein Mann immer in Lebensgefahr ist und ein Verschulden unsererseits nicht vorliegt.“

Nicht vergessen werden sollte in diesem Zusammenhang allerdings auch, dass sich die Frauen, vor allem aber deren Verbände, über die Ziele der eigenen Emanzipation nicht wirklich im Klaren waren. Viele konnten sich von ihrem traditionellen Rollenverständnis schwer lösen. Als der „Bund Deutscher Frauenvereine" im Zuge der Diskussion über eine Reform des preußischen Dreiklassenwahlrechts vorsichtig auch die Einführung des Frauenwahlrechts forderte, trat einer der größten Frauenverbände, der „Deutsch-evangelische Frauenbund" aus Protest aus.

Kinder

Wie umfassend der Krieg die Gesellschaft erfasste, zeigt neben der zunehmenden Einbeziehung der Frauen auch das Ausmaß, in dem Kinder in das Kriegsgeschehen einbezogen wurden. Diese Einbeziehung begann mit der Schule, die noch stärker als zuvor zum Ort patriotischen Unterrichts sich wandelte. In regelmäßigen Ansprachen informierten Direktoren und Lehrer über das Kriegsgeschehen, versuchten, Mut zu machen und riefen – wie der Direktor eines altehrwürdigen Lüneburger Gymnasiums gleich nach Kriegsbeginn – zum Dienst für das Vaterland auf –, sei es an der Front oder eben an der „Heimatfront".

Quelle

Zieht hinaus in den Krieg

Ansprache des Direktors des Lüneburger Johanneums, Carl Hölk, an seine Schüler, 4. August 1914:[59]

„Meine lieben Schüler!
Wir sehen uns unter anderen Umständen wieder als wir erwartet hatten. Was uns so lange schon mit unheimlicher Schwüle bedroht hat, das ist nun eingetreten, und wir alle stehen unter dem Eindruck, das Gewaltigste zu erleben, was unser Erdendasein uns bringen kann. Vierzehn von Euren Lehrern sind schon dem Ruf des Königs gefolgt; sie werden zum Teil in wenigen Tagen dem Feind gegenüber stehen; auch Eure Zahl ist gelichtet und wird sich wohl noch mehr lichten, ebenso wie auch von uns noch mancher mit dem Landsturm wird hinaus müssen. So zieht, kann man sagen, Alldeutschland hinaus in den größten Krieg, den die Welt wohl je gesehen hat, und es ist sicher, Gegner zu finden, die seiner Kraft ein würdiges Ziel bieten. [...] Unterliegen wir, so zerfällt das große, mächtige Reich, das unsere Väter vor 44 Jahren in diesen Augusttagen zu gründen begannen. Siegen wir, so wird auf Jahrhunderte hinaus, solange wir selbst ein kräftiges Volk bleiben, deutschem Wesen, deutscher Sprache, deutscher Gesittung, das Fortleben gesichert sein.

Es geht ums Ganze.
Und in diesem Kampfe wollen wir siegen, das ist das, was uns alle erfüllt und aus allen Äußerungen des Lebens herauszulesen ist."

Hinter derartigen Aufrufen stand nicht zuletzt die Hoffnung, über die Schüler auch deren Eltern zu erreichen. Zugleich militarisierten sie den Unterricht – angefangen bei der Umformung klassischer Inhalte in fast allen Fächern in Inhalte mit deutlichem Bezug zum Krieg bis hin zur Einführung einer militärischen Vorausbildung.

Kinder sammeln für den Kriegseinsatz

Viel wichtiger als diese eher indirekte Einbeziehung der Kinder in den Krieg war bald deren massenhafte direkte Teilnahme am Kriegseinsatz an der „Heimatfront".[60] Die Formen dieser Teilnahme waren vielfältig: Das klassen- bzw. schulweise organisierte Sammeln von „Liebesgaben" in der Nachbarschaft, dem Dorf oder der Stadt für die Soldaten an der Front gehörte von Kriegsbeginn an ebenso dazu wie die eigene Spende: „Ein Knabe", notierte der Lehrer einer kleinen Dorfschule am Stadtrand von Lüneburg am 5. August, „brachte sein gesamtes ‚Vermögen' von 13,50 M. Der Lehrer konnte es nicht erreichen, ihm 10 M zurückzuerstatten, ein schönes Beispiel auch für manchen Erwachsenen."[61] Auch das klassenweise Zeichnen von Kriegsanleihen, so klein die Summe letztlich war, war Teil der Kriegsanstrengungen der Kinder. In seiner Bedeutung jedoch kaum zu überschätzen ist der Beitrag der Kinder zur Kriegswirtschaft und zur Aufrechterhaltung der Moral. Arbeit auf den Feldern zur Aufrechterhaltung der landwirtschaftlichen Produktion, Briefe sortieren und austragen, die Reinigung von Straßen und das Schippen von Schnee spielten eine immer größere Rolle im Alltag. Hinzu kamen vielfältige Sammelaktionen – ob es sich um Obstkerne, Bucheckern und Hasenfelle, Ähren auf abgeernteten Feldern, Brennnesseln, Kartoffelschalen und Gemüsereste, Metalle oder Frauenhaar handelte – aller Arten von Rohstoffen, die als Ersatz für jene Stoffe herhalten mussten, die zunehmend Mangelware geworden waren: Obstkerne als Ersatz für Öl, Brennnesseln als „Suppengrün" bzw. Faser zur Herstellung von Nesselstoffen, sowie Frauenhaar zur Herstellung von Seilen oder Dichtungen. Die Beteiligung an Siegesfeiern oder Gedenkfeiern für die Gefallenen, öffentlichen Nagelungen, Weihnachtsfeiern, Vortragsabenden und sonstigen Unterhaltungsveranstaltungen, das Schreiben von Briefen an Soldaten an der Front oder das Stricken von Handschuhen und Socken füllte den Rest der ihnen verbliebenen Zeit.

Der Nutzen der Sammlungen war unterschiedlich; wirklich erfolgreich waren nur die Sammlungen von Metall oder von

Geld- und Edelmetallen. Auch der Nutzen der kriegswirtschaftlichen Aktivitäten oder der Einbindung der Kinder über die Schule in die Kriegspropaganda ist nur schwer messbar. Unbedeutend waren alle diese Aktivitäten der Kinder nicht, auch wenn deren Engagement mit der sich verschlechternden Lage an den Fronten allmählich nachließ. Dessen „Kosten“ sollten allerdings auch nicht vergessen werden: Der Zeitaufwand und der damit verbundene Verlust an Unterrichts- und Freizeit waren beträchtlich. Unterricht, und das hieß Bildung, fand immer weniger statt. Die staatlichen Behörden waren sich über die möglichen Folgen des stetig zunehmenden Ausfalls von Unterricht auch durchaus im Klaren, angesichts der „zwingenden, unser wirtschaftliches Durchhalten auf alle Fälle sicher zu stellen und damit zum endgültigen Sieg unserer Waffen beizutragen“,[62] schien dieser jedoch vertretbar. Weitaus problematischer waren jedoch die mittel- und langfristigen Folgen dieser Vernachlässigung von Bildung zugunsten des Kriegseinsatzes von Kindern und Jugendlichen. Viele Jugendliche verzichteten zunächst darauf, wie zuvor eine Lehre zu machen; stattdessen zogen sie es vor, als ungelernte Arbeiter in der Rüstungsindustrie schnell Geld zu verdienen. Das Geld, das sie damit verdienten, ermöglichte ihnen einerseits ein stärker selbstbestimmtes Leben als zuvor in der Enge traditioneller Familienverbände. Andererseits förderte es die Vergnügungssucht, stärkere sexuelle Freizügigkeit sowie ein Ansteigen ordnungswidrigen, teilweise auch kriminellen Verhaltens. Die Zeitungen waren bald voll von Ermahnungen an die Jugend zu mehr Disziplin und Ordnung, zumeist freilich ohne großen Erfolg. Mag man vieles, was Obrigkeit und Eltern kritisierten, als Versuch deuten, die schrecklichen Erlebnisse zu verarbeiten oder zu verdrängen, so bleibt gleichwohl ein wichtiger Aspekt der Einbeziehung der Kinder und Jugendlichen in das Kriegsgeschehen festzuhalten – ihre Politisierung. Diese ging allerdings in höchst unterschiedliche Richtungen. Es spricht manches dafür, dass, zumal in bürgerlichen Kreisen, im Krieg eine Jugend heranwuchs, die anfällig für nationale Ideen war und der liberale Werte wenig bedeuteten.[63] Andererseits lernten Heranwachsende aus Unterschichten durch ihre Beteiligung nicht nur an den Sammelaktionen, sondern auch an den Hungerkrawallen und anderen Protesten schon früh eine spezifische politische Radikalität kennen, die in der Revolution 1918/19 und späteren Auseinandersetzungen zum Tragen kommen sollte.

Abb. 25 Sammlungen aller Art bestimmten zunehmend den Kriegsalltag vor allem von Kindern und Jugendlichen: Zur „Reichs-Wollwoche" beladen Schüler einen Möbelwagen mit gesammelten Textilien.

4.6 Kriegswirtschaft

Kriegswirtschaft

Die Rolle von Frauen und sogar Kindern in der Kriegswirtschaft unterstreicht deren kaum zu überschätzende Bedeutung im modernen Krieg. Dies gilt umso mehr, als das Deutsche Reich in der Annahme eines schnellen Sieges auch wirtschaftlich auf einen großen, länger andauernden Krieg nicht vorbereitet war. Die angelegten Vorräte an Waffen und Munition erschienen ebenso ausreichend wie die vorhandenen Kapazitäten der Rüstungsindustrie. Wie im 18. und 19. Jahrhundert vertraute die militärische Führung auf die Leistungsfähigkeit der eigenen Rüstungswerkstätten. Bis 1914 hatten diese immerhin ca. 40 Prozent des Bedarfs an Waffen und Munition sowie sonstiger Ausrüstungsgegenstände gedeckt. Den Rest bezog sie von vergleichsweise wenigen privaten Konzernen wie Krupp, Rheinmetall oder Mauser. Gleiches galt für die Marine. Diese stützte sich ebenfalls auf ihre eigenen Werften in Kiel, Wilhelmshaven und Danzig sowie eine kleine Zahl privater Konzerne.[64] Dass aber all diese Werkstätten und Firmen in hohem Maße vom Import der einschlägigen Rohstoffe abhängig waren, übersahen die Verantwortlichen teilweise oder hielten dies schlichtweg für wenig relevant. Da die Importquote bei manchen dieser Rohstoffe – Manganerz, Salpeter, Baumwolle und Kautschuk – sogar einhundert Prozent betrug, war diese Haltung zweifellos erstaunlich.

Es wäre allerdings unzutreffend, allein den Entscheidungsträgern im Kriegsministerium oder den zuständigen zivilen Behörden auf Reichs- bzw. bundesstaatlicher Ebene Fahrlässigkeit oder Ignoranz zu unterstellen. Auch führende Volkswirte waren sich vor dem Kriege keineswegs einig bei der Beurteilung der Folgen von Deutschlands Abhängigkeit vom Weltmarkt und den daraus zu ziehenden Konsequenzen. Während die einen darauf setzten, dass es sich in Zeiten eines globalisierten Marktes und internationaler Arbeitsteilung keine Nation leisten könne, das Welthandelssystem durch einseitige Maßnahmen infrage zu stellen, setzten die anderen schlichtweg auf die Macht der Schlachtflotte. Diese würde die sichere Zufuhr allein durch ihre Existenz gewährleisten oder, falls notwendig, gewaltsam erzwingen. Aber auch bei den Industriellen gab es keine große Neigung, Vorsorge zu treffen. Diese hätte schließlich eine Form von staatlichem Dirigismus zur Folge gehabt, der mit ihrem Selbstverständnis und ihren ökonomischen Interessen nicht zu vereinbaren gewesen wäre.

Interministerielle Ressortkonferenzen in den Krisenjahren 1906, 1911 und 1914 befassten sich zwar ausführlich mit der Abhängigkeit von Importen, hatten dabei aber in erster Linie Lebensmittel im Blick. Allein das Reichsmarineamt wies hierbei mehrfach auf die Rohstofffrage hin, erklärte diese aber unter Hinweis auf die Existenz der Schlachtflotte für lösbar. Vorräte wurden daher nicht angelegt. Die üblichen Vorräte der Konzerne für die Sicherstellung ihrer Produktion für zwei bis drei Monate im Voraus galten vor dem Hintergrund der Planungen des Generalstabs zudem als völlig ausreichend.

Die Hoffnung auf einen kurzen Krieg war auch verantwortlich dafür, dass es keine Pläne für eine sofortige Umstellung der Wirtschaft von der Friedens- zur Kriegsproduktion gab. Insbesondere die Sorge vor Massenarbeitslosigkeit in jenen Betrieben, die nicht für die Rüstung arbeiteten, und die damit verknüpften Folgen für die Aufrechterhaltung des sozialen Friedens bereitete den Verantwortlichen erhebliches Kopfzerbrechen.

Neue Organisationsformen zur Verstärkung der Rüstungsproduktion

Doch so optimistisch die Planungen der Militärs auch waren, bereits am 8. August 1914 hielt es ein vorausschauender Industrieller, der Präsident der Allgemeinen Elektrizitätsgesellschaft, Walther Rathenau, doch für ratsam, dem preußischen Kriegsminister Falkenhayn deutlich zu machen, dass bei „längerer Dauer des Krieges [...] die Wirtschaft der Rohstoffe [...] eine Bedeutung“ gewinne, „die für den Feldzug entscheidend sein kann.“[65] Rathenaus Vorschlag folgend richtete das Kriegsministerium daher umgehend eine eigene Abteilung ein, die sich mit allen Fragen der

Kriegswirtschaft zentral befassen sollte – die Kriegsrohstoffabteilung (KRA). Anders als manche Militärs und sonstige Verantwortliche innerhalb des Behördenapparats und unter Industriellen sah er zu Recht voraus, dass ein Krieg im Zeitalter der Industrialisierung und des technologischen Fortschritts ganz andere Ressourcen verschlang, als jene, die es bisher gegeben hatte. Um Waffen und Munition herstellen zu können, waren verschiedene Metalle, Pulver und die zu dessen Herstellung notwendigen Grundstoffe, vor allem Nitrate, aber auch Holzkisten zum Transport von Patronen, Hanf für Sandsäcke in Schützengräben, Wolle und Leder für Millionen Uniformen und Soldatenstiefel, Gummi für Autoreifen, Medikamente und Verbandszeug und – last but not least – Lebensmittel notwendig. All dies musste schnell und in ausreichender Menge beschafft, an einschlägige Firmen verteilt, dort ordentlich produziert und schließlich an die weit auseinander liegenden Fronten gebracht werden. Wie komplex das Problem war, ist allein daran erkennbar, dass ein Teil kriegswichtiger Rohstoffe – allen voran wichtige Metalle wie Kupfer, Wolfram und Nickel – bisher importiert worden war. Hier mussten neue Lieferanten gefunden bzw. die Vorräte, die vorhanden waren, gezielt in die Rüstungsproduktion gelenkt, anstatt für andere Produkte verschwendet werden. Angesichts der englischen Blockade sowie des Wegfalls anderer Lieferanten mussten darüber hinaus Ersatzstoffe, die fehlende Rohstoffe beispielsweise zur Herstellung von Munition wie Salpeter oder Baumwolle ersetzten, regelrecht erst erfunden werden. Angesichts des schier unendlichen Bedarfs der Front an Nachschub, den kaum etwas nachdrücklicher unterstreicht als das Verschießen aller Munitionsvorräte innerhalb von sechs Wochen [!], mussten schließlich zusätzliche Firmen für die Herstellung ihnen bisher unbekannter Produkte für die Rüstung „gewonnen" werden. Diese wiederum mussten Arbeitskräfte, die die eingezogenen Soldaten ersetzten, anwerben bzw. zwangsrekrutieren lassen und anlernen sowie – mit fortschreitender Dauer – immer neue Waffen – Flugzeuge, U-Boote, Gasmunition, Flammenwerfer und Maschinengewehre –, aber auch Stahlhelme, Brustpanzer und Gasmasken zum Schutz der eigenen Soldaten, einer knappen „Ressource", die es soweit als möglich zu schützen galt, in immer größeren Mengen und in immer kürzeren Abständen herstellen.[66] Die Leistungen, die durch immer rationellere Arbeitsabläufe dabei schließlich erzielt wurden, waren auch im internationalen Vergleich gewaltig: 1916 hatte sich die Produktion an Gewehren von 40.000 auf 250.000 monatlich gesteigert. Damit lag sie weit über der englischer Gewehrfabriken, die, aufs Jahr

Abb. 26 Frauen in einer Geschossdreherei 1916.

bezogen, hingegen nur eine Million Gewehre hatten herstellen können; 1917 betrugen die Zahlen für Maschinengewehre in Deutschland 115.200, in England gerade einmal 79.900. Bei anderen Waffensystemen war die Relation ähnlich.[67] Allerdings darf bei derartigen Vergleichen nicht vergessen werden, dass das industrielle Potenzial der Alliierten, zumal nach dem Kriegseintritt der Vereinigten Staaten, tendenziell eher größer, das der Mittelmächte angesichts der Blockade und kleiner werdenden Zahl an verfügbaren Arbeitskräften hingegen immer kleiner wurde.

Kriegsrohstoffgesellschaften

Die Verschmelzung staatlicher und ökonomischer Interessen bereits zu Kriegsbeginn war der Versuch, die komplexe Problematik der Ausrüstung von Heer und Marine mit allem auszustatten, was für den angestrebten Sieg notwendig schien. Um die Kriegsrohstoffabteilung herum entstand ein Netzwerk von Kriegsrohstoffgesellschaften, die sich mit diesen Fragen befassten. Sie organisierten die Beschaffung sowie Verteilung der Rohstoffe und die Herstellung all dessen, was die Armee verlangte. Die gemeinsame Beteiligung von Staat und Wirtschaft an diesen Gesellschaften, deren Zahl sich schließlich auf annähernd 200 belief, bedeutete allerdings nicht, dass in der Wirtschaft, gleichsam im Zeichen der Landesverteidigung, kapitalistische Marktgesetze außer Kraft gesetzt worden waren.[68] So sorgte allein die Beteiligung jener Firmen, die die Endprodukte herstellten, an den jeweiligen Rohstoffgesellschaften dafür, dass diese ausreichend mit Aufträgen versorgt wurden. Die notwendigen Rohstoffe kauften sie zuvor zu gesetzlich festgelegten Preisen ein. Ein Gewinnaufschlag von fünf Prozent in Bezug auf die Herstellungskosten war garantiert. Je höher diese jedoch angesetzt wurden, umso höher war der Gewinn.

Kriegsgewinne

Kriegsgewinne waren daher bereits während des Krieges ein Thema, an dem sich die Gemüter erhitzten.[69] Auf den ersten Blick erschienen diese, zumal im Vergleich zur Vorkriegszeit, tatsächlich als unglaublich hoch. In der Regel waren sie doppelt so hoch wie vor Kriegsausbruch. Vor allem die großen Konzerne waren hier die Gewinner, weniger Klein- und Mittelbetriebe, die ihre Stellung nur schwer, wenn überhaupt behaupten konnten.[70] Allerdings gibt es erheblichen Forschungsbedarf, folgt man der detaillierten Studie von Lothar Burchardt über die Kruppschen Kriegsgewinne, die manche überkommene Vorstellung über regelrecht gigantische Reingewinne unter Berücksichtigung anderer Faktoren wie der Kriegskosten doch ein wenig korrigiert hat.[71]

Konzentrationsprozesse

Doch nicht nur die Gewinne waren bei allen Unterschieden und notwendigen Differenzierungen im Einzelnen hoch. Gleiches gilt für den Grad der Konzentration in der Industrie. Bereits vor dem Kriege hoch, nahm dieser durch die spezifische Form der Organisation der Kriegswirtschaft weiter zu. Aus staatlicher Sicht mochte es begrüßenswert sein, keine eigene Kriegsrohstoffgesellschaft für Kohle zu gründen, da es bereits ein Kohlensyndikat gab, das in der Lage war, diese notwendigen Aufgaben bei der Verteilung zu gewährleisten. Im Ergebnis stützte diese Form staatlicher und wirtschaftlicher Zusammenarbeit die Syndikats- und Kartellbildung mit langfristig fatalen Folgen, sollten diese industriellen Organisationen doch in der Weimarer Republik zu jenen Kräften gehören, die im engen Zusammenspiel mit Politik und Militär deren Grundlagen unterhöhlten. Spätestens hier zeigte sich, dass die Ideen eines am Gemeinwohl orientierten „Kriegssozialismus", der das Vorbild für eine „deutsche Gemeinwirtschaft" (Wichard v. Moellendorff) nach dem Kriege sein sollte, die die Spannungen zwischen Kapitalismus und Sozialismus in fruchtbarer Weise auflöste, Chimären waren.

„Hindenburg"-Programm und „Hilfsdienstgesetz"

So groß die Zahl der inzwischen ins Feld geschickten Soldaten, so unglaublich der Nachschub an Waffen, Munition und Ausrüstung und so umfassend die Mobilisierung an der Heimatfront zu deren Herstellung auch waren, nach den gewaltigen Schlachten des Jahres 1916 mit ihren ungeheuren Verlusten an Menschen und Material hielten es die verantwortlichen Militärs für zwingend notwendig, alle bisherigen Anstrengungen noch einmal zu steigern: „Je mehr wir mit unserem Menschenmaterial schließlich einmal in die Hinterhand kommen, desto mehr muß die Maschine, das Geschütz, das Maschinengewehr, die Granate usw. an die Stelle des Menschen treten und daraus folgt, daß wir nicht nur mit unseren Gegnern mindestens Schritt halten müssen, sondern dass wir diese überflügeln müssen."[72] Deutlicher als in dieser Rede im September 1916 vor ausgewählten Industriellen in Düsseldorf hätte der preußische Kriegsminister Adolf Wild v. Hohenborn die fatale Logik des inzwischen endgültig zum Maschinenkrieg gewandelten Krieges kaum erklären können.

Treibende Kräfte bei der geplanten Steigerung der Rüstungsproduktion waren die neuen Chefs der Obersten Heeresleitung, Hindenburg und Ludendorff, sowie der äußerst umtriebige Vertraute Ludendorffs, Oberstleutnant Max Bauer.[73]

Die Fronten zu halten und da, wo möglich, zurückzudrängen, reichte ihrer Meinung nach nicht aus. Wenn das Deutsche Reich den Krieg doch noch gewinnen wollte, musste neue Maßnahmen ergriffen werden. Dazu gehörte als erstes das Absenken des Wehrpflichtalters von 20 auf 18 Jahre. Mit einem Schlag erhöhte sich die Zahl der Rekruten dadurch um 300.000 wehrfähige Männer. Auch andere zeitweilige Tabus wie die Wiederaufnahme des uneingeschränkten U–Bootkrieges wurden erwogen, aus taktischen Gründen allerdings so lange zurückgestellt, bis sich die Lage stabilisiert hatte.

Wie kann die Rüstungsproduktion gesteigert werden?

Aber auch die gesamte Heimatfront sollte nun noch systematischer und umfassender in das Kriegsgeschehen mit einbezogen werden, als dies bisher ohnehin schon der Fall war. Die Pläne, die Hindenburg und Ludendorff schließlich vorlegten, waren ehrgeizig. Um die vorhandenen Munitionsvorräte zu verdoppeln, die Zahl der Artilleriegeschütze und Maschinengewehre zu verdreifachen sowie drei Millionen zusätzliche Arbeitskräfte für die Arbeit in der Rüstungsindustrie zu mobilisieren, planten sie tiefgreifende Eingriffe in die Kriegswirtschaft. Alle Betriebe, die nicht zur Produktion von Kriegsmaterial beitrugen, sollten stillgelegt, ihre Ressourcen gleich welcher Art für wichtigere Aufgaben genutzt werden. Um die angestrebte Steigerung der Effizienz zu koordinieren und zu gewährleisten, sollte eine militärische Behörde eingerichtet werden, die diese Vorgänge – angefangen bei der Verteilung der Rohstoffe über die Vergabe von Aufträgen zu festgesetzten Preisen bis hin zur Zuweisung von Arbeitskräften – überwachte.

Mobilisierung zusätzlicher Arbeitskräfte

Möglich war dies allerdings nur, wenn man auch die Ressource „Mensch“ bürokratisch organisierte. „Wir ziehen mit diesem Gesetz die letzten Folgerungen der Gestaltung dieses ungeheuerlichen Krieges. Nie zuvor hat Kriegsgerät und Munition den Erfolg der Kampfhandlungen auch nur annähernd in der Weise bestimmt, wie das jetzt der Fall ist. Deshalb bedarf der Arm des Kämpfers draußen des Armes des Arbeiters in der Heimat. Kanonen, Granaten, Maschinengewehre, Minen, Minenwerfer, Unterseeboote, Torpedos – das alles wächst uns nicht auf der flachen

Hand, das alles muß geschaffen werden. Das alles heißt Arbeit, Arbeit und noch einmal Arbeit",[74] so der Staatssekretär des Innern, Karl Helfferich bei Einbringung des „Hilfsdienstgesetzes" im Reichstag am 29. November 1916. In der Konsequenz hätte diese Forderung bedeutet, alle Männer zu militarisieren, ihre Freizügigkeit einzuschränken und ihre Löhne zu begrenzen. Vor der von der Obersten Heeresleitung ebenfalls geforderten Dienstpflicht für Frauen schreckten die übrigen Verantwortlichen allerdings aufgrund überlieferter Vorstellungen von der Rollenverteilung der Geschlechter zurück. Dabei gab es innerhalb der Frauenbewegung durchaus Vertreterinnen, die diese befürworteten.

Das „Hindenburg"-Programm – ein Erfolg?

Die Schwierigkeiten, die Hindenburg, der dem ambitionierten Programm seinen legendären Namen verlieh, um es populär zu machen und Ludendorff bei der Umsetzung ihrer Pläne zu überwinden hatten, waren beträchtlich. Anders als bei Tannenberg, sollten sie dieses Mal allenfalls sehr begrenzt erfolgreich sein. Allein die Verhandlungen mit den beteiligten Industriellen erwiesen sich als äußerst schwierig. Von einer stärkeren Einschränkung ihrer Autonomie wollten sie genauso wenig wissen wie von einer Kontrolle, geschweige denn Reduzierung ihrer Gewinne oder aber einer arbeitnehmerfreundlichen Haltung. Aber auch das Kriegsministerium erwies sich als „sperrig". Zum einen waren die Forderungen der neuen Obersten Heeresleitung regelrecht ein Schlag ins Gesicht der bisher Verantwortlichen, waren sie doch überzeugt, sehr viel geleistet zu haben. Zum anderen machten sie durchaus gewichtige Bedenken geltend. Eine Militarisierung der Arbeiterschaft drohte nach zwei Kriegsjahren, in denen die Erschöpfung der Arbeiter und deren wachsende Protestbereitschaft unübersehbar waren, die sozialen Spannungen unnötig zu verschärfen. Nicht ohne Erfolg hatte das Kriegsministerium daher seit Kriegsbeginn einen moderaten Kurs gegenüber den Gewerkschaften verfolgt.[75] Deren Vertreter waren bei vielen Fragen – Freistellungen, Rückforderungen und Lohnstreitigkeiten – ganz im Zeichen des „Burgfriedens" miteinbezogen worden. Im Gegenzug hatten die Gewerkschaften sich bereit erklärt, die Loyalität ihrer Anhänger während des Kriegs zu gewährleisten. Auch die Ablösung des bisherigen Kriegsministers General Adolf Wild v. Hohenborn durch General Hermann v. Stein half hier nur teilweise weiter. Vor allem aber: Auch der Reichstag, der sich lange selbst ausgeschaltet hatte, redete nun mit. Hindenburg und Ludendorff erhofften sich davon ein Zeichen nationaler Geschlossenheit und noch stärkerer Anstrengungen. Dabei übersahen sie freilich, dass die Parteien keineswegs bereit waren, sich auf den

Status von Befehlsempfängern reduzieren zu lassen. Kompromisse waren daher unvermeidlich.

Am Ende sollten sich die mit dem „Hindenburg"-Programm verbundenen Hoffnung allenfalls teilweise, wenn überhaupt erfüllen. Zunächst machte der Reichstag klar, dass er die Arbeiterschaft keineswegs bedingungslos der Obersten Heeresleitung überantworten wollte, wie ein Blick in dessen wichtigste Bestimmungen zeigt:

Quelle

Verpflichtungen zum Hilfsdienst

Das Gesetz über den „vaterländischen Hilfsdienst" im Deutschen Reich vom 5. Dezember 1916:[76]

§ 1 Jeder männliche Deutsche vom vollendeten siebzehnten bis zum vollendeten sechzigsten Lebensjahr ist, soweit er nicht zum Dienste in der bewaffneten Macht einberufen ist, zum vaterländischen Hilfsdienst während des Kriegs verpflichtet.

§ 2 Als im vaterländischen Hilfsdienst tätig gelten alle Personen, die bei Behörden, [...] in der Kriegsindustrie, in der Land- und Forstwirtschaft, in der Krankenpflege, in kriegswirtschaftlichen Organisationen jeder Art oder sonstigen Berufen und Betrieben, die für Zwecke der Kriegführung oder Volksversorgung unmittelbar oder mittelbar Bedeutung haben, beschäftigt sind [...]. [...]

§ 7 Die nicht im Sinne des § 2 im Hilfsdienst Beschäftigten können jederzeit zum vaterländischen Hilfsdienst herangezogen werden. [...]

§ 9 Niemand darf einen Hilfsdienstpflichtigen in Beschäftigung nehmen, der bei einer in § 2 bezeichneten Stelle beschäftigt ist oder in den letzten zwei Wochen beschäftigt gewesen ist, sofern der Hilfsdienstpflichtige nicht eine Bescheinigung seines letzten Arbeitgebers darüber beibringt, dass er die Beschäftigung mit dessen Zustimmung aufgegeben hat.

Im Gegenzug für die umfassenden Möglichkeiten, die „Hilfdienstpflichtigen" einzuziehen und deren Mobilität einzuschränken, musste die Reichsleitung die Errichtung von Arbeiterausschüssen zugestehen, in denen letztlich die bei vielen bisher so ungeliebten Gewerkschaften ganz offiziell saßen. Das Aufbrechen alter Herrschaftsstrukturen in Politik, Gesellschaft und Wirtschaft durch den Krieg wird hier erkennbar. Diese Arbeitsausschüsse redeten mit bei der Zuweisung von Arbeitskräften, Freistellungen und Gesuchen der Arbeiter, ihren bisherigen Arbeitsplatz zu verlassen. Letzteres war ein ernstes Problem, hatten Facharbeiter doch höhere Löhne in anderen Firmen oft genutzt, einfach ihre bisherige Firma oder den Ort, in dem sie lebten, zu verlassen. Damit rissen sie erhebliche Löcher in den Produktionsablauf, setzten aber auch die Arbeitgeber in der Lohnfrage gezielt unter Druck. Auch von Einschränkungen des Vereins- und Versammlungsrechts war am Ende keine Rede mehr. Das Oberste Kriegsamt, das die Oberste Heeresleitung gefordert hatte, wurde zwar geschaffen, und mit Wilhelm Groener, dem erfolgreichen Chef der Eisenbahnabteilung hatte es einen ausgezeichneten Organisator an seiner Spitze. Die Aufgabe, der er nun gegenüberstand, war trotz umfangreicher Befugnisse auch gegenüber den bisher allmächtigen stellvertretenden Generalkommandos in allen Fragen der Kriegswirtschaft kaum zu erfüllen. Die beabsichtigte Schließung „kriegsunwichtiger“ Betriebe erwies sich angesichts erheblicher Widerstände auf regionaler und lokaler Ebene als äußerst schwierig. Kaum weniger schwierig war das Verhältnis zwischen Groener und den Industriellen. Deren Kritik entzündete sich an dessen Versuchen, die seiner Meinung nach zu hohen Kriegsgewinne zu kürzen. Zudem hielten sie ihn auch für zu arbeitnehmerfreundlich. Bereits im August 1917 musste er daher seinen Posten räumen.

Aber auch hinsichtlich der angestrebten materiellen Ziele erwies sich das „Hindenburg“-Programm im Vergleich zu den großen Zielen als Fehlschlag. Im Sommer 1917 erreichte die Pulverproduktion mit 9.200 t gerade einmal die Hälfte der anvisierten Steigerung auf 12.000 t. Auch bei anderen kriegswichtigen Gütern gab es auf längere Sicht erhebliche Steigerungen. Ihre Ziele hatte die Oberste Heeresleitung zwischenzeitlich jedoch teilweise erheblich korrigieren, manche Entscheidung, wie den Bau neuer Rüstungsbetriebe, sogar ganz zurücknehmen müssen.[77] Nicht korrigiert haben sie allerdings eine Entscheidung, die sich spätestens in der Frühjahrsoffensive 1918 als folgenreich erweisen sollte. Die alleinige Konzentration auf die Erhöhung der Feuerkraft bei gleichzeitiger völliger Vernachlässigung der Mobilität der Armee: So sehr die Zahl der Geschütze und der Munition auch gesteigert wurde, an eine Erhöhung der Zahl der Lastwagen oder die beginnende Produktion von Tanks dachte in der Obersten Heeresleitung niemand.

Der kalte Winter 1916/17, damit verknüpfte Transportschwierigkeiten auf den zugefrorenen Flüssen und Kanälen, die Überforderung der Kohleförderung, die ohnehin schon an der Leistungsgrenze arbeitete, die Unmöglichkeit, die Transportkapazitäten des gleichfalls schon lange überlasteten Eisenbahnsystems zu steigern sowie nennenswert neue Arbeitskräfte zu mobilisieren ohne die Front entscheidend zu schwächen trugen zu dessen weitgehendem Scheitern ebenso bei wie selbst geschaffene bürokratische Hindernisse und grobe politische Fehleinschätzungen. Hinzu kamen genuin betriebswirtschaftliche Probleme bei der geplanten Erweiterung der Rüstungskapazitäten: Die Errichtung neuer Betriebe auf der „grünen Wiese" war eine regelrechte „Verschleuderung" ohnehin knapper Ressourcen – Baumaterial, Eisen und Stahl sowie von Arbeitskräften und Steuergeldern – unabhängig davon, dass viele dieser Werke ihren Betrieb ohnehin erst im weiteren Verlauf des Krieges, nicht aber kurzfristig würden aufnehmen können. Der zwangsweise Einsatz belgischer Arbeiter in der Rüstungsindustrie musste schließlich angesichts massiver Proteste aus dem Ausland abgebrochen werden. Der damit einhergehende Schaden für das ohnehin schon schlechte Image bei den Neutralen war jedoch gewaltig. Von kritischer Einsicht bei den verantwortlichen Militärs kann aber keine Rede sein. Im Gegenteil: Im Herbst 1918 verhandelte Scheer, nun Chef der mit weitreichenden Befugnissen ausgestatteten Seekriegsleitung, wochenlang mit Ludendorff über ein „Scheer"-„Programm". Dieses sollte den Bau einer gewaltigen U-Bootflotte ermöglichen, die dann doch noch England in die Knie zwingen sollte. Die kaum zu übersehende Niederlage des Heeres zu Lande und die Meuterei der eigenen Matrosen machte derartig illusionären Plänen dann jedoch schnell ein Ende.

„Totaler Krieg"?

Das „Hindenburg"-Programm und das damit verknüpfte „Hilfsdienstgesetz" mit ihren Versuchen, Staat, Gesellschaft und Wirtschaft in den Dienst des Krieges zu stellen, werden manchmal als Beispiel für den Beginn des „totalen Krieges" in Deutschland gesehen. Betrachtet man diese beiden Entwicklungen des Jahres 1916 und andere Faktoren wie die Rolle der Propaganda, die schon frühe Einbeziehung von Frauen und selbst Kindern oder auch die gezielte Politik ziviler Ziele, mag dies der Fall sein. „Zerlegt" man diese Ereignisse jedoch in das, was sie tatsächlich waren, nämlich häufig genug teilweise nebeneinander vonstatten gehende Prozesse, bei denen die Verantwortlichen gar nicht wussten, in welche Richtung sie wollten oder häufig genug auch gegeneinander arbeiteten, dann erscheint manches in einem anderen Licht. Dies gilt erst recht, wenn man bedenkt, dass es selbst dem allmächtig erscheinenden „Gespann" Hindenburg–Ludendorff nicht gelungen ist, jene Diktatur zu errichten, die der Theorie nach eigentlich notwendig gewesen wäre, um den Krieg zu führen, der ihm vorschwebte. Gänzlich beiseite schieben ließ sich der Kaiser eben nicht, und auch das „Hilfsdienstgesetz" ist ein Beispiel dafür, dass es selbst der allmächtig erscheinenden Obersten Heeresleitung nicht möglich war, dem Reichstag einfach die Annahme eines Gesetzes zu befehlen. „Totalisierung" erscheint, soweit es um den Ersten Weltkrieg geht, der zutreffendere Begriff zu sein. An der furchtbaren Wirkungsmächtigkeit der „Idee" ändert dieser Befund jedoch nichts.

„Hilfsdienstgesetz" und „Hindenburg"-Programm bei gleichzeitig wachsender Not machten auch der „einfachen" Bevölkerung klar, dass dieser Krieg sich von allen vorangegangenen grundlegend unterschied. „Haben wir früher gewußt, was ein Volkskrieg ist?", fragte der in Münster erscheinende „Westfälische Merkur" im Vorfeld der parlamentarischen Beratungen des „Hilfsdienstgesetzes" im November 1916, und bot folgende Antwort an:

Quelle

„Haben wir früher gewußt, was ein Volkskrieg ist?"[78]

„Wer hat 1870 von Brotkarten, Fleischkarten, Kartoffelkarten, Fettnot und sonstigen Ernährungsschwierigkeiten geträumt? Wer konnte sich zu dem Gedanken versteigen, daß die Engländer versuchen würden, ein ganzes Millionenvolk abzusperren und auszuhungern? Und wer hatte damals eine Ahnung, daß der künftige Krieg eigentlich in den Fabriken entschieden werden, auf einen *technischen* Ringkampf hinauslaufen würde |...|? [...] Aus dem Heereskrieg wurde ein *Volkskrieg* in der Wortes [sie] vollster Bedeutung [...]: das ganze Volk mit Einschluß der Frauen und Kinder wurde in die *Entbehrungen* hineingezogen, und das ganze Volk musste an der *Arbeit* teilnehmen, die zur Herstellung des riesigen Kriegsbedarfs notwendig ist."

Wer bezahlt den Krieg?

All das, was in der Heimat mühselig hergestellt wurde, um sich dann an den Fronten innerhalb wenige Tage buchstäblich in Luft aufzulösen, musste auch bezahlt werden. An allem klebte, so Roger Chickering, ein „unsichtbares Preisschild".[79] Wirklich zu berechnen waren diese Ausgaben kaum. Die Kosten für Ausrüstungsgegenstände machten nur einen Teil der Ausgaben aus. Dazu kamen all die Gelder, die das Reich, die Bundesstaaten und die Kommunen aufbringen mussten – sei es zur Bezahlung der Soldaten, die im Krieg waren, der Beamten, Angestellten und Arbeiter, die für den Krieg arbeiteten oder deren Gehälter und Löhne weitergezahlt wurden, der Renten an die Hinterbliebenen von Gefallenen oder die Unterstützung Verwundeter, der Einrichtung und Unterhaltung von Kriegsküchen oder die Bewirtschaftung sonstiger Lebensmittel und Verbrauchsmaterialien. Kriegsbedingt wuchsen die Ausgaben des Reiches für Militär und Rüstung von 6,9 Milliarden Mark – dem letzten Vorkriegshaushalt – auf 23,9 (1915), 24,7 (1916) und 42,1 (1917), um dann 1918 auf 33,9 Milliarden Mark zurückzufallen.[80]

Um diese Kosten zu decken, wäre es eigentlich konsequent gewesen, die Steuern zu erhöhen, sollte das vorhandene Steueraufkommen nicht reichen. Doch genau darin lag das Problem. Bereits vor 1914 war die Steuerfrage ein sensibles Thema der Innenpolitik. Jeder Versuch, an der Steuerschraube zu Lasten der Besitzenden, allen voran der Großagrarier, zu drehen, war auf Reichsebene grandios gescheitert. Sich gegen diese zu stellen, hatte die Reichsleitung aus Rücksicht auf diese Säule des alten Preußen-Deutschland nicht gewagt. Hinzu kam, dass die Reichsverfassung dem Reich nur Einnahmen aus Zöllen und aus indirekten Steuern zugestand: Alle anderen Reichseinnahmen mussten über jährlich neu auszuhandelnde Matrikularbeiträge von den Ländern erbettelt werden. Diesen standen zwar die direkten Steuern zu, aber die Ausgaben, die sie aus diesen Einnahmen zu bestreiten hatten, waren auch beträchtlich. Gleiches gilt für die Kommunen. Steuererhöhungen waren daher auch bei diesen ein heikles Thema und konnten allenfalls moderat vorgenommen werden. Dies galt erst recht für die Zeit des Krieges. Jede Steuererhöhung warf nicht nur die höchst strittige Frage der Steuergerechtigkeit auf, sondern bedrohte auch die Moral der Bevölkerung. Die 1916 eingeführte Steuer zur Abschöpfung von „Kriegsgewinnen“ verbesserte die Einnahmen des Reiches kaum, zumal es viel zu viele Möglichkeiten gab, diese zu umgehen. Auch die Erhöhung der Eigentums- und Einkommensteuersätze durch Bundesstaaten und Kommunen im Verlauf des Krieges löste das Problem der stetigen Verschuldung in keiner Weise, auch wenn die Einnahmen – wenngleich inflationsbedingt – insgesamt stiegen. Zwischen 1916 und 1918 vervierfachten sich diese von 2,1 auf 8 Milliarden Mark im Folgejahr, um dann auf 7,4 Milliarden Mark zurückzugehen. Im Durchschnitt konnte das Reich damit während des Krieges ca. 17,7 Prozent der kriegsbedingten Ausgaben mithilfe von Steuereinnahmen decken. Im Vergleich zu den 22,9 Prozent, die die englische Regierung mithilfe von Steuereinnahmen decken konnte, stand das Reich gar nicht so schlecht da.[81]

Als einziger Ausweg blieb, wie schon bei der Finanzierung des Tirpitzschen Flottenbauprogramms, der Weg in die Schulden. Diesen schlug das Reich mit seinen insgesamt neun Kriegsanleihen dann auch ein. Zeichnen sollten diese Anleihen die eigenen Bürger – Männer, Frauen und sogar Kinder. Angesichts mangelnder Möglichkeiten, wie die Alliierten Geld im neutralen Ausland, vor allem in den USA, aufzunehmen, blieb ohnehin nichts anderes übrig. Mehr als 100 Milliarden Mark kamen dabei zusammen. Der Einfallsreichtum, mit dem diese Milliarden gesammelt wurden, war beträchtlich – angefangen bei den sehr suggestiv formulierten öffentlichen Aufrufen über den Einsatz von Kindern als Geldsammler bis hin zu mehr oder weniger starkem Druck auf Beschäftigte in den Verwaltungen oder Angehörigen von Vereinen.

Um den Krieg zu finanzieren bzw. die versprochenen Zinsen zahlen zu können, reichten auch diese Einnahmen dennoch nicht aus. Die Reichsbank ließ daher schon früh die Notenpresse laufen. Dadurch stiegen zwar die Preise, aber dies erschien letztlich als das kleinere Übel. Nach dem erhofften Sieg würden die Besiegten ohnehin alle Kosten übernehmen müssen und damit – wie 1871 – die Reichskasse füllen sowie Sparer und Konsumenten gleichermaßen entschädigen. Nicht zuletzt aus diesen Erwägungen schied ein Kompromissfrieden aus. Dieser hätte zwar einen Frieden, aber auch den wirtschaftlichen Bankrott und damit verknüpfte Unruhen zur Folge gehabt.

4.7 Alltag an der „Heimatfront"

Hunger und Not

Zu den wesentlichen Erfahrungen der Menschen in der Heimat, die nachhaltig deren Erinnerung und die späterer Generationen geprägt haben, gehören, neben dem Tod oder der Verwundung von Angehörigen, Hunger und Not. Diese Erfahrungen waren keineswegs eine Erscheinung des späteren Verlaufs des Krieges, sondern Hunger war ein schon früh zu findendes Phänomen selbst in ländlichen Regionen mit weitreichender Selbstversorgung. „Kein Kind ißt mehr wie eine Schnitte zum Frühstück. Mit der Vielesserei ist es vorbei", hieß es bereits im Herbst 1914 in der Schulchronik eines kleinen Dorfes am Rande der Lüneburgs.[82]

Hunger, Krankheiten und Tod

Die Hoffnung, der Krieg würde kurz sein, hatte zur Folge gehabt, dass es keine größeren Vorräte an Lebensmitteln oder anderen Rohstoffen gab. Die Verdopplung der Hektarerträge bei Roggen zwischen 1899 und 1909 schien aus der Sicht des zuständigen Reichsamts des Innern und trotz mancher Warnungen seitens des Reichsmarineamts, die Abhängigkeit von Importen aus Übersee zu unterschätzen, vollkommen ausreichend, um die Versorgung der Bevölkerung im Falle eines Krieges zu gewährleisten. Sieht man vom gleichzeitigen Gerangel zwischen Reich, Bundesstaaten und Kommunen um Fragen der Zuständigkeit für die Versorgung der Bevölkerung einmal ab, so erschien die Anlage von Versorgungsmagazinen wie einst in den friderizianischen Kriegen zudem schlichtweg zu teuer.

In einem Land, das bereits vor 1914 ca. 20 bis 25 Prozent aller Lebens- und Futtermittel hatte einführen müssen, sollte sich diese Entscheidung bald als fatal herausstellen, auch wenn offizielle Stellen nach Kriegsbeginn an ihrer Auffassung festhielten, dass die Ernährung der Bevölkerung gewährleistet sei. Die Deutschen, so eine aus der Rückschau nur als zynisch zu bezeichnende Empfehlung einer von der Reichsleitung nach Kriegsbeginn eingesetzten Kommission, müssten einfach nur ihre Essgewohnheiten ändern. Bevölkerungszuwachs und Urbanisierung hatten in der Tat geänderte Nahrungsgewohnheiten zur Folge gehabt: Tendenziell weniger Gemüse und mehr Fleisch. Dennoch: Als der Krieg schließlich zuende ging, waren – auch wenn diese Zahlen teilweise strittig sind – ca. 800.000 Männer, Frauen und Kinder in der Heimat an den Folgen des Krieges gestorben.[83] Darunter befanden sich zwar ca. 180.000 Menschen, die im Laufe des Jahres 1918 Opfer der weltweiten Grippeepidemie geworden waren. Bei weiteren ca. 60.000 Menschen waren im gleichen Jahr Lungenentzündungen tödlich verlaufen. Bei den übrigen zivilen Toten hatte chronische Unterernährung jedoch eine maßgebliche Rolle gespielt. Am stärksten betroffen waren Kinder und Jugendliche im Alter von 5 bis 15, Heranwachsende zwischen 15 und 25 Jahren sowie ältere Menschen über 60 Jahren. Seit 1916 waren die Symptome weitverbreiteten Hungerns unübersehbar: Gewichtsverluste von 20 bis 25 Prozent waren normal. Viele Menschen hatten, wie ein Berliner Mediziner im Frühjahr 1916 konstatierte, ein „mongolisches Aussehen": „Die Backenknochen treten hervor, und die entfettete Haut legt sich in Falten."[84] Die starken Gewichtsverluste, die angesichts der Differenz zwischen den durchschnittlich verfügbaren ca. 1300 kcal anstelle von 2400 bis 4000 kcal, die Ernährungswissenschaftler heute für einen Erwachsenen veranschlagen, zu verzeichnen waren, wiederum führten zu Leistungseinschränkungen, nachlassender Konzentrationsfähigkeit, abnehmendem Erinnerungsvermögen. Immer größere Teile der Bevölkerung klagten über Mattigkeit und rasche Ermüdung. Fehlendes Heizmaterial, vor allem im Winter 1916/17, und der immer größere Mangel an ausreichender Kleidung, Schuhen und Reinigungsmitteln verschlechterten die hygienischen Verhältnisse und erhöhten die Infektionsgefahr. Hungerödeme, Wachstumsrückstände bei Kindern, die 1915 von Galizien auf das Reich übergreifende Ödemkrankheit, ein deutlicher Anstieg von Tuberkulose sowie von Infektionskrankheiten aller Art waren weit verbreitet. Insbesondere in den Ballungszentren litten die Menschen unter dem Mangel an den Vitaminen A und D infolge der Bewirtschaftung aller tierischen Produkte. Nachtblindheit und Augenkrankheiten infolge des Mangels an Vitamin A, Veränderungen im Knochenbau infolge von Vitamin-D-Mangel nahmen in teilweise dramatischer Form zu. Auch wenn sich die Ernährungssituation, nicht zuletzt aufgrund einer guten Kartoffelernte im Sommer 1917, allmählich etwas besserte, waren die Körper geschwächt und daher anfällig für Krankheiten aller Art. In der Summe trugen diese Faktoren schließlich zu einer signifikant höheren Mortalitätsrate bei. Insgesamt stieg diese zwischen 1913 und 1918 reichsweit um 60 Prozent, in Städten über 15.000 Einwohnern sogar um 90 Prozent.

Tab. 5: Sterblichkeit an Tuberkulose in Preußen in absoluten Zahlen[85]

1913	36.631
1914	37.037
1915	37.838
1916	40.696
1917	54.530
1918	60.571

Wie dramatisch die Situation schließlich war, belegt eine vom Kriegsernährungsamt im Herbst 1917 erstellte Statistik über die Differenz zwischen dem täglichen Bedarf und den tatsächlich verfügbaren Kalorien.

Tab. 6: Deckung des Nahrungsmittelbedarfs durch Normalration und Zulage[86]

Tätigkeit nach der körperlichen Anstrengung	Festgesetzter Bedarf in kcal	Erteilte Ration in kcal	es fehlen	
			in kcal	in %
Normalverbraucher	2432	1296	1136	46,71
Schwerarbeiter	2945	1943	1002	34,02
Rüstungsarbeiter	3072	2000	1072	34,90
Schwerstarbeiter	3199	2248	951	29,73
Bergarbeiter	3500	2521	979	27,97

Hungerblockade

Bereits Zeitgenossen haben die englische „Hungerblockade" pauschal für diese Toten verantwortlich gemacht.[87] Bei näherer Betrachtung war die Sperrung der Seewege nach Deutschland in der nördlichen Nordsee, die das Reich seit 1915 in wachsendem Maße vom Welthandel abschnitt, nur eine der vielen Ursachen für den wachsenden Hunger der Bevölkerung. Zunächst gilt es ganz allgemein festzuhalten, dass weniger die Blockade an sich, als vielmehr die Tatsache, dass das Deutsche Reich seit August 1914 mit seinen wichtigsten Handelspartnern Krieg führte, für diese dramatische Lage verantwortlich war. Der Trend, in einer globaler und arbeitsteiliger werdenden Welt Nahrungsmittel und Rohstoffe zu importieren, dafür andere Güter verstärkt zu exportieren, rächte sich nun: Von den 2,5 Millionen Tonnen Weizen, die das Reich 1913 importiert hatte, stammten 0,5 Millionen Tonnen aus Russland und 0,3 Millionen Tonnen aus Kanada, Länder, gegen die das Reich direkt Krieg führte. Der Rest kam aus neutralen Ländern wie Argentinien und den USA. Noch dramatischer war die Lage bei Tierfutter. Von den importierten sechs Millionen Tonnen kam die Hälfte aus Russland. Am größten war die Abhängigkeit aus Übersee allerdings bei pflanzlichen Fetten und Ölen. Um mehr Land für den Anbau von Zuckerrüben übrig zu haben, importierte das Reich 1912 ca. 97 Prozent des eigenen Bedarfs aus tropischen Gebieten, die zumeist englische oder französische Kolonien waren. Gleiches gilt für Salpeter, Grundstoff für die Produktion von Düngemitteln und Sprengstoff. Die Importe aus Chile versiegten bereits in den ersten Kriegstagen und mussten durch aufwändige neue chemische Verfahren ersetzt werden.

Doch selbst wenn es dem Reich gelungen wäre, für alle importierten Güter andere Lieferanten zu finden, so hätte es an Transportkapazitäten gemangelt. Die deutsche Handelsflotte, die 1914 ca. 1.500 Schiffe umfasste, war mit einem Schlag von den Weltmeeren verschwunden: 245 Schiffe waren in die Hände der Alliierten gefallen, und 1.059 saßen in neutralen Häfen fest. Die übrigen 221 waren in der Ostsee eingeschlossen. Neutrale Schiffe waren nur in begrenztem Maße ein Ersatz, zumal die Verschärfung der Konterbanderegeln und die immer dichtere Überwachung der Nordseeeingänge durch die Royal Navy indirekte Lieferungen an Deutschland stetig erschwerte. Mit dem Verlust an Transportkapazitäten einher ging schließlich die Tatsache, dass das Reich zunehmend seine Kreditwürdigkeit verlor. Der Ausfall der wichtigsten Handelspartner vor dem Krieg – Großbritannien, Frankreich und Russland – die zusammen immerhin die Hälfte der deutschen Exporte im Gesamtwert von 5,7 Milliarden Mark geflossen waren, war aufgrund der Blockade nicht wettzumachen. Die Blockade ließ auch die übrigen versiegen. Zwischen 1913 und 1918 schrumpften die Exporte daher von ca. 10,1 Milliarden [1913] über 3,1 Milliarden [1915] und 3,5 Milliarden 1917 auf schließlich 4,7 Milliarden Mark. Nimmt man für den gleichen Zeitraum die Importe in den Blick – 1913: 10,8 Milliarden, 1915: 7,1 Milliarden, 1917: 7,1 Milliarden und 1918: 7,1 Milliarden Mark –, dann wird die Größe des Handels– und Zahlungsbilanzdefizits deutlich. In Markpreisen belief sich dieses auf 15,3 Milliarden, in Goldmark gerechnet auf 11,1 Milliarden Mark. Die Kreditwürdigkeit des Reiches auf internationalen Märkten nahm angesichts dieser Inflation stetig ab. Kriegsbedingt steigende Preise im Ausland sowie wachsender Druck der Alliierten auf neutrale Staaten taten ein Übriges, die ohnehin große Not weiter zu verschärfen. So scheiterte der Versuch des Preußischen Landwirtschaftsministerium, im Sommer 1916 Rinder in Dänemark zu kaufen, an zu hohen Preisen.[88] Hatte das Reich 1914 noch fast 68.000 Schweine aus neutralen Nachbarstaaten, Bulgarien, Italien und Rumänien importieren können, so sanken diese Importe in den Folgejahren dramatisch: 1915 waren es noch 2.068, 1916: 738, 1917: 927 und 1918 ganze 97 Schweine, die eingeführt wurden.[89]

Rückgang landwirtschaftlicher Erträge

Neben der alliierten Blockade gab es jedoch eine Reihe regelrecht „hausgemachter“ Faktoren, die für Hunger und Not verantwortlich waren. Dazu gehörte zunächst das stetige Schrumpfen der landwirtschaftlichen Anbauflächen. Allein in Westfalen schrumpften die Flächen für den Anbau von Getreide, Kartoffeln und Zuckerrüben um durchschnittlich ein Drittel.[90] Weitaus folgenreicher als dieser Rückgang der Anbauflächen war der prozentual noch größere Rückgang beim Ertrag. Bei Kartoffeln schrumpfte dieser in Westfalen von 1,5 auf 0,9 Millionen, bei Roggen von 0,45 auf 0,31 Millionen, bei dem für die Fütterung von Pferden wichtigen Hafer von 0,37 auf 0,16 Millionen, bei Weizen von 0,14 auf 0,09 und bei Gerste von 0,02 auf 0,01 Millionen Doppelzentner. Verantwortlich dafür waren einerseits der Mangel an Arbeitskräften, die ins Feld rücken mussten, an Zugpferden, die gleichermaßen für die Front requiriert worden waren, und an Maschinen. Andererseits fehlten aufgrund der Blockade Düngemittel, um, wie vor dem Kriege, höhere Erträge pro Hektar zu erzielen. Ausbleibender Regen im Frühjahr 1915, die Kartoffelfäule des Sommers 1916 und der kalte, lang anhaltende Winter 1916/17 verschärften diesen Rückgang weiter. Der vermehrte Einsatz von Kindern in der Landwirtschaft änderte daran wenig, und Kriegsgefangene, bei denen die Landwirtschaft mit der Industrie konkurrierte, waren ebenfalls nur ein kleiner Ersatz für die große Masse an fehlenden Arbeitskräften.[91]

Lebensmittelbewirtschaftung

Bürokratische Maßnahmen, die sich jedoch schnell teilweise als ineffizient, teilweise als kontraproduktiv erwiesen, verschärften diese Situation weiter. Die Einführung der „Brotkarte“ im Februar 1915, der im November 1915 die „Milchkarte“, 1916 schließlich die „Fleisch-“ und die „Kartoffelkarte“ folgten, war der Versuch, die vorhandenen Lebensmittel gerecht zu verteilen und damit die Grundversorgung der Bevölkerung zu gewährleisten. Den wirklichen Bedarf konnten diese Karten jedoch (siehe Tabelle 6) kaum abdecken. Die Verteilung von „Kriegskochbüchern“, die Rezepte für angeblich schmack- und nahrhafte „Ersatzmahlzeiten“ enthielten, half wenig, um die Not zu lindern. Mit Birkenrinden- oder Sägemehl vermischtes Brot, aus getrockneten Kirschkernstielen hergestellter Tee-Ersatz, Brennnesselsuppe oder die vielfältigsten Formen von „Ersatzwurst“ waren eben nur Ersatz, aber keine vollwertigen Nahrungsmittel. Auch die Versuche, die kommunale Selbstversorgung durch die Anlage von Kleingärten oder die Aufforderung, Kleintiere, allen voran Kaninchen, zu halten, zu verbessern, hatte nur geringen Einfluss auf die allgemeine Ernährungslage. Im Ruhrgebiet gelang es den Kommunen dadurch zwar beispielsweise, die Versorgung von Müttern und Kleinkindern mit Milch oder der stetig größer werdenden Zahl an Kriegsküchen mit Fleisch aus eigenen Beständen halbwegs zu gewährleisten; der Mangel an Futtermitteln sowie die stetig steigenden Preise stellten deren Rentabilität schnell infrage. Die private Kleintierhaltung, so wünschenswert diese war, hatte zudem zur Folge, dass angesichts fehlender bzw. zu teurer Futtermittel die Zahl der Felddiebstähle in der Umgebung der Städte bedenklich anstieg. Wichtiges Saatgut wie Saatkartoffeln ging dabei unwiederbringlich verloren. Polizeikontrollen und „Ehrenwachen“ änderten daran wenig.

Schwarzmarkt

Der Versuch, mit Höchstpreisverordnungen, die beginnende Inflation zu dämpfen, sowie mit Lebensmittelkarten und sonstigen Maßnahmen die Versorgung der Bevölkerung zu gewährleisten, förderte zugleich den Schwarzmarkt, Schleich- und Tauschhandel. Die Alternative, dem Markt „freien Lauf zu lassen", hätte die sozialen Gegensätze allerdings eher weiter verschärft. Die Produktion wäre dadurch zwar vermutlich gestiegen, ein Großteil der Bevölkerung hätte dann jedoch gar nichts mehr zu essen gehabt.[92] Wer Geld besaß oder sonst etwas zum Tauschen hatte, „besorgte" sich seine Lebensmittel daher ungeachtet aller behördlichen Regelungen auf dem Schwarzmarkt in den Städten oder auf „Hamsterfahrten" in die ländliche Umgebung, die während des Krieges immer stärker zunahmen. Versuche, diese „Hamsterfahrten", die aus staatlicher Perspektive nichts anderes als illegale „Raubzüge"[93] waren, mithilfe von wohlmeinenden Appellen – „Das Hamstern muß im Interesse des Vaterlandes aufhören"[94] –sowie Polizeikontrollen an Ausfallstraßen und auf Bahnhöfen und der Androhung von Strafen einzuschränken, erwiesen sich angesichts wachsender Not als wenig erfolgreich. Hinzu kam: Auch vielen kleinen Beamten und Angestellten blieb schließlich nichts anders übrig, als sich daran zu beteiligen. Die Not korrumpierte zunehmend auch ihr Verständnis von Pflicht und Gehorsam. Auch Industriebetriebe, sonst ebenfalls auf die Einhaltung von Recht und Ordnung, bedacht, unterstützen den Schleichhandel, allein, um dadurch Unruhen unter den Arbeitern zu verhindern.

„Steckrübenwinter" 1917

Der Mangel an anderen Grundversorgungsmittel wie Seife, Schuhen und Textilien, die es ebenfalls bald nur auf „Karte" gab, drückte ebenfalls zunehmend auf die allgemeine Stimmung. Am schlimmsten war freilich der Mangel an Heiz- und Brennstoffen wie Kohle. Holz und – wo möglich – Torf konnten diesen Mangel nur teilweise beheben. Höhere Preise machten deren Beschaffung zudem immer schwieriger. Kaum etwas ist im kollektiven Gedächtnis vieler Deutscher so haften geblieben wie der Winter 1916/17. Dessen Kennzeichen waren nicht allein die „Steckrüben", die als einziges, allerdings wenig nahrhaftes Lebensmittel noch halbwegs ausreichend zur Verfügung standen, sondern auch die bittere Kälte. „Heute am 5. (Februar) und gestern am 4. Februar war es ganz außerordentlich kalt. Morgens um 7 Uhr hatten wir 20 Grad Kälte, um 9 Uhr noch 16. Obwohl im Schulzimmer 2 Stunden vorher geheizt wurde, betrug die Temperatur um 8 Uhr 0 Grad; um 9 Uhr 5 Grad Wärme, weshalb der Unterricht ausgesetzt werden musste, weil ein längeres Stillsitzen bei diesem

Ein fleischloser Tag in Berlin.

„Nur wer die Sehnsucht kennt, weiß, was ich leide.“

Abb. 27 Selbst unter den Bedingungen der Zensur kam es – wie hier in der sozialdemokratischen Satirezeitschrift „Der wahre Jacob“ zu offener Kritik an der Verschärfung der sozialen Gegensätze durch das hilflos wirkende Agieren der Reichsleitung bei der Versorgung der Bevölkerung: „Nur wer die Sehnsucht kennt, weiß, was ich leide.“

Thermometerstand ausgeschlossen ist,“[95] lautete der Eintrag in einer Schulchronik.

Doch nicht nur die Preise stiegen (siehe Tabelle Nr. 7), sondern auch die sozialen Gegensätze nahmen zu: Innerhalb der Städte zwischen den Wohlhabenden und den Armen, zu denen bald auch die Mittelschicht gehörte, sowie zwischen Stadt– und Landbevölkerung. Ungeachtet wachsender Not und der Schrecken des Krieges gab es weiterhin genügend Leute, die sich „Eiskaffee“ und „Torten mit Schlagsahne“ oder gar einen Urlaub in den Bergen bzw. an der See leisten konnten, regelmäßig ins Café an der Ecke, ins Konzert oder ins Kino gingen, während immer mehr Frauen und Kinder ihre Zeit in den langen Schlangen vor den Lebensmittelgeschäften verbrachten oder darauf angewiesen waren, sich selbst und ihre Kinder in den öffentlichen Kriegsküchen mehr schlecht als recht durchzubringen – von Vergnügungen aller Art gar nicht zu reden. Nirgendwo wurde die „Klassengesellschaft“ so deutlich wie in den Städten. Auch unter Druck von außen ließ sich eine von politischen, sozialen und konfessionellen Spannungen geprägte Gesellschaft nicht gleichsam über Nacht zur vielbeschworenen Gemeinschaft zusammenschmelzen. Dies galt erst recht, wenn die bisher Benachteiligten nur nehmen, die bisher Privilegierten aber nichts „geben“ wollten.[96] Besonders groß war freilich die Verbitterung über das Verhalten der Bauern. „Die Bauern sind fast durchgehend große Egoisten und für das Allgemeinwohl ist kein Verständnis [bei] ihnen da,“ notierte ein Dorfschullehrer am Rande Lüneburgs im August 1916, nachdem er zuvor empört für die Nachwelt festgestellt hatte: „Es gibt nur noch 4 Eier für 1 M; ja, es ist sogar vorgekommen, dass den Aufkäufern nur 3 Eier für 1 M angeboten worden sind mit dem Hinweis, dass man in Lüneburg schon für ein Ei 50 Pf gegeben habe. Und tatsächlich behält die Frau die Eier; sie gibt nicht 4 Eier ab für eine Mark. Müsste da nicht eingegriffen werden!! Das sind aber die Leute, die des Sonntags zur Kirche laufen; in der Woche aber schneiden sie den Leuten den Hals ab!"[97] So berechtigt diese Kritik insgesamt war, so wenig sollte allerdings die Lage der Bauern übersehen werden. Mit einer Flut von Verordnungen griffen die staatlichen Behörden immer tiefer in ihre Betriebe gleich welcher Größe ein. Die angeordnete Massenschlachtung von fünf Millionen der insgesamt 25 Millionen Schweine im Frühjahr 1915 – bereits zeitgenössisch als „Schweinemord" bespöttelt – ist nur ein Beispiel für diese Eingriffe in die betriebliche Autonomie der Bauern. Hintergrund war die – freilich falsche – Annahme, dass für die vorhandenen Schweine nicht genügend Futtermittel zur Verfügung stünden. Zweifellos hatten die Bauern vielfach bei der Meldung ihrer Vorräte falsche Angaben gemacht, da mit dem Verkauf von Fleisch höhere Gewinne zu erzielen waren, als bei anderen Lebensmitteln. Am Ende verstärkte diese Maßnahme wie viele andere jedoch nur das ohnehin sich stetig vergrößernde Misstrauen in die staatlichen Behörden. Dies galt umso mehr als der Versuch, durch diese Massenschlachtung größere Fleischvorräte anzulegen scheiterte, da es keine brauchbaren Konservendosen gab und das Fleisch dementsprechend verfaulte. Auch die immer höheren Preise für Futter, das zunehmend mit Ersatzstoffen durchmischt wurde, vielfältige Kontrollen und Ablieferungspflichten sind hier zu nennen. Wie schwierig, bei allem Eigennutz die Lage der Landwirtschaft war, zeigen die dramatisch geringeren Zahlen an vorhandenem Vieh und das gleichzeitig stetig abnehmende Schlachtgewicht vieler Nutztiere im Vergleich zur Vorkriegszeit. Bei Kriegsende war im Vergleich zu Anfang 1915 die Zahl der Schweine von 23,5 auf zehn Millionen gesunken bei gleichzeitiger Halbierung des Schlachtgewichts; die Zahl der Kühe hatte sich zwar „nur" von 20 auf 17 Millionen verringert, das Schlachtgewicht jedoch ebenfalls von 250 kg auf 130 kg fast halbiert. Im Frühjahr 1918 ließen die Behörden eine ganze Generation Jungvieh abschlachten. Gleichzeitig setzten sie bei Kühen das Schlachtgewicht von neun auf vier Zentner herab. Die Folge war eine weitere Steigerung der Milchnot mit entsprechenden Folgen für Kleinkinder, aber auch Erwachsene. Seit Oktober 1918 erhielten diese in den Großstädten daher gar keine Milch mehr.[98] Die Bevölkerung lebte aus der Substanz, und diese wurde immer geringer.

Tab. 7: Schleichhandelspreise in Bonn 1914–1918[99]

	Menge	Städt. Kleinhandel 1914 in M	Städt. Kleinhandel Winter 1917/18 in M	Schleichhandel Winter 1917/18 in M	
Rindfleisch	1 Pfd.	1,00	2,80	4,76	Rationiert
Speck	1 Pfd.	0,70	2,75	15,50	
Aal	1 Pfd.	2,50	14,50	–	
Vollmilch	1 Ltr.	0,18	0,50	–	
Butter	1 Pfd.	1,30	3,40	14,00	
Roggenmehl	1 Pfd.	0,15	1,85	4,00	

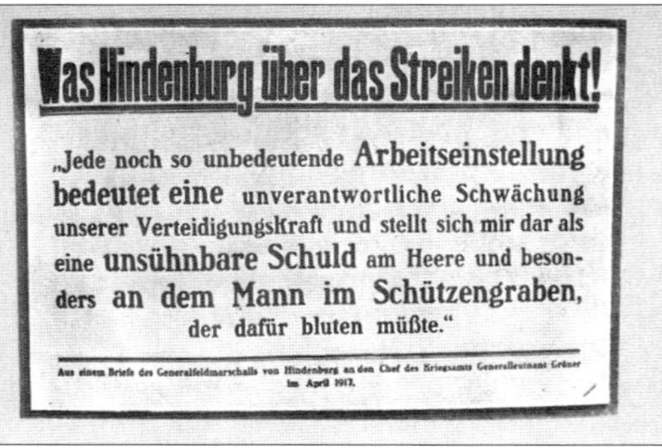

Abb. 28 und 29 Aufrufe zu letzten Anstrengungen und Warnungen vor wachsenden Protesten kennzeichnen im letzten Kriegsjahr den Alltag. Plakat „Durch Arbeit zum Sieg!" von Alexander M. Cay und Plakat des Kriegsamtes zum Streik der Rüstungsarbeiter in Berlin und Leipzig 1917.

Delegitimierung des Staates und wachsende Proteste

Doch nicht nur die sozialen Gegensätze wuchsen. Auch der Verlust an Vertrauen gegenüber der Regierung, die dafür zunehmend verantwortlich gemacht und deren Legitimität damit zugleich immer mehr infrage gestellt wurde, war unübersehbar. Symptomatisch für die Stimmung im Reich ist der Tagebucheintrag einer

Bonner Steinmetzfrau aus dem April 1917: „Seit Weihnachten haben wir bis Ende April 4 Eier erhalten, keine Milch, kein Fett. Es herrscht überall Hungersnot. Wie mag das enden? Man spricht davon, dass es diesen Sommer zuende geht. Wie glücklich wären wir!"[100] Und ein Jahr später, Anfang Oktober 1918, notierte sie: „Nach langer Zeit voll vielem Leid endlich ein Hoffnungsstrahl, das Ministerium ist gestürzt. Wir erhalten eine demokratische Regierung."[101]

Diese Spannungen und die wachsende Wut auf die Regierung führten seit dem Frühjahr 1915 zu Demonstrationen und regelrechten Hungerkrawallen. Vor Brotläden, vor denen die Menschen in „Hungerpolonaisen" immer länger anstehen mussten, kam es zunehmend zu regelrechten Straßenschlachten mit der Polizei. An manchen Orten waren in den letzten Kriegsmonaten sogar Schießereien nicht ungewöhnlich, ohne dass die Behörden wussten, wie sie diese unterbinden konnten.[102]

Zunehmende Zahl von Streiks

Aber auch die Zahl der Streiks nahm mit dem weiteren Verlauf des Krieges zu. Anfänglich hatten die Gewerkschaften ganz im Zeichen des „Burgfriedens" auf Streiks verzichtet. Je schwieriger die materielle Lage einerseits, je offensichtlicher angesichts der seit 1915/16 öffentlich ausgetragenen Kriegszieldiskussion andererseits wurde, dass der Krieg vielleicht doch kein Verteidigungs-, sondern ein Expansionskrieg war, den Regierung, Großindustrielle und konservative Agrarier zur Durchsetzung ihrer Interessen unnötig in die Länge zogen, umso mehr wuchs die Bereitschaft zu streiken. Unmittelbare soziale und übergreifende politische Ziele vermischten sich dabei bald zu einer komplexen Gemengelage. Die Rufe nach besserer Versorgung, politischer Gleichberechtigung und baldigem Frieden waren schließlich untrennbar miteinander verknüpft. Hatte es 1915 gerade einmal 137 Streiks gegeben, an denen sich 11.639 Arbeiter beteiligten, so schnellten diese Zahlen bereits im Jahr daraufhin die Höhe. An nunmehr 240 Streiks beteiligten sich 124.188 Arbeiter. Dieser Trend verschärfte sich, nun bereits unter dem Einfluss der Entwicklung in Russland. Im Frühjahr 1917 hatten dort Unruhen, deren Auslöser katastrophale Versorgungsmängel, allgemeine Unzufriedenheit, vor allem aber wachsende Kriegsmüdigkeit gewesen waren, in geradezu atemberaubender Schnelle die Monarchie hinweggefegt. Die Zahl der Streikenden belief sich nun auf 650.658, die Zahl der Streiks auf 561. Höhepunkt dieser Entwicklung war allerdings das Frühjahr 1918, als die Streikwelle, ausgehend von Österreich, immer weitere Teile erfasste. 1.304.236 Arbeiter traten nun reichsweit in den Streiks. Nur durch eine Mischung aus drakonischen Maßnahmen und Zusammenarbeit mit der Führung der MSPD sowie der Freien Gewerkschaften gelang es, die großen Munitionsarbeiterstreiks im Januar 1918 zu beenden, die Berlin und andere große Industriezentren erfasst hatten. Im Vergleich zu der weitaus größeren Zahl der Streiks wie auch der Streikenden, die sich im Laufe des Krieges in England, weniger in den militarisierten Betrieben in Frankreich, an Arbeiterprotesten beteiligten, waren diese Zahlen relativ moderat. Gleichwohl waren sie ein deutliches Anzeichen für das Zerbrechen des „Burgfriedens", das wachsende Protestpotential sowie den Autoritätsschwund der staatlichen Behörden. „Den Behörden glaubt heute bei uns fast kein Mensch mehr etwas, am wenigstens, wenn sie amtlich aufmunternd sprechen,"[103] konstatierte der Leiter der Nachrichtenabteilung im Auswärtigen Amt, Erhard Deutelmoser, ernüchtert, aber zutreffend im August 1918.

Tab. 8: Der Verbrauch von Nahrungsmitteln in Friedenszeiten (= 100) und Kriegsrationen im Deutschen Reich[104]

	1913	Juli 1916–Juni 1917	Juli 1917–Juni 1918	Juli 1918–Dez. 1918
Fleisch	100	31	20	12
Fisch	100	51	0	5
Schmalz	100	14	11	7
Butter	100	22	21	28
Margarine	100	39	41	17
Kartoffeln	100	71	94	94
Zucker	100	49	60	80
Mehl	100	53	47	48

Persönliches Leid und Tod

Einschneidender für das Leben der Zeitgenossen als Kälte, Hunger und Not sowie die Belastungen durch die Arbeit in den Rüstungsfabriken, Baustellen oder in der Landwirtschaft waren jedoch der Tod oder die Verwundung eines Familienangehörigen, Freundes oder Nachbarn. Im Gegensatz zu allen anderen Kriegen, die die Zeitgenossen teilweise noch selbst erlebt hatten oder von denen sie aus Erzählungen wussten, waren Tod und Verwundung schon früh ein Massenphänomen. Viele Familien hatten bald nicht nur den Tod oder die Verwundung eines, sondern mehrerer

Angehöriger zu beklagen. In Städten mit ihrer größeren Anonymität war dieses Massensterben an den Fronten nicht ganz so sichtbar wie in kleinen Dörfern; gleichwohl, wenn von der gesamten männlichen Bevölkerung 6,3 Prozent bzw. von den mobilisierten Männern 15,4 Prozent nicht wieder kamen, dann waren dies gewaltige, deutlich sichtbare Verluste für jeden Ort im Reich.

Anfänglich war der Tod eines Soldaten ein öffentliches Ereignis. Auf dem Feld der Ehre für Gott, König und Vaterland zu fallen, verdiente erwähnt und damit zugleich gewürdigt zu werden. Auf Maueranschlägen oder in eigens gestalteten Zeitungsrubriken waren daher täglich die Namen jener zu lesen, die ihr Leben auf dem Schlachtfeld verloren hatten. Je länger diese Listen jedoch im Verlauf des Krieges wurden, umso weniger erschien diese Art der Heldenverehrung den Verantwortlichen zweckmäßig. Hunderte, bei großen Schlachten Tausende neuer Namen, die die Listen füllten, konnten auch den Wunsch verstärken, dem Massentod schnellstmöglich ein Ende zu machen. Auch wenn es weiterhin öffentlich ausgelegte Verlustlisten gab, ersetzten vielerorts private Todesanzeigen häufig die staatliche Bekanntgabe. In kleineren Städten und Dörfern ohne Zeitung gaben die örtlichen Kriegervereine den Tod eines Einwohners zumeist dadurch bekannt, dass sie die Reichskriegsflagge, zumeist auf eigens angelegten „Kriegerehrenhainen“, auf halbmast setzten. In einigen Orten bildeten sich auch bereits Komitees, die Denkmäler für die Gefallenen planten.

Trauerfeiern für gefallene Soldaten waren im Reich selten. Allenfalls jene, die, verwundet, in heimatlichen Lazaretten starben, konnten von ihren Angehörigen beigesetzt werden. Die große Masse hingegen wurde in provisorischen Massen-, manchmal auch Einzelgräbern hinter der Front beigesetzt, wenn sie nicht aufgrund der Lage an der Front vorerst halb- oder ganz zerfetzt irgendwo in den Gräben und Trichtern einfach liegen geblieben waren, um viele Jahre und Jahrzehnte später erst eine endgültige Ruhestätte zu finden.

In der Regel erhielten die Angehörigen nach dem Tod eines Soldaten einen Brief eines zumeist jüngeren Offiziers. Persönlich gehalten, dennoch aber standardisiert, berichtete dieser darin, möglichst alle grausamen Details vermeidend, von dessen „Heldentod“. Ein gleichfalls standardisierter Kunstdruck mit Unterschrift des Kaisers, der den Namen des Gefallenen enthielt, versuchte, dem Tod noch einmal einen letzten Sinn zu geben. Ikonen gleich, füllten diese Bilder als letzte und einzige Erinnerung an einen toten Ehemann, Bruder oder Vater in fremder Erde schließlich die Wohnstuben der Bevölkerung.

Abb. 30 Nach dem ältesten Sohn Heinrich (1894-1917) fiel im Frühjahr 1917 auch Friedrich Eberts zweitältester Sohn Georg (1896-1917).

Wie sehr der Tod oder auch die Verwundung eines Soldaten trotz aller Versuche der Sinngebung dessen Angehörigen traf, zeigen die überlieferten Zeugnisse, auch wenn die Reaktionen unterschiedlich waren. Der Chef des Militärkabinetts, Generalmajor Moriz v. Lyncker, war nach dem Tod seines zweiten Sohnes ein gebrochener Mann; auch Ludendorff konnte im Frühjahr 1918 nach dem Tod seines zweiten Stiefsohnes seine Trauer nur schwer verbergen, gleiches gilt für die Künstlerin Käthe Kollwitz, deren einziger Sohn als Kriegsfreiwilliger in Flandern fiel, oder für den Vorsitzenden der MSPD, Friedrich Ebert, der innerhalb von sechs Monaten zwei seiner Söhne verlor. Wie die Nachricht vom Tode des Älteren, Heinrich, im Februar 1917 aufgenommen wurde, hielt Eberts einzige Tochter, die siebzehnjährige Amalie Ebert, in ihrem Tagebuch fest:

Quelle

Mutter weinte bitterlich

Tagebucheintragungen von Amalie Ebert [17 Jahre], Tochter des SPD–Vorsitzenden Friedrich Ebert, 1917:[105]

3. Januar 1917
[...] Weihnachten war niemand von unseren Feldgrauen [Heinrich Ebert, 19, und Georg Ebert, 20 Jahre alt] auf Urlaub. Unsere lieben Eltern haben doch ein Bäumchen gekauft, und es war ganz schön an den Festtagen. Neujahr waren wir auch allein. [...] Um 12 Uhr, als wir draußen Geschrei und Gejohle hörten, unterbrachen wir das [Karten]spiel. Meine Mutter weinte bitterlich, und Vater versuchte sie zu trösten. [...]

12. Februar 1917
Nach langer, langer Zeit habe ich in der Schule geweint. An drei Tagen hintereinander. Heinrich ist am 26. [Januar] schwer verwundet worden. Ein Granatsplitter drang in den Rücken und verletzte die Lunge. Nun liegt er so mutterseelenallein in der weiten Ferne, vielleicht bei unsäglichen Schmerzen. Das hat mich so furchtbar bedrückt, dass ich förmlich krank wurde. [...]
15. Februar 1917
Heute morgen erhielten wir ein Telegramm. Ich beachtete es gar nicht und legte es fort. Da stand meine Mutter auf. Plötzlich hörte ich einen Schrei; sie hat das Telegramm geöffnet. Unser guter Heinrich ist gestorben. Ich kann es nicht glauben, ich kann nicht weinen, denn ich begreife das Wort gestorben nicht. Da sehe ich ihn vor mir, wie er so gutmütig lächelt, ich sehe ihn, wie er zum letzten Male mit uns ging und so herzlich froh war. Wenn ich nun denke, er liegt mit gefalteten Händen unter Blumen in seinem Bett, so kann ich mir sein liebes Gesicht nicht vorstellen. Im Geiste sehe ich, wie man den Sarg hinabsenkt in die kahle Erde, aber daß er, der liebste meiner Brüder, darin liegen soll, dieser Gedanke ist zu gewaltig. Ich kann ihn nicht bezwingen. Es rinnen mir die Tränen, aber mein Herz hat sich diesem Geschick noch nicht erschlossen. Noch steht es fern von mir. Warum soll er gestorben sein. Er, der keinem Menschen etwas zu Leide getan hat; der so sprühte vor jugendlicher Lebenskraft. Wer weiß, was er sich vorgenommen hatte. [...] Schon lange Wochen freuten wir uns auf die Wiederkehr. Es sollte so schön werden. Wir wollten ihn pflegen und mit Liebe umgeben. Und er selbst schrieb: Liebe Mutter! Es wird schon wieder werden, nur Kopf hoch!

Den vielen Namenlosen, von denen keine Zeugnisse überliefert sind, wird es kaum anders gegangen sein.

Doch nicht nur der Tod erschütterte die Menschen – auch der Anblick der vielen Verwundeten auf den Straßen, zu denen häufig genug die eigenen Angehörigen zählten. Sie machten die Grausamkeit des Krieges öffentlich. Auch Karl Hampe, ein national denkender, vom Sinn des Krieges vollkommen überzeugter Heidelberger Hochschullehrer, war immer wieder zutiefst schockiert von den vielen schwer Verwundeten, die, da nicht mehr kriegsverwendungsfähig, seine Vorlesungen und Seminare besuchten. „Morgens Doktor-Examen des Kriegsbeschädigten Hoeltge, und Abends versäumte ich unsern politischen Abend, wo über die russischen Verhandlungen weiter debattiert werden sollte (schwerlich mit viel Ergebnis), um eine kleine Doktorfeier zu veranstalten. Von vier Gästen hatten zwei künstliche Beine, einer ein verkürztes, einer war durch verkrüppelte Arme überhaupt militärunfähig. Die andern drei hatten sehr lange Zeit in Lazaretten zugebracht, einer volle zwei Jahre. So sieht's vorläufig unter der männlichen Jugend aus, die noch hier ist,"[106] notierte er im Januar 1918.

Zerstörungen

Doch nicht nur Tod und Verwundung von Angehörigen führten den Menschen den Krieg tagtäglich vor Augen. In einigen Teilen des Reiches gehörten dazu auch die Zerstörung von Häusern und der damit verbundene Tod ihrer Bewohner.

Die großen Schlachten fanden weit außerhalb der Reichsgrenzen statt. In Ostpreußen hatte es nur mit dem Einmarsch russischer Truppen 1914/15 erhebliche Zerstörungen gegeben; im Westen hatte sich die französische Armee in den ersten Kriegswochen nach blutigen Kämpfen ebenfalls zurückziehen müssen. Allein das Gebiet um den Hartmannsweilerkopf blieb bis zuletzt Kriegsgebiet.

Der Erste Weltkrieg war nach dem regional begrenzten Italienisch–Türkischen Krieg 1911/12 jedoch der erste „große" Krieg, der aus der Luft ausgefochten wurde. Luftschiffe, vor allem aber in ihrer Kampfkraft stetig verbesserte Flugzeuge trugen diesen von Anfang an auch in das Land des Gegners. Die deutschen Angriffe mit Zeppelinen und Flugzeugen auf Lüttich, London und Paris sowie andere alliierte Städte seit den ersten Tagen des Krieges machten den fundamentalen Wandel des Krieges in technischer und strategischer Hinsicht deutlich. Die Zahl der Opfer dieser Angriffe allein in England war mit ca. 1.400 Toten und ca. 5.000 Verletzten im Vergleich zu den Tausenden Opfern an einem Großkampftag an der Westfront zwar sehr „gering" und auch die dabei angerichteten Zerstörungen hielten sich in Grenzen;[107] die zunehmend systematischer und mit immer mehr Flugzeugen ausgeführten Angriffe waren aber ein unverkennbarer Beleg für den Willen, den Krieg mit allen Mitteln gegen alle Gegner – nicht nur die Soldaten – zu führen. Bis 1916, als es der englischen Luftabwehr gelang, sich wirksam gegen diese Angriffe zu wehren, verbrachten 300.000 Londoner ihre Nächte regelmäßig in den U-Bahnschächten.

Diesen Wandel des Krieges bekam auch die deutsche Bevölkerung von Anfang an zu spüren. Die Nachricht von französischen Flugzeugen über Nürnberg zu Kriegsbeginn war zwar nur eine aus der allgemeinen Kriegspsychose resultierende Fehlwahrnehmung. Bald aber waren derartige Angriffe auf deutsche Städte bittere Realität. Ziele dieser Angriffe waren zunächst militärische

Einrichtungen, allen voran die Standorte der Zeppeline: Düsseldorf und Köln im Oktober, Friedrichshafen im November und Cuxhaven im Dezember 1914. Bereits 1915 folgten Angriffe auf Rüstungsbetriebe im Großraum Köln-Düsseldorf und Duisburg bzw. im Rhein-Main-Gebiet sowie an der Saar. Alliierte Flugzeuge griffen zunehmend auch – teils als Vergeltung für vorangegangene deutsche Luftangriffe auf Städte im Hinterland der Front, teils um deutsche Kräfte zu binden – rein zivile Ziele an: Freiburg und Heidelberg, Karlsruhe und Mannheim. Bei einem Angriff auf ein vollbesetztes Zirkuszelt in Karlsruhe starben im Juni 1916 allein 120 Menschen, darunter 71 Kinder, 169 wurden teils schwer verletzt. Auch wenn die Zahl der Opfer in Deutschland insgesamt „gering" war – 746 Tote, 1843 Verletzte – und die ca. 15.700 Bomben, die auf Reichsgebiet „einschlugen", vergleichsweise geringe Schäden anrichteten, war die psychologische Wirkung – wie in England oder Frankreich – beträchtlich. Die überlieferten Tagebücher Karl Hampes oder des Dichters Erich Mühsam belegen, wie sehr Luftangriffe und Zerstörungen auf der einen, abendliche Verdunklungen, der Zwang, Schutzräume aufsuchen zu müssen und hilflos wirkende Luftverteidigungsmaßnahmen auf der anderen Seite der Zivilbevölkerung den neuen Charakter des Krieges tagtäglich vor Augen führten und diese dementsprechend in Angst und Schrecken versetzten.[108]

Literatur

Bendikowski, Tillmann, Sommer 1914. Zwischen Begeisterung und Angst – wie Deutsche den Kriegsbeginn erlebten, München 2014 (quellennahe Darstellung der Stimmung in der Bevölkerung in den ersten Monaten des Krieges).

Bihl, Wolfdieter (Hrsg.), Deutsche Quellen zur Geschichte des Ersten Weltkrieges, Darmstadt 1991 (sehr gute Quellensammlung zu allen Aspekten des Krieges).

Böhme, Klaus (Hrsg.), Aufrufe und Reden deutscher Professoren im Ersten Weltkrieg, Stuttgart 1975 (gute Quellensammlung).

Bruendel, Steffen, Volksgemeinschaft oder Volksstaat: Die „Ideen von 1914" und die Neuordnung Deutschlands im Ersten Weltkrieg, Berlin 2003.

Ders., 1914. Zeitenwende. Künstler, Dichter und Denker im Ersten Weltkrieg, München 2014 (gute Darstellung der Stimmung zu Kriegsbeginn auf der Basis des gegenwärtigen Forschungsstandes).

Chickering, Roger, Freiburg im Ersten Weltkrieg. Totaler Krieg und städtischer Alltag 1914-1918, Paderborn u.a. 2009 (sehr gute Lokalstudie).

Daniel, Ute, Arbeiterfrauen in der Kriegsgesellschaft. Beruf, Familie und Politik im Ersten Weltkrieg, Göttingen 1989.

Flemming, Thomas/Ulrich, Bernd, Heimatfront. Zwischen Kriegsbegeisterung und Hungersnot – wie die Deutschen den Ersten Weltkrieg erlebten, München 2014 (quellennahe Darstellung des Kriegsalltags).

Hagenlücke, Heinz, Deutsche Vaterlandspartei. Die nationale Rechte am Ende des Kaiserreichs, Düsseldorf 1997 (grundlegende Darstellung).

Hammer, Kurt, Deutsche Kriegstheologie (1870-1918), München 1971.

Hämmerle, Christa (Hrsg.), Kindheit im Ersten Weltkrieg. Damit es nicht verloren geht, Wien 1993.

Huber, Ernst Rudolf, Deutsche Verfassungsgeschichte. Bd. 5: Weltkrieg, Revolution und Reichserneuerung 1914-1919, Stuttgart 1978.

Huegel, Arnulf, Kriegsernährungswirtschaft Deutschlands während des Ersten und Zweiten Weltkrieges im Vergleich, Konstanz 2003.

Kellerhoff, Sven Felix, Heimatfront: Der Untergang der heilen Welt – Deutschland im Ersten Weltkrieg, Köln 2014 (sehr gute Darstellung des Kriegsalltags).

Kramer, Alan, Blockade and Economic Warfare, in: The Cambridge History of the First World War, hrsg. von Jay Winter u.a., Bd. 2, Cambridge 2014, S. 460-489.

Kronenberg, Martin, Die Bedeutung der Schule für die „Heimatfront" im Ersten Weltkrieg. Sammlungen, Hilfsdienste, Feiern und Nagelungen im Deutschen Reich, Norderstedt 2010.

Kundrus, Birte, „Kriegerfrauen". Familienpolitik und Geschlechterverhältnisse im Ersten und Zweiten Weltkrieg, Hamburg 1995.

Nübel, Christoph, Die Mobilisierung der Kriegsgesellschaft. Propaganda und Alltag im Ersten Weltkrieg in Münster, Münster u.a. 2008 (sehr lesenswerte Lokalstudie).

Oltmer, Jochen, Bäuerliche Ökonomie und Arbeitskräftepolitik im Ersten Weltkrieg. Beschäftigungsstruktur, Arbeitsverhältnisse und Rekrutierung von Ersatzarbeitskräften in der Landwirtschaft des Emslandes 1914-1918, Sögel 1995.

Oppelland, Torsten, Reichstag und Außenpolitik im Ersten Weltkrieg. Die deutschen Parteien und die Politik der USA 1914-1918, Düsseldorf 1995 (grundlegende Darstellung zum Verhältnis von Reichstag, Reichsleitung und Außenpolitik während des Krieges).

Piper, Ernst, Nacht über Europa. Kulturgeschichte des Ersten Weltkrieges, Berlin 2013 (neueste vergleichende Darstellung zur Kriegspropaganda).

Roerkohl, Anne, Hungerblockade und Heimatfront. Die kommunale Lebensmittelversorgung in Westfalen während des Ersten Weltkriegs, Stuttgart 1991 (wegweisende Regionalstudie).

Rouette, Susanne, Sozialpolitik als Geschlechterpolitik. Die Regulierung der Frauenarbeit nach dem Ersten Weltkrieg, Frankfurt/M. 1993.

Schiffers, Reinhard, Der Hauptausschuß des Deutschen Reichstags 1915-1918, Düsseldorf 1979.

Schönberger, Christoph, Die überholte Parlamentarisierung. Einflußgewinn und fehlende Herrschaftsfähigkeit des Reichstags im sich demokratisierenden Kaiserreich. In: Historische Zeitschrift: 272 (2001), S. 623-666.

Ullmann, Hans-Peter, Finance, in: The Cambridge History of the First World War, hrsg. von Jay Winter u.a., Bd. 2, Cambridge 2014, S. 408-433.

Verhey, Jeffrey, Der „Geist von 1914“ und die Erfindung der Volksgemeinschaft, Hamburg 2000.

Ziemann, Benjamin, Front und Heimat. Ländliche Kriegserfahrungen im südlichen Bayern 1914-1923, Essen 1997 (wegweisende Regionalstudie).

5. Kriegsziele und Friedensbemühungen

5.1 Vom „Septemberprogramm“ zum „Frieden von Brest-Litowsk“

Kaum etwas hat die Zeitgenossen so aufgewühlt und spätere Historiker so irritiert wie die Frage der Kriegsziele. Aus Sicht vieler Politiker und großer Teile der Bevölkerung aller Länder war der Krieg zwar ein Verteidigungskrieg; sobald dieser aber gewonnen war, sollte es jedoch „sicherer“ sein, in dem jeweiligen Land zu leben. „Sicherheit“ konnte dabei alles Mögliche bedeuten: kleinere Grenzkorrekturen, die temporäre bzw. dauerhafte Besetzung strategisch oder ökonomisch wichtiger Gebiete des jeweiligen Gegners, die Verpflichtung, dem Sieger für die erlittenen Schäden und die entstandenen Kriegskosten Reparationen zu zahlen, Handelsvorteile zu gewähren, zahlenmäßige Beschränkungen hinsichtlich der Größe von Armee oder Flotte, aber auch die vollständige Zerschlagung von Staaten. Im Grunde gab es kaum eine Forderung, die nicht irgendwann von Regierungen, Militärs, politischen oder wirtschaftlichen Verbänden, Intellektuellen oder Phantasten welcher Couleur auch immer erhoben worden ist. Dies gilt im Grunde für alle Staaten.

Kriegsziele

Wenn es um die Frage der Kriegsziele geht, dann steht in fast jeder Geschichte des Ersten Weltkrieges das Deutsche Reich im Vordergrund. Verantwortlich dafür ist die Tatsache, dass in Deutschland, kaum war der Krieg ausgebrochen, hinter den Kulissen, aber auch öffentlich ganze Forderungskataloge aufgestellt wurden, die die Gegner, mit deren baldiger Niederlage man angesichts des schnellen Vormarsches der deutschen Armeen rechnete, zu erfüllen hätten. Dem Gegner etwas „abzunehmen“, ihn einen Preis dafür zahlen zu lassen, dass er das Reich „in tiefstem Frieden“ – so Wilhelm II. in seiner berühmten Rede zu Kriegsbeginn – gezwungen hatte, das Schwert zu ziehen, entsprach gängigen Vorstellungen vom Sieg im Krieg. Bankiers und Industrielle, einzelne Reichstagsabgeordnete und nicht zuletzt die Vertreter der nationalen Verbände überschütteten die Reichsleitung seit den ersten Kriegstagen mit Vorschlägen für unabdingbare Annexionen, handelspolitische Maßnahmen oder Reparationen verschiedenster Art.

Reichsleitung, Armee und Marine sowie die Regierungen der Bundesstaaten stellten bereits in den ersten Augustwochen Forderungen auf, die die Landkarte Europas, aber auch der außereuropäischen Welt nachhaltig verändert hätten. Das berühmt-berüchtigte „Septemberprogramm" des Reichskanzlers, aufgestellt zu einem Zeitpunkt, als der Sieg im Westen zum Greifen nahe schien, versuchte, diese hinsichtlich der Gegner im Westen und im Osten zu bündeln.

Quelle

Stabilisierung deutscher Vorherrschaft

Das „Septemberprogramm" des Reichskanzlers, 9. September 1914:[1]

1. *Frankreich.* Von den militärischen Stellen zu beurteilen, ob die Abtretung von Belfort, des Westabhangs der Vogesen, die Schleifung der Festungen und die Abtretung des Küstenstrichs von Dünkirchen bis Boulogne zu fordern ist.
In jedem Falle abzutreten, weil für die Erzgewinnung unserer Industrie nötig, das Erzbecken von Briey.
Ferner eine in Raten zahlbare Kriegsentschädigung; sie muß so hoch sein, daß Frankreich nicht imstande ist, in den nächsten achtzehn bis zwanzig Jahren erhebliche Mittel für die Rüstung anzuwenden. [...]
2. *Belgien.* Angliederung von Lüttich und Verviers an Preußen, eines Grenzstriches der Provinz Luxemburg an Luxemburg.
Zweifelhaft bleibt, ob Antwerpen mit einer Verbindung nach Lüttich gleichfalls zu annektieren ist.
Gleichviel, jedenfalls muß Belgien, wenn es auch als Staat äußerlich bestehen bleibt, zu einem Vasallenstaat herabsinken, in etwa militärisch wichtigen Hafenplätzen ein Besatzungsrecht zugestehen, seine Küste militärisch zur Verfügung stellen, wirtschaftlich zu einer deutschen Provinz werden. [...]
3. *Luxemburg.* Wird deutscher Bundesstaat und erhält einen Streifen aus der jetzt belgischen Provinz Luxemburg und eventuell die Ecke von Longwy.
4. Es ist zu erreichen die Gründung eines mitteleuropäischen Wirtschaftsverbandes durch gemeinsame Zollabmachungen, unter Einschluß von Frankreich, Belgien, Holland, Dänemark, Österreich-Ungarn, Polen (!) und eventuell Italien, Schweden und Norwegen. Dieser Verband, wohl ohne gemeinsame konstitutionelle Spitze, unter äußerlicher Gleichberechtigung seiner Mitglieder, aber tatsächlich unter deutscher Führung, muß die wirtschaftliche Vorherrschaft Deutschlands über Mitteleuropa stabilisieren.

5. Die Frage der kolonialen Erwerbungen, unter denen in erster Linie die Schaffung eines zusammenhängenden mittelafrikanischen Kolonialreichs anzustreben ist, desgleichen die Rußland gegenüber zu erreichenden Ziele werden später geprüft.
[...]
6. *Holland.* Es wird zu erwägen sein, durch welche Mittel und Maßnahmen Holland in ein engeres Verhältnis zu dem Deutschen Reich gebracht werden kann.

Auffällig an dem „Septemberprogramm" ist, dass England fehlt. Im Kern, so wird man wohl zu Recht sagen können, ging es darum, die Hegemonie des Reiches in Mitteleuropa durch eine Mischung von Annexionen – allen voran großer, militärisch und wirtschaftlich wichtiger Teile Belgiens und Frankreichs – und anderen Maßnahmen wie beispielsweise die Errichtung einer von Deutschland dominierten Zollunion zu sichern. Diffuser waren die Pläne für den Osten Europas; ein Frieden ohne den Gewinn von Raum, und das hieß für viele auch „Lebensraum", erschien undenkbar. In letzter Konsequenz schlossen diese Forderungen die Vertreibung der dort lebenden Bevölkerung von Anfang an mit ein. Vergleichsweise konkret waren demgegenüber die Pläne für die Gebiete außerhalb Europas, die die Besiegten abtreten sollten: Ganz Mittelafrika sollte deutsch werden. Hinzu kam, wenn auch zunächst eher vage formuliert, eine Ausweitung des deutschen Kolonialbesitzes, vor allem in Mittelafrika. Fehlte England noch im „Septemberprogramm", so legte die Marineführung jedoch im Winter 1914/15 zunächst intern, 1916 auch gegenüber dem Kanzler nach: Strategisch wichtige Inseln und Stützpunkte auf den Meeren der Welt: die Färöer und Murmansk im nördlichen Atlantik, Valona in der Adria, Malta, Gibraltar, das an ein verbündetes Spanien zurückgegeben werden sollte, und Alexandrette im Mittelmeer, die Kapverden, Madeira, die Kanaren im Atlantik, Madagaskar, Timor und Padang im Indischen Ozean sowie Tahiti in der Südsee, um nur einige zu nennen, sollten schließlich den Traum von einem großen überseeischen Reich ergänzen.

Das Septemberprogramm in der Forschung

Das Urteil über das „Septemberprogramm" des Kanzlers fällt bis heute höchst unterschiedlich aus. Fritz Fischer hat es im Rahmen der Diskussion über die Frage der „Kriegsschuld" zu Beginn der 1960er-Jahre als Ausdruck eines „Griffs nach der Weltmacht" gedeutet, dessen Ursachen länger zurücklägen. Damit hat er zugleich einen Zusammenhang zwischen der

Vorkriegszeit, dem Handeln der Reichsleitung in der Juli-Krise und ihrem Verhalten danach hergestellt, der angesichts der Monströsität dessen, was dann folgte und im „Diktat"-Frieden von Brest-Litowsk seinen vorläufigen Höhepunkt fand, ungeheuer provozierend wirkte. Vor allem die scheinbare Kontinuität zwischen dem deutschen Verhalten im Ersten und Zweiten Weltkrieg wirkte zutiefst schockierend. Die Forschung ist Fritz Fischer letztlich nicht oder nur teilweise gefolgt. Für die These, dass bestimmte Kriegsziele das Handeln des Kanzlers in der „Juli"-Krise beeinflusst hätten, gibt es schlichtweg keine Belege. Und so frappierend die Kontinuität zwischen Erstem und Zweitem Weltkrieg auf den ersten Blick ist, so sollte doch nicht übersehen werden, dass das zentrale Motiv der NS-Raub- und Expansionspolitik eine Rasseideologie war, die mit dem Denken und Handeln Bethmann Hollwegs nichts gemein hatte. Der Kanzler bewegte sich insofern vielmehr auf den „klassischen" Wegen der Kabinettspolitik.

Im Vergleich zu jenen Programmen, die in den ersten Wochen von allen Reichstagsabgeordneten wie dem Zentrumspolitiker Matthias Erzberger, den Alldeutschen oder einzelnen Militärs diskutiert und unters Volk gebracht wurden, war das von Bethmann Hollweg vorgelegte eher „gemäßigt". Vor allem die vagen Formulierungen an manchen Stellen sollten Verhandlungsspielräume öffnen, Kompromisse ermöglichen. Dafür spricht sowohl die Tatsache, dass es geheim blieb, als auch das Fehlen der Unterschrift des Kaisers. Gleichwohl, dieses zu sagen, bedeutet nicht, es zugleich als unbedeutende Gedankenskizze zu relativieren. In seinem Kern enthielt es Forderungen, von denen weder der Kanzler noch seine Nachfolger später abrücken wollten und angesichts des Drucks interessierter Kreise im Innern auch nicht abrücken konnten: Die deutsche Vorherrschaft in Belgien und die Abtretung einzelner Gebiete bzw. Stützpunkte, Teilen Frankreichs und des „polnischen" Grenzstreifens standen im Grunde bis Kriegsende nicht zur Disposition. Wie auch immer man das Verhalten der Alliierten beurteilt, vor allem an den Kriegszielen in Belgien sollten alle Friedensversuche scheitern.

So geheim und so weitreichend letztlich das „Septemberprogramm" war, so konsequent war es aus der Perspektive Bethmann Hollwegs, die Diskussion über Kriegsziele in der Öffentlichkeit zu unterbinden oder wenigstens zu zügeln. Dafür sprach allein die bei jeder Gelegenheit wiederholte Behauptung der Reichsleitung, der Krieg sei dem Reich aufgezwungen worden und es verteidige sich nur. Annexionsforderungen drohten daher zum einen die Neutralen, allen voran die Vereinigten Staaten, gegen das Reich aufzubringen. Jeder neue Gegner verstärkte jedoch das militärische und ökonomische Potenzial der Alliierten. Zum anderen würden Annexionsforderungen aber auch jenen Kräften im Innern Auftrieb geben, die ohnehin bezweifelten, dass es sich wirklich um einen Verteidigungskrieg und nicht um einen Krieg zur Aufrechterhaltung der bestehenden Ordnung oder gar im Interesse des Kapitals handelte. So gering die Zahl der Kriegsgegner innerhalb der SPD anfänglich auch war, so wollte Bethmann Hollweg diesen keinesfalls das Gefühl geben, dass ihr Misstrauen gerechtfertigt sein könnte.

Zügellose Kriegszieldiskussion seit 1916

Trotz Verhängung des Belagerungszustands, der den stellvertretenden Generalkommandos in der Heimat weitreichende Befugnisse bei der Zensur gab, gelang es dem Kanzler letztlich nicht, die Kriegszielbewegung an die kurze Leine zu legen. Die Kreise, die hinter deren Forderungen standen, waren – angefangen bei annexionistischen Hochschullehrern wie Reinhold Seeberg und Dietrich Schäfer über den Alldeutschen Verband und Vertretern der Großindustrie bis hin zu den Agrariern – häufig sehr mächtig, fanden andere Kanäle, um diese vorzubringen. Ende 1916 schließlich blieb dem Kanzler nichts anderes übrig, als diese Diskussion öffentlich freizugeben. Der Herbst 1916 war auch insofern eine Scharnierzeit, als – obwohl der Sieg, trotz einiger Erfolge, noch in weiter Ferne lag – erstmals Fakten geschaffen wurden. Am 5. November 1916 proklamierten Deutschland und Österreich-Ungarn nach langem internen Streit das Königreich Polen. Unabhängig von den verschiedenen Motiven, die dabei eine Rolle gespielt haben, machten die Mittelmächte damit deutlich, dass der Zar diesen Teil seines Reiches nicht wiederbekommen würde. Gleiches galt für Belgien, zielte doch die wachsende amtliche Unterstützung der Flamen seit 1915 auf nichts anderes ab als die Spaltung dieses Landes zu deutschen Gunsten.

Der innere Zusammenbruch Russlands Ende 1917 öffnete dann alle Schleusen, soweit es den Osten betraf. Mochten manche Verantwortliche im Auswärtigen Amt auch glauben, der Friede von Brest-Litowsk sei nur ein Provisorium, das bei Abschluss eines Gesamtfriedens als Verhandlungsmasse dienen könne, so machten Oberste Heeresleitung, Kaiser und Bundesfürsten, Industrie und alle sonstigen Annexionisten bald deutlich, dass dieser für sie der Startschuss zur Besetzung großer Gebiete im Osten war. Am Ende reichte die deutsche Einflusssphäre von Kurland, der Ukraine und Finnland über die Krim bis in den Kaukasus und das Kaspische Meer. Teils sollten dort deutsche Fürsten herrschen wie in Kurland oder Finnland, teils machten, wie in der Ukraine, deutsche Militärs klar, wer – Souveränität hin oder her – der eigentliche Herr im Hause war. In den einzelnen „Friedensverträgen" mussten die Besiegten wie im „Brotfrieden" mit der Ukraine zusichern, dem Reich – zu Lasten der eigenen Bevölkerung – Lebensmittel, Getreide oder Rohstoffe zu günstigen Preisen zu liefern. Der Friede von Bukarest vom Mai 1918, der Rumänien zu erheblichen Gebietsabtretungen an Bulgarien und die Donaumonarchie sowie Gewährung von besonderen Nutzungsrechten an den Ölvorkommen des Landes zwang, ging in die gleiche Richtung.

Abb. 31 Die Phantasie ebenso wie die Rechtfertigungsversuche dokumentieren zahllose Plakate wie dieses: „Darf Belgien Englands Aufmarschgebiet werden?" (1916-18).

Der Frieden von Brest-Litowsk

Wenn die deutsche Bevölkerung, vor allem aber die Angehörigen der „alten Eliten" nur wenig später lautstark gegen den als maßlos ungerecht empfundenen Diktatfrieden von Versailles sowie die anderen Vorortverträge protestierten, dann vergaßen sie, dass das Deutsche Reich mit seinen Verbündeten im Schlepptau erst kurz zuvor vor aller Welt und ohne jedwedes Unrechtsbewusstsein vorgemacht hatte, wie raffgierig und rücksichtslos Sieger sich gegenüber Besiegten verhalten sollten. Alle konservativen und bürgerlichen Parteien hatten dem Vertrag von Brest-Litowsk im Reichstag zugestimmt; selbst die SPD hatte sich bei der Abstimmung nur enthalten, nicht, wie die von ihr 1916/17 abgespaltene USPD ausdrücklich mit nein gestimmt.

Der Zusammenhang der Kriegszielforderungen mit den Versuchen, einen Krieg zu beenden, der sich innerhalb weniger Monate als weitaus folgenreicher herausstellte, als sich alle Politiker und Militärs, aber auch die Mehrheit der „kleinen Leute" es je erwartet hatten, ist im Grunde mit Händen zu greifen. Nur wenn der Frieden ein „Erfolg" war, schien es zum einen möglich, das „mehr" an „Sicherheit" zu erreichen, dessen Fehlen 1914 maßgeblich zur Entscheidung beigetragen hatte, den „Sprung ins Dunkle" zu wagen. Zum anderen schien es nur so möglich, die ungeheuren Opfer an Menschen, aber auch Geld sowie die großen Zerstörungen im Innern zu rechtfertigen. Anderenfalls drohte ein Verlust an Legitimität, der das bisherige System sprengen konnte.

5.2 Suche nach Frieden

Siegfrieden, Separatfrieden oder Kompromissfrieden?

Die bis Kriegsende nicht abebbende Diskussion über Kriegsziele machte deutlich, dass ein Sieg-, nicht ein Kompromissfriede das vorrangige Ziel der Reichsleitung war. Nach der Niederlage an der Marne und dem Scheitern aller Versuche, in den Flandernschlachten vom Herbst 1914 den Sieg doch noch zu erzwingen, hielten manche Verantwortliche es allerdings für opportun, angesichts der hohen eigenen Verluste zumindest zu versuchen, das Zarenreich durch einen Sonderfrieden zum Ausscheiden aus der gegnerischen Koalition zu bewegen. Dessen schwere Niederlagen bei Tannenberg und den Masurischen Seen im Sommer/Herbst 1914, die bekannte, ständige Furcht des Zaren vor der Revolution, aber auch manche Gemeinsamkeiten der jeweiligen Herrschaftssysteme spielten dabei eine Rolle. Hinzu kam, dass Russland trotz der Niederlagen in Ostpreußen anders als Frankreich in einer relativ günstigen Position war. Nur kleine Teile des eigenen Landes waren von deutschen Truppen besetzt, und soweit es Österreich-Ungarn betraf, war Russland sogar im Vorteil. Ganz in der Tradition klassischer Kabinettsdiplomatie schien ein Separatfrieden, bei dem beide Seiten irgendwie nur „gewinnen" konnten, eine vernünftige Option zu sein. Dahinter stand die vage Hoffnung, dass einem Separatfrieden mit Russland einer mit Frankreich folgen würde, so dass das Reich sich anschließend seinem neuen „Erzfeind", Großbritannien, würde widmen können.

Über verschiedene Kanäle sondierte die Reichsleitung daher in St. Petersburg. Erfolgreich war sie dabei nicht, da der Zar aus innen- und außenpolitischen Gründen treu zu dem Vertrag mit seinen Alliierten vom September 1914 stand, keinen Sonderfrieden mit den Mittelmächten zu schließen, und Gespräche daher rundheraus ablehnte.

Weitaus schwieriger war die Situation gegenüber den Westmächten. Dort fehlte es nicht nur an ernstzunehmenden Gesprächspartnern, sondern im Grunde konnte und wollte die Reichsleitung dort nichts bieten. Die Rückgabe Elsass-Lothringens war aus französischer Perspektive genauso eine Conditio-sine-qua-non wie die uneingeschränkte Souveränität Belgiens für Großbritannien. Das Friedensangebot des Reichskanzlers vom Dezember 1916, formuliert nach dem Sieg über Rumänien, oder auch die Friedensresolution des Reichstages vom Juli 1917 waren ebenfalls viel zu vage. Die ohnehin schwer genug zustande gekommene und keineswegs von allen Parteien mitgetragene Resolution vom Juli 1917, „der Reichstag erstrebt einen Frieden der Verständigung und der dauernden Versöhnung der Völker. Mit einem solchen Frieden sind erzwungene Gebietserwerbungen und politische, wirtschaftliche oder finanzielle Vergewaltigungen unvereinbar", blieb hinter der russischen Formel eines „Friedens ohne Annexionen und Kontributionen" in jeder Hinsicht zurück. Der neue Reichskanzler, Georg Michaelis, machte gar keinen Hehl daraus, dass er diese ablehnte. Aber auch ihre Initiatoren, darunter der führende Zentrumsmann Matthias Erzberger, hielten die Annektierung einzelner Gebiete im Westen und Osten im Interesse der Sicherheit des Reiches durchaus mit dieser Resolution für vereinbar. Die Resolution verfehlte daher ihre Wirkung, zumal auch die Chance, ihr mithilfe der Friedensinitiative von Papst Benedikt XV. vom August 1917 wirklichen Schwung zu verleihen, ungenutzt blieb.

Ein Frieden ohne Gewinne war aus der Sicht der Reichsleitung und der Obersten Heeresleitung, der konservativen und großer Teile der bürgerlichen Parteien, vor allem aber der nationalen Verbände völlig ausgeschlossen. Handfeste politische und materielle Interessen ließen dies nicht zu; auch die stetig steigende Zahl der Toten und Verwundeten an den Fronten sowie der Hungernden in der Heimat war für viele Angehörige dieser Kreise eher ein Argument für einen Sieg-, nicht aber für einen Kompromissfrieden.

Illusionen bis zum Schluss

Der Sieg im Osten sowie die anfänglichen Erfolge der großen Offensive im Westen im Frühjahr 1918 beflügelte die Vertreter eines „Siegfriedens". Auch als deutlich wurde, dass diese eben nicht den erhofften Durchbruch gebracht hatte, sondern die Armeen sich stetig zurückziehen mussten, fiel es Kaiser, Kanzler und Oberster Heeresleitung schwer, sich neu zu orientieren, auch nur über die Möglichkeit einer Verständigung mit den Gegnern nachzudenken. Im Gegenteil, der Staatssekretär des Auswärtigen Amtes, Richard v. Kühlmann, der seit seinem Amtsantritt sowohl intern als auch schließlich öffentlich Zweifel an der Möglichkeit eines Sieges geäußert und – mit wenigen Abstrichen im Osten – einen Frieden auf der Basis des Status quo ante gefordert hatte, wurde von der Obersten Heeresleitung deswegen rücksichtslos aus dem Amt gedrängt. Die Hoffnung, dass dessen Nachfolger, der ehemalige Konteradmiral Paul v. Hintze, willfähriger sein würde, erwies sich als Illusion. Nach sorgfältiger Analyse der militärischen Lage, die sich inzwischen täglich verschlechterte, versuchte er, den von seinem Vorgänger gesponnenen Faden aufzunehmen und mit den Alliierten über holländische Vermittlung Verhandlungen über einen Kompromissfrieden aufzunehmen. Zugleich drängte er – noch vor dem Zusammenbruch Bulgariens – die Oberste Heeresleitung zum Offenbarungseid. Als sie diesen dann schließlich leistete, ja ihrerseits nun die Politik drängte, baldmöglichst einen Waffenstillstand herbeizuführen, war es auch für einen Kompromissfrieden – wenn er denn je möglich gewesen wäre – zu spät.

Wilsons 14 Punkte 1918

Vor diesem Hintergrund war auch das Klammern an die 14 Punkte des amerikanischen Präsidenten Woodrow Wilson kaum mehr als ein vergleichsweise hilfloser Versuch, durch einen moralischen Appell zu retten, was zu retten war. Da Reichsleitung, Oberste Heeresleitung und nationale Öffentlichkeit diese jedoch im Januar 1918 als ungeeignete Grundlage für einen Frieden brüsk zurückgewiesen hatten und durch ihr weiteres Verhalten bei der Beendigung des Krieges im Osten gezeigt hatten, wie machiavellistisch sie selber, gestützt auf die Macht der Gewehre vorgingen, gab es wenig Hoffnung, dass dieser Versuch bei den Alliierten auf irgendwelche Resonanz stoßen würde. Dass die Regierung Max von Baden und die Oberste Heeresleitung bei ihrer Forderung nach einem Wilson-Frieden dessen Inhalt offenkundig nur unzureichend analysiert hatten, sei hier nur am Rande bemerkt. Neben eher allgemeinen Forderungen wie Abschaffung der Geheimdiplomatie, Freiheit der Meere, Gleichheit der Handelsbedingungen und allgemeine Abrüstung enthielten Wilsons 14 Punkte auch ganz konkrete Bestimmungen über Gebietsabtretungen im Westen und Osten, die Zukunft der Donaumonarchie bzw. des Osmanischen Reiches oder auch die Annullierung der bisher geschlossenen Frieden von Brest-Litowsk und Bukarest.

5.3 Die Kriegsziele der anderen Mächte

Die Ziele der anderen Mächte

Es wäre freilich verfehlt, die „Schuld" bei der Suche nach einem Kompromissfrieden allein der Reichsleitung aufzubürden. Die eigenen Bundesgenossen wie auch die Alliierten haben teilweise schon sehr früh begonnen, kaum weniger abenteuerlich anmutende Kriegszielkataloge aufzustellen. Die österreichischen Ziele waren dabei relativ „gemäßigt" – sie beschränkten sich auf Teile des Balkans und Russisch-Polen. Die Sorge, überhaupt zu überleben überlagerte dann aber doch die noch so kühnen Wünsche mancher Politiker und Generale. Bulgarien und das Osmanische Reich waren hier weitaus ehrgeiziger. Vor allem Letzteres träumte regelrecht von der Wiederherstellung alter Grenzen aus den Jahrhunderten davor.

Auch das Zarenreich hat sehr früh sehr ambitionierte Ziele formuliert – vor allem Bosporus und Dardanellen, aber auch Gebiete im Osten der Türkei galten nunmehr als erstrebenswert. „Mehr" Polen wollte die Regierung des Zaren jedoch nicht unbedingt haben, aber umso bereitwilliger unterstützte sie französische Forderungen nicht nur nach Rückgewinnung Elsass-Lothringens, sondern am Ende sogar der Gebiete westlich des Rheins. England hielt sich hinsichtlich von Gebietsforderungen auf dem Kontinent zwar zurück, beabsichtigte jedoch, sich zusammen mit Frankreich und – soweit es den Nahen Osten betraf auch Russland – das deutsche Kolonialreich und Teile des Osmanischen Reiches anzueignen.

Literatur

Baumgart, Winfried, Deutsche Ostpolitik 1918. Von Brest-Litowsk bis zum Ende des Ersten Weltkrieges, Wien/München 1966.

Bihl, Wolfdieter, Die österreichisch-ungarischen Kriegsziele 1918. In: Richard Georg Plaschka/ Karlheinz Mack (Hrsg.), Die Auflösung des Habsburgerreiches. Zusammenbruch und Neuorientierung im Donauraum. Wien 1970, S. 119-123.

Bornemann, Elke, Der Frieden von Bukarest 1918, Frankfurt am Main 1978.

Borowsky, Peter: Deutsche Ukrainepolitik 1918 unter besonderer Berücksichtigung der Wirtschaftsfragen, Lübeck/Hamburg 1970.

Epstein, Klaus, The Development of German-Austrian War Aims in the Spring of 1917, in: Journal of Central European Affairs 17 (1957), S. 24-47.

Farrar, Lancelot L., Divide and conquer. German efforts to conclude a separate peace, 1914-1918, New York 1978.

Friedrich, Wolfgang-Uwe, Bulgarien und die Mächte 1913-1915. Ein Beitrag zur Weltkriegs- und Imperialismusgeschichte, Stuttgart 1985.

Grumbach, Salomon, Das annexionistische Deutschland. Eine Sammlung von Dokumenten, die seit dem 4. August 1914 in Deutschland öffentlich oder geheim verbreitet wurden, Lausanne 1917.

Linke, Horst Günther, Das Zarische Russland und der Erste Weltkrieg: Diplomatie und Kriegsziele, München 1982.

Rothwell, Victor H., British War Aims and Peace Diplomacy, 1914-1918, Oxford 1918.

Soutou, George-Henri, L'Or et le Sang: les buts de guerre économiques de la Première Guerre mondiale, Paris 1989.

Stevenson, David, French War Aims against Germany, Oxford 1982.

Trumpener, Ulrich, Germany and the Ottoman Empire, 1914-1918, Princeton, N.J. 1968.

Winterhager, Wilhelm Ernst, Mission für den Frieden. Europäische Mächtepolitik und dänische Friedensvermittlung im Ersten Weltkrieg. Vom August 1914 bis zum italienischen Kriegseintritt Mai 1915, Stuttgart 1984 (sehr materialreiche Studie über Versuche, einen Separatfrieden mit Russland zu schließen).

6. Der Krieg geht zuende: Das Jahr 1918

6.1 Die Suche nach einer Entscheidung

Die Lage des Deutschen Reiches

Die Lage zu Beginn des Jahres 1918 war aus der Perspektive der politischen und militärischen Führung des Reiches höchst ambivalent. Das Jahr 1917 war ohne Zweifel besser verlaufen, als es zwischenzeitlich ausgesehen hatte. Die russischen Revolutionen vom Februar und Oktober russischer Zeitrechnung hatten dazu beigetragen, dass einer der bisherigen Gegner militärisch geschlagen war und um Frieden bat. Der Zweifrontenkrieg war endlich zuende. Ein großer Teil der im Osten kämpfenden Soldaten stand nun für den Kampf im Westen zur Verfügung. Zudem winkte, auch wenn die Verhandlungen noch liefen, endlich ein „Siegfrieden", der das Reich wenigstens in Teilen für die bisherigen großen Opfer entschädigen sollte. Nach dem Zusammenbruch Russlands war auch der Rumäniens, in dessen Grenzgebieten es immer noch Kämpfe gab, nur eine Frage der Zeit. Italien schien nach der erfolgreichen großen deutsch-österreichischen Herbstoffensive ebenfalls nicht weit von einer Niederlage entfernt. Darüber hinaus war es der Obersten Heeresleitung gelungen, die großen Angriffe der Alliierten im Westen einmal mehr abzuwehren. Die zwischenzeitlich ausgebauten Stellungen, allen voran die „Hindenburg"-Stellung, hatten sich als unüberwindbar, die neuen Angriffs- und Abwehrverfahren als erfolgreich erwiesen. Hinzu kam, dass die Auseinandersetzungen innerhalb der jeweiligen politischen Führungen sowie die wachsende Zahl von Streiks und von Meutereien die inneren Spannungen in den Gesellschaften und Armeen Englands, Frankreichs und Italiens hatte deutlich werden lassen. Tiefe Selbstzweifel, nicht Zuversicht den Sieg bald erringen zu können, kennzeichneten das Denken und Handeln der verantwortlichen Akteure, aber auch der einfachen Soldaten und der Menschen in den Städten und Dörfern. Das Jahr 1917, daran bestand für viele kein Zweifel, war für die Alliierten trotz ungeheurer Anstrengungen beim Sturm auf die deutschen Stellungen und bei der Herstellung von Waffen und Munition kein Erfolgsjahr gewesen. Dennoch: Ludendorffs Äußerung gegenüber einem ihm vertrauten General, General Hermann v. Kuhl, im Herbst 1917, sprach Bände: „Wenn wir diesen Herbst durchhalten, haben wir gewonnen",[1] hatte er auf dem Höhepunkt der blutigen Flandernschlachten geäußert.

Die Armee ist erschöpft

Ludendorffs Sorgen waren berechtigt: Die Armee war erschöpft, vor allem aber war sie fast „ausgeblutet". Ende 1917 betrug die Zahl der Gefallenen und Vermissten 1.309844 Soldaten, die der Verwundeten und Erkrankten 16.252.657 Soldaten. Selbst wenn ein Teil von diesen wieder gesund an die Front zurückkehrte, waren dies Verluste, die auf Dauer kaum noch zu ersetzen sein würden. Der Jahrgang 1900 war mit ca. 300.000 Mann der letzte, der – mehr schlecht als recht ausgebildet – im Herbst 1918 (!) die Lücken würde füllen können. Alle anderen Geburtsjahrgänge seit 1869 waren inzwischen eingezogen worden. „Nachmusterungen" hatten die Zahl der Kriegsverwendungsfähigen seit 1915 erhöht. Mit diesen und anderen Maßnahmen konnte das Feldheer Ende 1917 noch einmal auf eine bis dahin unerreichte Gesamtstärke von ca. 5,2 Millionen – davon ca. vier Millionen an der Westfront – gebracht werden. Neue menschliche „Ressourcen" waren jedoch nicht mehr verfügbar. Ca. 2,4 Millionen Männer, davon etwa die Hälfte kriegsdienstverwendungsfähig, standen zwar noch in der Heimat, als Facharbeiter waren sie aber unabkömmlich. Alle Versuche, hier „auszudünnen", gefährdeten die Produktion kriegswichtiger Güter, ohne die die Truppe an der Front nicht weiterkämpfen konnte. Der „Ersatz" von Menschen durch Maschinen, d.h. den vermehrten Einsatz von Maschinengewehren usw., war nur begrenzt eine Alternative. Eine der Paradoxien des Krieges von Millionenheeren im Zeitalter des Maschinenkrieges wird hier erkennbar. Da die Oberste Heeresleitung von monatlichen (!) Verlusten in Höhe von 150.000 Mann ausging, war absehbar, wann die Armee ihre Schlagkraft verlieren würde. Dass die englischen und französischen Armeen ähnlichen Problemen gegenüberstanden, war kein „Trost": Der aus den Vereinigten Staaten herbeieilende Ersatz glich die eigenen Verluste mehr als aus. Vor allem aber vergrößerte sich mit jedem amerikanischen Soldaten, der an der Westfront zum Einsatz kam, die Kluft zwischen der täglich kleiner werdenden Ist-Stärke der kaiserlichen und der der alliierten Armeen.[2]

Scheitern des U-Bootkrieges

Spätestens hier zeigte sich, wie grob fahrlässig die Reichsleitung gehandelt hatte, als sie zu Beginn des Jahres auf den uneingeschränkten U-Bootkrieg gesetzt hatte. Der uneingeschränkte U-Bootkrieg, der am 1. Februar 1917 begonnen hatte, hatte trotz erheblicher Anfangserfolge – im April 1917 belief sich der versenkte Schiffsraum auf immerhin 841.118 BRT – England nicht, wie vom Admiralstab versprochen, innerhalb von sechs Monaten in die Knie gezwungen. Im Gegenteil: Die Grand Fleet hatte die Herausforderung nach einigen kapitalen Fehlern zu Beginn durch die Einführung des Konvoi-Systems und andere Maßnahmen meistern können. Ende 1917 hatten die Versenkungen mit 379.198 BRT wieder ungefähr das Niveau *vor* der Erklärung des uneingeschränkten U-Bootkrieges erreicht (335.106 BRT im Januar 1917) – Tendenz weiter fallend.[3]

Kriegseintritt der Vereinigten Staaten 1917 und dessen Folgen

Der Preis, der für die auf vagen Zusagen des Admiralstabes begründete Hoffnung, den Krieg schnell beenden zu können, nun zu zahlen war, war gewaltig. Im April 1917 waren die Vereinigten Staaten endgültig an der Seite der Alliierten in den Krieg eingetreten. Die Frage, ob dieser Schritt nach der Wiederwahl von US-Präsident Wilson angesichts der engen wirtschaftlichen und finanziellen Verflechtung zwischen den Alliierten und den USA seit Beginn des Krieges mittel- bzw. langfristig überhaupt zu vermeiden gewesen wäre, ist müßig: Mit dem erneuten Übergang zum uneingeschränkten U-Bootkrieg hat die Reichsleitung es der amerikanischen Regierung in grob fahrlässiger Weise leicht gemacht, dem Reich den Krieg zu erklären. Dies gilt umso mehr, als die Reichsleitung nach den vorangegangenen Krisen um die warnungslose Versenkung von Passagierdampfern und Handelsschiffen wusste, dass die USA sehr sensibel darauf reagieren würden. Hinzu kam, dass die US-Regierung durch die brüsken Reaktionen der Reichsleitung auf die Friedensinitiative des US-Präsidenten im Januar/Februar 1917 ohnehin schon verstimmt war. Mit ihrem Verhalten nährte die Reichsleitung jedenfalls einmal mehr den Verdacht, dass sie kompromisslos einen maßlosen „Siegfrieden“ anstrebte. Die unglaubliche politische Dummheit, mit der der Staatssekretär des Auswärtigen, Arthur Zimmermann, glaubte, die Vereinigten Staaten unter Druck setzen zu können – das vom britischen Geheimdienst entzifferte telegrafische Versprechen an Mexiko, im Falle eines Kriegseintritts auf deutscher Seite die im Laufe des 19. Jahrhunderts an diese verlorene Gebiete zurückerhalten zu können –, tat ein Übriges, die Kritiker eines Kriegseintritts auf Seiten der Alliierten verstummen zu lassen. Auch wenn die amerikanische „Kriegsmaschine“ langsam anlief, Ende 1917 standen bereits mehr als zwei Millionen US-Soldaten auf dem Kontinent. Hinzu kamen die ungeheuren Mengen an Material und an Lebensmitteln, die Industrie und Landwirtschaft produzierten und ungeachtet aller Versprechen des Admiralstabs mehr oder weniger ungehindert über den Atlantik schifften. Der an Frankreich gelieferte Stahl reichte, um dort 160 Millionen Granaten herzustellen, das Getreide, um zwölf Millionen Franzosen eineinhalb Jahre zu ernähren. Hinzu kam das von US-Firmen produzierte Rüstungsmaterial. Hier hinkten die USA zwar in vielen Bereichen noch hinter den eigenen Verbündeten hinterher, dennoch: Der Ausstoß an Waffen und Munition wuchs stetig und verschlechterte damit die Lage der Mittelmächte Monat für Monat. Es entbehrt nicht einer gewissen Ironie, dass die Erwartung einer deutschen Offensive den amerikanischen Aufmarsch auf den Schlachtfeldern im Westen maßgeblich beschleunigt hatte, der erhoffte Erfolg genau dadurch zunehmend unwahrscheinlicher wurde.

Die Lage der Verbündeten

Doch nicht allein der Blick auf die eigene, sich stetig verschlechternde Lage veranlasste die Oberste Heeresleitung, alles auf eine Karte zu setzen. Im Vergleich zum Deutschen Reich war die Situation bei den Verbündeten noch dramatischer. Die große Masse der Soldaten der k.u.k-Armee, der bulgarischen und der osmanischen Truppen hungerte. Ihre Ausrüstung war oft mangelhaft, ihre Uniformen begannen zu zerfallen. Hinzu kamen ungeheure Verluste – sei es an Gefallenen, Verwundeten und Vermissten, sei es an Deserteuren. Deren steigende Zahl warf ein Schlaglicht auf die inneren Zustände der Vielvölkerarmeen wie auch die schleichende Desintegration der Staaten selber. Die Zunahme von Streiks und Protesten verschiedenster Form an den jeweiligen Heimatfronten von Wien über Sofia und Konstantinopel bis Damaskus, wo Millionen seit Jahren hungerten, waren unübersehbare Alarmsignale.

Die Suche nach einer Entscheidung

So widersprüchlich die Lage aus deutscher, aber auch aus alliierter Sicht zu Beginn des Jahres 1918 daher war – alle Beteiligten waren sich im Grunde darin einig, den Krieg fortzusetzen und, falls möglich, zu entscheiden. Die Ereignisse in Russland, aber auch die Zerreißproben, denen alle 1917 gegenüber gestanden hatten, hatten, so paradox dies erscheinen mag, die Bereitschaft, den Krieg bis zum bitteren Ende fortzusetzen, eher gestärkt als geschwächt. Dies galt für die deutsche Seite genauso wie für die Alliierten. Es entbehrt nicht einer gewissen Ironie, dass Ludendorff am 11. November 1917, am Ende der blutigen Flandernschlachten und nach Ausbruch der Revolution in Russland auf den Tag genau ein Jahr vor dem militärischen Zusammenbruch der eigenen Armee nicht mehr wie noch kurz zuvor von Durchhalten sprach, sondern eine alles entscheidende Offensive im Westen forderte: „Unsere Gesamtlage fordert, möglichst früh zuzuschlagen, möglichst Ende Februar oder Anfang März, ehe die Amerikaner starke Kräfte in die Waagschale werfen können. Wir müssen die Engländer schlagen.“[4]

Kann der Durchbruch gelingen?

Auch wenn die wenigsten Armeeführer wie 1917 „wieder nur Abwehrschlachten schlagen [wollten], Materialschlachten, in denen wir zerschlagen werden"[5], standen sie trotz aller Argumente, die für einen Angriff und gegen ein weiteres Verharren in der Defensive sprachen, der von Ludendorff ins Auge gefassten großen, die Entscheidung erzwingende Offensive keineswegs ohne gewichtige Vorbehalte gegenüber. General v. Kuhl, der mit zu den wichtigsten Planern der Offensive gehörte, war wenig optimistisch: „Wir werden", notierte er Anfang Februar 1918, „unser Möglichstes tun. Aber ich habe nun nicht viel Zutrauen zum Angriff, wenn wir nicht besonderes Glück haben. Es kommt", so fuhr er in fast prophetischer Weise fort, „zu einer Ausbauchung. Dann stecken wir in dem Gelände, das wir vor einem Jahr mühsam zerstört und aufgegeben haben. Schließlich kommen die Amerikaner doch!"[6] Dies war die Sicht des Strategen, der genau wusste, dass ein taktischer Erfolg, so groß er auch war, den Krieg, so sehr Ludendorff dies auch glauben mochte, eben nicht beenden konnte. Weitaus wichtiger war die Erkenntnis, dass die Armee erschöpft, das „Material", angefangen bei den Pferden bis hin zu den Geschützen verschlissen war. Nach den extrem hohen Verlusten der vergangenen Jahre verfügten die meisten Einheiten über nur noch wenige erfahrene Kämpfer. Sehr viele waren gefallen, verwundet worden oder in Gefangenschaft geraten. Diese Soldaten begannen zudem, was oft übersehen wird, zu hungern. Die durchschnittliche Tagesration lag mit 2.500 Kalorien deutlich unter der der Alliierten mit 4.000 Kalorien. Selbst die unter Versorgungsschwierigkeiten leidende italienische Armee war in der Lage, ihren Soldaten 3.000 Kalorien täglich bereitzustellen.[7] Gleichermaßen besorgniserregend war der Zustand der Pferde: Auch sie waren unterernährt und bei weitem zu wenige – allein im Dezember 1917 fehlten 43.000 im Vergleich zur Sollstärke –, um eine Armee zu versorgen bzw. Geschütze und Munition beim Vormarsch weiterzuziehen. Lastwagen waren keine Alternative: von Beginn des Krieges an Mangelware, fehlten denen, die noch vorhanden waren, Gummi für die Reifen und Benzin für den Motor. 30.000 deutschen standen 100.000 alliierte Lastwagen gegenüber. Bei Flugzeugen war die Relation ähnlich ungünstig: 3.670 deutsche sollten es mit 4.500 alliierten Flugzeugen aufnehmen.[8] Weitere Beispiele ließen sich anführen.

„Nur Handeln bringt Erfolg"

Ludendorff dachte freilich anders: Erstmals verfügte er nach der russischen Niederlage an der Front im Westen zumindest temporär über eine zahlenmäßig größere Armee als seine Gegner. Auch wenn die Kopfstärke deutscher Divisionen geringer war als die der Alliierten, standen 191 deutschen nur 175 alliierte Divisionen gegenüber. Vor allem lokal war daher bei geschicktem Operieren eine temporäre Überlegenheit möglich. Neue Angriffsverfahren, insbesondere aber der von preußischen Militärs stets ausdrücklich betonte Wille, der bekanntlich Berge versetzte, sollten alle sonstigen Defizite ausgleichen.

Trotz zahlreicher Bedenken vor allem bayerischer Armeeführer, die seit Jahren im Westen festsaßen und die Lage daher gut beurteilen konnten, setzte sich Ludendorff mit seinem Plan der Entscheidungsschlacht durch. Nur diese militärische Offensive konnte den zeitweilig nicht mehr möglich erscheinenden „Siegfrieden" bringen. Dieser „Siegfrieden", dies erklärt auch die Unnachgiebigkeit, mit der die Oberste Heeresleitung für die Offensive eintrat, war eine unabdingbare Voraussetzung für die Realisierung ihres annexionistischen Kriegszielprogramms, das durch seinen „furchtgebietende[n] Umriß [...] eine Revolution der politischen Weltordnung mit sich gebracht hätte".[9] Gleiches galt für die Innenpolitik: Nur ein „Siegfrieden" hielt die überlieferte konservative Ordnung aufrecht, als deren Garanten sich die beiden „Dioskuren" Hindenburg und Ludendorff seit ihrem „Sieg" über Bethmann Hollweg wie auch in anderen zentralen innenpolitischen Fragen verstanden.

Der Gedanke an einen politischen Frieden entsprechend den an traditionellen diplomatischen „Leitideen" sich orientierenden Vorstellungen Kühlmanns[10] schied daher von vornherein aus. Aus dem gleichen Grund lehnte die Oberste Heeresleitung auch eine politische Offensive ab, die besorgte Politiker und Intellektuelle wie Friedrich Naumann, Alfred Weber und Ernst Jäckh, aber auch ein „moderner" Unternehmer wie Robert Bosch Ludendorff im Februar nahe zu bringen versucht hatten. Ludendorff jedoch, der dabei einmal mehr die vom „Heldenmythos" geprägte Gedankenwelt der militärischen Führung der gesamten Wilhelminischen Ära deutlich machte, dachte anders, wie seine Antwort auf diese Eingabe zeigt:

Quelle

Nur Handeln bringt Erfolg

Ludendorffs Antwort auf eine Eingabe führender Politiker, Industrieller und Intellektueller, 22. Februar 1918:

„Nur Handeln bringt Erfolg. (...) Der Angriff ist noch immer die Fechtweise des Deutschen gewesen. Das deutsche Heer, das den Frieden genauso will, wie die deutsche Heimat, freut sich der Aussicht, aus dem Stellungskrieg herauszukommen. Die Offensive wird nicht die ‚Offensive des deutschen Generalstabes', sondern die Offensive des deutschen Heeres und so auch die des deutschen Volkes sein und darum, so Gott will, gelingen."[11]

In vielem, so hat Jörn Leonhard zu Recht argumentiert, ähnelte die Situation im Frühjahr 1918 der des Sommers 1914: Ein schneller Schlag zur rechten Zeit konnte alles entscheiden; Alternativen wurden daher auch nicht weiter erwogen.[12]

Widersprüchliche Stimmungen im Innern

Sicher, angesichts der Warteschlangen vor den Geschäften und des wachsenden Unmuts über die allgemeine Lage sprach viel dafür, den Krieg bald, und das hieß durch einen Kompromissfrieden zu beenden. „Die Marmelade ist jetzt ausverkauft", hatte ein „Störenfried", wie es hieß, teils zum Gelächter, teils aber auch zum Schrecken mancher, die darin ein Anzeichen einer drohenden Revolution sahen, während der Feiern aus Anlass des Geburtstages des Kaisers am 27. Januar 1918 in Münster in die Festversammlung hinein gerufen.[13] Und unter dem 31. Januar 1918 notierte der Stadtarchivar, der die Münsteraner Kriegschronik führte: „In den 31 Tagen des Monats sind aus dem ganzen rund 27.000 Morgen großen Stadtgebiete mit 1.829 Hühnerhaltern insgesamt 17 (siebzehn) Eier bei der städtischen Sammelstelle, der Lagereiverwaltung, abgeliefert worden. Die übrigen Eier gehen unterhändig ab."[14] Unzufriedenheit aufgrund von Versorgungsmängeln und daraus resultierende vielfältige Spannungen zwischen Stadt und Land, Wohlhabenderen, die die hohen Schwarzmarktpreise bezahlen konnten, und jenen, die dazu nicht in der Lage waren, waren jedoch nur ein Aspekt der sich abzeichnenden Krise im Innern. Aus Sicht von Reichsleitung und Oberster Heeresleitung viel bedenklicher war die politische Aufladung der Streiks, die, von Österreich ausgehend, Ende Januar 1918 die großen Städte des Reiches und, vor allem, die Rüstungsbetriebe erfassten. Dabei wurde nicht nur, wie auch in den Jahren zuvor, eine bessere Versorgung gefordert. Erstmals erhoben die Streikenden, deren Zahl in die Hunderttausende ging, auch massive politische Forderungen: einen Frieden ohne Annexionen, das Selbstbestimmungsrecht der Völker, Beteiligung von Arbeitern bei den Friedensverhandlungen, Demokratisierung aller Staatseinrichtungen und die Einführung des allgemeinen, gleichen, direkten und geheimen Wahlrechts für alle Männer und Frauen in Preußen. Der Einfluss der russischen Oktoberrevolution war unverkennbar. Wie brisant die Lage war, macht nicht zuletzt die Tatsache deutlich, dass auch führende Mehrheitssozialdemokaten wie Friedrich Ebert, die bisher loyal zur Reichsleitung gestanden hatten und dies auch weiterhin tun wollten, sich gezwungen sahen, in die Streikkomitees einzutreten, um die eigenen Anhänger zu beschwichtigen. Dass dieses Verhalten später als „Verrat" gedeutet werden sollte, gehört zu den bitteren Ironien der Geschichte des Ersten Weltkriegs.

Die günstige Gelegenheit nutzen?

So unübersehbar die Forderung nach einem baldigen Ende des Krieges durch einen Kompromissfrieden war, so unüberhörbar waren auch die Stimmen jener, die aufgrund der augenscheinlich vorteilhaften Lage des Reiches für einen „Siegfrieden" plädierten. Dazu gehörten keineswegs nur bornierte Militärs, Alldeutsche oder die Anhänger der Vaterlandspartei, deren Anhänger sich aus breiten Schichten rekrutierten. Nur wenige Wochen, bevor die Metallarbeiter in Berlin zu Tausenden auf die Straße gingen, notierte Harry Graf Kessler, der ein erstaunliches Gespür für das Einfangen von Stimmungen hatte, bei einem Besuch in Berlin in seinem Tagebuch: „Ich fand eine gegen früher auffallend veränderte Stimmung vor. Man schien von Siegesmöglichkeiten ganz berauscht. Propaganda würde nach dem Kriege kaum noch nötig sein, da wir jetzt Aussicht hätten, zu siegen, u. es dann gleichgültig sei, ob die Völker uns hassten oder liebten."[15]

Wie weit verbreitet diese Stimmung am Ende war, ist schwer zu ermessen. Gleichwohl, es gab sie, genauso wie die trotz zahlreicher Bedenken vor allem bei den Linken auch sehr weit verbreitete Freude über den Frieden von Brest-Litowsk, einen nahezu „idealtypischen Diktatfrieden" (Jörn Leonhard), den die bolschewistische Regierung nach dem deutsch-österreichischen Eisenbahnvormarsch in die Weiten Russlands vom Februar/März 1918 nach internen Auseinandersetzungen dann doch unterzeichnete, um den Rücken zur Durchsetzung der eigenen Revolution im Innern frei zu haben. Aus der Perspektive der Befürworter auf deutscher Seite eröffneten sich damit Möglichkeiten, von denen viele bisher allenfalls zu träumen gewagt hatten. Die für das Frühjahr 1918 typische Ambivalenz der Stimmung im Innern, macht auch eine Tagebuchaufzeichnung des Heidelberger Historikers Karl Hampe vom 5. März deutlich:

Quelle

Feststimmung

Tagebucheintragung des Heidelberger Historikers Karl Hampe vom 5. März 1918:[16]

„Die Großen haben im Gymnasium doch noch frei bekommen zum russischen Friedensschluß. Sonst ist von Feststimmung in der Stadt verzweifelt wenig zu spüren. Unsre kleine Fahne gehört zu den ganz wenigen, die heraus sind. Man ist allmählich gegen Siege und Erfolge selbst abgestumpft. Und dabei ist ja das im Friedensschluß Erreichte enorm. Wer hätte das noch vor einem Jahr für möglich gehalten! Man muß wirklich die Ansichten unserer Pessimisten gelegentlich etwas rückwärts revidieren."

Wenn Hindenburg und Ludendorff daher im Frühjahr 1918 zum Schrecken selbst gemäßigter Politiker im Reichstag nicht nur ihre Pläne hinsichtlich der Gründung eines großen Ostimperiums skrupellos zu realisieren begannen, sondern auch unmissverständlich im Westen auf Sieg setzten, dann hatten sie durchaus einen großen Teil der Öffentlichkeit, aber auch die Soldaten an der Front auf ihrer Seite. Auch ein hypertropher „Siegfrieden" beendete schließlich den Krieg.

Abb. 32 Der letzte Versuch, die Entscheidung herbeizuzwingen: Deutsche Truppen auf dem Vormarsch im Frühjahr 1918.

Michaeloffensive

Am 21. März brach der sorgsam vorbereitete Feuersturm entlang einer ca. 80 Kilometer langen Front schließlich los: 6.608 Geschütze und 3.534 Minenwerfer ließen einen Hagel von 3,2 Millionen Granaten – ein Drittel davon tödliches Senfgas – auf die englischen Stellungen zwischen Arras und Oise niedergehen.[17] Gelang es, die seit den blutigen Flandernschlachten des Vorjahres schwer angeschlagenen englischen von den kaum weniger erschöpften französischen Truppen zu trennen, dann bestand die verlockende Aussicht, das Britische Expeditionsheer nach dem Erreichen der Kanalhäfen isoliert zu vernichten. Auf den ersten Blick schien diese Rechnung tatsächlich aufzugehen. Weitgehend völlig überrascht von dem Artilleriefeuer, auf das ein von vielen bis dahin nie erlebter massiver Infanterieangriff folgte, wichen die englischen Truppen zurück. Am Abend des ersten Angriffstages waren deutsche Truppen vier bis fünf Kilometer vorgedrungen, in den Tagen danach sollten sie weitere Fortschritte machen. Am Abend des 23. März hatten deutsche Truppen 400 Geschütze erbeutet und fast überall das 1916 verlorene Gebiet zurückerobert. Im Norden des Frontabschnitts waren sie bereits im Begriff, in das offene Hinterland durchzubrechen. Um den Druck auf die Alliierten zu erhöhen, begannen deutsche Kanonen am zweiten Tag der Offensive zugleich, mithilfe eigens konstruierter Langrohrgeschütze die französische Hauptstadt zu beschießen. Abgefeuert aus mehr als 120 Kilometer Entfernung, schlugen deren Geschosse in Paris ein und verbreiteten Panik, auch wenn die tatsächlichen Verluste – 256 Tote, 62 Verletzte – dieser Angriffe, die bis August andauerten, gering waren.[18] Ludendorffs Kalkül, das eine Mischung aus der Bereitschaft zum Vabanque-Spielen, Kenntnis der eigenen schwindenden Ressourcen und der erkennbar kritischen Lage der Alliierten gewesen war, schien offenkundig aufzugehen.

„Tag der Abrechnung“?

Entgegen der Meinung der besorgten Intellektuellen, die im Februar vor den unabsehbaren Risiken der Offensive gewarnt hatten, fand diese Schlacht, pathetisch in „Michaeloffensive“ umgetauft, dann doch die Zustimmung Vieler. „Der Tag der Abrechnung mit Engländern und Franzosen wird bald da sein. Schwere Tage werden’s für uns; aber die nehmen wir schon auf uns“, schrieb ein Leutnant des Feldartillerieregiments Nr. 56 am 17. März, und nach dem Einrücken in die Feuerstellung notierte er, überwältigt von dem Eindruck der versammelten Kampfmittel: „In jeder Mulde, in jedem Busch, in jedem Loch stehen Geschütze, dicht Rad an Rad, die Kanoniere arbeiten in Hemdärmeln [sic], schiessen, was das Zeug hält. Was ist darin für eine Kraft konzentriert, welch gewaltiger eiserner Wille spricht hier! Der Wille des deutschen Heeres, verkörpert in der beherrschenden Persönlichkeit Ludendorffs, der Wille, den Feind zu zerschmettern.“[19] Karl Hampe formulierte seinen Eindruck von dem, was im Westen geschah, zwar vornehmer, im Ergebnis aber ähnlich: „Die Kunde von der Offensive im Westen in breiter Front vor Cambrai-St. Quentin wirkt trotz der blutigen Opfer, die sie kosten wird, wie eine Erlösung, und der Anfang scheint hoffnungsvoll. Diesmal werden die Engländer daran glauben müssen.“[20] Mit der Freude über den möglichen Sieg einher ging, so glaubte Hampe zu erkennen, auch ein Stimmungswandel im Innern: „Der überwältigende Siegeslauf hält an. Die Stimmung der Augusttage 1914 kehrt wieder.“[21] In Münster wehten angesichts „der größten Niederlage der britischen Geschichte“ auf Befehl des Kaisers die Fahnen, „Victoria“ wurde geschossen, der Schulunterricht fiel aus und „in der Mittagstunde läuteten alle Glocken Sieg“.[22] Selbst der „Vorwärts“, das Organ der Mehrheitssozialdemokraten, stellte Anfang April, wenngleich nicht ohne Resignation, fest, dass auch sie auf den „baldigen vollen Sieg Deutschlands auch im Westen“ setzten.[23]

Quelle

Angriffsgeist und Draufgängertum

Leutnant Ernst Jünger am 21.3.1918 in seinem Tagebuch:[24]

„Der große Moment war gekommen. Die Feuerwalze verschwand weiter hinten. Wir traten an. In einer Mischung von Gefühlen hervorgerufen durch Aufregung, Blutdurst, Wut und Alkoholgenuß gingen wir im Schritt auf die feindlichen Linien los. Ich war der erste Mann der Komp[anie], schwang in der linken Hand meinen Reitstock, in der rechten die Pistole. Hinter mir ging mein Bursche Vinke. (...) Dann erklomm ich den Damm. Auf der andern Seite bot sich mir ein seltsamer Anblick. Die Tommys, die die Stellung hinter dem Damm besetzt gehabt hatten, liefen teils über freies Feld davon und wurden wie die Hasen abgeschossen oder setzten sich in den Gräben zur Wehr und wurden mit Handgranaten bearbeitet. Der Graben unter mir war vielleicht 5 m von mir entfernt, ich schoß erst mal meine sämtlichen Pistolenkugeln auf die Kerls ab, die darin umherliefen. (...) Nun drehte ich mich wieder nach den Flüchtlingen um. Gerade stieg, einen Handgranatentreffer verkündend, ein englischer Stahlhelm 10 m hoch in die Luft. Ich fühlte das unbezähmbare Bedürfnis, etwas kaputt zu machen und riß einem Unteroffizier ein Gewehr aus der Hand, das mich während der ganzen Schlacht begleitete. Mein erster Schuß fällte einen Engländer, der ungefähr 75 m von mir dicht neben einem Deutschen zu sehen war. Er schlug um wie auf dem Scheibenstand.
Dann feuerte ich auch auf die Fliehenden, von denen wohl sehr wenig mit dem Leben davon gekommen sein dürfen. Nachdem so ganze Arbeit geschafft war, ging es weiter. Diese Scene hatte Angriffsgeist und Draufgängertum eines jeden entfacht. Von Führung einheitlicher Verbände war keine Rede mehr, alles war vermischt, aber Alles kannte auch nur eine Parole: vor!“

Ernüchterung und Scheitern

Die Euphorie der März- und Apriltage verflog jedoch schneller als erwartet. Hohen Frontoffizieren war schon sehr früh klar, dass die mit so großen Hoffnungen begonnene Offensive im Prinzip gescheitert war, obwohl die deutschen Armeen mehr als 60 Kilometer vorgedrungen waren. Angesichts der Realität des Stellungskrieges, war dies eine gewaltige Leistung, aber eben nicht der angestrebte Durchbruch. Die nachfolgenden erneuten „Schläge" im Mai/Juni 1918 konnten an der Diagnose der eigenen Erschöpfung und der nunmehr unvermeidlichen Niederlage, nichts ändern. Die neuen Offensiven, die unter Decknamen wie „Georgette" (9.4.-29.4.), „York" (27.5.-5.6.), „Blücher" (27.5.-5.6.), „Goerz" (27.5.-5.6.), „Gneisenau" (9.6.-13.6.), „Hammerschlag" (12.6.), „Marne" (15.7.-17.7.) und „Reims" (15.7.-17.7.) an verschiedenen Teilen der Front in immer schnellerer Folge begonnen wurden, ließen die deutschen Truppen zwar noch einmal bis in die Sichtweite von Paris und an die Marne vorstoßen, den Sieg ermöglichten sie nicht.[25]

6.2 Die Wende des Krieges

Auf Messers Schneide?

Das Scheitern von Ludendorffs Planungen ging einher mit einem wachsenden Erstarken der Alliierten. Kein Zweifel: Die deutschen Angriffe hatten ihnen schwer zugesetzt. Weite Teile Nordfrankreichs waren erneut besetzt, mühsam erkämpftes Terrain verlorengegangen. Hinzu kamen gewaltige Verluste. Bei der „Michael"-Offensive beliefen sich diese auf 254.739, bei „Georgette", „Blücher", „Goerz", „Yorck" auf insgesamt 399.851 Mann.[26] Auch in der Folgezeit blieben die Verluste hoch. In der „Hundert-Tage-Offensive" – so die alliierte Bezeichnung für den „Siegeslauf" seit August 1918 betrugen die englischen Verluste 314.000; die Maas-Argonnen-Offensive, die Ende September begann, „kostete" Franzosen und Amerikaner 70.000 bzw. 117.000 Mann. Doch anders als die deutschen Armeen, die ausbluteten, hatten die Alliierten ein unerschöpflich scheinendes Reservoir – die in immer schnellerer Folge eintreffenden US-Soldaten. Waren es im März 1918, zu Beginn der Offensive, gerade einmal 329.005 Mann gewesen, so hatte sich deren Zahl bis Juli vervierfacht (1.210.708), um sich bis November dann noch einmal fast zu verdoppeln (2.057.675). So hoch deren Verluste, nicht zuletzt aufgrund von Unerfahrenheit auf einem modernen Schlachtfeld, auch waren, die US-Army konnte sie angesichts des herbeieilenden eigenen Ersatzes vergleichsweise „leicht" wegstecken. Die Bedeutung dieses Zuwachses auf alliierter Seite wird freilich erst dann deutlich, wenn man diesen in Korrelation zu den deutschen Verlusten im gleichen Zeitraum setzt, die nicht mehr zu ersetzen waren: 956.000:973.000

Mann zwischen März und Juli 1918. Hinzu kamen die schier unvorstellbaren Mengen an Material. Aber nicht nur hinsichtlich der Zahlen begannen die Alliierten nun, tatsächlich überlegen zu sein. Gleiches gilt auch für die innere Organisation. Die deutschen Offensiven waren in jeder Hinsicht ein Schock gewesen. Sie hatten im wahrsten Sinne des Wortes fast die Achilles-Ferse der Alliierten getroffen. Aber diese wussten daraus zu lernen. Eine dieser Lehren war die Erkenntnis, dass nur ein gemeinsames Vorgehen, und das hieß eben auch, ein gemeinsames Kommando, die angespannten eigenen Kräfte bündeln und einen Ausweg aus der Krise aufzeigen konnte. Bereits im März einigten sich die politischen Führer der Alliierten darauf, einen gemeinsamen Oberbefehlshaber mit der Leitung aller Operationen zu betrauen: den französischen General Ferdinand Foch. Auch dieser konnte die Rückschläge bei den folgenden deutschen Offensiven nicht verhindern, diese durch geschicktes Operieren, aber auch die Übernahme deutscher Verfahren bei der Verteidigung eigener Stellungen trotz hoher Verluste jedoch auffangen. Auffangen konnte er auch die Stimmung unter den eigenen Soldaten. Diese waren kaum weniger erschöpft und kriegsmüde als ihre deutschen Kameraden. „Ich muß gestehen“, hieß es in einem im März 1918 konfiszierten Brief eines französischen Soldaten, „daß die Soldaten an der Front nicht mehr an den Endsieg und den Zusammenbruch Deutschlands glauben, und da die meisten mit Elsaß-Lothringen nichts am Hut haben, wünschen sie sich nur den sofortigen Frieden. Status quo ante bellum.“[27] Die Nachwirkungen der Meutereien von 1917 und hoher Verluste, aber auch die nicht abflauenden internen Auseinandersetzungen zwischen jenen, die an die Front mussten und denen – immerhin 560.000 Mann –, die das Privileg hatten, für die Arbeit in kriegswichtigen Fabriken freigestellt zu sein, anstatt in den Gräben zu kämpfen, waren unterschwellig immer spürbar. Versuche, hier eine „Lösung“ zu finden, glichen angesichts der unvereinbaren Erfordernisse von Front und Industrie insofern der Quadratur des Kreises. Daran änderte auch der verstärkte Einsatz von Arbeitern (ca. 220.000) und Soldaten (ca. 563.300) aus den eigenen Kolonien in der heimischen Industrie bzw. an den Fronten wenig. Von Kriegsbegeisterung konnte daher weder bei den englischen noch den französischen Truppen die Rede sein. Im Gegenteil: Um die Stimmung zu heben, hatte der Oberkommandierende des Britischen Expeditionskorps, General Douglas Haig, sogar im Frühjahr 1918 beschlossen, mithilfe von Geistlichen ein politisches Bildungsprogramm aufzulegen, das in vielem dem „Vaterländischen Unterricht“ ähnelte. Dass bessere Verpflegung und Ausrüstung genauso wie harsche disziplinarische Maßnahmen, die auch vor der Verhängung von Todesstrafen in weit größerem Umfang als bei den deutschen Truppen nicht zurückschreckte, auch eine, im Einzelnen schwer abzuschätzende Rolle bei der „Motivation“ der Soldaten spielten, sei hier der Vollständigkeit halber auch erwähnt.[28]

Stimmung unter alliierten Soldaten

Wie eng militärischer Erfolg und Moral der Truppe freilich zusammenhingen, machten dann die alliierten Gegenangriffe seit Juli 1918 deutlich. So wie ihre deutschen Kameraden Anfang März gehofft hatten, durch ihren Einsatz den Krieg rasch zu beenden, so glaubten dies nun deren alliierte Gegner. Für französische Soldaten ging es um die bevorstehende Befreiung der Heimat, für die englischen, nach all den Niederlagen, um den Sieg schlechthin.[29] Aber auch hier blieb das Bild angesichts der hohen Verluste ambivalent: „Und immer wieder Verluste. Meine Kompanie des 11. Schützenregiments war am 3. August 1918 187 Mann stark. Am Abend nach dem Angriff zählte sie nur noch zwei Europäer und 30 Eingeborene. Alle anderen sind verwundet oder gefallen“,[30] hieß es in einem abgefangenen Brief. Hinzu kam die Erschöpfung, die ein Soldat am 15. Oktober 1918 in einem Brief eindrücklich schilderte: „Es sind jetzt schon 25 Nächte vergangen, in denen wir nie auch nur vier Stunden geschlafen haben. Wir haben nur unsere Zeltbahn. Wenn man ein oder zwei Stunden gedöst hat, stellt man fest, daß man mit Reif bedeckt ist. Schon seit 20 Tagen haben wir nichts Warmes mehr zu essen und zu trinken bekommen, haben wir uns weder gewaschen, noch rasiert, noch die Wäsche gewechselt. Wenn das so weitergeht, werden wir vom Ungeziefer aufgefressen.“[31] Je näher der Sieg schließlich schien, umso weniger wollten die einzelnen Soldaten noch in letzter Minute ihr Leben riskieren. „Die Männer greifen nur unter Murren an, verfolgen die Deutschen nur zögernd und halten möglichst viel Abstand. Zum Glück sind da noch die Amerikaner und Engländer. Vor allem erstere sind noch recht draufgängerisch. Ohne sie wären wir dem Hohn und Spott der Deutschen ausgeliefert,“[32] berichtete der Stab des 2. Kavalleriekorps am 7. November 1918 an das Oberkommando. Gewisse Parallelen zwischen alliierten und deutschen Soldaten sind auch hier erkennbar. Aufsässigkeiten, ja selbst einzelne Meutereien blieben daher nicht aus, an manchen Stellen geriet der Vormarsch sogar zeitweilig ins Stocken.

Die alliierte Gegenoffensive

Den Beginn des alliierten Gegenschlags markieren die mit überlegenen Kräften begonnen Angriffe bei Villers-Cotterêts am 18. Juli im Süden der Front; am 8. August, dem berühmten

„schwarzen Tag“, folgte ein Angriff bei Amiens im Norden. Auch wenn anders als 1944 nach der Landung in der Normandie von einem alliierten Siegeslauf keine Rede sein kann,[33] so begann mit diesen Kämpfen doch eine Reihe von Offensiven, die die deutschen Truppen Stück für Stück zurückdrängten. Die Kombination von Infanterie- und vorbereitendem Artillerieangriff, dem Einsatz von Tanks und Angriffen von Flugzeugen auf deutsche Stellungen wie auch strategisch wichtige Ziele im Hinterland wie Eisenbahnlinien, Nachschubdepots oder Fernmeldeeinrichtungen, aber auch, je nach Lage, konventionellen Angriffen an verschiedenen Stellen der Front erwies sich dabei schließlich als erfolgreich. Bereits Ende August hatten die Alliierten große Teile des Terrains zurückerobert, das sie im Frühjahr verloren hatten. Anfang September zogen sich die deutschen Truppen vor dem Ansturm der alliierten Armeen auf die gut ausgebaute „Hindenburg“-Stellung zwischen Lille und Metz zurück, gaben diese seit Ende September aber nach erneuten heftigen Angriffen auf. Im Oktober gaben deutsche Truppen auch Flandern auf; der Versuch, sich in einer zwischen Antwerpen und der Maas hastig errichteten neuen Stellung, der „Hermann“-Linie, behaupten zu können, war reine Illusion. Am 11. November endeten die Kämpfe schließlich mit der Unterzeichnung eines Waffenstillstands im Eisenbahnwagen des alliierten Oberbefehlshabers, Marschall Foch, im Wald von Compiègne. Die kaiserlichen Armeen, die es zumindest dem Namen nach seit den revolutionären Ereignissen der vorangegangenen Tage ohnehin nicht mehr gab, hatten den Krieg endgültig verloren.

Ursachen der militärischen Niederlage

Vom 11. November 1918 aus betrachtet, erscheint der Sieg der Alliierten das fast zwangsläufige Ergebnis einer Kette schwer erkämpfter Erfolge. Aus der Sicht mancher zeitgenössischer Beobachter, die zu Beginn des Jahres 1918 in die Zukunft schauen wollten, war dieser Sieg keineswegs klar. Selbst die alliierten Generale gingen lange davon aus, dass sich der Krieg bis 1919, wenn nicht darüber hinaus hinziehen würde – ob sie dies nun wollten oder nicht. Selbst im Herbst, als sie die deutschen Armeen bereits weit zurückgedrängt hatten, waren sie sich ihres Erfolges angesichts deren Fähigkeit, sich einzugraben und taktisch geschickt zu verteidigen, keineswegs sicher. Wenn die neuere Forschung daher stärker als in den Jahrzehnten zuvor die Offenheit der Situation auf dem Schlachtfeld bis in den Sommer 1918 hinein betont, dann ist dem zuzustimmen.[34] Warum aber verloren die deutschen Armeen dann den Krieg schließlich dennoch auch auf dem Schlachtfeld? Die Gründe hierfür sind vielschichtig. „Rückblickend", so hatte Kuhl bereits am 6. April 1918 in seinem Tagebuch festgehalten, „kann ich sagen, daß unser großer Angriff am 21.3. gut vorbereitet und gut durchgeführt wurde. Aber die daran anschließenden Operationen sind von der O.H.L. nicht gut geleitet worden"[35], und General Oskar v. Hutier, Kommandeur einer der Angriffsarmeen, notierte am 2. Mai in seinem Kriegstagebuch: „Also richtig alles fehlgelaufen."[36] Verantwortlich dafür war zunächst die von vielen Generälen immer wieder beklagte Unfähigkeit Ludendorffs, „ein klares, großes operatives Ziel zu setzen".[37] Bereits die ersten Angriffe waren daher regelrecht zerfasert, da Ludendorff, auf der Suche nach der weichen Stelle in der alliierten Front, ständig die Angriffsrichtung gewechselt, damit aber den Schwung der eigenen Offensive geschwächt hatte. Unübersehbar waren auch die mit den operativen Problemen verbundenen, angesichts der desolaten Lage des Heeres bei der Versorgung einer Riesenarmee verbundenen logistischen Schwierigkeiten. Je weiter die deutschen Gruppen vorstießen, umso schwieriger war es, diese zu versorgen. Die Gebiete, die sie nun eroberten, waren in den Jahren zuvor zumeist gründlich zerstört worden. Sich dort zu bewegen, war daher ohnehin schwierig genug: Fast unmöglich war es freilich, die Artillerie und den Nachschub mit den immer weniger werdenden Pferden und angesichts einer viel zu geringen Zahl an Lastwagen nachzuziehen – von den stetig größeren werdenden Distanzen zu den eigenen Eisenbahnendköpfen im Hinterland einmal ganz abgesehen. Ludendorff war in dieser Hinsicht aber nicht belehrbar, wie viele Kommandeure bald beklagten. Im Gegenteil, anstatt seine bisherigen Planungen kritisch zu überprüfen, trieb er die eigenen Armeen zu immer neuen Angriffen an und verheizte sie damit Schritt für Schritt. Der Wechsel von der Offensive zur Zermürbungstaktik im Sommer änderte daran nichts. Auch wenn Ludendorff nun das ursprüngliche Ziel aufgab, durch offensive Stöße den Krieg entscheiden zu wollen, so glaubte er nun, dass jeder Angriff gerechtfertigt sei, „so lange er dem Gegner erheblich größere Einbußen bringt als uns selbst."[38]

„Unsere Truppen können nicht mehr"

Dabei ging, wie Kuhl bereits am 6. April, also drei Wochen nach Beginn der Offensive, notiert hatte, kein Weg an der Einsicht vorbei: „Unsere Truppen können nicht mehr, sie sind erschöpft."[39] Von den 191 Divisionen, die das Heer im Westen zählte, galten nach einer Untersuchung des Reichsarchivs im Oktober 1918 nur noch sieben (!) als uneingeschränkt kampffähig, 40 als „abwehrfähig", 43 als „bedingt abwehrfähig", 91 als „abgekämpft" und die restlichen fünf als „unbrauchbar und daher aufzulösen".[40] „Der Zustand des FeldA[rtillerie]R[egiments]

15", so hieß es im Bericht vom 31. Oktober 1918, „hat sich jedoch weiterhin verschlechtert. Die sehr hohe, ununterbrochene Feuertätigkeit bei Tag und besonders bei Nacht, der stets anstrengende Munitionsersatz hat den geringen Mannschaftsstand, der durch blutige Verluste und Grippeerkrankungen weiterhin abgenommen hat, bis zur Grenze der Leistungsfähigkeit angestrengt. Die Mannschaften des Regiments liegen seit dem 25.8. ohne einen Ruhetag ununterbrochen im Freien. Offiziere und Mannschaften sind völlig verlaust. Die Pferde haben infolge der schwierigen Munitionierungsverhältnisse in Bezug auf ihren Kräftezustand außerordentlich gelitten." Im Juni wurden daher bereits 28 Divisionen aufgelöst, im August mussten alle Divisionen, deren Bataillone nur noch Gefechtsstärken unter 650 Mann hatten, diese von vier auf drei reduzieren.

Die Soldaten wollen nicht mehr

Doch die Truppen *konnten* angesichts dieser Belastungen nicht nur nicht mehr, sie *wollten* zunehmend tatsächlich auch nicht mehr. „Trotz Befehlen" griffen sie einfach nicht mehr an.[41] Der erstarkende Widerstand des Gegners und dessen materielle Überlegenheit beispielsweise an Flugzeugen, die durch pausenlose Nachtangriffe den Soldaten „jede Nachtruhe" raubten,[42] zermürbte diese und trug damit, wie es im militärischen Jargon hieß zu einer „Mehrung der Verbrechen gegen die Disziplin"[43] bei. Angesichts der hohen Verluste, der Enttäuschung über das Scheitern einer Offensive, die für viele tatsächlich die letzte, erfolgreiche hatte sein sollen und wachsender Erschöpfung waren diese Reaktionen nicht erstaunlich. Hinzu kamen die ungeheuren Opfer. Die deutschen Armeen hatten den alliierten Gruppen zwar erhebliche Verluste zufügen können – allein am ersten Tag der Offensive betrugen die englischen Verluste 7.512 Tote, 10.000 Verwundete und 21.000 Gefangene –, aber die eigenen Verluste überstiegen die des Gegners: 10.851 Tote, 28.778 Verwundete und 300 Gefangene waren ein hoher Preis für einen taktischen, aber eben nicht strategischen Geländegewinn.[44] An diesem Grundmuster sollte sich in der Folgezeit wenig ändern. Im Juli 1918, als die deutschen Truppen sich festgelaufen hatten und die Alliierten zur Gegenoffensive ansetzten, betrugen die deutschen Gesamtverluste seit Beginn der Offensive im März nach Einrechnung der wieder dienstfähigen Soldaten 950.000 Mann, darunter 126.000 Tote und 101.000 Vermisste.[45] Hinzu kam die wachsende Zahl von Erkrankungen – allein durch die Spanische Grippe – in Höhe von 919.278 nur im Juli und August. Es war absehbar, dass diese Lücken immer weniger geschlossen werden konnten. Gleichermaßen machte die steigende Zahl von Soldaten, die lieber in Gefangenschaft gingen als weiterzukämpfen, deutlich, dass das Heer nicht nur „krank“, sondern tatsächlich kriegsmüde war. Die Zahl der Vermissten stieg stetig: allein im August waren es 93.180, von denen ein Teil gefallen, ein größerer hingegen sich einfach ergeben hatte. Wie viele Soldaten sich zugleich zu „drücken“ begannen, ist nicht mit Sicherheit zu sagen. Schätzungen schwanken zwischen 300.000, 750.000 und 1.000.000.

„Militärstreik“?

Die stetig steigende Zahl von Soldaten, die sich gefangen nehmen ließen oder drückten, sind in der Forschung häufig als Beleg für einen „Militärstreik“ gedeutet worden. Diese, so die These, hätten den Krieg durch vielfältige Formen der Verweigerung faktisch beendet. Es steht außer Frage, dass der Unmut in der Truppe seit dem Scheitern der Offensive im Frühjahr gewachsen war. Rufe wie „Streikbrecher“, mit denen Soldaten offenkundig motivierte Sturmtruppen begrüßten, oder die wachsende Zahl von Zwischenfällen bei Truppentransporten von der Ost- and die Westfront bzw. von der Heimat in die Gräben sind ein deutliches Indiz für die zunehmend schlechtere Stimmung unter den Soldaten. Wann diese Stimmung aber zu einem Massenphänomen wurde, ist umstritten. Viel spricht dafür, dass die alliierten Angriffe im Juli/August der eigentliche Katalysator waren, die die Stimmung drückten. Diese Stimmung blieb aber bis zum Schluss, was gelegentlich übersehen wurde und wird, zumindest bis in den Oktober hinein zwiespältig. Auch wenn das Heer im Herbst 1918 nur noch ein „Spinnwebennetz von Kämpfern“ war, das die Front zusammenhielt,[46] so hielt es doch zusammen und fügte den Alliierten immer wieder erhebliche Verluste zu. Unmut zu äußern und aktiv den Kampf zu verweigern, waren zudem zweierlei. Hier hing viel von den jeweiligen Kommandeuren im Graben oder auf dem Feld ab. Besonders erstaunlich ist dabei, dass neueren Forschungen zufolge viele junge Offiziere die wachsende Resignation, Erschöpfung und Kriegsmüdigkeit der ihnen anvertrauten Soldaten teilten. Sie gingen daher oft mit diesen in Gefangenschaft, vor allem, nachdem das deutsche Waffenstillstandsgesuch die „Drückebergerei“ wie auch den freiwilligen Gang in die Gefangenschaft gleichsam beglaubigt hatte.[47] Das Misstrauen, ja die regelrechte Abscheu gegenüber den hohen Offizieren in Heer, deren Festgelage, deren Korruption und deren Verschieben von Lebensmittel und anderen Gütern zugunsten ihrer eigenen Familien in der Truppe allgemein bekannt waren, wirkten als zusätzlicher „Treibsatz“ bei der Desintegration von Armee. Bei der Marine war die Lage eher noch schlimmer, wie die Ereignisse im Oktober 1918 zeigen sollten. Das Heer kollabierte daher insofern einfach, ohne dass es mangels Quellen möglich sein wird zu entscheiden, welche Faktoren tatsächlich den Ausschlag gegeben haben. Der von den Vertretern der „Dolchstoß“-Legende bald behauptete Zusammenhang von militärischer Niederlage und revolutionärer Stimmung im Innern spielte dabei keine Rolle. Rückwärtige, nicht aber Fronttruppen waren in Teilen von revolutionärem Gedankengut infiziert. Anders als in der russischen Armee gab es Soldatenräte daher erst in den letzten Kriegstagen, und auch dann verstanden sich diese in erster Linie als „Organe für die Erhaltung der Disziplin“ und nicht als „Organisatoren der Revolution“ – so der damalige Soldat und spätere SPD-Parlamentarier Carlo Schmid.[48]

6.3 „Jede Woche ist kostbar“ – Friedenssuche und Kontinuität der Illusionen

Die späte Suche nach einem Frieden

Selbst wenn man mit der neueren Forschung guten Gewissens annehmen kann, dass die militärische Entscheidung des Krieges bis zum Sommer offen war, so war doch auch für die Verantwortlichen auf deutscher Seite schon früh unverkennbar, dass das eigentliche Ziel der Frühjahrsoffensive, der Sieg, nicht zum Greifen nahe war. Jede Woche war daher kostbar, wie der bayerische Kronprinz und Führer einer Heeresgruppe im Westen Anfang Juni 1918 an den Reichskanzler schrieb:

Quelle

Jede Woche ist kostbar

Der bayerische Kronprinz Rupprecht an Reichskanzler Georg Graf von Hertling, 1. Juni 1918:[49]

„So günstig unsere militärische Lage auch augenblicklich ist, kranken wir doch an zwei Übeln, denen nicht abzuhelfen ist, dem allmählich eingetretenen Mangel an Ersatzmannschaften und an Pferden, ein Mangel, der sich immer mehr steigern muß. Wir werden zwar in der Lage sein, dem Gegner im Westen noch ein paar gewaltige Schläge zu versetzen, kaum aber, ihm eine entscheidende Niederlage zu bereiten, (...). Ich habe diese meine Ansicht schon vor der Märzoffensive Seiner Majestät dem Kaiser ziemlich unver-

blümt vorgetragen und ich will sie nun auch Eurer Exzellenz nicht vorenthalten, denn es ist meines Erachtens der Zeitpunkt gekommen zur Anbahnung von Friedensverhandlungen. Jetzt haben wir noch Trümpfe in der Hand – nämlich die Drohung mit in Bälde sich verwirklichenden neuen Angriffen –, später, wenn diese Angriffe einmal erfolgt sind, nicht mehr. – General Ludendorff ist gleichfalls der Ansicht, daß aller Wahrscheinlichkeit nach ein entscheidender, den Gegner vernichtender Sieg sich nicht mehr wird erringen lassen; er hofft jedoch auf die rettende Hilfe eines Deus ex machina, nämlich auf den plötzlichen inneren Zusammenbruch einer der Westmächte nach Art des Zusammenbruchs des russischen Reiches. Ost und West sind aber grundverschieden, und keiner der westlichen Staaten ist so morsch, wie das Russische Reich schon vor dem Kriege es war. Ich selbst vertrat einst den Gedanken der Angliederung Belgiens an das Deutsche Reich in irgend welcher Form, jetzt aber bin ich, abgesehen von andern Gründen, schon deshalb davon abgekommen, weil ich der Überzeugung bin, daß der einzige Weg, der uns zum Frieden führen kann, der ist, daß wir erklären, die Selbständigkeit Belgiens unangetastet erhalten zu wollen. Gewiß ist das Sichbescheiden mit dem Status quo ante im Westen für uns keine erfreuliche Lösung, aber ich glaube nicht, daß eine günstigere sich wird erreichen lassen, da wir hierzu nicht die Kräfte besitzen, und so meine ich, daß wir uns mit dem im Osten Erreichten begnügen müssen. Damit, daß der eine Gegner im Osten völlig erledigt ist, sind wir die Sieger; auch selbst ein Friede, der uns im Westen keinerlei Gewinn brächte, wäre ein siegreicher Friede. Müssen wir über den Winter weiterkämpfen, wird dies auf den Geist der Truppe nachteilig wirken, bei der allgemein die Hoffnung besteht, daß der Krieg bis zum Herbste beendigt sein wird.
Ich hätte nicht geschrieben, würde ich nicht Eile für geboten erachten, und jede Woche ist kostbar.“

Kontinuität der Illusionen

Angesichts der also durchaus vorhandenen Einsicht in die auf Dauer unvermeidliche Niederlage in der Führung des Reiches gilt es daher umso mehr zu fragen, welche politischen Strategien Reichsleitung und Oberste Heeresleitung in diesen Monaten verfolgten. Die Antwort ist relativ einfach: So wenig wie Ludendorff aus den militärischen Fehlschlägen die Konsequenzen ziehen wollte, so wenig war er bereit, dies auf politischem Gebiet zu tun. Nichts ist besser geeignet, das Denken der Obersten Heeresleitung zu charakterisieren als Hindenburgs Antwort auf ein Glückwunschschreiben des Vorsitzenden des Direktoriums der Firma Krupp, Alfred Hugenberg, zu den bisherigen Siegen vom 31. März

1918. „Die Ereignisse der letzten Monate beweisen uns, daß der Sieg uns nicht entrissen werden kann, dessen wir für Deutschlands politische und wirtschaftliche Zukunft bedürfen. Wir werden ihn um so ausgesprochener erringen, je geschlossener die Heimat sich hinter den Siegeswillen des Feldheeres stellt und bereit ist, die großen und kleinen Nöte einer hoffentlich nur noch kurzen Zeit zu ertragen, um eine um so hellere Zukunft für uns und unsere Nachkommen zu erstreiten", hieß es darin.[50] Dass Hindenburg dies ernst meinte, macht ein ähnliches Telegramm deutlich, das er am Folgetag an den Reichstag sandte, und in dem er ebenfalls einen „kraftvollen deutschen Frieden" verlangte.[51]

Was dies konkret bedeutete, zeigt zum einen der Sturz des Staatssekretärs des Auswärtigen, Richard v. Kühlmann. Dessen Äußerungen im Reichstag Ende Juni 1918, dass „durch rein militärische Entscheidungen allein ohne alle diplomatischen Verhandlungen ein absolutes Ende kaum erwartet werden"[52] könne und die unüberhörbare Andeutung, nicht nur hinsichtlich des zukünftigen Status von Belgien verhandlungsbereit, sondern generell mit einem Frieden auf der Basis des Status quo ante zufrieden zu sein, hatten einen Sturm der Entrüstung bei Oberster Heeresleitung und unter den Annexionisten ausgelöst. Auch der Gedanke, nun doch eine Militärdiktatur zu errichten, hatte kurzzeitig neuen Auftrieb erhalten. Zum anderen zeigt ein Blick auf die deutsche Ostpolitik in diesen entscheidenden Wochen und Monaten des Krieges, mit welcher Sturheit die Oberste Heeresleitung trotz mancher Bedenken und Widerstände in der Reichsleitung weiterhin die Errichtung eines „Imperium Germaniae" von grandiosen Ausmaßen anstrebte.[53] Selbst langjährige Mitarbeiter des Auswärtigen Amts, die ihrerseits keineswegs den Ruf hatten, im Hinblick auf Annexionen zimperlich zu sein, erschauderten teilweise bei den Forderungen der Generäle. Diese bildeten sich, wie der Direktor der rechtspolitischen Abteilung, Johannes Kriege, im August resigniert äußerte, offenkundig ein, „im Stile Alexanders des Großen neue Reiche errichten zu können." Die Kluft zwischen realer Lage und irrealen Forderungen wurde dabei immer größer: „Je schlechter es ihnen im Westen geht," so Kriege, „um so toller treiben sie es im Osten."[54]

„Koloniale" Ausgestaltung des Ostens

Diese Klage war mehr als berechtigt. Aus Sicht der Obersten Heeresleitung war der Vertrag von Brest-Litowsk kaum mehr als ein unverbindliches Blatt Papier. Deren Verhalten in den Monaten nach dessen Unterzeichnung und der Ende August abgeschlossene Zusatzvertrag, der Russland zur Anerkennung der Unabhängigkeit Estlands, Livlands und Georgiens sowie zur Zahlung einer im bisherigen Vertrag nicht vorgesehenen Kriegsentschädigung in Höhe von sechs Milliarden Goldmark zwang, machte dies deutlich. „Von Murmansk bis Baku“[55] reichten die Ziele der Militärs in diesen Monaten, ohne dass freilich ein klarer Plan erkennbar wäre. In einem dem „nationalsozialistischen Amoklauf“[56] vergleichbaren Vorgehen stießen deutsche Truppen in die Ukraine, auf die Krim und in den Kaukasus vor. Eine Expedition wurde nach Finnland entsandt, eine weitere gegen Murmansk gerichtete und dabei nebenbei zugleich Petersburg einnehmende unter dem Decknamen „Operation Schlussstein“ vorbereitet.[57] Letztere sollte die Herrschaft der Bolschewiki, die die Oberste Heeresleitung selber in den Sattel gesetzt hatte, beenden. Bereits im Sommer hatte Ludendorff dies erwogen, war aber am Widerstand des neuen Staatssekretärs des Auswärtigen, Paul v. Hintze gescheitert. Ein bolschewistisches Russland bot seiner Meinung nach eine größere Garantie für ein deutschfreundliches Verhalten als ein bürgerliches. Im Sommer 1918 mochte dies logisch erscheinen, die welthistorischen Folgen waren fatal.[58] Vorhersehbar waren diese in einer Zeit, in der sich das ehemalige Zarenreich zu einem „Gewaltraum“ (Jörn Leonhard) ungeahnten Ausmaßes entwickelte, nicht.

Doch militärische Überlegungen waren allenfalls ein Faktor unter anderen, wichtigeren Motiven für diesen Vormarsch in die Weiten Russlands und Asiens. Gleichermaßen bedeutsam waren völkische Gedanken – deutsche Kolonisten sollten auf der Krim zusammengezogen werden – sowie wirtschaftliche Ziele. Militärisches und politisches Kalkül einerseits, wirtschaftlicher Nutzen andererseits klafften dabei eklatant auseinander – von dem durch dieses napoleonhafte Ausgreifen in immer weiter entfernte Räume verursachten Fehlen erheblicher Truppenverbände an der Westfront – eine Million deutsche Soldaten blieben im Osten gebunden – sowie der Verschleuderung ohnehin knapper Ressourcen erst gar nicht zu reden.[59]

Wie irreal die Vorstellungen über das Ende des Krieges und die realisierbaren Annexionen waren, machte Ludendorff deutlich, als er am 17. August, nur wenige Tage nach den berühmten „schwarzen Tagen“ des Juli/August und dem Kronrat von Spa, nicht nur für den 17. September zu einer Beratung über die geplante Annexion des Erzbeckens von Longwy-Briey einlud,[60] sondern vier Wochen später, am 13. September, zu einem Zeitpunkt also, als er selbst fast täglich mit dem Durchbruch der Alliierten rechnete,[61] sogar noch den Befehl zur Vorbereitung des Angriffs auf Baku gab. Dadurch sollten wichtige Ölquellen gesichert, aber auch durch Verlegen eines U-Boots und mehrerer Motorschnellboote die Seeherrschaft auf dem Kaspischen Meer etabliert werden: „Das deutsche Interesse gebietet," so der für das Detachement herausgegebene Befehl vom 23. September, „daß die deutsche Kriegsflagge auf dem Kaspisee weht, über welcher Organisation es auch immer sei."[62] Die neue Seekriegsleitung unter Admiral Scheer, dem „Sieger vom Skagerrak", verhielt sich ähnlich. Auch sie dachte weiterhin in Kontinenten. Zugleich plante sie bis in die letzten Kriegstage hinein den Aufbau einer riesigen U-Bootflotte, ohne wirklich zu wissen, welche Arbeiter diesen Plan umsetzen sollten, geschweige denn, woher das dazu benötigte Material kommen sollte.

6.4 Ist das Reich noch zu retten? Vom Eingeständnis der Niederlage zur Revolution

Das langsame Eingeständnis der Niederlage

Obwohl gewichtige Stimmen aus dem Umkreis der Obersten Heeresleitung wie der bayrische Kronprinz und Befehlshaber einer Heeresgruppe im Westen, Kronprinz Rupprecht, bereits im Frühjahr einen politischen Frieden gefordert und selbst enge Mitarbeiter Ludendorffs mit dessen Wissen erste Überlegungen für einen neue „Friedensoffensive" angestellt hatten, dauerte es angesichts der Aussichten auf eine große Zukunft lange, bis die Spitzen des Reiches sich damit wenigstens ansatzweise zu beschäftigen begannen. Die militärischen Rückschläge waren dafür allerdings nur teilweise der Anlass. Viel bedeutender war das Drängen des österreichischen Bündnispartners. Nach dem Scheitern seiner schlecht geplanten großen Sommeroffensive, die die k.u.k.-Truppen nach Venedig hatte führen sollen, stand dieser vor dem Zusammenbruch und drängte auf Frieden. In Bulgarien sah es nicht besser aus, während das Osmanische Reich, ungeachtet aller Misserfolge im Süden und deutscher Vorhaltungen glaubte, „einen Mord- und Beute-Krieg im Kaukasus" führen zu können, der letztlich im Desaster enden musste. Erstmals gestand Ludendorff ein, „dass wir den Kriegswillen unserer Feinde durch unsere kriegerischen Handlungen nicht mehr zu brechen hoffen dürfen und dass unsere Kriegführung sich als Ziel setzen muss, durch eine strategische Defensive den Kriegswillen des Feindes mählich zu lähmen."[63]

Diese Erkenntnis bedeutete aber nicht, nun unmittelbar den Frieden zu suchen – ob dies angesichts des Scheiterns der eigenen und des Fortschreitens der alliierten Offensiven Erfolg versprochen hätte, sei dahingestellt. Hindenburgs Zusicherung, „daß es gelingen werde, auf französischem Boden stehen zu bleiben und dadurch schliesslich dem Feinde unseren Willen aufzuzwingen", reichte aus, dass die Reichsleitung wie bei allen derartigen Überlegungen in den Wochen zuvor alle Versuche aufschob, ein rechtzeitiges politisches Ende des Krieges – so Reichskanzler Graf Hertling, „bis zu dem nächsten Erfolge im Westen" herbeizuführen. Dann hoffte sie, aus einer Position der Stärke verhandeln zu können.[64] Dazu sollte es bekanntlich nicht mehr kommen. Die österreichische Regierung trieb ungeachtet aller deutscher Ermahnungen die eigene Friedensinitiative voran und veröffentlichte am 14. September schließlich eine Note, in der sie allgemeine Verhandlungen über einen Frieden forderte. Innerhalb weniger Tage überschlugen sich die Ereignisse. Die bulgarische Armee, die bisher ihre Front gegenüber den 1915 in Saloniki gelandeten alliierten Truppen hatte halten können, erwies sich als zu schwach, deren neue Offensive abzuwehren, die am 15. September begonnen hatte. Am 29. September marschierten alliierte Truppen schließlich in Skopje ein. In Teilen hatte sich die kriegsmüde bulgarische Armee zu diesem Zeitpunkt bereits selbst aufgelöst oder gar gemeutert. Über 90.000 Mann gingen nun den Weg in die Gefangenschaft. Die Unterzeichnung eines Waffenstillstands am gleichen Tage sowie die Abdankung des bulgarischen Zaren, Ferdinand, waren nur folgerichtig. Für die Alliierten war der Weg in die Mitte Europas, den sie bereits 1915 zu öffnen gehofft hatten, nun frei.

Naher Osten

Ähnlich katastrophal war die Lage im Nahen Osten. Während osmanische Truppen immer noch glaubten, in der Kaukasusregion große Gebiete gewinnen zu können, brachen die Fronten im Süden des Reiches innerhalb weniger Wochen ebenfalls zusammen. Mitte September traten die Alliierten auch dort zu einem Großangriff an, der sie innerhalb von nur zwei Wochen nach Damaskus vorstoßen ließ. Am 8. Oktober fiel Beirut, am 29. Oktober schließlich Aleppo. 75.000 Soldaten einer 104.000 Mann-starken Armee – darunter mehrere Tausend deutsche und österreichische Soldaten – gerieten in Gefangenschaft. Am 30. Oktober – englische Truppen zogen an diesem Tag auch in das an Erdöl reiche Mossul ein – blieb der türkischen Regierung, die sich ebenfalls auflöste, nichts übrig, als auf der griechischen Insel Lemnos einen Waffenstillstand zu unterzeichnen.[65]

Endgültige Wende im Westen

So fatal die Entwicklungen in Italien, auf dem Balkan und im Nahen Osten aus der Perspektive der Obersten Heeresleitung auch waren, ausschlaggebend für die Entscheidung, den Krieg so schnell wie möglich zu beenden, war der Durchbruch englischer Truppen durch die „Hindenburg"-Stellung im Norden der Westfront in den letzten Septembertagen. Wie dramatisch die Oberste Heeresleitung die Situation einschätzte, zeigt die Tagebuchnotiz eines Generalstabsoffiziers aus diesen Tagen, Albrecht v. Thaer:

Quelle

Krieg nicht mehr zugewinnen

Tagebucheintragung von Oberst v. Thaer nach einer Besprechung von General Ludendorff mit höheren Offizieren am 1. Oktober 1918:[66]

„Furchtbar und entsetzlich! Es ist so! In der Tat! Als wir versammelt waren, trat Ludendorff in unsere Mitte, sein Gesicht von tiefstem Kummer erfüllt, bleich, aber mit hoch erhobenem Haupt. Eine wahrhaft schöne germanische Heldengestalt! Ich mußte an Siegfried denken mit der tödlichen Wunde im Rücken von Hagens Speer. Er sagte ungefähr Folgendes: Er sei verpflichtet uns zu sagen, daß unsere militärische Lage furchtbar ernst sei. Täglich könne unsere Westfront durchbrochen werden. Er habe darüber in den letzten Tagen S[eine]r M[ajestät] zu berichten gehabt. Zum 1. Mal sei der O[bersten] H[eeres]l[eitung] von S[eine]r M[ajestät] bzw. vom Reichskanzler die Frage vorgelegt worden, was sie und das Heer noch zu leisten im Stande seien. Er habe im Einvernehmen mit dem Generalfeldmarschall geantwortet: „Die O. H. L. und das deutsche Heer seien am Ende; der Krieg sei nicht nur nicht mehr zu gewinnen, vielmehr stehe die endgültige Niederlage wohl unvermeidlich bevor. Bulgarien sei abgefallen. Österreich und die Türkei am Ende ihrer Kräfte, würden wohl bald folgen. Unsere eigene Armee sei leider schon schwer verseucht durch das Gift spartakistisch-sozialistischer Ideen. Auf die Truppen sei kein Verlaß mehr. [...] Exc[ellenz] Ludendorff fügte hinzu: „Zur Zeit haben wir also keinen Kanzler. Wer es wird, steht noch aus. Ich habe aber S[eine] M[ajestät] gebeten jetzt auch diejenigen Kreise an die Regierung zu bringen, denen wir es in der Hauptsache zu danken haben, daß wir so weit gekommen sind. Wir werden also diese Herren jetzt in die Ministerien einziehen sehen. Die sollen nun den Frieden schließen, der jetzt so geschlossen werden muß. Sie sollen die Suppe jetzt essen, die sie uns eingebrockt haben!"

Regierungswechsel und Reformen

Ob Ludendorff tatsächlich einen Zusammenbruch erlitt, sei dahingestellt. Angesichts des Drucks, den nun – nach unendlicher Passivität – auch die politische Führung auf ihn ausübte, blieb ihm im Grunde auch nichts anderes übrig. Ein neuer Kanzler, der den altersschwachen, amtsmüden, vor allem aber nicht mehr in die Zeit des bevorstehenden Umbruchs passenden Grafen Hertling ablösen und zugleich das Vertrauen des Reichstages wie auch des Auslands haben sollte, sollte einen Waffenstillstand herbeiführen, der den Krieg beendete. Wie kritisch die Situation war, machte Hindenburg in einem Schreiben an den designierten neuen Reichskanzler, Prinz Max von Baden, deutlich. In diesem forderte er am 3. Oktober unter Hinweis auf die Lage an allen Fronten nochmals nachdrücklich, „den Kampf abzubrechen, um dem deutschen Volke und seinen Verbündeten nutzlose Opfer zu ersparen. Jeder Tag kostet Tausenden von tapferen Soldaten das Leben."[67]

Schock im Innern

Das Drängen der Obersten Heeresleitung auf eine schnelle Beendigung des Krieges unter Hinweis auf den bevorstehenden Zusammenbruch aller Fronten war für viele Menschen ein Schock. Dass die Frühjahrsoffensive nicht den erhofften großen Erfolg gebracht hatte, war vielen zwar klar, aber wie es wirklich aussah, wusste offenkundig kaum jemand. „Unsere militärische Lage ist in der Tat nicht gut", hieß es zwar in einem Brief von Vizekanzler v. Payer an einen befreundeten Liberalen, der Abgesandte der Obersten Heeresleitung, der ihm die Lage an der Front geschildert hatte, sah seiner Meinung nach aber „zu schwarz".[68] Erst die Nachrichten über das österreichische Ersuchen nach einem baldigen Frieden sowie weitere Berichte von Vertretern der Obersten Heeresleitung führten zu einer realistischeren Einschätzung der Lage. Wie groß der Schock war, machten die Reaktionen mancher Fraktionsführer deutlich, als die Oberste Heeresleitung sie am 2. Oktober nun offiziell über die Lage an der Front unterrichtete: Dessen Vortrag hinterließ bei Matthias Erzberger, dem wichtigsten Führer des Zentrums, „einen niederschmetternden Eindruck", der SPD-Vorsitzende Friedrich Ebert bekam offenbar einen „Weinanfall", der Nationalliberale Gustav Stresemann einen Nervenzusammenbruch und der erzkonservative Ernst v. Heydebrand und v. der Lasa rief empört aus: „Wir sind belogen und betrogen worden."[69]

Am Ende blieb ihnen jedoch nichts anderes übrig als, wie Ludendorff es formuliert hatte, „die Suppe auszulöffeln", auch wenn sie sich diese, anders als dieser wider besseres Wissen behauptete, nicht selber eingebrockt hatten. So verlockend es aus Sicht der Parlamentarier, zumal der sozialdemokratischen, die mit dem Fraktionsvorsitzenden Philipp Scheidemann nun erstmals in eine kaiserliche Regierung eintraten, gewesen wäre, sich nicht von der Obersten Heeresleitung, die nur mit Verachtung auf sie herabschaute, in die Pflicht nehmen zu lassen und diese stattdessen den Krieg auch beenden zu lassen, eine realistische Alternative war dies angesichts der Opfer – Hindenburg bezifferte sie auf 20.000 –, die der Krieg täglich kostete, nicht. „Es heißt jetzt“, so der Bericht eines bayerischen Gesandten nach München, „die Zähne zusammenzubeißen und zu retten, was noch zu retten ist.“[70]

Verhandlungen über einen Waffenstillstand

Gleiches gilt für das Waffenstillstandsgesuch, das der neue Kanzler in der Nacht zum 4. Oktober an den amerikanischen Präsidenten Wilson sandte. Prinz Max hätte es allein aus taktischen Gründen vorgezogen, noch einmal ganz allgemein die deutschen Kriegsziele zu betonen, große Zugeständnisse anzudeuten, aber auch die Entschlossenheit zum Weiterkämpfen bei entehrenden Bedingungen zu unterstreichen. Oberste Heeresleitung und der Monarch selbst ließen aber keinen Zweifel daran aufkommen, dass sie diese Strategie angesichts der äußerst kritischen Lage für abwegig hielten. Stattdessen bat die neue Reichsleitung daher um den sofortigen Abschluss eines Waffenstillstands und einen Frieden auf der Grundlage jener 14 Punkte, die ihre Vorgänger zu Beginn des Jahres noch großspurig abgelehnt hatten.

Parlamentarisierung des Reiches

Alternativlos war auch die Parlamentarisierung des Reiches, die Prinz Max in seiner ersten Rede vor dem Reichstag am 5. Oktober 1918 ebenso ankündigte wie die Reform des preußischen Dreiklassenwahlrechts und eine liberalere Handhabung des Belagerungszustandes, der in den Jahren zuvor soviel Verbitterung hervorgerufen hatte.[71]

Erosion im Innern

Erfolg hatte Prinz Max von Baden mit diesem Programm, das das Vertrauen zwischen Regierung und Volk wiederherstellen sowie einen „ehrliche[n], dauernde[n] Frieden für die gesamte Menschheit“ zur Folge haben sollte, nicht. Auf den Schock folgte die sich täglich beschleunigende Erosion im Innern. Die Unfähigkeit der Behörden, für Nahrung, Kleidung und Sicherheit zu sorgen, hatte deren Autorität und Legitimation in den Jahren des Krieges stetig untergraben, ohne dass Ansätze erkennbar gewesen wäre, hier abzuhelfen. Die militärische Niederlage, die allem widersprach, was die staatliche Propaganda bis zuletzt verkündet hatte, gab ihr gleichsam den „Todesstoß“. Das Glaubwürdigkeitsdefizit der alten Gewalten war nach den unerfüllten Hoffnungen, die viele mit dem „Burgfrieden“ verbunden hatten, aber auch aus politischer Perspektive einfach zu groß. Ob diese wirklich bereit waren, die Macht dauerhaft abzugeben, war keineswegs ausgemacht. „Der Teufel hat das Parlament erfunden! Jeder Deutsche müßte Soldat sein und Ordre parieren, dann ginge alles!“,[72] schrieb beispielsweise General Karl v. Einem am Tag nach Ludendorffs

Offenbarungseid an seine Frau. Derartige Denkmuster verschwanden nicht einfach, wie kleine und große Schikanen der militärischen Behörden bewiesen. Auch die Hinhaltetaktik der Konservativen in der preußischen Wahlrechtsfrage sowie die Langsamkeit, mit der der Reichstag die versprochenen Änderungen umsetzte – nach der Sitzung vom 5. Oktober vertagte er sich trotz der dramatischen Lage bis zum 22. Oktober – waren nicht besonders Vertrauen erweckend. Sie nährten vielmehr den Verdacht, die „Revolution von oben" sei letztlich genauso umkehrbar, wie sie angeordnet worden war. Diese Sicht war zweifellos eine grobe Verzeichnung der Bereitschaft der bürgerlichen und der sozialdemokratischen Parteien, die innere Reform voranzutreiben. Verständlich war sie gleichwohl. Vor allem aber: Je mehr der amerikanische Präsident deutlich machte, dass er einen richtigen Systemwechsel wollte, und das hieß nicht nur eine Parlamentarisierung und Demokratisierung des Reiches, sondern das tatsächliche Verschwinden der alten Gewalten einschließlich der Abdankung des Kaisers, umso mehr verhärtete sich der Widerstand. Damit einher ging ein Erstarken der Obersten Heeresleitung. Während diese Anfang Oktober den Waffenstillstand nicht schnell genug haben konnte, forderte sie nach dem Bekanntwerden von Wilsons Forderungen vom 23. Oktober in der letzten Oktoberwoche eine Wiederaufnahme der Kämpfe. Eine Wiederaufnahme der Kämpfe, hatte Wilson gefordert, müsse unmöglich sein, die US-Regierung könne nur mit Vertretern des deutschen Volkes verhandeln, vor allem: „Wenn mit den militärischen Beherrschern und monarchistischen Autokraten Deutschlands jetzt verhandelt werden müsse, könne Deutschland über keine Friedensbedingungen verhandeln, sondern müsse sich ergeben." Aus der Sicht eines Sozialdemokraten wie Gustav Noske mochte die Note „für Deutschland gar nicht so schlecht" sein; „wenn der Kaiser ginge, würden wir einen ganz erträglichen Frieden bekommen".[73] In der militärischen Führung zog man daraus jedoch ganz andere Schlussfolgerungen. Sollten, so hatte General Max v. Gallwitz am 19. Oktober in seinem Tagebuch notiert, die 1,8 Millionen Toten „Alle nur gestorben sein, um das Vaterland in Schmach und Knechtschaft zu bringen?"[74] Hindenburg und Ludendorff hatten sich offenkundig die gleiche Frage gestellt, schwenkten sie doch nun, wenige Wochen nach ihrem Drängen auf einen baldigen Waffenstillstand nun überraschend erneut um: Die wider Erwarten erstaunliche Hartnäckigkeit, mit der die Fronttruppen sich wehrten, eröffnete ihrer Meinung nach die Möglichkeit, den Krieg noch lange hinzuziehen und damit die Alliierten unter den Druck

„Leveé en masse"?

zu setzen. Bewusst oder unbewusst knüpfte die Oberste Heeresleitung bei ihrer Forderung an den zuvor bereits von einem führenden Industriellen, Walther Rathenau, ins Spiel gebrachten Gedanken der „Levée en masse" an. Damit einher gingen regelrecht skrupellose Versuche, die Verantwortung für die Waffenstillstandsforderung und deren absehbare Folgen auf die Politiker abzuwälzen. Diese erneute Einmischung in die Politik nach alter Manier machte deutlich, dass die Oberste Heeresleitung im Grunde weder bereit war, zu ihrer Verantwortung für das Debakel an der Front zu stehen, noch die Zügel wirklich aus der Hand geben wollte. Dieses Mal verkannte sie allerdings die Realitäten. Auf Druck des Kanzlers musste Ludendorff am 26. Oktober nach einer Audienz beim Kaiser gehen. „Bleiben sie", so hieß es in einem Schreiben des Kanzlers an Wilhelm II., „so beweist eine kräftige Antwort den Feinden, daß die Regierung den militärischen Gewalten wieder erlegen ist. Damit ist jede Aussicht auf einen Verständigungsfrieden gescheitert, und, soweit Menschenaugen zu sehen vermögen, Reich, Heer und Thron, ja die Dynastie auf das äußerste gefährdet."[75] Für eine „Levée en masse" fehlte selbst nach Meinung des preußischen Kriegsministers jede Grundlage. Die anschließende Diskussion zwischen führenden Militärs, die empfahlen, „die Flinte nicht ins Korn zu werfen" wie auch die Überzeugung der Politiker aller Parteien, bei „entwürdigenden Bedingungen" weiterzukämpfen, entbehrte jedoch jeder realpolitischen und militärischen Grundlage. Noch während sie debattierten, erhielten sie die Nachricht vom unmittelbar bevorstehenden militärischen und politischen Zusammenbruch Österreich-Ungarns.[76]

Planungen für eine Entscheidungsschlacht der Hochseeflotte

Fest in der Hand hatte der Kanzler die Zügel auch nicht. Im Windschatten der Ereignisse an der Westfront hatte die Seekriegsleitung begonnen, eine letzte Operation vorzubereiten, die in eine Entscheidungsschlacht mit der Grand Fleet münden sollte. Allein Ludendorff, der sich davon eine „kräftige Ohrfeige" Wilsons für das Berliner Kabinett erhoffte, war darüber in groben Zügen informiert worden, nicht aber der Reichskanzler. Die Motive der Seekriegsleitung waren vielschichtig. Die Ehre der Offiziere, die anders als ihre Kameraden im Heer ihre Tapferkeit nur wenig hatten nachweisen können, der Wille, die Notwendigkeit einer Marine nach dem Zusammenbruch nachzuweisen sowie der Wille, vielleicht doch noch einen kleinen Beitrag zur Entlastung der Westfront leisten zu können, spielten bei der Vorbereitung des Unternehmens zweifellos ebenso eine Rolle wie der Wille, sich – Änderung der Verfassung hin oder her – der Politik keinesfalls zu beugen. Ob Scheer vielleicht sogar hoffte, damit den ganzen

Parlamentarisierungs- und Demokratisierungsprozess oder auch die Friedensverhandlungen torpedieren zu können, sei dahingestellt. Die Seekriegsleitung mag dies in Kauf genommen haben, ausschlaggebend waren, wie viele Zeugnisse belegen, eher die beiden ersten Motive.[77]

Meuterei der Hochseeflotte, Revolution und Flucht des Kaisers

Kaum zwei Tage nachdem der Reichstag die Verfassungsänderungen abschließend beraten hatte und am gleichen Tage, als diese in Kraft traten – dem 28. Oktober 1918 –, begann die Hochseeflotte, den Vorstoß vorzubereiten. Nach wenigen Stunden musste sie die Vorbereitungen jedoch abbrechen. Auf zahlreichen Einheiten weigerten sich die Matrosen auszulaufen und zogen das Feuer aus den Kesseln. Der bevorstehende Waffenstillstand und der Wille, nicht in letzter Minute sinnlos von Offizieren verheizt zu werden, die sie während des Krieges oft unwürdig behandelt hatten, nicht, wie in der Geschichtsschreibung der ehemaligen DDR oft behauptet, der Wille zur Revolution nach bolschewistischem Muster, gaben hier den Ausschlag. Aus dieser Meuterei, die in Wilhelmshaven noch mit der Androhung von Gewalt hatte unterdrückt werden können, entwickelte sich innerhalb weniger Tage eine Revolution. Die Verlegung des III. Geschwaders von Wilhelmshaven nach Kiel und der Versuch, die Rädelsführer dort zu inhaftieren, löste aus Sorge vor einer Wiederholung von Hinrichtungen wie 1917 nicht nur eine Welle von Solidarisierungen mit den Matrosen aus, sondern auch die Verbindung kriegsmüder Soldaten von Marine, Heer und Arbeiterschaft. Öffentlich forderten diese, die sich nun in immer schnellerer Folge zu Arbeiter- und Soldatenräten zusammenschlossen, um ihre Interessen besser vertreten zu können, zunächst zwar nur grundlegende Änderungen des militärischen Systems, bald aber auch der politischen und gesellschaftlichen Ordnung. Vor allem aber: die Abdankung des Kaisers. Doch dieser zögerte, hatte sich Ende Oktober ins Große Hauptquartier nach Spa zurückgezogen. Den Gedanken an Abdankung lehnte er brüsk ab. Aufhalten konnte er die „rote Flut“, von der in den Jahren zuvor immer halb spöttisch, halb ängstlich die Rede gewesen war, nicht. Innerhalb weniger Tage purzelten die Kronen der meisten Bundesfürsten; am 9. November, als die revolutionäre Welle auch Berlin erreicht hatte, verkündete sein eigener Kanzler schließlich ohne Rücksprache dessen Abdankung. Als ihm auch die eigenen Generale bei einer Besprechung in Spa angesichts der Aussichtlosigkeit eines Marsches zur Wiederherstellung der Ordnung in das Reich die Gefolgschaft verweigerten, blieb Wilhelm II. nichts anderes übrig, als ins holländische Exil zu gehen. Als er dort eintraf, war aus der

Monarchie bereits eine Republik geworden. Ein sozialdemokratischer „Volkskanzler", wie es hieß, Friedrich Ebert, hatte dort vom letzten kaiserlichen Kanzler, Prinz Max von Baden, in einem verfassungsmäßig zweifellos fragwürdigen Akt die Macht und die Verantwortung für eine neue Ordnung und für die Herbeiführung eines Waffenstillstands mit einem anschließenden Frieden übertragen bekommen. Um diese Aufgaben war er keineswegs zu beneiden. Im Innern sollten bald die Fronten zwischen den verschiedenen Kräften aufbrechen. Ein Faktor, der zur Instabilität der neuen Republik beitragen sollte, war allerdings auch die Tatsache, dass die neuen Verantwortlichen sich bereit erklärten, den nach den Ereignissen unvermeidlichen Waffenstillstand zu unterzeichnen und es zugleich der Obersten Heeresleitung zu erlauben, sich geradezu feige aus der Verantwortung zu stehlen. Matthias Erzberger, der dies im Auftrag Eberts tat, sollte dafür mit seinem Leben bezahlen; Hindenburg sonnte sich hingegen bald ungebrochen im Glanze des großen Feldherrn, der angeblich an der Spitze eines vor dem Siege stehenden Heeres von den „Novemberverbrechern" um den Erfolg gebracht worden war. Dies waren bittere Hypotheken für eine neue Ordnung.

Literatur

Barth, Boris, Dolchstoßlegenden und politische Desintegration. Das Trauma der deutschen Niederlage im Ersten Weltkrieg 1914-1933, Düsseldorf 2003 (sehr materialreiche Studie über den politischen, gesellschaftlichen und ökonomischen Zerfall am Ende des Krieges).

Feldman, Gerald D., Armee, Industrie und Arbeiterschaft in Deutschland 1914 bis 1918, Berlin 1985 (ältere, aber immer noch wegweisende Studie über die Kriegswirtschaft).

Groß, Gerhard P., Die Seekriegführung der Kaiserlichen Marine im Jahre 1918, Frankfurt am Main [u.a.] 1989.

Jahr, Christoph, Gewöhnliche Soldaten. Desertion und Deserteure im deutschen und britischen Heer 1914-1918, Göttingen 1998 (wichtige vergleichende Arbeit über Desertion im Krieg).

Kitchen, Martin, The German Offensives of 1918, Stroud 2001.

David Stevenson, With our Backs to the Wall. Victory and Defeat in 1918, London 2011 (neueste Studie, die überzeugend die Legende vom sicheren Sieg der Alliierten 1918 hinterfragt).

Zabecki, David T., The German 1918 Offensives. A case study in the operational level of war, London 2006.

7. Nach dem Krieg

7.1 Von der Niederlage zum Versailler Vertrag: Wie soll es weitergehen?

Waffenstillstand

"Am 11.11. um 11 Uhr ist der Waffenstillstand unterzeichnet. Gott sei Dank. Besser ein Ende mit Schrecken wie Schrecken ohne Ende."[1] Deutlicher als in diesem knappen Eintrag in ihrem Tagebuch hätte die Ehefrau eines Bonner Steinmetzmeisters ihr Gefühl unendlicher Erleichterung nach der Bekanntgabe des Waffenstillstands kaum beschreiben können. Und diese Empfindungen haben zweifellos Millionen Menschen in Deutschland, aber auch in allen anderen am Krieg beteiligten Staaten geteilt. Doch was bedeutete der Waffenstillstand? Rein militärisch betrachtet hörten die Kampfhandlungen an allen Fronten auf. Alle deutschen Truppen mussten zugleich die besetzten Gebiete im Westen und Osten sowie das linke Rheinufer räumen. Köln, Mainz und Koblenz waren den Alliierten als Brückenköpfe auf der anderen Seite zu übergeben. Große Mengen an Material – Waffen und Munition, Lastwagen, Lokomotiven und Waggons –, das geeignet gewesen wäre, eine Wiederaufnahme der Kämpfe zu ermöglichen, waren ebenfalls abzugeben. Dies galt insbesondere für die Einheiten der Marine. Unter Aufsicht der Alliierten rüsteten die Schiffe in ihren Häfen ab; in zwei „Wellen" liefen Hochseeflotte und U-Boote dann Mitte November nach England aus, wo sie bis zum Abschluss eines Friedensvertrages interniert wurden. Alle alliierten Kriegsgefangenen waren freizulassen, Elsass und Lothringen – ohne Friedensvertrag – an Frankreich zurückzugeben. Auch auf die Friedensverträge von Brest-Litowsk und Bukarest hatte das Deutsche Reich zu verzichten.

Die Kühle, mit der Foch der angereisten deutschen Delegation diese Bedingungen diktierte, das Weiterbestehen der alliierten Seeblockade, die entehrende Form der Überführung der Hochseeflotte nach England sowie die kurzen Fristen sowohl für die Umsetzung der Bestimmungen des Waffenstillstands wie auch dessen Dauer – er galt jeweils nur für 36 Tage –, machte deutlich, dass zumindest der Oberbefehlshaber der Alliierten im Endeffekt mehr als nur ein Ende der Kämpfe wollte – eine Kapitulation. Faktisch war sie dies allerdings nicht, da das Deutsche Reich auch angesichts der großen Erschöpfung der alliierten Truppen anders als 1945 weder vollkommen entwaffnet noch vollständig besetzt wurde.

Reaktionen

Der großen Mehrheit der Bevölkerung wie auch der Soldaten dürfte dieser Unterschied ohnehin weitgehend egal gewesen sein.

Hauptsache der Krieg, an dessen Ende die wenigsten in den Monaten zuvor geglaubt hatten, war tatsächlich zu ende. Bei Siegern und Besiegten ging es nun darum, das Leben neu zu ordnen. Von Jubel und Euphorie war insofern wenig zu spüren. „An der Front", so hieß es im Bericht der französischen 10. Armee vom 1. Dezember 1918 rückblickend, „herrschte sehr verhaltener Jubel. Das schlechte Wetter, der Schmutz, die verwüsteten Gebiete, in denen wir wie die Maulwürfe hausen – außerdem fehlte der Wein, um den Waffenstillstand würdig zu begießen."[2]

Keine Frage, auch die deutschen Soldaten und ihre Angehörigen in der Heimat waren froh, dass das Gemetzel ein Ende hatte. „Otto glücklich zurück", notierte unsere Bonner Steinmetzfrau am 18. November.[3] Anders als für diese, die froh war über die glückliche Heimkehr ihres Mannes und die sich eine Besserung der immer schlechteren Versorgungsverhältnisse erhoffte, brach für Teile der Bevölkerung allerdings auch eine Welt zusammen: „Dort traf ich", so notierte der Berliner Theologe und Kulturphilosoph Ernst Troeltsch am 11. November 1918 nach Rückkehr von einer Feier aus Anlass des 70. Geburtstages des Historikers Hans Delbrück in Berlin, „allerhand Spitzen der Gelehrten-, Beamten- und Finanzwelt. Es war eine merkwürdige Feier, ähnlich einer Begräbnisfeier. Man sprach gedämpft. Der Glück wünschende Redner fand vor Tränen die Worte nicht. Delbrück erwiderte ergreifend, es sei das Ende der Friderizianischen Monarchie, mit der all sein politisches Denken und jeder Glaube an Deutschlands Zukunft verwachsen sei; sie habe stets an bösen Rückbildungen und Erstarrungen gelitten, woraus sich stets revolutionäre Neigungen ergaben. So furchtbar wie jetzt, habe es freilich mit ihr noch nie gestanden. Der Glaube des Historikers an alle seine bisherigen Maßstäbe und Voraussetzungen sei im Wanken. Aber es gelte Goethes Wort: ‚Und keine Macht und keine Zeit zerstückelt geprägte Form, die lebend sich entwickelt.' Ich ging fort ohne Glauben an diese geprägte Form, denn soviel man sehen konnte, war gerade ihr ‚Gepräge', die militärische Form und der zugehörige ‚Geist' bei den Massen unheilbar zerbrochen. Was aber dann?"[4] Eine Antwort vermochte Troeltsch nicht zu geben.

Diese Beispiele zeigen, dass die Lage anders war als bei den ehemaligen Gegnern. Zum einen war die Niederlage unübersehbar, so sehr die Anhänger der „Dolchstoß"-Lüge später das Gegenteil behaupten sollten. Zum anderen aber hatte sich die innere Ordnung in der Heimat innerhalb weniger Tage vollständig gewandelt. Eine Republik war an die Stelle des Kaiserreichs getreten. Bis ins kleinste Dorf hinein hatte dieses seine Legitimation verloren: „Die größte Menge der Wittorfer Einwohner steht der Kaiserabdankung völlig gleichgültig gegenüber, und wenn sich einige ob der schweren Waffenstillstandsbedingungen auch Kopfzerbrechen machen, so herrscht doch bei fast allen das Sehnen nach dem Frieden vor", notierte der Chronist eines kleinen Dorfes in der Lüneburger Heide nach dem Ende des Krieges.[5]

Ordnung und Neuanfang

Ordnung und Neuanfang waren angesichts dieses Umbruchs die wichtigsten Aufgaben, die die neuen Verantwortlichen zu bewältigen hatten. Der Rat der Volksbeauftragten, der am 12. November 1918 schließlich auf der Grundlage eines überwältigenden Votums der Vertreter Arbeiter- und Soldatenräte diese Aufgabe übernahm und der sich paritätisch aus Mitgliedern der MSPD und der USPD zusammensetzte, hat redlich versucht, diese zu lösen. Das, was sie zu stemmen hatten, glich einer Herkulesaufgabe: Rückführung des Heeres, Demobilmachung der Soldaten, Lösung der dringendsten Versorgungsprobleme, Umstellung der Kriegs- auf die Friedenswirtschaft, Neuordnung der politischen, wirtschaftlichen und sozialen Verhältnisse sowie Abschluss eines Friedens mit den ehemaligen Kriegsgegnern.[6]

Erfolgreich waren die Verantwortlichen nur in Teilen. Das Gerüst, das die Weimarer Reichsverfassung vom August 1919 und andere Vereinbarungen der Revolutionszeit – darunter das Stinnes-Legien-Abkommen – schließlich boten, war ohne Zweifel ein Erfolg. Dieses zu betonen, heißt nicht, zugleich die Belastungen zu verschweigen, die die Gründungssituation mit sich brachte. Manche objektiv mögliche andere Entscheidung in den Gründungswochen der Republik hätte dieser – möglicherweise – von vornherein ein stabileres Fundament gegeben. Doch die Verantwortlichen, allen voran Friedrich Ebert und Philipp Scheidemann, glaubten aus demokratischer Überzeugung nicht anders handeln zu können.

Frieden

Doch das Reich musste nicht nur im Innern, sondern auch nach außen seinen Frieden finden. Die Verhandlungen dazu begannen am 18. Januar 1919 in Versailles. Allein dieses symbolische Datum und der symbolische Ort – am 18. Januar 1871 war im Spiegelsaal von Versailles das Kaiserreich proklamiert worden – ließ erkennen, dass die Alliierten hier mit ihrem Kriegsgegner abrechnen wollten. Anders als 1871, als Bismarck mit den Repräsentanten der Republik direkt verhandelt hatte, verhandelten die Alliierten zunächst nur untereinander, nicht aber gemeinsam mit den Deutschen. Das Ergebnis dieser internen Verhandlungen präsentierten sie dann den Vertretern der Reichsregierung. Vor allem aus französischer Sicht war der Friedensvertrag auch eine „Abrechnung" (Georges Clemenceau) mit den Deutschen.

Bestimmungen des Versailler Vertrages

Spätestens die Überreichung des Vertragsentwurfs machte deutlich, dass alle Hoffnungen auf einen Wilson-Frieden Illusionen gewesen waren. An den Bestimmungen des Vertrages, den viele Deutsche als „Diktat“ empfanden, konnten sie trotz aller Proteste kaum etwas ändern. Überlegungen, aus Gründen der nationalen Ehre erneut zu den Waffen zu greifen, waren illusionär. Der Zerfall des Reiches, innere Unruhen und wirtschaftliche Chaos wären die unweigerliche Folge, ohne am Ergebnis etwas zu ändern. Es blieb daher bei symbolischen Akten wie der Selbstversenkung der Hochseeflotte in Scapa Flow oder dem Verbrennen erbeuteter französischer Fahnen aus dem Krieg von 1870/71.

Als Vertreter der neuen Reichsregierung – die alte war aus Protest zurückgetreten – am 28. Juni 1919 – genau fünf Jahre nach dem Attentat von Sarajevo – im Spiegelsaal von Versailles den Friedensvertrag unterschrieben, war der Krieg zumindest für Deutschland endgültig vorüber. Alle Kolonien musste das Reich abtreten, ebenso Elsass und Lothringen, Eupen-Malmedy im Westen, Teile Westpreußens, die ehemalige Provinz Posen, Danzig, das Freistaat unter Aufsicht des Völkerbunds wurde, das Memelland, zunächst von den Alliierten, dann 1923 von Litauen besetzt, Teile Oberschlesiens sowie das Hultschiner Ländchen an Frankreich, Belgien sowie das neuentstandene Polen und die Tschechoslowakei. Selbst Dänemark, das gar nicht am Kriege teilgenommen hatte, gehörte plötzlich zu den Siegern: Für das 1864 abgetretene Nordschleswig wurde eine Volksabstimmung angeordnet, die aufgrund der mehrheitlich dänischen Bevölkerung in diesem Teil des Herzogtums zugunsten des kleinen Landes ausfiel. Das Selbstbestimmungsrecht der Völker, das sich vor allem der amerikanische Präsident Wilson auf die Fahnen geschrieben hatte, galt für die Deutschen insgesamt aber nur sehr eingeschränkt. Das Saargebiet und das linke Rheinufer mit einigen Brückenköpfen auf der anderen Rheinseite besetzten die Franzosen, beuteten es, wie die Kohlegruben an der Saar, darüber hinaus auch aus.

Auch seine Fähigkeit, Europa erneut mit Krieg zu überziehen, sollte das Reich verlieren: Die Armee wurde auf ein 100.000-Mann-Heer beschränkt; hinzu kam eine Marine mit 15.000 Mann, beide ausgerüstet mit alten Waffen, ohne schwere Artillerie, Flugzeuge und U-Boote. Vor allem aber: Ein stehendes Berufsheer sollte diese Streitmacht sein, keine Wehrpflichtarmee, die sich im Falle eines Falles wieder zu einem Millionenheer auffüllen ließ. Auch der Generalstab, das geistige Zentrum des preußisch-deutschen Militarismus und kriegerischer Expansionspolitik, sollte fortan der Vergangenheit angehören. Darüber hinaus sollte das Deutsche Reich für alle Schäden aufkommen, die es angerichtet hatte. Die Summe, die schließlich errechnet wurde, belief sich auf 132 Milliarden Goldmark. Hinzu kamen ungeheure Sachlieferungen: die gesamte Handelsflotte, Lokomotiven, Eisenbahnwaggons, Telegraphenmasten sowie Kohle und andere Güter.

Bedeutsam waren auch die im Allgemeinen wenig beachteten sonstigen wirtschaftlichen Bestimmungen: Das Deutsche Reich musste den Alliierten – ohne Gegenleistung – die Meistbegünstigung einräumen, das deutsche Auslandsvermögen wurde konfisziert ebenso alle Unterseekabel. Auch Zölle auf eine Vielzahl von Produkten durften vorläufig nicht erhöht werden. Dass der Kaiser ebenso wie andere Kriegsverbrecher ausgeliefert und vor ein Gericht gestellt werden sollte, mögen manche als Schmach empfunden haben. Politisch weitaus gravierender waren der Ausschluss aus dem Völkerbund und damit die zumindest vorläufige internationale Stigmatisierung des Reiches sowie das Verbot eines Anschlusses von Österreich an Deutschland. In der öffentlichen Debatte freilich überwog Zorn über den „Kriegsschuld"-Artikel 231 jedoch die Wut über alle anderen Bestimmungen. Ursprünglich nichts anderes als der Versuch, für die Reparationsforderungen der Alliierten eine juristisch „saubere" Rechtsgrundlage zu schaffen, mutierte diese Bestimmung, die das Deutsche Reich als „Urheber" des Ersten Weltkrieges bezeichnete, zu einer zutiefst moralischen Verurteilung des Reiches. Bis zum Ende der Weimarer Republik, aber auch darüber hinaus, war diese Bestimmung dann auch der Ausgangspunkt im Kampf gegen den „Diktatfrieden".

Abb. 33 Der Versailler Vertrag stieß bei fast allen Deutschen auf Ablehnung. Propagandaplakate schürten den Protest zusätzlich. Demonstration in Berlin 1919.

Bewertungen des Versailler Vertrags

So leidenschaftlich wie die Zeitgenossen haben auch Historiker über den Versailler Vertrag gestritten. Ein eigenes „Kriegsschuldreferat" im Auswärtigen Amt versuchte seit 1919, unterstützt von namhaften Historikern, diesen Kriegsschuldvorwurf der Alliierten zu widerlegen. Kriegsunschuldslegende und Dolchstoßlegende, diese beiden „Zwillingslegenden"[7], waren bald die „Waffen", mit denen reaktionäre Kreise die ohnehin ungeliebte Weimarer Republik zu zerstören versuchten. Dabei konnten sie der Unterstützung weiter Teile der Öffentlichkeit gewiss sein. Dennoch scheint es geboten, den Versailler Vertrag trotz seiner außen- und innenpolitischen, seiner wirtschaftlichen und nicht zuletzt auch seiner moralischen Folgen nüchtern zu bewerten. Der Versailler Vertrag war kein Frieden nach dem Muster der Verträge von 1648 oder 1815. Damals hatten sich Sieger und Besiegte zusammengesetzt, um ohne moralisierende Urteile gemeinsam eine neue Ordnung zu schaffen. Auch im beginnenden „Zeitalter der Weltkriege" war er keineswegs singulär: Die von den Deutschen nur wenige Monate zuvor ebenfalls unter Androhung von Gewalt diktierten Verträge von Brest-Litowsk und Bukarest zeigen dies überdeutlich.[8] Zudem: Die interalliierten Debatten hatten deutlich gemacht, dass es noch viel schlimmer hätte kommen können. Insofern war der Versailler Vertrag, so sehr es in diesem um „Exklusion, Stigmatisierung und Bestrafung" (Gerd Krumeich) ging, kein harscher und schon gar kein „karthagischer" Friede. Das Reich blieb – potentiell – politisch und wirtschaftlich bei allen „Verlusten" eine europäische Großmacht. Hier hatte sich das Gleichgewichtsdenken Großbritanniens und der Vereinigten Staaten gegen französische Ambitionen nach einer Hegemonie auf dem Kontinent eindeutig durchsetzen können.
Innenpolitisch war der Vertrag zweifellos eine Belastung – politisch, ökonomisch, sozial und mental. Die Arbeiten von Gerald F. Feldman über „The Great Disorder" und die mentalitätsgeschichtliche Erweiterung der Forschungen zu diesem wie auch den anderen Vorortverträgen, wie sie auf einer Düsseldorfer Tagung aus Anlass des 80. Jahrestags der Unterzeichnung vorgenommen wurde, haben deren „Spuren" deutlich nachgezeichnet und neue Akzente gesetzt. Gleichwohl, für den Aufstieg des Nationalsozialismus und das Scheitern der Weimarer Republik wird man den Versailler Vertrag wenn überhaupt nur als einen unter vielen anderen Faktoren verantwortlich machen können.

Trotz der Belastungen der Republik durch den Vertrag und andere Entscheidungen oder auch Versäumnissen in deren Entstehungsphase, war deren Ende keineswegs „vorprogrammiert“. Gleiches gilt für den Ausbruch des Zweiten Weltkriegs. Dieser war das Ergebnis von Entscheidungen der NS-Führung, die nach 1933 getroffen wurden, nicht von Vereinbarungen im Jahre 1919 – so zutreffend Margaret MacMillan.[9]

Neue Ordnungen

Doch nicht nur Mitteleuropa wollten die Alliierten neu ordnen. Die Vielzahl der Verträge, die in verschiedenen Pariser Vororten 1919/1920 geschlossen wurden – in St. Germain mit Rest-Österreich, in Trianon mit Ungarn, in Neuilly mit Bulgarien und in Sèvres mit der Türkei – versuchten, auch diese für ihre Teilnahme am Krieg zur Rechenschaft zu ziehen bzw. die von ihnen beherrschten Regionen neu zu ordnen. Manche Entscheidungen hatten das Kriegsende und die anschließenden Revolutionen ohnehin vorweggenommen: Die Donaumonarchie war zerfallen, neue Nationalstaaten waren an ihre Stelle getreten. Gleiches galt für das ehemalige Osmanische Reich. Die arabischen Völker hatten, unterstützt von den Alliierten, das türkische Joch abgeschüttelt, mussten es dann aber, nolens volens, gegen die indirekte Herrschaft durch Engländer und Franzosen eintauschen. Griechen, Rumänen und Italiener, aber auch die Japaner erhielten nun jene Gebiete, die ihnen versprochen worden waren oder von denen sie glaubten, dass sie darauf historische oder ethnische Ansprüche hatten. Manchmal – wie im Falle Japans – ging es auch schlichtweg um klassische imperialistische Interessen. Doch davon waren auch die Alliierten nicht frei: der Nahe Osten, den sie bereits 1916 unter sich verteilt hatten, ist dafür ebenso ein Beispiel wie die Inbesitznahme der deutschen Kolonien unter dem wenig verschleiernden Deckmantel des Völkerbundmandats. Auch Serbien konnte nun seinen Traum verwirklichen: Das neue Jugoslawien vereinte alle Serben, aber eben auch eine große Zahl von Nichtserben. In Osteuropa war nur wenig Ordnung zu schaffen. Abgesehen von der Errichtung eines polnischen Nationalstaates war hier wenig möglich. Wenn es gelang, die bolschewistische Revolution, die sich die Revolutionierung der Welt auf die Fahnen geschrieben hatte, durch einen „Cordon sanitaire“, wie es später hieß, vor einem weiteren Vordringen zu hindern, dann sollte dies völlig ausreichen.

Mit diesem Versuch, macht- und sicherheitspolitische, wirtschaftliche und ethnische Interessen miteinander zu verknüpfen, einher ging das Bestreben, ganz im Zeichen der noch während des Krieges verkündeten Ideen des amerikanischen Präsidenten, ein neues Zeitalter in den internationalen Beziehungen einzuläuten. Der „Ordnungsrahmen" dafür sollte der Völkerbund sein. In der Theorie trotz mancher Konstruktionsmängel ein wegweisender Schritt, belastete allein der Ausschluss des Deutschen Reiches und der Sowjetunion einen Neuanfang in den internationalen Beziehungen, von dem Rückzug der Vereinigten Staaten aus der europäischen Diplomatie ganz zu schweigen.

In die inneren Angelegenheiten mischten sich die Alliierten kaum ein. Am stärksten vielleicht noch im zerfallenen Osmanischen Reich und in Ungarn bei der Verhinderung einer kommunistischen Machtübernahme bzw. einer Restauration der Habsburger.

7.2 Der Erste Weltkrieg im kollektiven Gedächtnis

Erinnerung und Gedenken

Der millionenfache Tod an den Fronten und die Hunderttausenden, die zuhause gestorben waren, hätten eigentlich erwarten lassen, dass die Überlebenden wenigstens in ihrer Erinnerung und in ihrer Trauer zueinander gefunden hätten. Dem war leider nicht so. Auch wenn anfänglich die Schrecken des Krieges die Erinnerung bestimmten, gewann die Heroisierung des Geschehenen seit Mitte der 1920er-Jahre, also der Zeit der Stabilisierung der Weimarer Republik, an Zustimmung, zumal aus rechten Kreisen. Diese hatten zwar für lange Zeit keineswegs die Deutungshoheit im Innern, wie allein die Gründung des Reichsbanners Schwarz-Rot-Gold, einer sozialdemokratisch geprägten Veteranenorganisation, im Jahre 1924 belegt. Der deutsch-nationale „Stahlhelm. Bund der Frontsoldaten" sollte in seiner Wirkung daher nicht überschätzt werden.[10] Gleichwohl, allein die Unterschiede zwischen diesen beiden Veteranenorganisationen machen deutlich, dass Erinnerung und Formen des Gedenkens zunehmend umstritten waren.

Das geplante Reichsehrenmal kam nicht zustande. Stattdessen blieb es bei einer Vielzahl höchst unterschiedlicher Denkmäler, die in ihren Aussagen diametrale Ziele verfolgten: Während die einen wie der Güstrower Engel von Ernst Barlach der Opfer gedachten und einen mahnenden Charakter vor dem Grauen des Krieges hatten oder einfach nur die Trauer ausdrückten, zielten die seit Mitte der 1920er-Jahre errichteten Heldendenkmäler wie das in seinen Dimensionen unglaublich monströse Tannenbergdenkmal darauf ab, den Tod für das Vaterland zu heroisieren und den Krieg damit erneut zu einer legitimen Form der Auseinandersetzung zwischen den Staaten zu machen. Den Willen, durch Heldenverehrung im Innern auf einen nächsten Krieg vorzubereiten, der die Ergebnisse des gerade verlorenen rückgängig machen sollte, unterstreicht kaum etwas deutlicher als der auf vielen Heldendenkmälern eingemeißelte Satz aus der „Aeneis"' von Vergil: „Exoriare aliquis nostris ex ossibus ultor!" (Aus unseren Knochen soll ein Rächer entstehen!).

Auch bei der literarischen, künstlerischen und schließlich filmischen Verarbeitung des Krieges ist ein ähnlich divergierendes Bild zu verzeichnen. Dass der reichsweite Volkstrauertag bereits 1933 zum „Heldengedenktag" wurde, war daher genauso wenig erstaunlich wie das Verbot kritischer Bilder als „entartete Kunst" sowie von Büchern und Filmen als „undeutsch".

Es bedurfte erst eines weiteren weitaus verheerenderen Zweiten Weltkrieges, um der Trauer den eindeutigen und unzweifelhaften Vorrang vor jeglichem Heldenkult zu geben.

Ein „Zweiter Dreißigjähriger Krieg"?

Die Tatsache, dass der Zweite Weltkrieg gerade einmal eine Generation nach Beginn des Ersten Weltkrieges ausbrach, seine globalen Dimensionen, seine Totalität und der – auf den ersten Blick – frappierende innere Zusammenhang von gescheiterter Friedensordnung nach 1918, instabilen Ordnungen im Innern vieler europäischer Staaten und ökonomischer Krise, von Nationalismus, Machtstreben und sozialdarwinistischen Denkmustern, von der Verherrlichung von „Autorität" und „Krieg" hat Anlass gegeben, beide Kriege heuristisch zusammenzufassen. Doch so ähnlich manche Entwicklungen auch erscheinen mögen, die „Shoah", d.h. die gezielte, industrielle Vernichtung des europäischen Judentums als Folge der NS-Rassenideologie ist der entscheidende Bruch, der beide Kriege dann doch voneinander trennt. Statt vom „Zweiten Dreißigjährigen Krieg" erscheint es bei der Suche nach Vergleichen besser, von einem „Zeitalter der Weltkriege" zu sprechen.

Das Gedenkjahr 2014

Den Lernprozess, den die Deutschen nach 1945 gerade aufgrund dieser Erfahrungen durchgemacht haben, spiegelt auch die Entscheidung der Bundesregierung wider, aus Anlass des 100. Jahrestags des Kriegsausbruchs 1914 nur eine einzige Gedenkmarke herauszugeben: Das von Käthe Kollwitz 1924 gezeichnete Plakat „Nie wieder Krieg!".

Diese Botschaft war zweifellos überraschend, herrschte in der Öffentlichkeit doch zeitweilig der Eindruck vor, die Bundesregierung wolle das Ereignis aus Sorge vor einer Konfrontation mit Fragen von „Kriegsschuld", „Kriegsverbrechen" und „weltweiten

Abb. 34 Gedenkmarke der Deutschen Post 2014.

Kriegszielen" am liebsten ignorieren. Dieser Eindruck hat letztlich getäuscht. In würdiger Weise und nicht zuletzt angetrieben von dem Willen, deutlich zu machen, dass man aus der Geschichte „gelernt" habe, hat die Bundesregierung nicht nur an zahllosen internationalen Gedenkveranstaltungen teilgenommen, sondern im Zeichen der Ukraine-Krise auch die Notwendigkeit klugen diplomatischen Handelns als eine der Lehren des Jahres 1914 immer wieder nachdrücklich unterstrichen. Dass Christopher Clarks Buch über die „Schlafwandler", das die Suche nach einem „Schuldigen" für verfehlt hielt, hierbei eine psychologisch wichtige Stütze war, ist unbestritten. Umso befremdlicher mutet es daher aus der Rückschau an, dass manche Historiker glaubten, der Politik unter Rekurs auf das Geschehen vor 1914 „Lehren" vermitteln zu müssen, die auf die Forderung nach einem stärkeren Selbstbewusstsein der Macht in der Mitte Europas hinausliefen. Ob dies die entscheidende Lehre von „1914-2014" sein kann, erscheint, bei allem Willen, mehr Verantwortung zu übernehmen, jedoch fraglich.

Der „historische Ort" des Ersten Weltkrieges

Jede abschließende Reflektion über den historischen Ort des Ersten Weltkrieges muss mit der Monströsität der Opferzahlen beginnen. Die Zahlen waren gewaltig, auch wenn es angesichts fehlenden Datenmaterials wohl nie möglich sein wird, diese exakt zu ermitteln.

Von ca. 72 (!) Millionen Soldaten, die weltweit während des Krieges eingesetzt worden waren, waren ca. 8,8 Millionen gefallen, manche Schätzungen gehen sogar von 9,3 Millionen Gefallenen aus. Die Zahl der – oft für den Rest ihres Lebens gezeichneten – Verwundeten schwankt zwischen 17 und 21,3 Millionen. Auch die Zahl der zivilen Toten, sei es durch unmittelbare Kriegshandlungen, Kriegsverbrechen, Hunger oder die große Grippewelle, erreichte mit 5,9, vielleicht sogar 7,8 Millionen Opfern bisher nie gekannte Größenordnungen. Bei der Betrachtung der Zahlen gilt es zugleich zu berücksichtigen, wie schwer diese Verluste die Nachkriegsgesellschaften belasteten. Trotz geringerer absoluter

Militärische und zivile Verluste der am Ersten Weltkrieg beteiligten Staaten

Staaten	Bevölkerung wehrfähige		Streitkräfte			Militärische Todesfälle			Zivile Todesfälle	
	in Mio.	Männer	In Mio.	In Mio.		Absolut In Mio.	in % der	in%	Absolut In Mio.	in%
			eingesetzt	insgesamt	in % der wehr-fähigen Männer		einge-setzten Streitkräfte	der wehr-fähigen Männer		der Bevölkerung
Mittelmächte										
Bulgarien	4.7	1.1	0.6	0.6	55%	0.08	15%	8%	0.3?	6%
Deutschland	67,8	16.3	13.2	13.2	81%	2.03	15%	12%	0.7?	1%
Österreich-Ungarn	52,6	11.6	9	9	78%	1.46	16%	13%	0.4?	1%
Türkei	17,0	5.4	1.6	3	30%	0.32	20%	6%	2?	12%
Summe Mittelmächte	142,1	34.4	24.4	25.8	71%	3.55	15%	10%	3.4	2%
Entente										
Belgien	7,6	1.9	0.292	0.292	15%	0.03	13%	2%	0.05	1%
Frankreich	39,0	10.0	8.1	8.1	81%	1.32	16%	13%	0.6	2%
Französische Kolonien	52,7	13.2	0.449	0.449	3%	0.78	17%	1%	-	
Griechenland	4,9	0.7	0.23	0.355	33%	0.025	11%	4%		
Großbritannien und Irland	46,1	11.5	6.1	6.1	53%	0.75	12%	7%	0.6	1%
Britische Kolonien	342.2	88.3	2.8	2.8	3%	0.18	6%	0%	-	
Italien	36.0	7.8	4.3	5.6	55%	0.46	11%	6%	0.7?	2%
Japan	53,0	13	0.03	0.8	0%	0.001	3%	0%	-	
Montenegro	0.2	0.05	0.05	0.05	100%	0.013	26%	26%		
Portugal	6.1	1.3	0.1	>0.1	8%	0.007	7%	1%	-	
Rumänien	7.6	1.9	0.75	0.75	39%	0.25	33%	13%	0.3?	4%
Russland	164.0	40.1	15.8	15.8?	39%	1.8?	11%	4%	?	
Serbien	3.1	1.2	0.75	0.75?	63%	0.25?	33%	21%	0.3?	10%
USA	98.8	25.5	2.1	4.75	8%	0.11	6%	0%	-	
Summe Entente	861.3	216.45	41.85	46.59	19%	5.29	13%	2%	2.55	0%
Summe Entente ohne Kolonien	466	114.95	38.60	43.34	34%	5.03	13%	4%	2.55	1%
Gesamt	1.003	251.45	66.25	72.39	26%	8.84	13%	4%	5.95	1%
Gesamt ohne Kolonien	661	163.15	63.45	69.59	39%	8.66	14%	5%	5.95	1%

Zahlen wogen die militärischen und zivilen Toten in Frankreich mit seiner erheblich geringeren Bevölkerung im Vergleich zum Deutschen Reich höher. Dies galt erst recht für die Balkanstaaten, die prozentual die größten Verluste zu verzeichnen hatten.

Millionen Menschen starben jedoch nicht nur im Krieg, sondern Millionen waren seitdem auch auf der Flucht: auf dem Balkan, in der Sowjetunion und den Randstaaten des ehemaligen Zarenreiches, im Osmanischen Reich und dessen Nachfolgestaaten, in der untergegangenen Donaumonarchie sowie selbst innerhalb Deutschlands. Tausende Deutsche mussten die ehemaligen „Reichslande“ verlassen, ebenso die verlorenen Ostgebiete. Dies schuf Verbitterung und bereitete, im Zeichen von „Heim-ins-Reich“-Bewegungen auf der einen, wenig durchdachter Minderheitenpolitik auf der anderen Seite, den Nährboden für unheilvolle Konflikte – von gezielten Pogromen gegen Minderheiten wie in Griechenland und der Türkei zu Beginn der 1920er-Jahre ganz zu schweigen.

Doch es waren nicht nur die Verluste an Menschen, die den Ersten Weltkrieg zu dem „Großen Krieg“ machten, der im Gedächtnis haften blieb. Gleiches gilt für das Ausmaß der Zerstörungen. Ganze Landstriche glichen Mondlandschaften: Häuser, Straßen und Eisenbahnlinien waren zerstört, Wälder verschwunden, Seen von Giftgas verseucht. Zudem hatten die abziehenden deutschen Truppen auch die industrielle Infrastruktur zerstört: Industrieanlagen und Schleusen waren gesprengt, Bergwerke geflutet worden – allein diese Schäden erklären unabhängig von den Kriegskosten selbst die Reparationsforderungen der Alliierten. Die Folgen für alle Nachkriegsgesellschaften waren katastrophal: Ungeachtet der moralischen Berechtigung dieser Forderungen erschwerten sie einen wirtschaftlichen Wiederaufbau Europas, da sie die Finanzsysteme überforderte oder auch zu wirtschaftspolitischen Strategien verleitete, die alle in Chaos zu stürzen drohten.

Auch politisch-ideologisch war der Erste Weltkrieg eine Zäsur mit katastrophalen Folgen. Neue Ordnungsmodelle und Ideologien traten an die Stelle überkommener Formen der Organisation von Staat, Gesellschaft und Wirtschaft, aber auch des zwischenmenschlichen Miteinanders im Zeichen von „Volksgemeinschaften“ oder „Genossenschaften“. Der Aufstieg des Kommunismus und des Faschismus sind ohne ihn kaum vorstellbar. Besiegte wie Sieger erwiesen sich hier aus den Erfahrungen des Krieges heraus für anfällig. Nur stabile Demokratien waren fähig, deren Vormarsch zu verhindern.

Abb. 35 So wie das französische Lens sahen viele Städte und Dörfer in Frankreich und Belgien aus nach dem Abzug der Deutschen im Herbst 1918. Um ihnen ihre „Schuld" vor Augen zu führen, ließ die französische Regierung die deutsche Delegation im Mai 1919 absichtlich durch diese Regionen fahren.

Militärisch bereitete der Erste Weltkrieg einem neuen Denken den Weg. Jeder neue Krieg, das war klar, würde von vorneherein ein Krieg sein, in den Gesellschaft und Wirtschaft miteinbezogen sein würden. Zudem würde dieser, nach den Erfahrungen auf dem Schlachtfeld, ganz anders ausgefochten werden. In der Luft, unter Wasser und mit modernster Technik zu Lande.

Last but not least: Europa, das bis dahin die Welt dominiert hatte, verlor diese Dominanz. Neue Zentren entstanden: spätestens mit dem Dawes-bzw. dem Young-Plan, beides Versuche, die leidige Reparationsfrage zu lösen, und dem Briand-Kellogg-Pakt, der den Krieg zu ächten versuchte, kehrten die Vereinigten Staaten zurück auf die weltpolitische Bühne. Auch das bolschewistische Russland war, trotz Bürgerkrieg und Stigmatisierung als „rotes Gespenst", potenziell allein aufgrund seiner Größe ein Machtfaktor. Unübersehbar war aber auch der Wille Chinas, sich mit dem

Abstieg zur Kolonie nicht abzufinden, sondern stattdessen wieder aufzusteigen. Die Bewegung vom „4. Mai 1919", entstanden aus dem Protest gegen japanische Forderungen und die Nichtberücksichtigung chinesischer Ansprüche in Versailles machte dies deutlich, auch wenn es bis zum Sieg Mao Zedongs, der als junger Student dabei war, noch ein weiter Weg war. In anderen Teilen der Welt, die im Zeichen von „Zivilisationsmission" oder auch aus reiner Gier von Europäern beherrscht wurden, gärte es ebenfalls. Indien kam seit dem Massaker von Amritsar 1919 nicht mehr zur Ruhe – genauso wenig wie der Nahe Osten. Der Einsatz von Jagdflugzeugen der Royal Air Force bei der Kontrolle dieser Gebiete und auch von Giftgas belegten vielmehr, dass die Sieger allenfalls militärisch, nicht aber politisch etwas dazu gelernt hatten.

Spätestens hier werden die Hypotheken sichtbar, die der Erste Weltkrieg hinterließ – einen ruhelosen Nahen Osten, einen in sich zerstrittenen Balkan, ungelöste Nationalitätenfragen in Osteuropa sowie konfliktreiche Beziehungen zu den ehemaligen Kolonien in Afrika und Asien. Der Zweite Weltkrieg verschärfte diese in vielfacher Weise, der Kalte Krieg stabilisierte sie dann auf einer anderen Ebene – der des Gleichgewichts des Schreckens. Die Hoffnung, dass der Durchbruch der Demokratie im Zuge der friedlichen Revolution erst im Osten Europas 1989/90, dann im arabischen Raum 2011/12 das „Erbe" des Ersten wie auch des zweiten Weltkrieges endgültig bewältigen würde, erwies sich jedoch als Chimäre. Der Erste Weltkrieg erscheint gegenwärtiger als je zuvor – mit einem Unterschied: dem Bewusstsein, welche Folgen große Kriege haben können und wie wichtig kluges diplomatisches Handeln ist.

Literatur

Behrenbeck, Sabine, Zwischen Trauer und Heroisierung. Vom Ungang mit Kriegstod und Niederlage nach 1918, in: Kriegsende 1918. Ereignis, Wirkung Nachwirkung, hrsg. von Jörg Duppler/ Gerhard P. Groß, München 1999, S. 315-339.

Bessel, Richard, Germany after the First World War, Oxford 1993.

Die deutsche Revolution. Dokumente, hrsg. v. Gerhard A. Ritter u. Susanne Miller, Frankfurt am Main 1983.

Heinemann, Ulrich, Die verdrängte Niederlage. Politische Öffentlichkeit und Kriegsschuldfrage in der Weimarer Republik, Göttingen 1983.

Kluge, Ulrich, Die deutsche Revolution 1918/19. Staat, Politik und Gesellschaft zwischen Weltkrieg und Kapp-Putsch, Darmstadt 1997 (sehr gute, problemorienierte Darstellung).

Kolb, Eberhard, Der Frieden von Versailles, München 2005 (grundlegende Gesamtdarstellung).

Ders. u. Schumann, Dirk, Die Weimarer Republik, 8. überarb. und erweiterte Aufl., München 2013.

Krüger, Peter, Deutschland und die Reparationen 1918/19, Stuttgart 1973.

MacMillan, Margaret, Paris 1919. Six Months that changed the World, New York 2003 (sehr gut lesbarer Gesamtüberblick aus der Perspektive aller Beteiligten).

Mühlhausen, Walter, Friedrich Ebert, 1871-1925, Bonn 2006.

Quellen zum Friedensschluß von Versailles, hrsg. v. Klaus Schwabe, Darmstadt 1997.

Schwabe, Klaus, Deutsche Revolution und Wilson-Frieden. Die amerikanische und deutsche Friedensstrategie zwischen Ideologie und Machtpolitik 1918/19, Düsseldorf 1971.

The Treaty of Versailles: A Reassessment after Seventy Years, hrsg. v. Manfred Boemeke u. a., Cambridge 1998 (perspektivenreicher Sammelband).

Ulrich, Bernd/Ziemann, Benjamin (Hrsg.), Krieg im Frieden. Die umkämpfte Erinnerung an den Ersten Weltkrieg, Frankfurt am Main 1997 (sehr gute Quellensammlung).

Versailles 1919. Ziele – Wirkung – Wahrnehmung, hrsg. v. Gerd Krumeich, Essen 2001 (Bilanz der Forschung und Aufzeigen neuer Perspektiven).

Ziemann, Benjamin, Contested Commemorations. Republican War Veterans and Weimar Political Culture, Cambridge 2013.

Zeittafel

28.6.1914	Ermordung des österreichisch-ungarischen Thronfolgers Erzherzog Franz Ferdinand und seiner Ehefrau in der bosnischen Hauptstadt Sarajevo
5.7.1914	Mission des österreichisch-ungarischen Sondergesandten, Graf Hoyos, nach Berlin
23.7.1914	Ultimatum Österreichs an Serbien
28.7.1914	Österreich erklärt Serbien den Krieg
30.7.1914	Russische Generalmobilmachung
31.7.1914	Österreichische Generalmobilmachung
1.8.1914	Deutschland erklärt Russland den Krieg/Beginn der Generalmobilmachung; Italien erklärt sich für neutral
3.8.1914	Deutsche Kriegserklärung an Frankreich Britisches Ultimatum an Deutschland
4.8.1914	Einmarsch deutscher Truppen in Belgien Kriegszustand zwischen Deutschland und England
15.8.1914	Einmarsch russischer Truppen in Ostpreußen
16.8.1914	Einnahme der Festung Lüttich durch deutsche Truppen
20.-22.8.1914	Schwere französische Verluste in der Schlacht in Lothringen
20.8.1914	Deutsche Truppen besetzen Brüssel
26.-29.8.1914	Russische Niederlage bei Tannenberg
5.-12.9.1914	Marneschlacht; Rückzug deutscher Truppen bis an die Aisne.
20.10.-Mitte Nov.	Flandernschlachten
1.11.1914	Sieg des Ostasiengeschwaders bei Coronel
29.10.1914	Das Osmanische Reich tritt auf deutscher Seite in den Krieg ein
7.11.1914	Kapitulation Tsingtaus gegenüber Japan
Nov./Dez/1914-Jan. 1915	Vergebliche deutsche Vorstöße gegen die englische Ostküste; Niederlage bei der Doggerbank.
8.12.1914	Untergang des Ostasiengeschwaders bei den Falklandinseln
20.12.1914	Türkische Truppen stoßen an den Suezkanal vor
Febr./März/April 1915	Alliierte Beschießung der Dardanellen und Landung von Truppen
25.1.1915	Einführung von Brotmarken in Deutschland
Mai 1915	Schlacht von Gorlice-Tarnow; anschließend Eroberung Russisch-Polens
23.5.1915	Kriegseintritt Italiens auf Seite der Alliierten
5.10.1915	Landung alliierter Truppen in Saloniki
6.10.1915	Beginn der Offensive der Mittelmächte gegen Serbien
14.10.1915	Bulgarien tritt auf Seiten der Mittelmächte in den Krieg ein
Dez. 1915	Rückzug der alliierten Truppen von den Dardanellen
21.2.1916	Beginn des deutschen Angriffs auf die Festung Verdun
31.5./1.6.1916	Seeschlacht im Skagerrak
4.6.1916	Beginn der Brussilov-Offensive
27.8.1916	Kriegseintritt Rumäniens auf Seiten der Alliierten
Sept.-Dez.1916	Feldzug der Mittelmächte gegen Rumänien (Eroberung Bukarests 6.12.1916)
21.11.1916	Tod Kaiser Franz Josephs I.; Nachfolger Kaiser Karl I.
12.12.1916	Friedensangebot der Mittelmächte (am 30.12.1916 von Allierten zurückgewiesen)
1.2.1917	Deutsches Reich erklärt uneingeschränkten U-Bootkrieg
3.2.1917	USA brechen diplomatische Beziehungen zu Deutschland ab (6.4.1917 folgt die Kriegserklärung)

8.3.1917	Revolution in Russland
11.4.1917	Gründung der USPD in Gotha
Mitte Apr. 1917	Hungerstreiks in vielen deutschen Städten
14.7.1917	Rücktritt Bethmann Hollwegs; Nachfolger wird Georg Michaelis
19.7.1917	Friedensresolution des Reichstags
1.11.1917	Georg Graf Hertling löst Georg Michaelis als Reichskanzler ab
5.11.1917	Gründung des Königreichs Polen durch Deutschland und Österreich
7.11.1917	Bolschewistische Revolution in Russland
Seit Anfang Dez. 1917	Beginn von Friedensverhandlungen zwischen Deutschland und Russland in Brest-Litovsk
8.1.1914	Verkündung der 14 Punkte durch US-Präsident Wilson; am 24.1.1918 von Deutschland abgelehnt
28.1.1918	Massenstreiks in vielen deutschen Rüstungsbetrieben: Protest gegen schlechte Lebensmittelversorgung, Forderung nach Beendigung des Krieges und Demokratisierung
3.3.1918	Frieden von Brest-Litovsk
21.3.1918	Beginn der deutschen Frühjahrsoffensive im Westen; zahlreiche weitere kleinere Offensiven folgen, ohne die gewünschten Ergebnisse zu bringen
7.5.1918	Friede von Bukarest
18.7.1918	Beginn der alliierten Gegenoffensive im Westen
8.8.1918	„Schwarzer Tag“ von Amiens
29.9.1918	Oberste Heeresleitung fordert sofortigen Waffenstillstand
30.9.1918	Waffenstillstand zwischen Bulgarien und den Alliierten
3.10.1918	Ernennung Prinz Max von Badens zum Reichskanzler; Gesuch um Waffenstillstand; mehrfacher Notenwechsel mit den USA
16.10.1918	„Völkermanifest“ Kaiser Karls; vergeblicher Versuch, Monarchie nach schweren Niederlagen zu retten
26.10.1918	Entlassung Ludendorffs nach eigenmächtigem Aufruf, Kampf wieder aufzunehmen
seit 21.10.1918	Revolutionäre Unruhen in Österreich und beginnender Zerfall der Donaumonarchie
29.10.1918	Meutereien auf Einheiten der Hochseeflotte in Wilhelmshaven
31.10.1918	Unterzeichnung des Waffenstillstands zwischen dem Osmanischen Reich und den Alliierten
3.11.1918	Matrosenaufstand in Kiel
7.11.1918	Ausbreitung der revolutionären Bewegung; Sturz der Monarchien
9.11.1918	Reichskanzler Max von Baden verkündet die Abdankung Wilhelms II.
10.11.1918	Wilhelm II. geht nach Holland ins Exil
11.11.1918	Unterzeichung des Waffenstillstands im Wald von Compiègne
28.6.1919	Unterzeichnung des Vertrags von Versailles

Anmerkungen

1 Der Weg in den Krieg

1 Bericht Szögyénys vom 21.5.1900, in: Konrad Canis, Von Bismarck zur Weltpolitik. Deutsche Außenpolitik 1890 bis 1902, Berlin 1997, S. 337.
2 Stemrich an Kiderlen-Wächter, 6.10.1909, in: Alfred v. Kiderlen-Wächter, der Staatsmann und Mensch. Briefwechsel und Nachlass, hrsg. von Ernst Jäckh, Bd. 2, Stuttgart 1924, S. 38.
3 Denkschrift des Oberquartiermeister im Generalstab, Graf Waldersee, für den Generalstabschef Moltke v. 185.1914, BArch W-10/50730.
4 So Paasche im Reichstag am 24.4.1912, zitiert nach: http://www.reichstagsprotokolle.de/Blatt_k13_bsb00003351_00648.html (letzter Zugriff 29.08.2014).

2 Die „Julikrise"

1 Unterredung zwischen Berchtold und Conrad v. Hötzendorff, 29.6.1914, in: Imanuel Geiss (Hrsg.), Juli 1914. Die europäische Krise und der Ausbruch des Ersten Weltkriegs, München 2. Aufl. 1980, S. 39.
2 Tschirschky an Bethmann Hollweg, 30.6.1914, ebd., S. 40.
3 Randbemerkung Wilhelms II. zu dem Bericht Tschirschkys vom 30.6.1914, ebd., S. 40.
4 Salza an Vitzthum, 2.7.1914, ebd., S. 43f.
5 Leuckart an Carlowitz, 3.7.1914, ebd., S. 45.
6 Szögýeni an Berchtold, 5.7.1914, ebd., S. 52.
7 Szögýeni an Berchtold, 6.7.1914, ebd., S. 55.
8 Tagebucheintragung von Kurt Riezler vom 8.7.1914, zitiert nach: Kurt Riezler. Tagebücher, Aufsätze, Briefe. Eingeleitet und herausgegeben von Karl Dietrich Erdmann, Göttingen 1972, S.184.
9 Bethmann Hollweg an Roedern, 16.7.1914, in: Geiss, Juli 1914, S. 98.
10 Jagow an Lichnowski, 18.7.1914, ebd., S. 104.
11 Tagebucheintragung Riezlers v. 14.7.1914, Riezler, Tagebücher, S. 185.
12 Wiesner an Berchtold, 13.7.1914, in: Geiss, Juli 1914, S. 90f.
13 Pourtalès an Bethmann Hollweg, 21.7.1914, ebd., S. 138.
14 Ebd., S. 90.
15 Runderlass Bethmann Hollwegs, 21.7.1914, ebd., S. 132f.
16 Sonderjournal des russischen Ministerrats v. 25.7.1914, ebd., S. 198.
17 Notiz Nicolsons zu dem Telegramm Buchanans an Grey v. 24.7.1914, ebd., S. 188.
18 Notiz Crowes, ebd.
19 Szögýeni an Berchtold, 27.7.1914, ebd., S. 230.
20 Bethmann Hollweg an Lichnowski, 27.7.1914, ebd., S. 231.
21 Tagebucheintrag Hopmans v. 27.7.1914, in: Albert Hopman, Das ereignisreiche Leben eines „Wilhelminers". Tagebücher, Briefe, Aufzeichnungen 1901-1920, hrsg. von Michael Epkenhans, München 2004, S. 399.
22 Grey an Buchanan, 25.7.1914, in: Winfried Baumgart, Die Julikrise und der Ausbruch des Ersten Weltkrieges, Darmstadt 1983, S. 131.
23 Müller-Tagebuch, Eintrag v. 27.7.1914, in: Regierte der Kaiser? Aus den Kriegstagebüchern des Chefs des Marinekabinetts im ersten Weltkrieg Admiral Georg Alexander von Müller, hrsg. von Walter Görlitz, Göttingen 1959, S. 36.
24 Lichnowsky an Jagow, 29.7.1914, in: Geiss, Juli 1914, S. 288-291.

25 Zitiert nach dem Protokoll der Sitzung des Preußischen Staatsministeriums v. 30.7.1914, in: Die Deutschen Dokumente zum Kriegsausbruch 1914, hrsg. im Auftrage des Auswärtigen Amtes, 2. Aufl. Berlin 1922, Bd. 2, S. 178.

26 Bethmann Hollweg an Tschirschky, 30.7.1914, in: Geiss, Juli 1914, S. 292-294.

27 Tagebuchentragung Redlichs vom 24.7.1914, in: Baumgart, Julikrise, S. 118.

28 Bethmann Hollweg an Tschirschky, 30.7.1914, in: Geiss, Juli 1914, S. 294.

29 Ebd., sowie Wilhelm II. an Jagow, 28.7.1914, ebd., S. 252f.

30 Bethmann an Tschirschky, 30.7.1914, ebd., S. 308.

31 Zum Verhältnis zwischen Kanzler und den Generalen vgl. zuletzt zutreffend Stig Förster, Russische Pferde. Die deutsche Armeeführung und die Julikrise 1914, in: Christian Th. Müller/Matthias Rogg (Hrsg.), Das ist Militärgeschichte!, Paderborn u.a. 2013, S. 63-82.

32 Bethmann Hollweg an Lichnowsky, 3.8.1914, in: Baumgart, Julikrise, S. 229.

33 Berckheim an Dusch, 3.8.1914, zitiert nach: A. Bach (Hrsg.): Deutsche Gesandtschaftsberichte zum Kriegsausbruch 1914. Berichte und Telegramme der badischen, sächsischen und württembergischen Gesandtschaften in Berlin aus dem Juli und August 1914, Berlin 1937, S. 141.

34 Zitiert nach: Ralf Georg Reuth, „In Europa gehen die Lichter aus". Der Tod Franz Ferdinands 1914 in Sarajevo. Das Ende Hitlers 1945 in Berlin. Wie die Mächte Europas ihren Einfluß verloren, http://www.welt.de/print-welt/article558962/In-Europa-gehen-die-Lichter-aus.html (letzter Zugriff 15.10.2013).

35 Hans-Ulrich Wehler, Deutsche Gesellschaftsgeschichte, Bd. 3: Von der „Deutschen Doppelrevolution" bis zum Beginn des Ersten Weltkrieges 1849-1914, München 1995, S. 1168.

36 Christopher Clark, Die Schlafwandler. Wie Europa in den Ersten Weltkrieg zog, München, 3. Aufl. 2013, S. 716f.

3 Krieg

1 Zahlen nach: Sönke Neitzel, Weltkrieg und Revolution 1914-1918/19, Berlin 2008, S. 31f.; leicht abweichend: Reichsarchiv, Der Weltkrieg 1914 bis 1918. Die militärischen Operationen zu Lande, Bd. 1: Die Grenzschlachten im Westen, Berlin 1925, S. 38f.

2 Zusammenfassend: Annika Mombauer, Der Moltkeplan, in: Hans Ehlert u.a. (Hrsg.), Der Schlieffenplan. Analysen und Dokumente, 2. Aufl. Paderborn 2007, S. 79-99.

3 So Staatssekretär Wahnschaffe an das Reichsarchiv, 8.12.1930, zitiert nach: Mombauer, Annika, Die Julikrise 1914. Europas Weg in den Ersten Weltkrieg, München 2014, S. 18f.

4 Vgl. dazu David Stevenson, 1914-1918: The History of the First World War, London 2012, S. 57-60.

5 Angaben nach: Gunar Korn, Die Marneschlacht, in: Markus Pöhlmann/Harald Potempa/Thomas Vogel (Hrsg.), Der Erste Weltkrieg 1914-1918. Der deutsche Aufmarsch in ein kriegerisches Jahrhundert, München 2013, S. 45. Übergreifend: Holger H. Herwig, The Marne, 1914. The Opening of World War I and the Battle that changed the World, New York 2009.

6 Hopman an Capelle, 16.9.1914, in: Nachlass Tirpitz, BArch N 253/431.

7 Vgl. Stig Förster, Der deutsche Generalstab und die Illusion des kurzen Krieges 1871-1914. Metakritik eines Mythos, in: Militärgeschichtliche Mitteilungen 54 (1995), S. 61-95.

8 Zahlen für Deutschland nach: Christian Stachelbeck, Deutschlands Heer und Marine im Ersten Weltkrieg, München 2013, S. 34; für Frankreich nach: David Stevenson, French Strategy on the Western Front, 1914-1918, in: Roger Chickering/Stig Förster (Hrsg.), Great War, Total War. Combat and Mobilization on the Western Front, 1914-1918, Cambridge 2000, S. 325.

9 So Falkenhayn gegenüber mehreren Angehörigen seiner Umgebung, zitiert nach: Holger Afflerbach, Falkenhayn. Politisches Denken und Handeln im Kaiserreich, München 1994, S. 198.

10 Tagesbefehl Joffres vom 23.9.1915, zitiert nach: Jean-Jacques Becker/Gerd Krumeich, Der große Krieg. Deutschland und Frankreich im Ersten Weltkrieg 1914-1918, Essen 2010, S. 223.

11 Zahlen – beruhend auf dem französischen Weltkriegswerk – nach: Reichsarchiv, Der Weltkrieg, Bd. 7, Berlin 1931, S. 53; dass., Der Weltkrieg, Bd. 8, Berlin 1932, S. 93; dass., Der Weltkrieg, Bd. 9, Berlin 1933, S. 98. Abweichende Zahlen für Frankreich bei Stevenson, French Strategy on the Western Front, S. 325. Danach beliefen sich die französischen Verluste zwischen Dezember 1914 und November 1915 auf 465.000, nicht auf 534.500 Mann.

12 Angaben für die deutschen Truppen nach: Stachelbeck, Deutschlands Heer und Marine, S. 48.

13 Zitiert nach: http://www.dradio.de/dlf/sendungen/feldpost/Sendung vom 11.11.1998 (letzter Zugriff 15.10.2013).

14 Zur Somme-Schlacht: Gerhard Hirschfeld/Gerd Krumeich/Irina Renz (Hrsg.), Die Deutschen an der Somme 1914-1918. Krieg, Besatzung, Verbrannte Erde, Essen 2006; Robin Prior/Trevor Wilson, The Somme, New Haven/London 2005.

15 Zu den leicht voneinander abweichenden Zahlen Hirschfeld u.a., Die Deutschen an der Somme, S. 8f; Prior/Wilson, The Somme, S. 300-303.

16 Reichsarchiv, Der Weltkrieg, Bd. 11: Die Kriegführung im Herbst 1916 und im Winter 1916/17. Vom Wechsel in der Obersten Heeresleitung bis zum Entschluß zum Rückzug in die Siegfried-Stellung, Berlin 1938, S. 186.

17 Zu Hindenburg: Wolfram Pyta, Hindenburg. Herrschaft zwischen Hohenzollern und Hitler, 2. Aufl. München 2007, S. 91-379; zu Ludendorff: Manfred Nebelin, Ludendorff. Diktator im Ersten Weltkrieg, München 2011.

18 Stevenson, 1914-1918, S. 175-177.

19 Allein die Ausstattung des Britischen Expeditionskorps mit schweren Geschützen hatte sich zwischen Juni 1916 und April 1917 von 761 auf 1500 Geschütze fast verdoppelt, die Zahl der dafür zur Verfügung stehenden Munition fast verzehnfacht (700.000:500.000 Schuss). Zugleich hatte die Qualität der Geschütze und der Munition sich erheblich verbessert. Angaben nach: Trevor Wilson, The Myriad Faces of War, Oxford 1988, S. 449f.

20 Angaben nach: Stevenson, French Strategy on the Western Front, S. 315.

21 Vgl. dazu die Angaben in: Reichsarchiv, Der Weltkrieg, Bd. 12: Die Kriegführung im Frühjahr 1917, Berlin 1939, S. 410, Anm. 1. Die deutschen Verluste waren ebenfalls sehr hoch: 163000 Mann. Ebd.

22 Gerhard Hirschfeld/Gerd Krumeich, Deutschland im Ersten Weltkrieg, Frankfurt am Main 2013, S. 178f.

23 Angaben nach: Bundesarchiv, Der Weltkrieg, Bd. 13: Die Kriegführung im Sommer und Herbst 1917, Koblenz 1956, S. 96.

24 Angaben nach: Reichsarchiv, Der Weltkrieg, Bd. 2: Die Befreiung Ostpreußens, Berlin 1925, S. 238.

25 Stachelbeck, Deutschlands Heer und Marine, S. 30.

26 Angaben nach: Holger H. Herwig, The First World War. Germany and Austria-Hungary 1914-1918, London u.a.1997, S. 94.

27 Stachelbeck, Deutschlands Heer und Marine, S. 34.

28 Ebd.

29 Ebd., S. 40.

30 Ebd.

31 Heiner Bröckermann, in: Markus Pöhlmann/Harald Potempa/Thomas Vogel (Hrsg.), Der Erste Weltkrieg 1914-1918. Der deutsche Aufmarsch in ein kriegerisches Jahrhundert, München 2013, S. 146.

32 Sanitätsbericht über das Deutsche Heer im Weltkriege 1914/1918, bearb. in der Heeres-Sanitätsinspektion des Reichswehrministeriums, Bd. 3, Berlin 1934, S. 140-143.

33 Zum Krieg auf dem Balkan: Manfried Rauchensteiner, Der Erste Weltkrieg und das Ende der Habsburgermonarchie, Wien u.a. 2013, S. 187-196, 477-496; M. Christian Ortner, Die Feldzüge gegen Serbien in den Jahren 1914 und 1915, in: Jürgen Angelow (Hrsg.), Der Erste Weltkrieg auf dem Balkan. Perspektiven der Forschung, Berlin 2011, S. 123-142., S. 135f., S. 140 Angaben über die Verluste beider Seiten.

34 Conrad an Bolfras, 4.10.1915, zitiert nach: Rauchensteiner, Der Erste Weltkrieg, S. 477.

35 Ausführlich: Holger Afflerbach, Der Dreibund. Europäische Großmacht- und Allianzpolitk vor dem Ersten Weltkrieg, Wien 2002, S. 849-873.

36 Rauchensteiner, Der Weltkrieg, S. 399-426, 517-538, 805-827, 931-1022.

37 Zitiert nach: Afflerbach, Dreibund, S. 873.

38 Zusammenfassend: Gerhard P. Groß, Ein Nebenkriegsschauplatz. Die deutschen Operationen gegen Rumänien 1916, in: Jürgen Angelow (Hrsg.), Der Erste Weltkrieg auf dem Balkan. Perspektiven der Forschung, Berlin 2011, S.143-158.

39 Thomas Vogel, Die Schlacht um Gallipoli, in: Pöhlmann u.a., Der Erste Weltkrieg 1914-1918, S. 284. Zu Gallipoli anstelle der sehr umfangreichen Spezialliteratur zusammenfassend: Wilson, The Myriad Faces of War, S. 101-140, 266-275.

40 Zum Krieg in Afrika zusammenfassend: Hew Strachan, The First World War in Africa, Oxford 2004; Stachelbeck, Deutschlands Heer und Marine, S. 90-97; Tanja Bührer, Die Kaiserliche Schutztruppe für Deutsch-Ostafrika. Koloniale Sicherheitspolitik und transkulturelle Kriegführung 1885 bis 1918, München 2011, S. 401-477; Eckard Michels, „Der Held von Deutsch-Ostafrika". Paul von Lettow-Vorbeck. Ein preußischer Kolonialoffizier, Paderborn u.a. 2008.

41 Dazu Wilhelm Deist, Kaiser Wilhelm II. als Oberster Kriegsherr, in: John C.G. Röhl (Hrsg.), Der Ort Kaiser Wilhelms II. in der deutschen Geschichte, München 1991, S. 25-42; Stachelbeck, Deutschlands Heer und Marine, S. 99-105.

42 Falkenhayn an Bethmann Hollweg, 17.10.1915, zitiert nach: Afflerbach, Falkenhayn, S. 244.

43 Vgl. dazu Pyta, Hindenburg, S. 285-293, der Hindenburg allerdings in Anlehnung an Max Weber als „charismatischen Herrscher" bezeichnet, eine gleichfalls nicht unproblematische und in der Forschung umstrittene Deutung.

44 Vgl. dazu die Edition von Holger Afflerbach, Kaiser Wilhelm II. als Oberster Kriegsherr im Ersten Weltkrieg. Quellen aus der militärischen Umgebung des Kaisers 1914-1918, München 2005, Einleitung.

45 Dieter Storz, Kriegsbild und Rüstung vor 1914. Europäische Landstreitkräfte vor dem Ersten Weltkrieg, Herford 1992, S. 173f.

46 Heather Perry, Violence against Prisoners of War in the First World War. Britain, France and Germany, 1914-1920, Cambridge 2011, S. 121-256.

47 Ernst Jünger, Kriegstagebuch 1914-1918. Hrsg. von Helmuth Kiesel, 4. Aufl. Stuttgart 2013, S. 202.

48 Zu Verwundung und Versorgung der Soldaten vgl. insbesondere die Beiträge im Sonderheft der Wehrmedizinischen Monatsschrift 58 (2014) zum Thema: Geschichte der Wehrmedizin – Der Erste Weltkrieg.

49 Schulchronik Wittorf, Eintrag vom 26.5.1916, Gemeindearchiv Bardowick.

50 Zitiert nach: http://www.dradio.de/dlf/sendungen/feldpost/Sendung vom 11.11.1998.

51 Aus: Stachelbeck, Deutschlands Heer und Marine, S. 49.

52 Zitiert nach: http://www.dradio.de/dlf/sendungen/feldpost/Sendung vom 9.11.1998 (letzter Zugriff 15.10.2013).

53 Vejas Gabriel Liulevicius, Von „Ober Ost" nach „Ostland"?, in: Die vergessene Front. Der Osten 1914/15. Ereignis, Wirkung, Nachwirkung, hrsg. von Gerhard P. Groß, Paderborn 2006, S. 297f.

54 Bernd Ullrich, Die Augenzeugen. Deutsche Feldpostbriefe in Kriegs- und Nachkriegszeit 1914-1933, Essen 1997, S. 40-105. Ebd. auch detaillierte Zahlenangaben. Die deutsche Feldpost bewältigte demnach während des Krieges, alles zusammen, 28,7 Milliarden Sendungen, die französische, dort wurden nur die Briefe gezählt, 10 Milliarden. Zur Aussagekraft der Feldpostbriefe vgl. anhand deutscher und englischer Beispiele: Aribert Reimann, Die heile Welt im Stahlgewitter: Deutsche und englische Feldpost aus dem Ersten Welktrieg, in: Gerhard Hirschfeld/Gerd Krumeich/Dieter Langewiesche/Hans-Peter Ullmann (Hrsg.), Kriegserfahrungen. Studien zur Sozial- und Mentalitätsgeschichte des Ersten Weltkriegs, Essen 1997, S. 129-145.

55 Ausführlich dazu: Tony Ashworth, Trench Warfare 1914-1918. The Live and Let Live System, London 2000, S. 24-47.

56 Zitiert nach: http://www.dradio.de/dlf/sendungen/feldpost/Sendung vom 4.11.1998 (letzter Zugriff 15.10.2013)

57 So der englische Soldat Herbert Hensley Henson, zitiert nach: Die letzten Tage der Menschheit. Bilder des Ersten Weltkrieges. Hrsg. von Rainer Rother im Auftrag des Deutschen Historischen Museums, Berlin 1994, S. 68

58 Zitiert nach Stachelbeck, Deutschlands Heer und Marine, S. 184.

59 Ernst Jünger, Das Antlitz des Weltkrieges. Fronterlebnisse deutscher Soldaten, Berlin 1930, S. 224.

60 Feldpostbrief von Fr. Langhorst, 2.1.1915, zitiert nach Bernd Ulrich/Benjamin Ziemann (Hrsg.), Frontalltag im Ersten Weltkrieg. Wahn und Wirklichkeit, Frankfurt am Main 1994, S. 89f.

61 Peter Graf Kielmannsegg, Deutschland und der Erste Weltkrieg, 2. Aufl. Stuttgart 1980, S. 340.

62 Herwig, The First World War, S. 249.

63 Dieses Verfahren wandten zuerst die Franzosen bei ihren Gegenangriffen bei Verdun an. Zusammenfassend: Heinz-Ludger Borgert, Grundzüge der Landkriegführung von Schlieffen bis Guderian, in: Militärgeschichtliches Forschungsamt (Hrsg.), Deutsche Militärgeschichte 1648-1939, Teil IX, ND Herrsching 1983, S. 516f.

64 Vgl. dazu den Textauszug aus der Dissertation von H. Gruss, Aufbau und Verwendung deutscher Sturmbataillone, Diss. phil. Berlin 1939, in: Ulrich/Ziemann, Frontalltag, S. 100-102.

65 Jünger, Antlitz, S. 234f.

66 Zur Handgranate und dem Maschinengewehr vgl. die Quellenauszüge aus Deutsche Infanterie. Das Ehrenmal der vordersten Front, bearb. und hrsg. von Ernst von Eisenhart-Rothe u.a., Zeulenroda 1939, in: Karl-Volker Neugebauer (Hrsg.), Grundzüge der deutschen Militärgeschichte, Bd. 2, S. 206-208.

67 Dazu ausführlich John Keegan, Das Antlitz des Krieges, Düsseldorf 1978, S. 278.

68 Ebd., S. 303f.

69 Dazu Rolf-Dieter Müller, Total War by Means of New Weapons? The Use of Chemical Agents in World War I, in: Chickering/Förster, Great War, Total War, S. 95-111; Dieter Martinetz, Der Gaskrieg 1914-1918. Entwicklung, Herstellung und Einsatz chemischer Kampfstoffe, Bonn 1996.

70 Herwig, The First World War, S. 168-172.

71 Ausführlich Dieter Martinetz, Zur Entwicklung und zum Einsatz von Schwefel-Lost (Gelbkreuz) als bedeutendstem chemischen Kampfstoff im Ersten Weltkrieg, in: Militärgeschichtliche Mitteilungen 55 (1996), S. 355-379.

72 Zu den in der Forschung diskutierten Zahlen vgl. ausführlich Martinetz, Gaskrieg, S. 119-121. Diesen Zahlen liegt die leicht höhere Schätzung der verschossenen Gesamtmenge von ca. 124.000 t zugrunde, wovon ca. 57.600 t auf das Deutsche Reich entfallen. Ebd., S. 120.

73 Zu den – allerdings etwas strittigen – Zahlen vgl. Rolf-Dieter Müller, Gaskrieg, in: Enzyklopädie Erster Weltkrieg, Gerhard Hirschfeld/Gerd Krumeich/Irina Renz (Hrsg.), Paderborn u.a. 2009, S. 521f; eine detaillierte Diskussion der Opferzahlen – je nach Statistik – in: Martinetz, Gaskrieg, S. 127-131.

74 Müller, Total War, S. 101, 109-111.

75 Jünger, Antlitz, S. 236.

76 Herwig, The First World War, S. 202.

77 Ebd., S. 397-399.

78 Dazu Storz, Kriegsbild, S. 345-352, sowie Heiger Ostertag, Die Anfänge der Luftkriegführung, in: Neugebauer, Grundzüge der deutschen Militärgeschichte, Bd. 1, S. 260-263.

79 Dazu Storz, Kriegsbild, S. 345-347.

80 Dazu William McNeill, Krieg und Macht. Militär, Wirtschaft und Gesellschaft vom Altertum bis heute, München 1984, S. 188-270.

81 Alfred v. Tirpitz, Erinnerungen, Leipzig 1919, S. 131.

82 Dazu Michael Epkenhans, Seemacht = Weltmacht. Alfred Thayer Mahan und sein Einfluß auf die Seestrategie des 19. und 20. Jahrhunderts, in: Jürgen Elvert u.a. (Hrsg.), Kiel, die Deutschen und die See, Stuttgart 1992, S. 35-48.

83 Operationsbefehl Nr. 1 vom 30.07.1914, zitiert nach: Die deutsche Seekriegsleitung im Ersten Weltkrieg, hrsg. und bearbeitet von Gerhard Granier, Bd 1, Koblenz 1999, Nr. 8. Allgemein hierzu Michael Epkenhans, Die kaiserliche Marine 1914/15: Der Versuch einer Quadratur des Kreises, in: Die Seeschlacht im Skagerrak, hrsg. von Michael Epkenhans, Jörg Hillmann und Frank Nägler, München 2008, S. 113-138.

84 Vgl. dazu insbesondere Tirpitz' Kriegsbriefe an seine Frau, in: Tirpitz, Erinnerungen, S. 392-502.

85 Zahlen nach Holger H. Herwig, ‚Luxury' Fleet. The Imperial German Navy 1888-1914, London 1980, S. 178.

86 Dazu Epkenhans, Seemacht = Weltmacht, S. 42 mit weiteren Verweisen auf die diesbezügliche Literatur.

87 Ebd., S. 157-211.

88 Zum U-Bootkrieg allgemein: Joachim Schröder, Die U-Boote des Kaisers. Die Geschichte des deutschen U-Bootkrieges gegen Großbritannien im Ersten Weltkrieg, Lauf a. d. Pegnitz 2000; Rahn, Strategische Probleme, S. 355.

89 Dazu ausführlich und differenziert ebd., S. 354-359.

90 Die monatliche Versenkungsziffer bis 1917 betrug 324.810 BRT, ebd., S. 356.

91 Tagebucheintragung vom 1.2.1917, zitiert nach: Hopman, Das ereignisreiche Leben eines „Wilhelminers", S. 954f.

92 Ebd., S. 357.

93 Von 175 1917/18 neu in Dienst gestellten Booten gingen 132 durch Feindeinwirkung verloren, Zahlen nach: Bodo Herzog, Deutsche U-Boote 1906-1966, Herrsching 1990 [zuerst München 1968], S. 79-81.

94 Herwig, ‚Luxury' Fleet, S. 207f.

95 Ebd., S. 206.

96 Ebd., S. 208.

97 Paul Halpern, A Naval History of the First World War, London 1994, S. 440f.

98 Den besten, den Forschungsstand zusammenfassenden Überblick dazu von Larissa Wegner, Besatzung, in: Pöhlmann u.a., Der Erste Weltkrieg 1914-1918, S. 159-183.

99 Zitiert nach: Rainer Bendick, Die mobilisierte Gesellschaft. Wie „total" war der Erste Weltkrieg?, Praxis Geschichte 6, 2013, S. 23.

100 Vgl. Christian Westerhoff, Zwangsarbeit im Ersten Weltkrieg. Deutsche Arbeitskräftepolitik im besetzten Polen und Litauen, Paderborn u.a. 2012, S. 344.

101 Heinrich Claß, Zum deutschen Kriegsziel, München 1917, S. 47f.

102 Daniel Marc Segesser, Kriegsverbrechen auf dem Balkan und in Anatolien in der internationalen juristischen Debatte während der Balkankrieg und des Ersten Weltkriegs, in: Angelow, Der Erste Weltkrieg auf dem Balkan, S. 193.

103 Detaillierte Angaben bei: John Horne/Alan Kramer, Deutsche Kriegsgreuel 1914. Die umstrittene Wahrheit, Hamburg 2004, Anhang 1, S. 636-647.

104 Zitiert nach: Jürgen v. Ungern-Sternberg, Wolfgang v. Ungern-Sternberg, Der Aufruf „An die Kulturwelt!", Stuttgart 1996, S. 156-160, das Zitat ebd., S. 160.

105 Angaben nach Vejas Gabriel Liulevicius, Ostpreußen, in: Hirschfeld/Krumeich/Renz, Enzyklopädie Erster Weltkrieg, S. 764f.

106 Ausführlich: Björn Opfer, Im Schatten des Krieges: Besatzung oder Anschluss Befreiung oder Unterdrückung? Eine komparative Untersuchung über die bulgarische Herrschaft in Vardar-Makedonien 1915-1918 und 1941-1944, Münster 2005, S. 112-133.

4 Die „Heimatfront" – Kriegsalltag und gesellschaftlicher Wandel

1 Tagebucheintragung Albert Hopmans vom 26.7.1914, in: Hopman, Das ereignisreiche Leben eines „Wilhelminers", S. 399.

2 Lüneburgsche Anzeigen, 1.08.1914, Ratsbücherei Lüneburg.

3 Schulchronik Wittorf, Eintrag vom 1.08.1914, Gemeindearchiv Bardowick.

4 Ebd., Eintrag vom 3.8.1914.

5 Zitiert nach: http://www.dradio.de/dlf/sendungen/feldpost/Sendung vom 02.11.1998 (letzter Zugriff 15.10.2013).

6 Thomas Mann, Gedanken im Kriege, zitiert nach: Reinhard Rürup, Der „Geist von 1914" in Deutschland. Kriegsbegeisterung und Ideologisierung des Krieges im Ersten Weltkrieg, in: Bernd Hüppauf (Hrsg.), Ansichten vom Krieg. Vergleichende Studien zum Ersten Weltkrieg in Literatur und Gesellschaft, Königstein 1984, S. 13.

7 Zitiert nach: Jörn Leonhard, Die Büchse der Pandora. Geschichte des Ersten Weltkriegs, München 2014, S. 130.

8 Ebd., S. 222; Gerhard Hirschfeld/Gerd Krumeich, Deutschland im Ersten Weltkrieg, Frankfurt am Main 2013, S. 59–61.

9 Reichstagssitzung v. 4.8.1914, Stenographische Berichte über die Verhandlungen des Reichstages, Bd. 306 [1914], http://www.reichstagsprotokolle.de/Blatt_k13_bsb00003402_00012.html (letzter Zugriff: 16.02.2015).

10 Wolfgang Kruse, Der Erste Weltkrieg, Darmstadt 2009, S. 14.

11 Sitzung des Preußischen Staatsministeriums vom 15.8.1914, zitiert nach: Die Protokolle des Preußischen Staatsministeriums 1817–1934/38, hrsg. von der Berlin–Brandenburgischen Akademie der Wissenschaften, hier: Bd. 10: 1909–1918, bearb. von Reinhold Zilch, Hildesheim/Zürich/New York 1999, S. 115f.

12 Zum Problem der Reform des Dreiklassenwahlrechts vgl. Reinhard Patemann, Der Kampf um die preußische Wahlreform im Ersten Weltkrieg, Düsseldorf 1964, sowie aus der Sicht des preußischen Herrenhauses Hartwin Spenkuch, Das Preußische Herrenhaus. Adel und Bürgertum in der Ersten Kammer des Landtages 1854-1918, Düsseldorf 1998, S. 124-149. Das Zitat ebd., S. 125, Anm. 2.

13 Vgl. Müller, Regierte der Kaiser?, S. 333 (Eintragung vom 16.11.1917).

14 Zitiert nach: Alfons Beckenbauer, Ludwig III. von Bayern 1845-1921. Ein König auf der Suche nach seinem Volk, Regensburg 1987, S. 223.

15 Bethmann Hollweg an den Legationsrat im Gefolge des Kaisers, Freiherrn v. Grünau, 28.3.1917, in: Militär und Innenpolitik im Weltkrieg 1914-1918, bearb. von Wilhelm Deist, Düsseldorf 1970, Bd. 2, S. 694.

16 Ebd.

17 Vgl. dazu die wegweisende Arbeit von Torsten Oppelland, Reichstag und Außenpolitik im Ersten Weltkrieg. Die deutschen Parteien und die Politik der USA 1914-1918, Düsseldorf 1995.

18 Vgl. Reinhard Schiffers, Der Hauptausschuß des Deutschen Reichstags 1915–1918, Düsseldorf 1979, S. 259. Zur umstrittenen Frage der Parlamentarisierung vgl. Manfred Rauh, Die Parlamentarisierung des Deutschen Reiches, Düsseldorf 1978; Dieter Grosser, Vom monarchischen Konstitutionalismus zur parlamentarischen Demokratie. Die Verfassungspolitik der deutschen Parteien im letzten Jahrzehnt des Kaiserreichs, Den Haag 1970; Gerhrad A. Ritter, Entwicklungsprobleme des deutschen Parlamentarismus,in: ders. (Hrsg.), Gesellschaft, Parlament und Regierung. Zur Geschichte des Parlamentarismus in Deutschland, Düsseldorf 1974, S. 11-54; zuletzt: Christoph Schönberger, Das Parlament im Anstaltsstaat. Zur Theorie parlamentarischer Repräsentation in der Staatsrechtslehre des Kaiserreichs (1871-1918), Frankfurt am Main 1997; ders., zusammenfassend: Die überholte Parlamentarisierung. Einflußgewinn und fehlende Herrschaftsfähigkeit des Reichstags im sich demokratisierenden Kaiserreich, in: HZ 272 (2001), S. 623-666.

19 Ausführlich dazu: Schiffers, Hauptausschuß.

20 Oppelland, Reichstag und Außenpolitik, S. 94-155.

21 Stenographische Berichte über die Verhandlungen des Deutschen Reichstags, Sitzung vom 19.7.1917, http://www.reichstagsprotokolle.de/Blatt_k13_bsb00003406_00482.html (letzter Zugriff: 16.02.2015).

22 Hierzu zusammenfassend: Oppelland, Reichstag und Außenpolitik, S. 235-259;

23 Ebd., S. 256, Anm. 93.

24 Susanne Miller, Burgfrieden und Klassenkampf. Die deutsche Sozialdemokratie im Ersten Weltkrieg, Düsseldorf 1974, S. 321.

25 Schiffers, Hauptauschuß, S. 224f.

26 Oppelland, Reichstag und Außenpolitik, S. 307f.

27 Der Interfraktionelle Ausschuß 1917/18, bearb. v. Erich Matthias unter Mitw. v. Rudolf Morsey, Düsseldorf 1959. Bd. 2, S. 533.

28 Der Reichstag vertagte sich nach Bewilligung der Kriegskredite am 13.7.1918 bis zum 5.11.1918, der Interfraktionelle Ausschuss und der Hauptausschuss nach ihren Sitzungen vom 12.71918 bis zum 12.9.1918.

29 Grundlegend zur Haltung der SPD während des Krieges immer noch: Miller, Burgfrieden und Klassenkampf, sowie, wenn auch mit anderen Akzenten, für die erste Phase des Krieges, Wolfgang Kruse, Krieg und nationale Integration. Eine Neuinterpretation des sozialdemokratischen Burgfriedensschlusses 1914/15, Essen 1993.

30 Ernst v. Dryander, Predigt am 4.8.1914, zitiert nach: Günter Brakelmann, Eine kleine Reise durch Kriegspredigten und Kriegsschriften 1914/15, S. 3. http://www.denk-mal-gegen-krieg.de/assets/Texte/3-Geschichte/G.-Brakelmann-uber-Predigten-1914.pdf (letzter Zugriff: 18.08.2014).

31 Ernst v. Dryander, Predigt am 4.8.1914, zitiert nach: Patriotischer Aufruf der Kirchen zum Krieg, http://www.deutschlandfunk.de/erster-weltkrieg-patriotischer-aufruf-der-kirchen-zum-krieg.886.de.html?dram:article_id=278280 (letzter Zugriff 18.08.2014).

32 Zitiert nach: Günter Brakelmann, Eine kleine Reise durch Kriegspredigten und Kriegsschriften 1914/15, S. 2. http://www.denk-mal-gegen-krieg.de/assets Texte/3-Geschichte/G.-Brakelmann-uber-Predigten-1914.pdf (letzter Zugriff: 18.08.2014).

33 Wolfgang J. Mommsen, Die christlichen Kirchen im Ersten Weltkrieg, in: ders., Der Erste Weltkrieg. Anfang vom Ende des bürgerlichen Zeitalters, Bonn 2004, S. 171; Boris Barth, Dolchstoßlegenden und politische Desintegration. Das Trauma der deutschen Niederlage im Ersten Weltkrieg 1914-1933, Düsseldorf 2003, S. 150-171.

34 So ein Aufruf von fünf Berliner Pfarrern im Jahre 1917, zitiert nach: Kurt Meier, Evangelische Kirche und Erste Weltkrieg, in: Der Erste Weltkrieg. Wirkung, Wahrnehmung, Analyse, hrsg. von Wolfgang Michalka, München 1994, S. 703.

35 Zitiert nach: ebd., S. 717.

36 Grundlegend hierzu: Heinz Hürten, Die katholische Kirche im Ersten Weltkrieg, in: Der Erste Weltkrieg. Wirkung, Wahrnehmung, Analyse, hrsg. von Wolfgang Michalka, München 1994, S. 725-735.

37 Vgl. Hermann-Josef Scheidgen, Deutsche Bischöfe im Ersten Weltkrieg, Köln u.a. 1991, S. 60f.

38 Ebd., S. 61.

39 Kardinal Hartmann an seine Diözesanen, 1916, in: Hürten, Die katholische Kirche im Ersten Weltkrieg, S. 731.

40 Vgl. Wilfried Loth, Katholiken im Kaiserreich. Der politische Katholizismus in der Krise des wilhelminischen Deutschlands, Düsseldorf 1984, S. 329f.

41 Arnold Vogt, Religion im Militär. Seelsorge zwischen Kriegsverherrlichung und Humanität. Eine militärgeschichtliche Studie, Frankfurt am Main u.a. 1984.

42 Zitiert nach: Rürup, Der „Geist von 1914“, S. 10.

43 So Ulrich Sieg, Jüdische Intellektuelle im Ersten Weltkrieg. Zwischen Verteidigung des Vaterlandes als unstrittiger Pflicht und Antisemitismus, zitiert nach: https://www.uni-marburg.de/aktuelles/unijournal/9/Judentum (letzter Zugriff 18.08.2014).

44 Vgl. Hirschfeld/Krumeich, Deutschland im Ersten Weltkrieg, S. 237-240.

45 So Heinrich Claß in der Vorstandssitzung des geschäftsführenden Ausschusses des Alldeutschen Verbandes, zitiert nach: Wilhelm Deist: Der militärische Zusammenbruch des Kaiserreichs. Zur Realität der Dolchstoßlegende“, in: ders.: Militär, Staat und Gesellschaft. Studien zur preußisch-deutschen Militärgeschichte, München 1991, S. 232f.

46 So der „Westfälische Merkur“ in seiner „Geschichte des Kulturkampfes“, 11.5.1916, zitiert nach: Christoph Nübel, Die Mobilisierung der Kriegsgesellschaft. Propaganda und Alltag im Ersten Weltkrieg in Münster, Münster 2008, S. 111.

47 Immer noch wegweisend diesbezüglich ist der Sammelband von Wolfgang J. Mommsen (Hrsg.), Kultur und Krieg. Die Rolle der Intellektuellen, Künstler und Schriftsteller im Ersten Weltkrieg, München 1996. Neuerdings: Ernst Piper, Nacht über Europa. Kulturgeschichte des Ersten Welt-

kriegs, Berlin 2013; Endzeit Europa: Ein kollektives Tagebuch deutschsprachiger Schriftsteller, Künstler und Gelehrter im Ersten Weltkrieg, hrsg. von Peter Walther, Göttingen 2008; Populäre Kriegslyrik im Ersten Weltkrieg, hrsg. von Nicolas Detering, Manuel Fischer und Aibe-Marlene Gerdes, Münster 2013.

48 Adolf v. Harnack, Was wir schon gewonnen haben und was wir noch gewinnen müssen, zitiert nach: Rürup, Der „Geist von 1914", S. 13.

49 Eduard Meyer, Weltgeschichte und Weltkrieg, zitiert nach: ebd.

50 Ausführlich dazu: Martin Creutz, Die Pressepolitik der kaiserlichen Regierung während des Ersten Weltkriegs. Die Exekutive, die Journalisten und der Teufelskreis der Berichterstattung, Frankfurt am Main 1996.

51 Deutsche Reden in schwerer Zeit, gehalten von den Professoren an der Universität Berlin v. Wilamowitz–Moellendorff, Roehte, v. Gierke, Delbrück, Lasson, v. Harnack, Kahl, Riehl, Kipp, Sering, Deißmann, v. Liszt, 2 Bde., Berlin 1914, hier Bd. 1, S. VIf.; vgl. auch den von Otto Hintze, Friedrich Meinecke, Hermann Oncken und Hermann Schumacher hrsg. Band Deutschland und der Weltkrieg, Berlin 1915, der ebenfalls eine Sammlung von Aufsätzen bedeutender Wissenschaftler ist, die sich mit verschiedenen Facetten der Vorgeschichte und des Verlaufs des Krieges auseinandersetzen.

52 Stadtarchiv Lüneburg, Bericht über die Nagelungsfeier vom 24.10.1915, KRA 333.

53 Zitiert nach: Rürup, Der „Geist von 1914, S. 15; auch: Steffen Bruendel, Volksgemeinschaft oder Volksstaat: Die „Ideen von 1914" und die Neuordnung Deutschlands im Ersten Weltkrieg, Berlin 2003; Jeffrey Verhey, Der „Geist von 1914" und die Erfindung der Volksgemeinschaft, Hamburg 2000.

54 Heinz Hagenlücke, Deutsche Vaterlandspartei. Die nationale Rechte am Ende des Kaiserreichs, Düsseldorf 1997.

55 Dazu Rainer Hering, sowie Johannes Leicht, Heinrich Claß 1868-1953. Die politische Biographie eines Alldeutschen, Paderborn u.a. 2012, S.

56 Zitiert nach: Angelika Schaser, Frauenbewegung in Deutschland 1848–1933, Darmstadt 2006, S. 83.

57 Zusammengestellt nach: Jürgen Kocka: Klassengesellschaft im Krieg 1914-1918, Göttingen 2. Aufl. 1978, S. 12.

58 Heinz-Ulrich Kammeier, Der Landkreis Lübbecke und der 1. Weltkrieg. Alltagserfahrungen in einem ländlichen Raum Ostwestfalens, Rahden/Westf. 1998, S. 29.

59 Carl Hölk, Kriegsreden 1914–1917, Lüneburg 1917, S. 7f.

60 Vgl. hierzu vor allem Martin Kronenberg, Die Bedeutung der Schule für die „Heimatfront" im Ersten Weltkrieg. Sammlungen, Hilfsdienste, Feiern und Nagelungen im Deutschen Reich, Norderstedt 2010, sowie den kurzen, instruktiven Überblick bei Kruse, Der Erste Weltkrieg, S. 110–114.

61 Schulchronik Wittorf, Eintrag vom 3.8.1914, Gemeindearchiv Bardowick.

62 Erlass des Preußischen Landwirtschaftsministeriums vom 29.9.1916, zitiert nach: Roerkohl, Hungerblockade, S. 53.

63 Kronenberg, Die Bedeutung der Schule, S. 398f.

64 Michael Epkenhans, Grundprobleme des Verhältnisses von Staat, Militär und Rüstungsindustrie in Deutschland, 1871–1933, in: Mitteilungsblatt des Instituts für soziale Bewegungen, 28 (2003), S. 81–112.

65 Bericht über die Tätigkeit der Kriegsrohstoffabteilung des Kriegsministeriums, Mitte August bis Anfang Oktober 1914, zitiert nach: Lothar Burchardt, Walther Rathenau und die Anfänge der deutschen Rohstoffbewirtschaftung im Ersten Weltkrieg, in: Tradition 15 (1970), S. 172.

66 Beste Zusammenfassung der komplizierten Thematik in: Roger Chickering, Das Deutsche Reich und der Erste Weltkrieg, München 2002, S. 48-54.

67 David Stevenson, 1914-1918. With our Backs to the Wall. Victory and Defeat in 1918, London 2012, S. 424.

68 Stefanie van de Kerkhof, Von der Friedens- zur Kriegswirtschaft. Unternehmensstrategien der deutschen Eisen- und Stahlindustrie vom Kaiserreich bis zum Ende des Ersten Weltkrieges, Essen 2006.

69 Vgl. dazu Wolfram Wette, Reichstag und „Kriegsgewinnlerei“ (1916-1918). Die Anfänge parlamentarischer Rüstungskontrolle in Deutschland, in: Militärgeschichtliche Mitteilungen 36 (1984), S. 31-56.

70 Kruse, Der Erste Weltkrieg, S. 101f.

71 Lothar Burchardt, Zwischen Kriegsgewinnen und Kriegskosten. Krupp im Ersten Weltkrieg, in: Zeitschrift für Unternehmensgeschichte 32 (1987), S. 71–123.

72 So Wild v. Hohenborn in einer Rede in Düsseldorf, 16.9.1916, zitiert nach: Michael Geyer, Hindenburg-Programm, in: Hirschfeld/Krumeich/Renz, Enzyklopädie Erster Weltkrieg, S. 557.

73 Zusammenfassend dazu: Barth, Dolchstoßlegenden, S. 11-26; Kruse, Der Erste Weltkrieg, S. 41-46; übergreifend und detailliert: Gerald D. Feldman, Armee, Industrie und Arbeiterschaft in Deutschland 1914 bis 1918, Berlin 1985, S. 133-242.

74 Zitiert nach der Rede Helfferichs im Reichstag, 29.11.1916, in: http://www.reichstagsprotokolle.de/Blatt_k13_bsb00003404_00588.html (letzter Zugriff am 13.8.2014).

75 Zur Rolle der Gewerkschaften im Krieg vgl. Hans-Joachim Bieber, Gewerkschaften in Krieg und Revolution. Arbeiterbewegung, Industrie, Staat und Militär in Deutschland 1914 – 1920, Hamburg 1981.

76 Reichsgesetzblatt, Heft Nr. 276, 6.12.1916, S. 1333–1340.

77 Ebd.

78 „Haben wir früher gewußt, was ein Volkskrieg ist?“, zitiert nach: Nübel, Die Mobiliserung der Kriegsgesellschaft, S. 11.

79 Chickering, Das Deutsche Reich und der Erste Weltkrieg, S. 127; sowie international vergleichend: Hans-Peter Ullmann, Finance, in: The Cambridge History of the First World War, hrsg. von Jay Winter u.a., Bd. 2, Cambridge 2014, S. 408–433; Stevenson, With our Backs to the Wall, S. 350-438.

80 Angaben ebd., S. 421.

81 Ebd., S. 422.

82 Schulchronik Wittorf, Herbst 1914, undatiert, Gemeindearchiv Bardowick.

83 Ausführlich dazu: Roerkohl, Hungerblockade, S. 312f.; für Bayern Benjamin Ziemann, Front und Heimat. Ländliche Kriegserfahrungen im südlichen Bayern 1914-1923, Essen 1997, S. 290-370.

84 Roerkohl, Hungerblockade, S. 308–310. (Auch für das Folgende.)

85 Zusammengestellt nach: ebd., S. 310

86 Zusammengestellt nach: ebd., S. 297.

87 Alan Kramer, Blockade and Economic Warfare, in: The Cambridge History of the First World War, hrsg. von Jay Winter u.a., Bd. 2, Cambridge 2014, S. 470–479; auch: Barth, Dolchstoßlegenden, S. 26-53.

88 Anne Roerkohl, Hungerblockade und Heimatfront. Die kommunale Lebensmittelversorgung in Westfalen während des Ersten Weltkrieges, Stuttgart 1991, S. 36.

89 Ebd., S. 37.

90 Ebd., S. 30f.

91 Vgl. dazu die ausgezeichnete Regionalstudie von Jochen Oltmer, Bäuerliche Ökonomie und Arbeitskräftepolitik im Ersten Weltkrieg. Beschäftigungsstruktur, Arbeitsverhältnisse und Rekrutierung von Ersatzarbeitskräften in der Landwirtschaft des Emslandes 1914-1918, Sögel 1995.

92 So zu Recht Barth, Dolchstoßlegenden, S. 27.

93 So der Bericht des II. Armeekorps vom Juli 1917, zitiert nach: Kocka, Klassengesellschaft im Krieg, S. 176.

94 So der Text auf einem Flugblatt des Oberbürgermeisters und der Polizei der Stadt Münster vom 25.10.1918, zitiert nach: Kriegschronik der Stadt Münster 1914/18, im Auftrage des Magistrats geführt von Dr. Eduard Schulte, Münster 1930 S. 362.

95 Schulchronik Wittorf, Eintrag vom 1.2.1917, Gemeindearchiv Bardowick.

96 Vgl. als Beispiel für diese Entwicklung die Lokalstudie von Nübel, Die Mobilisierung der Kriegsgesellschaft, S. 159. Beispielhaft dafür auch die älter Lokalstudie von Volker Ullrich, Kriegsalltag. Hamburg im Ersten Weltkrieg, Köln 1982.

97 Schulchronik Wittorf, Eintrag vom 9.8.1916, Gemeindarchiv Bardowick.

98 Angaben nach Barth, Dolchstoßlegenden, S. 33, Anm. 127.
99 Angaben nach: Roerkohl, Hungerblockade, S. 354f.
100 Bruno Hagedorn u.a., Aus dem Tagebuch einer Bonnerin 1914–1920. „Wann mag dieses Elend enden?", in: Journal für Geschichte 2 [1980], S. 34.
101 Ebd.
102 Barth, Dolchstoßlegenden, S. 52f.
103 Zitiert nach: Volker Ullrich, Zur inneren Revolutionierung der wilhelminischen Gesellschaft, in: Jörg Duppler/Gerhard P. Groß (Hrsg.), Kriegsende 1918. Ereignis, Wirkung, Nachwirkung, München 1999, S. 280.
104 Zusammengestellt nach: Geschichte der Weltwirtschaft im 20. Jahrhundert. Band 2: Der Erste Weltkrieg. München 1973, S.130.
105 Walther Mühlhausen, Friedrich Ebert und seine Familie. Private Briefe 1909–1924, München 1992, S. 95–97.
106 Zitiert nach: Karl Hampe, Kriegstagebuch 1914-1919, hrsg. von Folker Reichert und Eike Wolgast, München 2004, S. 649f. (Eintrag v. 26.1.1918).
107 Angaben nach: The Western Front Association: The Bombing of Britain in the Great War, http://www.westernfrontassociation.com/component/content/article/121–aerial–warfare/876–bombing–britain–war.html (letzter Zugriff: 12.07.2014).
108 Flemming, Ullrich, Heimatfront, S. 229–239.

5 Kriegsziele und Friedensbemühungen

1 Zitiert nach: Fritz Fischer, Griff nach der Weltmacht, 3. Aufl. Düsseldorf 1964, S. 117 f.

6. Der Krieg geht zuende: Das Jahr 1918

1 Kriegstagebuch General v. Kuhl (Eintrag v. 6.10.1917), BArch W 10/50652. Beste Zusammenfassung der deutschen Pläne und Vorbereitungen von Dieter Storz, „Aber was hätte anders geschehen sollen?". Die deutschen Offensiven an der Westfront 1918, in: Duppler/Groß, Kriegsende 1918, S. 51-95; David T. Zabecki, The German 1918 Offensives. A case study in the operational level of war, London 2006. Aus deutscher und alliierter Sicht umfassend: Stevenson, With our Backs to the Wall.
2 Zu dem Problem der Mannschaftsstärke vgl. ausführlich: Stevenson, With our Backs to the Wall, S. 244-310; Stachelbeck, Deutschlands Heer und Marine, S. 156-165; Barth, Dolchstoßlegenden, S. 16-22; Gerald D. Feldman, Armee, Industrie und Arbeiterschaft in Deutschland 1914 bis 1918, Berlin 1985, S. 243, 336.
3 Detaillierte Zahlen bei: Schröder, Die U-Boote des Kaisers, S. 430, Tabelle Nr. 7.
4 Zitiert nach: Leonhard, Die Büchse der Pandora, S. 805.
5 Kriegstagebuch General v. Kuhl, Eintrag v.6.11.1917, BArch W 10/50652.
6 Ebd., (Eintrag v. 6.2.1918).
7 Leonhard, Die Büchse der Pandora, S. 835.
8 Zahlenangaben nach: Zabecki, The German 1918 Offensives, S. 82-92.
9 So Klaus Hildebrand: Das deutsche Ostimperium 1918. Betrachtungen über eine historische „Augenblickserscheinung", in: Gestaltungskraft des Politischen: Festschrift für Eberhard Kolb, hrsg. von Wolfram Pyta und Ludwig Richter, Berlin 1998, S. 117.
10 Ebd., S. 115f.
11 Zur Eingabe Friedrich Naumanns u.a. vom 11.2.1918 sowie Ludendorffs Antwort v. 22.2.1918 vgl. Das Werk des Untersuchungsausschusses der Verfassunggebenden Deutschen Nationalversamm-

lung und des Deutschen Reichstages 1919-1928, hrsg. im Auftrage des Reichstages von Walter Schücking u.a., 4. Reihe: Die Ursachen des Deutschen Zusammenbruches im Jahre 1918, Bd. 2, Berlin 1928, S. 50-93, Text: S. 136-139 (Gutachten von Oberst a.D. über „Die politischen und militärischen Verantwortlichkeiten im Verlaufe der Offensive von 1918").

12 Leonhard, Die Büchse der Pandora, S. 827, 935.

13 Kriegschronik der Stadt Münster 1914/18, im Auftrage des Magistrats geführt von Dr. Eduard Schulte, Münster 1930, S. 318.

14 Ebd., S. 321.

15 Harry Graf Kessler, Eintrag vom 22.12.1917, zitiert nach: Leonhard, Büchse der Pandora, S. 745.

16 Hampe, Kriegstagebuch 1914-1918, S. 663.

17 Zahlenangaben nach Zabecki, The German 1918 Offensives, S. 136f.; leicht abweichend: Stevenson, With our Backs to the Wall, S. 42, 53.

18 Stevenson, With our Backs to the Wall, S. 187f.

19 Brief des Leutnants S. vom 17.3.1918, BArch W 10/50677.

20 Hampe, Kriegstagebuch 1914-1918, S. 670 (Eintrag vom 22.3.1918).

21 Ebd. Eintrag vom 26.3.1918.

22 Kriegschronik der Stadt Münster, S. 327. Eintrag vom 25.3.1918.

23 „Vorwärts", 8.4.1918, zitiert nach: Susanne Miller: Burgfrieden und Klassenkampf. Die deutsche Sozialdemokratie im ersten Weltkrieg, Düsseldorf 1974, S. 386.

24 Ernst Jünger, Kriegstagebuch 1914-1918, hrsg. von Helmuth Kiesel, Stuttgart 2010, S. 378-380.

25 Hierzu Stachelbeck, Deutschlands Heer und Marine, S. 62-69; Zabecki, The German 1918 Offensives, S. 174-279.

26 Ebd., S. 160, 198f., 226, 243, 271.

27 Brief eines französischen Soldaten, undatiert (März 1918 ?), zitiert nach: André Bach, Die Stimmungslage der an der französischen Front eingesetzten Soldaten nach den Unterlagen der Briefzensur, in: Duppler/Groß, Kriegsende 1918, S. 207.

28 Christoph Jahr, Bei einer geschlagenen Armee ist der Klügste, wer zuerst davonläuft. Das Problem der Desertion im deutschen und britischen Heer 1918, in: ebd., S. 241-271.

29 Stevenson, With our Backs to the Wall, S. 255-278.

30 Bach, Stimmungslage, S. 211.

31 Ebd., S. 212.

32 Ebd., S. 213.

33 So zutreffend Stevenson, With our Backs to the Wall, S. 122.

34 Hierzu am Besten Leonhard, Die Büchse der Pandora, S. 926-938.

35 Kriegstagebuch General v. Kuhl, Eintrag v. 6.4.1918, BArch W 10/50652.

36 Kriegstagebuch General v. Hutier, Eintrag v. 2.5.1918, ebd., W 10/50640. Zu den militärischen Ereignissen Herwig, The First World War, S. 403-416.

37 Kriegstagebuch General v. Kuhl, Eintrag v. 31.3.1918, BArch W 10/50652.

38 Aufzeichnung Ludendorffs v. 9.6.1918, zitiert nach: Storz, Aber was hätte anders geschehen sollen?, S. 90.

39 Kriegstagebuch General v. Kuhl, Eintrag v. 6.4.1918, BArch, W 10/50652.

40 Ausarbeitung von Archivrat Dr. Cron, „Konnte das Heer noch weiterkämpfen?", ebd., W 10/52095.

41 Kriegstagebuch General v. Kuhl, Eintrag v. 13.4.1918, ebd., W 10/50652; Deist, Zur Realität der „Dolchstoßlegende", S. 211-233.

42 Kriegstagebuch General v. Hutier, Eintrag v. 20.5.1918, ebd., W 10/50640.

43 Ebd., Eintragung vom 16.6.1918.

44 Zahlen nach Stevenson, With our Backs to the Wall, S. 55.

45 Stachelbeck, Deutschlands Heer und Marine im Ersten Weltkrieg, S. 67.

46 So Hitlers zeitweiliger Chef des Generalstabs, General Ludwig Beck, zitiert nach: Deist, Zur Realität der „Dolchstoßlegende", S. 229.

47 So zu Recht Christoph Jahr, Gewöhnliche Soldaten. Desertion und Deserteure im deutschen und britischen Heer 1914-1918, Göttingen 1998, S. 166.

48 Am Besten hierzu immer noch: Benjamin Ziemann, Enttäuschte Erwartung und kollektive Erschöpfung. Die deutschen Soldaten an der Westfront 1918 auf dem Weg zur Revolution, in: Kriegsende 1918, S. 165-182 (das Zitat von Carlo Schmid ebd., S. 178, Anm. 49); Jahr, Bei einer geschlagenen Armee, S. 249-271, sowie Barth, Dolchstoßlegenden, S. 58-75.

49 Zitiert nach: Innenansicht eines Krieges. Bilder, Briefe, Dokumente 1914/18, hrsg. von Ernst Johann, Frankfurt am Main 1968, S. 315f.

50 Hindenburg an Hugenberg, 31.3.1918, zitiert nach: Leonhard, Die Büchse der Pandora, S. 838.

51 Storz, Aber was hätte denn geschehen sollen?, S. 93.

52 Rede Kühlmanns im Reichstag, 24.06.1918, zitiert nach: http://www.reichstagsprotokolle.de/Blatt_k13_bsb00003417_00213.html (letzter Zugriff: 21.04.2014). Dazu auch Herfried Münkler, Der große Krieg. Die Welt 1914-1918, Berlin 2013, S. 710-712.

53 Fritz Fischer: Griff nach der Weltmacht. Die Kriegszielpolitik des kaiserlichen Deutschland 1914/18, 2. Aufl. Kronberg 1979, S. 534.

54 So Kriege gegenüber dem nationalliberalen Reichstagsabgeordneten Abgeordneten Freiherr v. Richthofen im August 1918, zitiert nach: Klaus Epstein: Matthias Erzberger und das Dilemma der deutschen Demokratie, Frankfurt am Main 1976, S. 277; auch: Winfried Baumgart: Deutsche Ostpolitik 1918. Von Brest-Litovsk bis zum Ende des Ersten Weltkrieges, München 1966, S. 297.

55 Baumgart, Ostpolitik, S. 93.

56 Ebd., S. 376; zur Analogie vgl. auch Hildebrand, Das deutsche Ostimperium, S. 121-124.

57 Zusammenfassend Gerhard P. Groß: Die Seekriegführung der Kaiserlichen Marine im Jahre 1918, Frankfurt am Main u.a. 1989, S. 124-183.

58 So Johannes Hürter, Einleitung zu: Paul v. Hintze. Marineoffizier, Diplomat, Staatssekretär. Dokumente einer Karriere zwischen Militär und Politik, 1903-1918, eingel. und hrsg. von Johannes Hürter, München 1998, S. 94-98.

59 Baumgart, Ostpolitik, S. 372; Hildebrand, Das deutsche Ostimperium, S. 119.

60 Fischer, Griff nach der Weltmacht, S. 521.

61 Heye an Foerster, 25.4.1939: „Ich hörte manchmal seinen Stoßseufzer, wenn er über der Karte gebückt saß: ‚Sie kommen durch!‘ Es war wirklich ein Wunder, daß das noch nicht eintrat, wenn man aus den Abendmeldungen die geringe Zahl unserer Kämpfer erkennen mußte!“ BArch W 10/50741.

62 Baumgart, Ostpolitik, S. 204f.

63 Aufzeichnung des neuen Staatssekretärs Paul v. Hintze über seine Ausführungen in der Besprechung im Großen Hauptquartier am 14.8.1918, zitiert nach: Hintze, Marineoffizier, S. 486.

64 Ebd., S. 486f.

65 Stevenson, With our Backs to the Wall, S. 142-155.

66 Zitiert nach: Albrecht v. Thaer, Generalstabsdienst an der Front und in der O.H.L., hrsg. von Siegfried A. Kaehler, Göttingen 1958, S. 234f.

67 Zitiert nach Leonhard, Die Büchse der Pandora, S. 877.

68 Payer an Haußmann, 10.9.1918, zitiert nach: Der Interfraktionelle Ausschuß 1917/18, Bd. 2, S. 491.

69 Zitate nach: Die Regierung des Prinzen Max von Baden, bearb. von Erich Matthias und Rudolf Morsey, Düsseldorf 1962, S. 44, Anm. 3, sowie Münkler, Der große Krieg, S. 723.

70 Ritter von Wolf an die bayerische Regierung, 3.10.1918, ebd., S. 55.

71 http://www.reichstagsprotokolle.de/Blatt_k13_bsb00003418_00007.html (letzter Zugriff: 21.04.2014).

72 So Generaloberst v. Einem an seine Frau, 30.9.1918, BArch Nachlass v. Einem N 324/44; ähnlich General v. Hutier in seinem Kriegstagebuch am 1.10.1918: „Also Parlamentarismus jetzt, wo es heißen müßte, die Zügel fester in die Hand zu nehmen!“ Ebd., W 10/50640.

73 Aufzeichnung von Oberst v. Haeften über die Entstehung des Befehls an das Feldheer vom 24. Oktober, in: Die Regierung Max von Baden, S. 325.

74 Tagebucheintrag von General v. Gallwitz vom 19.10.1918, zitiert nach: Barth, Dolchstoßlegenden, S. 85f.

75 Max von Baden an Wilhelm II., 25.10.1918, in: Die Regierung Max von Baden, S. 360.

76 Vgl. hierzu das Protokoll der Sitzung des Kriegskabinetts vom 28.10.1918, in: Die Regierung Max von Baden, S. 397-411.

77 Gerhard P. Groß, Eine Frage der Ehre? Die Marineführung und der letzte Flottenvorstoß 1918, in: Duppler/Groß, Kriegsende 1918, S. 349-365.

7. Nach dem Krieg

1 Bruno Hagedorn u.a. „Aus dem Tagebuch einer Bonnerin 1914-1920. „Wann mag dieses Elend enden?, in: Journal für Geschichte 2 (1980), S. 34.

2 Zitiert nach: André Bach, Die Stimmungslage der an der französischen Front eingesetzten Soldaten nach den Unterlagen der Briefzensur, in: Duppler/Groß, Kriegsende 1918, S. 213. Ebd., S. 214.

3 Zitiert nach: Hagedorn, Aus dem Tagebuch einer Bonnerin, S. 34.

4 Ernst Troeltsch. Spektator-Briefe über die deutsche Revolution und die Weltpolitik 1918/22, hrsg. von H. Baron, Tübingen 1924, S. 24f.

5 Schulchronik Wittorf, Undatierte Eintragung November 1918, Gemeindearchiv Bardowick.

6 Vgl. hierzu Eberhard Kolb/Dirk Schumann, Die Weimarer Republik, S. 1-56, 155-212 (Stand der Forschung); Andreas Wirsching, Die Weimarer Republik. Politik und Gesellschaft, München 2000, S. 1-15, 47-69 (Stand der Forschung).

7 Eberhard Kolb, Der Frieden von Versailles, München 2005, S. 102.

8 Darauf hat Leonhard, Die Büchse der Pandora, S. 955, zu Recht nachdrücklich hingewiesen.

9 Margaret MacMillan, Paris 1919. Six Months that changed the World, New York 2003, S. 493f.

10 Ausführlich dazu: Benjamin Ziemann, Contested Commemorations. Republican War Veterans and Weimar Political Culture, Cambridge 2013.

Verzeichnis der Karten, Abbildungen und Tabellen

Register

Orte

Personen

Sachen

H

K

L

M

N

O

P

S

T

U

V

W

Z